U0649602

格致
人文

陈恒　主编

09

[英]

尼古拉斯·奥姆
Nicholas Orme

著

陶万勇

译

中世纪的儿童

Medieval Children

格 致 出 版 社　上海人民出版社

图 1 人生阶段，（左上）包括一个婴儿、一个骑在简易木马上的男孩和一个拿着弓的青乍。摘自巴塞洛缪著名的百科全书 1495 年版。

图片来源：曼彻斯特大学约翰 · 赖兰兹图书馆（The John Rylands University Library, Manchester）

图 2 希律王目睹对无辜者的屠杀，这是中世纪虐待儿童的经典故事。

图片来源：牛津大学博德利图书馆（The Bodleian Library, Oxford）

图 3　15 世纪，温彻斯特学院及其创始人、牧师和学者。尽管看起来条件很好，但仍有相当数量的人死在那里。

图片来源：牛津大学新学院（The Warden and Fellows of New College, Oxford）

图 4 （左）谜语很受大人和小孩的欢迎。这幅画说明了这个问题："谁既不开车，也不走路，也不骑马；既不穿衣，也不裸体；既不在路上，也不在路外？"

图片来源：牛津大学博德利图书馆

图 5 （右）彼得·勃鲁盖尔的《儿童游戏》（1559 年，现藏于维也纳艺术史博物馆），这幅画描绘了 200 多个儿童以及约 75 种玩具和游戏。

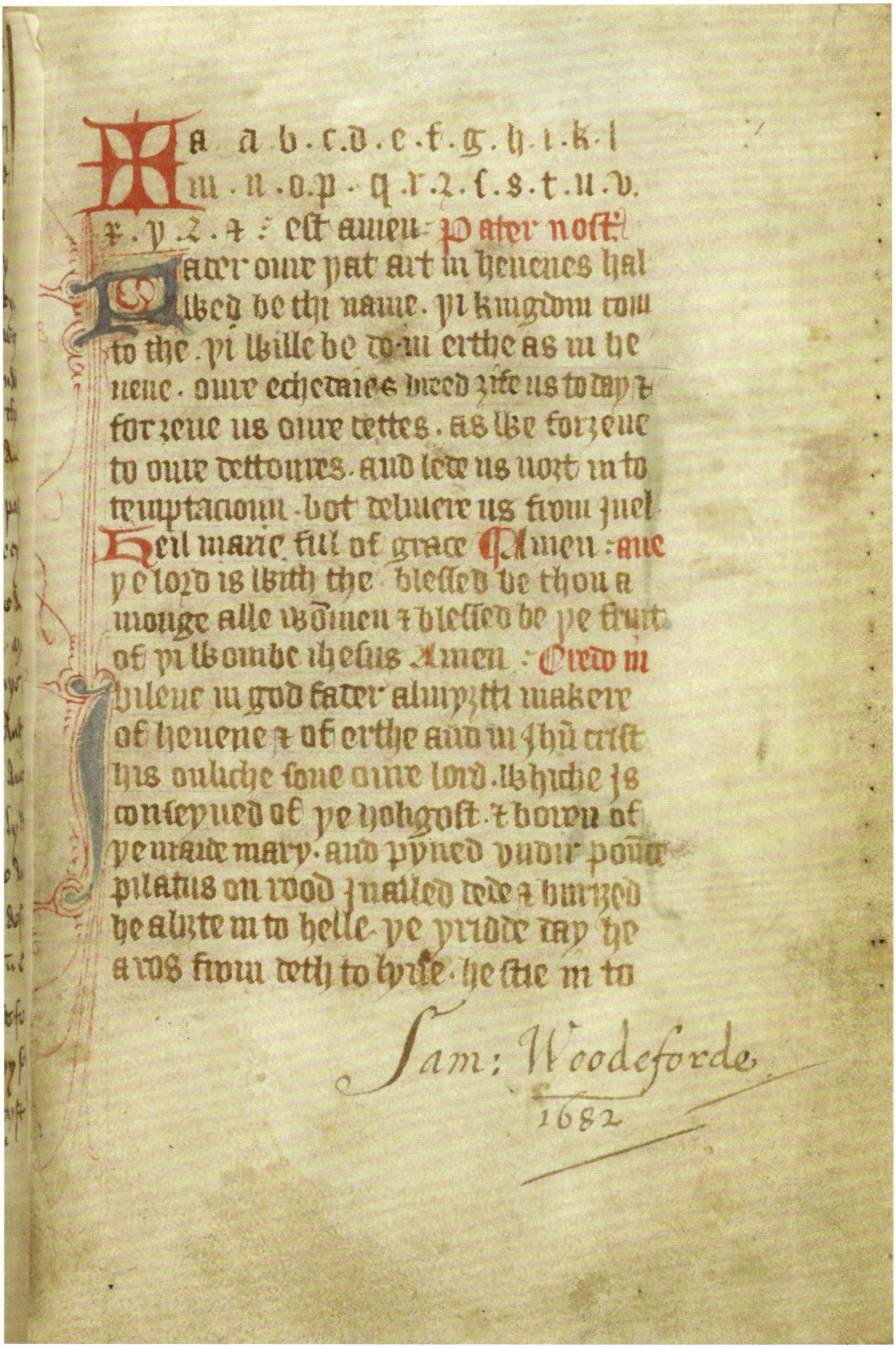

图6　14世纪晚期亨特启蒙书的开篇页，包括拉丁字母表和用英语写的初级祈祷文。

图片来源：格拉斯哥大学图书馆（University of Glasgow Archives & Special Collections: MS Hunter 472, folio 1r.）

图 7 大约 1450 年的一个初级班。一个男孩在老师的鼓励下读字母 A、B、C、D；还有人用拉丁语背诵《主祷文》。

图片来源：牛津大学贝利奥尔学院（The Master and Fellows of Balliol College, Oxford）

图 8 斯塔德利碗。它是给儿童用的吗？这样儿童就能学会字母表了？

图片来源：维多利亚与艾伯特博物馆（The Victoria and Albert Museum）

图 9 （上）年轻人被一只熊袭击（威廉·卡克斯顿:《伊索寓言》, fol. 110r）。"在你需要朋友之前先试一试。"青少年之间的友谊可能会以背叛告终，就像寓言中那个遭到熊的攻击又被朋友抛弃的年轻人那样。

图 10 （下）一个年轻人被送上绞刑架时，责备母亲的疏忽（威廉·卡克斯顿:《伊索寓言》, fol. 102r）。青少年犯罪被归咎于父母疏于教育。

总　序

　　人类精神经验越是丰富,越是熟练地掌握精神表达模式,人类的创造力就越强大,思想就越深邃,受惠的群体也会越来越大,因此,学习人文既是个体发展所必需,也是人类整体发展的重要组成部分。人文教导我们如何理解传统,如何在当下有效地言说。

　　古老且智慧的中国曾经创造了辉煌绚烂的文化,先秦诸子百家异彩纷呈的思想学说,基本奠定了此后中国文化发展的脉络,并且衍生为内在的精神价值,在漫长的历史时期规约着这片土地上亿万斯民的心灵世界。

　　自明清之际以来,中国就注意到域外文化的丰富与多彩。徐光启、利玛窦翻译欧几里得《几何原本》,对那个时代的中国而言,是开启对世界认知的里程碑式事件,徐光启可谓真正意义上睁眼看世界的第一人。晚清的落后,更使得先进知识分子苦苦思索、探求“如何救中国”的问题。从魏源、林则徐、徐继畬以降,开明士大夫以各种方式了解天下万国的历史,做出中国正经历“数千年未有之大变局”的判断,这种大变局使传统的中国天下观念发生了变化,从此理解中国离不开世界,看待世界更要有中国的视角。

　　时至今日,中国致力于经济现代化的努力和全球趋于一体化并肩而行。尽管历史的情境迥异于往昔,但中国寻求精神补益和国家富强的基调鸣响依旧。在此种情形下,一方面是世界各国思想文化彼此交织,相互影响;另一方面是中国仍然渴盼汲取外来文化之精华,以图将之融入我们深邃的传统,为我们的文化智慧添加新的因子,进而萌发生长为深蕴人文气息、批判却宽容、自由与创造的思维方式。唯如此,中国的学术文化才会不断提升,中国的精神品格才会历久弥新,中国的现代化才有最为坚实长久的支撑。

此等情形,实际上是中国知识界百余年来一以贯之的超越梦想的潜在表达——"不忘本来、吸收外来、面向未来",即吸纳外来文化之精粹,实现自我之超越,进而达至民强而国富的梦想。在构建自身文化时,我们需要保持清醒的态度,了解西方文化和文明的逻辑,以积极心态汲取域外优秀文化,以期"激活"中国自身文化发展,既不要妄自菲薄,也不要目空一切。每个民族、每个国家、每种文明都有自己理解历史、解释世界的方法,都有其内在的目标追求,都有其内在的合理性,我们需要的是学会鉴赏、识别,剔除其不合理的部分,吸收其精华。一如《礼记·大学》所言:"欲诚其意者,先致其知;致知在格物。物格而后知至,知至而后意诚。"格致出版社倾力推出"格致人文",其宗旨亦在于此。

我们期待能以"格致人文"作为一个小小的平台,加入到当下中国方兴未艾的学术体系、学科体系、话语体系建设潮流中,为我们时代的知识积累和文化精神建设添砖加瓦。热切地期盼能够得到学术界同仁的关注和支持,让我们联手组构为共同体,以一种从容的心态,不图急切的事功,不事抽象的宏论,更不奢望一夜之间即能塑造出什么全新的美好物事。我们只需埋首做自己应做的事,尽自己应尽的责,相信必有和风化雨之日。

陈　恒

序

这本书已经酝酿许久。首先我要感谢出版商在此过程中表现出的耐心,特别　xii
是设计师和编辑亚当·弗罗伊登海姆(Adam Freudenheim)先生的关心和礼貌。埃
克塞特大学、我在历史系的同事们、英国国家学术院、莱弗尔梅信托基金和纳菲尔
德基金会慷慨地帮助我休了一段时间的假期,使我能安心学习,以便进行研究和写
作。莫德林学院和牛津大学圣约翰学院提供的款待,令我非常感激。两位著名的
中世纪儿童问题专家,达尼埃莱·亚历山大-比东(Danièle Alexandre-Eidon)夫人和
舒拉密斯·沙哈尔(Shulamith Shahar)教授,以及英国儿童史问题研究最权威的专
家艾奥娜·奥佩(Iona Opie)夫人,非常友好地跟我分享他们的专业知识并提出了
有益的建议。罗杰·鲍尔斯(Roger Bowers)博士在音乐知识方面给予我宝贵的帮
助,我的同事约翰·克里奇利(John Critchley)博士对整本书的点评非常中肯。我非
常感激 W. R. J. 巴伦(W. R. J. Barron)博士、玛丽安·坎贝尔(Marian Campbell)小
姐、迈克尔·克兰奇(Michael Clanchy)博士、海伦·库珀(Helen Cooper)教授、朱莉
娅·克里克(Julia Crick)博士、A. I. 多伊尔(A. I. Doyle)博士、杰夫·伊根(Geoff
Egan)先生、A. 菲茨西蒙斯(A. Fitzsimons)夫人、安妮·赫德森(Anne Hudson)教
授、安东尼·马森(Anthony Musson)博士、德里克·皮尔索尔(Derek Pearsall)教
授、帕梅拉·韦奇伍德女士[Pamela, Lady Wedgwood,帕梅拉·图德-克雷格
(Pamela Tudor-Craig)博士],以及爱德华·威尔逊(Edward Wilson)博士,他们在其
他问题上帮助了我。玛德莱娜·米奇利(Madeleine Midgley)小姐、A. G. 斯威夫特

*

1

(A. G. Swift)先生和安德鲁·蒂德(Andrew Teed)先生,多亏他们在图片使用方面给予我诸多帮助;参考文献中列出的档案馆和图书馆全体工作人员,多亏他们在文本方面给予我的帮助。然而,如果没有为人父母的经历,我根本不可能完成这本书,在此要感谢我的妻子罗娜(Rona)和女儿维里蒂(Verity),这本书就是为她们而写。

目　录

引　言

童年是什么？这个问题不易回答，尽管我们自己都曾是孩子。首先，童年缺乏明确的界限，从某种意义上说，它从出生时就开始了，但婴儿成长为可以走路、能够说话且能被准确识别的儿童，需要一年左右的时间。它的结束点更不明确，《牛津英语词典》(*Oxford English Dictionary*)定义青春期为它的结束点，但青春期在儿童之间存在年龄与性别的差异。青春期过后，年轻人在生理上才完全成熟，而知识和经验的成熟通常比这还要晚。我们的法律对童年终结的日期并没有统一的规定；法律对成年期的规定同样也是不一而足。在过去的一百年里，14岁、15岁、16岁、17岁、18岁和21岁都曾被规定为一个孩子可以独自待在家里、离开学校、从事全职工作、结婚、开车、参军、被判处死刑或参加选举的门槛。这些门槛也不是一成不变的，有些提高了，有些降低了。

无论如何定义，童年的范围都包含一个巨大的成长过程。同样的词，怎样才能一边代表着婴儿或蹒跚学步的孩子，另一边却代表着青少年呢？事实上，所有的儿童都有一些区别于成年人的特征。即使到了青春期，他们的体型也更小，经验更少，而且处于一定的控制之下。他们上学而非工作，他们的穿衣、吃饭、娱乐和阅读方式在某些方面与他们的长辈不同。然而，成年人与儿童之间也有共同之处。儿童的衣服、食物、游戏和阅读也许模仿了他们的父母，或者说除使用的规模不同外，双方在这些方面完全一致。成年人视儿童为青少年，并平等地对待他们。例如，当我们告诉一个儿童要改进他（或她）的餐桌礼仪时，我们会同时表现得像个儿童（因为大人之间很少这样说）和一个成年人［因为我们希望他（或她）表现得像个大人］。出于某些目的，当今社会将儿童和成年人纳入一块儿考量，尤其是在计算人口时。

有人可能会说，这两个群体如今分享的闲暇时光比一个世纪前更多，他们待在一起时的娱乐活动逐渐替代了父亲、母亲和儿童各自的娱乐活动。

我们用在儿童和年轻人身上的词语反映了这种复杂性。当我们谈论一个"婴儿"（baby）、"幼儿"（infant）、"蹒跚学步的孩子"（toddler）或者一个"少年"（adolescent）、"青少年"（teenager）和"青年"（youth）的时候，有时会说得比较具体。"儿童"（child）这个词反而不那么明确。青少年哭着说"我们不是孩子"，而他们的父母却认为他们是。媒体把"儿童"一词用在受害者和易受伤害的青少年身上，而在其他情况下，他们把这个年龄的人称为"学生"（student）或"年轻人"（young people）。当儿童指的是（或者确实是）比他们小的人时，父母可以称任何年龄的人为"孩子"（kids）。至于单词"男孩"和"女孩"，可以表示从婴儿到青少年中的任何一个人——送报纸的男孩或马夫家的女孩，成年人和儿童们可以和"男孩们"或"女孩们"共度一个晚上。

有一点很明智，即我们在提醒自己现代童年的反常现象，因为人们通常认为，过去的童年与成年之间的区别不如今天的情况那么明显。当我跟那些不是研究这一主题的历史学家谈论中世纪的儿童时，他们最通常的反应是，询问这些儿童是否被视为小大人，或者他们认为事实就是如此。这一观点似乎已被广泛接受。我们会想起19世纪中期儿童在矿山和工厂工作的故事，并想象在那之前几乎不存在童年的概念，除了生理意义上的。当然，这是忽视了不以这种方式劳动的社会阶级，以及没有这种劳动的早期社会。此外，富丽堂皇的住宅和艺术画廊中的绘画也可作为证据向我们表明，王室和贵族的孩子穿着与他们的长辈一样，我们认为这些孩子生活在成年人的世界里，并被当作成年人对待。反过来，这也就忽略了这些绘画显示王室和贵族地位的目的，并忘记了有太多现代儿童穿着模仿成年人的套装、连衣裙、运动服和非正式服装。

20世纪六七十年代的历史作家们的观点依旧比较流行，他们试图证明，按照现代的标准，中世纪的童年穷困潦倒且被忽视。这一观点的主要倡导者包括历史学家菲利普·阿利埃斯（Philippe Ariès）、劳埃德·德·马斯（Lloyd de Mause）和劳伦斯·斯通（Lawrence Stone），阿利埃斯可能是其中最著名的一位。[1] 在他的《旧制度下的儿童和家庭生活》[*L'Enfant et la vie familiale sous I'Ancien régime*，1960；英译本叫"童年的世纪"（*Centuries of Childhood*，1962）]一书中，他认为直到16世纪或17世纪，童年都不是一个独特的文化时期，也不被成年人认可。[2] 他的书主要描写近代早期的法国（在某种程度上也包括英格兰），而不是中世纪，但它试图强调两个时代的不同。这本书的英文简介称："在 17 世纪之前,孩子被认为是一个小的、不合格的成年人。'幼稚'这个概念有别于成年人,是现代社会的产物。"阿利埃斯自己的话比这更严谨,他用"似乎"(it seems)与"好像"(as if)来修饰这个命题,并比较 17 世纪与现代的童年。尽管如此,他相信中世纪的儿童和他们现代早期的继承者有着非常不同的生活。[3]

　　他认为这是出于三个原因:许多儿童在小时候夭折,他们都与成年人住在一起,大多数孩子在青少年时期就被送去上学或到别人家里服务。他得出的结论是,作为一个群体,他们比后来的儿童更不明显。阿利埃斯承认,中世纪的父亲和母亲可能关心并疼爱他们的孩子,但他觉得这种关系通常更冷淡且同情心更少。成年人对童年不太感兴趣,也没有意识到它是一个独立的状态:"在中世纪社会,'童年'这个概念并不存在。"[4]他还声称,当时的儿童比后来的更不喜欢独立的文化:尤其是他们的衣着,他认为本质上就是成年人的。随便读这本书的人可能会认为作者是通过详细研究得出这些结论的。事实上,这本书除了绘画、雕塑和一些 15 世纪(主要是文学)的记录外,几乎没有使用中世纪的资料。

　　阿利埃斯的观点很有影响力,尤其是在那些不是中世纪历史学家的人当中。这些观点反映了上文提到的流行的假设,更不用说会提倡一些老掉牙的做法,即在"中世纪"和"现代"之间设定界限。然而,自从阿利埃斯写了这部著作,人们对中世纪童年进行了大量的研究。在综合调查方面,舒拉密斯·沙哈尔出版了《中世纪童年》(*Childhood in the Middle Ages*, 1990),皮埃尔·里奇(Pierre Riché)和达尼埃莱·亚历山大-比东合著了《从童年到中年》(*L'Enfance au Moyen Age*, 1994),范围涵盖西欧。尤其在英国,萨莉·克劳福德(Sally Crawford)著有《盎格鲁-撒克逊英格兰时期的童年》(*Childhood in Anglo-Saxon England*, 2000)。更专业的研究包括现代作家自 1973 年以来撰写的许多关于中世纪学校和教科书、三室和贵族儿童的历史以及儿童文化和宗教的书籍与文章。[5]芭芭拉·哈娜瓦特(Barbara Hanawalt)的《束缚》(*The Ties that Bound*, 1986)一书通过对验尸官调查记录的开创性分析,探讨了校外儿童的生活,特别是农村儿童。罗纳德·菲纽肯(Ronald Finucane)的《拯救无辜者》(*The Rescue of the Innocents*, 1997)也是如此,这是一个类似的关于圣迹记录的调查。还应该提到的是艾奥娜·奥佩和彼得·奥佩(Peter Opie)在儿童游戏和民间传说方面的工作,虽然主要是基于后中世纪时期的证据,但他们的研究展示了大量可靠的材料,他们对此进行了有益的整理和分析。[6]

　　以上提到的学者都没有找到支持阿利埃斯观点的材料,所有人都以不同的方式反驳了他的观点。他们收集了大量的证据,以表明成年人把童年看作一个独特的人生阶段,父母对待儿童就像对待成年人一样,他们这样做是出于关心和同情,儿童有他们自己的文化活动和财产。本书得出了类似的结论。中世纪——尤其是(但不仅仅是)到 12 世纪之后——的人们意识到童年是什么、什么时候开始以及什么时候结束等概念。儿童降临这世上是一件值得注意的事情,他们的成长和教育理应受到认真的对待。出于某些目的,教会和习惯(世俗)法会认为儿童与成年人是平等的。同样,这两个权威部门都承认儿童还不是成年人,需要特殊对待。成年人通过玩具、游戏和文学为儿童提供文化,但儿童也会创造自己的文化。他们独处,远离长辈去聊天与玩耍,有时甚至违背长辈的习俗和愿望。

　　让我们从中世纪用于儿童的词汇开始,更详细地探讨这些问题。这些词汇相当丰富,有时具体,有时模棱两可,就像它们今天的后继者一样。[7] 在前一类词汇中,出现了往往意味着确切年龄段的词:"婴儿"(baby)、"幼儿"(infant)和"学前儿童"(faunt,幼儿的变体)用于形容非常年轻的人,"少女"(damsel)、"年轻人"(stripling)和"青年"(youth)用于形容较年长的人。那些模棱两可的词汇包括可代表任何性别的"儿童"(child)和"幼儿"(bairn),代表年轻男性的"男孩"(boy)、"男仆"(groom)、"无赖"(knave)和"少年"(lad),代表年轻女性的"女孩"(girl)、"小姑娘"(lass)、"少女"(maid)和"少妇"(wench)。所有这些词汇都可以用来表示婴儿、儿童、青少年或年轻人。甚至"婴儿"(baby)也可以用在比婴儿大的孩子身上,而"儿童"(child)的用法尤其灵活。虽然它也可以包括男孩和女孩,但它通常特别暗指男孩,在一些文学作品中,它指的是一个年龄和乡绅或年轻骑士差不多大的男孩。同样,它或许也有女性化的含义,就像《冬天的故事》(The Winter's Tale)里的牧羊人找到了被遗弃的珀迪塔(Perdita),问"是男孩还是女孩(child)"[8]。相反,耶稣被描述为一个"少妇"(wenchel),"wenchel"是"wench"的早期形式,并且不止一个高雅的骑士被称为"少女",而"女孩"(girl)最初指的是男孩子和女孩子。

　　语境可能使这些词比它们在基于整个中世纪文学的词典中的定义更精确。因为在言语和文字中肯定有关于童年的概念。中世纪的人认为,人们的成长经历了一系列的阶段,每个阶段都有自己的特点,即"人生的阶段"[9]。这种信念从古典作家那里继承而来:不是以单一的形式,而是以不同的形式呈现,互相影响。作家们把人生分为三个、四个、五个、六个、七个或十二个时期。那些把人生分为三个时期的作家完全忽视了童年,只包括青年期(以年轻的成年人为代表)、成熟期和老年期。这就是乔叟(Chaucer)在《坎特伯雷故事集》(The Canterbury Tales)中描绘乡绅、骑士和富兰克林时提出的模式。四分法可能包括也可能不包括儿童。伯尔特弗斯(Byrhtferth)在 11 世纪的百科全书《手册》(*Manual*)中谈到童年、青春期、成熟期和老年期,但大多数中世纪作家把这些时期中的第一个称为"青春期",并以一个像乡绅这样的年轻人为代表。[10]

　　六分法与七分法同样非常著名,它们统一提到了童年。它们出现在颇具影响力的由塞维尔的伊西多尔(Isidore of Seville,636 年去世)编写的拉丁语词典《词源》(*Liber Etymologiarum*)中;同样出现在中世纪后期英格兰人阅读的百科全书《物之属性》(*De Proprietatibus Rerum*)(图 1)中;最显著的是,出现在莎士比亚《皆大欢喜》(*As You Like It*)里雅克关于人类时代的演讲中。[11]在这些分析中,婴儿期成为一个重要的阶段,从子宫中生长或出生到 7 岁。7 岁到 14 岁是童年(典型代表是男学童,如雅克),14 岁到 28 岁是青春期(典型代表是恋爱的人)。在拉丁语中,有用于描述这些阶段的词,如"幼儿期"(*infantia*)、"童年期"(*pueritia*)和"青春期"(*adolescentia*),这些词大约在 1400 年被收进英语,尽管它们在很长一段时间内都只在学术上被使用,而没成为流行用语。其中有两对词——"幼儿"(infant)和"幼儿期"(infancy)、"青少年"(adolescent)和"青春期"(adolescence),证明是有价值的,至今仍被我们使用,但是"年少的人"(puerice)和"年少时期"(puerity)——指的是 7 岁到14 岁年龄段的人——这两个词从来没有被普遍使用过,通常用"童年"(childhood)代替。

　　因此,童年是这样一个概念:既可代表从出生到青春期的单一时期,也可划分为婴儿期和儿童期,而青春期则是成年之前的另一个阶段。这些不仅仅是学者或诗人的看法。在中世纪的英格兰,童年的概念更多是为宗教和法律服务的。至少在 1200 年左右,教会明确区分了成年人和儿童。成年人可以(或应该)向牧师忏悔、接受圣餐、缴纳什一税和教会会费、结成永久的婚姻,如果他们生病了,就得接受涂油礼。儿童不可以或不需要做这些事情,直到青春期他们在性和心理上都成熟了。[12]英国习惯法也持类似的观点。从 12 岁到 21 岁,它确定了若干个成年的年龄,到了这些年龄,年轻人就有权管理自己的事务和财产,并有义务承担成年人的责任。[13]英国议会在制定有关工作和税收的法律时,就规定了适用这些法律的儿童的年龄。[14]

　　也有许多实际的方法,让儿童在社会中形成一个或多个独立的群体,并使成年人理解这种做法。他们需要特殊的床、食物和衣服——这些东西在大小上,有时在实物上与他们长辈的不同。他们需要特殊的人来提供特殊的照顾:接生婆、教父或

7

8

教母,有时还有奶娘。他们会得到玩具,这些玩具至少在 1300 年之前就可以生产出来并可购买。他们需要学校和教师来教他们,到 13 世纪,这些学校已经不同于服务于年轻人的大学。在学校里,有供儿童使用的字母板和读本,往往符合他们的能力与兴趣。在教堂里,摆放着许多专为他们做洗礼用的洗礼盘,洗礼之后还有坚信礼。成年人在这些方面为儿童创造一种特殊的文化,儿童在其中融入自己的语言、游戏和生活习惯。[15]

这并不是否认儿童参与了成人生活,就像他们一直以来所做的那样。他们是被抚养成人,而不是被当作宠物一样对待。从很早的时候起,他们就被鼓励去适应长辈们的作息表、食物、语言、技能、知识和行为。中世纪的宗教和法律出于某种目的将儿童和成年人归类在一起。他们都必须属于教会;都享有许多资源,包括教堂、神龛和奇迹般的治愈术。不幸死亡的儿童和成年人一样,要接受验尸官的调查,且受洗的儿童也和成人一样,要在教堂墓地举行葬礼,他们的灵魂会得救、升天。儿童使用的一些押韵小诗和歌曲来自成年人,他们玩的一些游戏也是如此。在某些特定的方面,儿童比现在更像是成年人,这在较低的成年年龄中尤为明显(出于某些目的,这种年龄低至 12 岁)。甚至低于这个年龄,儿童们依然可能结婚以及进入修道院,即使这两种做法都很罕见。但是所有的证据都不支持儿童仅仅是小大人的观点,这方面不同于今天的儿童。

因此,不能过分强调阿利埃斯关于中世纪童年的看法无可争辩,以及相较于细节的变化,童年史在 16 世纪和 17 世纪没有重大的转变。几个世纪以来,主要的不同是出现的证据不同。越往后的人,对童年的了解就越多。中世纪的人可能比他们的继承人更少写这方面的东西,且他们写的很多东西已经消失了。但是我们不能仅仅因为他们没有写关于童年的东西就责怪他们对童年史不感兴趣。会写作的人越来越少,他们写作的原因也越来越不怎么与儿童挂钩。当验尸官的记录或对圣迹的描述涉及儿童的时候,成年人会像给予自身关怀与包容一样处理这些材料。正如我们已经讨论过的,教会和习惯法,以及社会对人生阶段的概念——一种阿利埃斯知道并承认其存在的概念,都认可童年的存在。至于那些他认为造成童年彼此不同的因素,它们确实存在,但没有他认为的那种影响。的确,没有理由认为,儿童的死亡不会给他们的父母带去悲伤、使他们的父母不去铭记他们以及使他们的父母不像今天这样珍惜幸存者。有证据表明,某些父母确实做过所有这些事情,但对于大多数父母,我们一无所知。

关于儿童的空间生活也可以提出类似的观点。他们在家中与成年人的亲密接触并不妨碍他们独处或与同龄人在一起，尤其是在户外。已婚男女相互紧密地生活在一起，但没人会说不存在只针对男人（个体和群体）或类似地对女人的一种特殊的文化。许多儿童确实离开家去学习或交际，但这通常发生在他们十几岁的时候。在生命的最初 10 年或 12 年，他们通常待在家里，能够与父母建立联系。当他们离开时，他们的离去并不妨碍双方保持情感交流或者通过信息或信件保持联系。至于认为中世纪的儿童没有自己的文化的观点，现有的证据表明事实恰恰相反。　10 他们穿戴衣物，拥有玩具，吟诵押韵小诗，玩游戏，阅读自己创作的或专门为他们设计的文学作品。即使这些衣物、押韵小诗和游戏与成年人的相似，儿童仍然能以不同的方式独自使用它们。阿利埃斯的观点是错误的，不仅在细节上·而且在本质上——是时候摈弃它们了。

本书是对中世纪大部分时间里存在于英格兰的这些主题的第一次探索尝试，这可能比对整个西欧的这些主题的评论要详细得多。它涵盖了从出生到 16 岁左右的童年，在此意义上使用宽泛的"儿童"一词。人们还特别关注 12 岁到 21 岁的青少年，尤其是在宗教、文学和成长领域。这本书的时间跨度从 7 世纪延伸到 16 世纪中期，但讲得最具体的是中世纪盛期和后期（1100 年到 1550 年），大部分证据都来自这一时期。有一个题目很大程度上被忽略了，即学校的正规公共教育，因为这是一个大而复杂的题目，笔者和其他作者在别处已经讨论过这个题目。学习阅读的过程是个例外，因为这是一个描写学校的书籍很少探讨的主题。学习阅读也许既可以在学校也可以在家里进行，更有资格被纳入对儿童的整体研究。

"中世纪"这个词用来表示从盎格鲁-撒克逊时期到 16 世纪早期的整个时间跨度，以及生活在那个时期的人们。只有在思想、实践或制度在整个社会广泛存在的情况下，此定义才成立，例如，孩子在出生或即将出生时的洗礼可能被描述为一种"中世纪"的做法。另外，我并不是想说那段时期是静止的，或者在任何时候的任何人都相信或做着同样的事情。相反，中世纪见证了社会和文化上的巨大变化，人们的观点和活动经常有所差异，甚至在他们自己的生命周期内都会不同。从拉丁语或中古英语书面资料中引用的内容，被翻译成了现代英语。将中古英语转变为现代英语会改变原文的风格，有时还要求用新词替换旧词，然而那些希望查阅原文的人可以很容易地从参考文献中找到它们。

如果作家们可以对他们的作品表达希望的话，我的希望是揭示关于中世纪英格兰儿童的材料之丰富。中世纪英格兰儿童绝不是文学作品、艺术品和考古学中幽灵般且次要的存在，而是一个重要且有完善记录的人口群体。从出生到青春期，通过家庭生活、与他人的关系、娱乐、工作、宗教和法律，到疾病、死亡和来世，他们所产生的材料远远超过一本书所能处理的，即便处理得相当简洁。并且，读者们现在应该已经意识到，我相信他们就是五百或一千年前的我们自己。

【注释】

[1] 对这个主题的全面的史学研究，参阅 Crawford，pp.1—8。

[2] P. Ariès，*L'Enfant el la vie familiale sous l'Ancien régime*（Paris，1960）；*Centuries of Childhood*（London，1962）.

[3] 关于以下内容，参阅 Ariès，1962，尤其 pp.31—47，125—130，353—399。

[4] Ibid.，p.125.

[5] 参阅参考文献。

[6] 对于奥佩的作品，参阅参考文献。

[7] 关于以下内容，请参阅《中古英语词典》(*MED*)和《牛津英语词典》(*OED*)中引用的单词。

[8] Shakespeare，*The Winter's Tale*，III. iii. 70；ed. J. H. P. Pafford（London and Cambridge，MA，1965），p.70.

[9] 关于这个主题，参阅 Rowland，pp.17—29；更详细的内容请参阅 Burrow。

[10] *Byrhtferth's Manual*，ed. S. J. Crawford，EETS，os，177（1929），pp.10—11；Furnivall，1868a，pp.166—169.

[11] Isidore of Seville，*Etymologiarum sive Originum Libri XX*，ed. W. M. Lindsay，2 vols（Oxford，1909），ii（book xi，chapter 2）；*On the Properties of Things i*，*300*；*As You Like It*，II. vii. 139—166.

[12] 前文，pp.213—217。

[13] 前文，pp.321—328。

[14] 前文，pp.311，322。

[15] 前文，Chapters 4—7。

第一章　降临人世

分娩

每年一次,世界团结在一起歌颂分娩和婴儿期。圣诞节庆祝这样一个故事:上 13 帝和我们一样,出生时是个小孩子。然而,今天通过颂歌、圣诞卡和基督诞生剧讲述的故事,与其说是一幅图画,不如说是一个框架。当马利亚(Mary)和约瑟(Joseph)来到旅馆时,我们得知这是孩子出生的前奏。接着我们看到了天使和牧羊人。但这两者之间发生了什么?马利亚是怎么生的?谁帮助了她?约瑟做了什么?福音书没有告诉我们,因为它们预料我们会知道。中世纪的人认为自己知道,并在戏剧中表现他们的想法。在约克郡大型戏剧巡回演出中,约瑟离开去取光源和燃料,马利亚谦逊地站在牛和驴之间,当他回来的时候,孩子已经出生。[1]在切斯特剧和"新镇"剧(N-Town)的剧目中——后者是在东盎格鲁(也许在诺里奇市)——约瑟去找过两个接生婆。当他们到达的时候,孩子已经出生了。接生婆萨洛米(Salome)和泽洛米[Zelomye,或提贝尔(Tebell)]惊讶地发现马利亚毫无分娩的迹象;她还是处女。[2]

这些版本的圣诞节故事来源于两个信仰。一个是神学。不仅马利亚怀上耶稣是独一无二的奇迹,她的怀孕和分娩也同样是奇迹。她的孩子没有像正常的孩子一样在她的子宫里成长,她也没有经历一个普通母亲那样的分娩;甚至她的童贞也没有被破坏。另一个信仰植根于日常生活。人们认为,古巴勒斯坦的男人,就像中世纪英格兰的男人一样,不被允许在妇女分娩时在场。唯一合适的侍从是其他妇女——接生婆、邻居或仆人。在紧急情况下或在偏远地区，男性可能会帮助分娩，但即使这样也是不合常规的。在广为阅读的中世纪传奇小说《汉普顿的贝维斯》(*Bevis of Hampton*)中，贝维斯(Bevis)的妻子乔西安(Josian)在分娩时，他们俩正带着一个仆人在森林里旅行。他们把她带到一个空屋子里，贝维斯准备帮忙，但她突然让他走：

> 为了上帝的爱，离开这里吧……
>
> 让我和我们的女士一起工作；
>
> 在我看来，女人的私处
>
> 绝不要给男人看。[3]

她独自生下了一对双胞胎男孩——这是一个虚构的故事，但反映了大众的观点和习俗。

关于出生之前的怀孕，中世纪的人们认为他们知道很多。他们关于人类发展的观念建立在古代科学的基础之上，可以追溯到前基督教时代的希腊和近东。[4]他14 们的主要权威之一是亚里士多德。他认为，人类胚胎在受孕后，分三个发展阶段，分别与世界上的三种生命相匹配。起初，胚胎物质就像一棵蔬菜，仅仅有供养自身和生长的能力。接下来，它添加了动物的特性：感觉、欲望和移动的能力。最终，它在外形上变成人，并拥有理性或智性灵魂。[5]一个男性胚胎经过 40 天左右就有了这个最终的形状和灵魂。雌性胚胎生长缓慢，大约需要三个月的时间。在亚里士多德看来，灵魂只是生物所拥有的生命力，所以早期的胚胎有植物的灵魂，然后是动物的灵魂，最后是人的灵魂。因此，他和其他古代作家对人成形之前(prehuman)的胚胎和发展中的胎儿进行了区分，人成形之前的胚胎在外貌和灵魂上都不属于人。他们认为后者是人，而前者不是人，并对在此之前和之后伤害胎儿或母亲的人施加不同的惩罚。

希波克拉底(Hippocrates)和盖伦(Galen)等经典医学作家对胚胎发育的时间表做了更详细的描述，西欧大约是在公元 400 年圣奥古斯丁(St Augustine)时代确立了这一体系。奥古斯丁认为，男性胚胎发育到人类形状需要四个阶段。在最初的6 天里，它的物质由一种乳白色的液体组成；9 天后变成血；12 天后变成了肉；最后一个阶段，肉体获得人形和肢体，又需要 18 天——总共 45 天。奥古斯丁认为基督教的解释与此相似。在《约翰福音》(Gospel of John)中，耶稣把他的身体比作耶路撒冷的圣殿，一座花了 46 年才建成的圣殿。[6]假设圣母马利亚在 3 月 25 日［天使长加百列（Archangel Gabriel）为她的怀孕举行的天使报喜节（Annunciation）]怀上了他，并在 12 月 25 日生下了他，他在她子宫里的时间正好是 276 天；6 乘以 46，这是一个相当大的数字。[7]的确，耶稣不是一个典型的人。人们认为他独一无二，从他化身为圣母马利亚腹中胎儿起，就拥有他的整个形状和器官。毕竟，他不可能（像人类一样）经历一段仅仅是胚胎的时期。一些耶稣化身的中世纪图片显示，他从圣灵到一个微小完整的拥有人形状的圣母，只需要成长。但是他在子宫里的时间似乎证实了这样一个事实，即 46 天是一个胚胎获得人类特征的最佳时期。

基督教比亚里士多德更强调人的灵魂及其不朽。这并没有改变早期人类胚胎和人类胎儿之间的区别，而是强化了它。中世纪的基督徒开始相信，当胎儿成人形时（男性约 46 天，女性约 90 天），上帝将其灵魂放入胎儿体内；在此之前，胚胎不是人，既没有人的生命，也没有人的灵魂。中世纪的人普遍如此认为，如英诺森三世（Innocent III）这样的教皇以及托马斯·阿奎那（Thomas Aquinas）、罗杰·培根（Roger Bacon）和罗马的吉尔斯（Giles of Rome）这样的神学家。[8]直到 19 世纪晚期，天主教会才开始断言人类的灵魂从受孕的那一刻起就存在了，并认为这意味着对胚胎的重视。律师持有与神学家相同的观点：不管是教会的教士律师还是英格兰法律体系中的普通律师。1216 年，乔伯姆的托马斯（Thomas of Chobham）在他的忏悔者手册中指出，毁掉一个已成形的胎儿比毁掉一个未成形的胎儿更糟糕。他认为摩西的律法应该对后者处以罚金，而对前者处以死刑。[9]在 13 世纪后期，伟大的英格兰律师亨利·布拉克顿（Henry Bracton）用类似的方法定义杀害未出生婴儿的行为。只有当胎儿已经形成并"有活力"、拥有灵魂时，才算谋杀。[10]

在中世纪晚期的英格兰，对胚胎的科学理解同样是基于亚里士多德、奥古斯丁和他们的同仁等人的学识。一个读它的好地方是方济会士英格兰人巴塞洛缪（Franciscan friar Bartholomew the Englishman）的百科全书，或者有时他又叫巴塞洛缪·格兰维尔（Bartholomew Glanville）。他的作品《物之属性》（"论物的性质"）可能是 13 世纪 40 年代在欧洲大陆写成的，这是一项有创意的调查，始于上帝并且包括人类、动物、植物、地理地质学。一直到 16 世纪，它的原始拉丁文本都被广泛阅读，之后被翻译成英语、法语、荷兰语和西班牙语，传播给广大群众。1398 年，约翰·特里维萨（John Trevisa）为伯克利勋爵（Lord Berkeley）出版了（这本书的）英文版，印刷开始后，这本书的市场需求仍然很大。温金·德·沃德（Wynkyn de Worde）在 1495 年出版了一个版本，同时其他印刷商分别在 1535 年和 1582 年出版另外的版本。[11]在莎士比亚时代之前，这本书一直是有关人类出生和繁衍的主流知识的主要来源。

巴塞洛缪写道,根据亚里士多德的意思,孩子是由父亲的精液和母亲贡献的物质(他没有使用"卵子"这个词)共同形成的。[12]如果生成的胚胎长在孕妇右侧,就会变成男性;如果在左侧,则为女性。父亲的精液和母亲的物质的相对美德或力量决定了孩子的特性。如果父亲的基因占主导地位,孩子就继承他的基因,依此类推。他对男性胚胎发育的描述与奥古斯丁的相似,除了把发育的第一阶段归结为七天。这就把胚胎完整的发育期计算得和耶稣的一样:46 天。和亚里士多德一样,巴塞洛缪小心翼翼地指出,人类的成长是以不同的速度而不是以相同的标准进行的。那些早出生的人,胚胎同样过早就达到基本的形状,从受孕起计算只需 30 天,而不是标准的 46 天。婴儿们一个一个地发展他们的成员,而不是定期地一起发展。

16　　胚胎在子宫内的时间从 8 个月到 10 个月不等。女孩比男孩待得更久,因为形成男孩的元素更热,就像它在子宫里的环境一样。然而,在巴塞洛缪和其他中世纪作家看来,只有在人体形成之后,胚胎才拥有人的生命和灵魂。到了 8 个月的时候,孩子在子宫里活动的能力显示了他(或她)想要出生的愿望。有时,这种运动使他(或她)衰弱,这就解释了为什么有些婴儿出生后活不长。从母亲的乳房情况可以了解有关临产孩子的很多情况。乳房坚挺预示孩子健康,下垂预示虚弱,而瘦小的乳房预示死胎或早产儿。挤压乳头产生乳汁是虚弱的进一步表现。如果右侧乳房大于左侧乳房,则生男孩;左侧大于右侧,则生女孩。[13]

阅读巴塞洛缪的作品提醒我们,在中世纪,分娩是一个危险的过程。这是公认的,人们渴望分娩预后得到保障。教堂拥有的圣物承诺会确保安全分娩。这些很多都是束腰紧身衣或腰带,也许是因为它们象征着打开,可以在妇女分娩前或分娩时放在她的腹部或周围。在 12 世纪早期,坎特伯雷大教堂(Canterbury Cathedral)曾把圣安瑟伦(St Anselm)的腰带借给分娩的妇女。[14]另外,神圣的圣母马利亚[葬在威斯敏斯特大教堂(Westminster Abbey)]的腰带曾被借给王室孕妇们。它被送到加斯科尼(Gascony)给亨利三世(Henry III)的王后普罗旺斯的埃莉诺(Eleanor of Provence),并被送到纳尔斯伯勒(Knaresborough,约克郡)给爱德华一世(Edward I)的女儿伊丽莎白(Elizabeth),它与 1502 年一位僧侣送给约克女王伊丽莎白的"圣母腰带"(Our Lady girdle)可能是同一条。[15]其他宗教场所也有类似的圣物。圣母马利亚的第二条腰带在布鲁顿大教堂(Bruton Abbey),第三条有部分(是她的罩衫饰带)在戴尔大教堂(Dale Abbey),其他如圣埃尔勒德(St Ælred)、圣伯纳德(St Bernard)和圣弗朗西斯(St Francis)的束腰紧身衣,圣彼得(St Peter)的锁链，以及特伦特河畔伯顿(Burton-on-Trent)的圣莫德温娜(St Modwenna)的拐杖都可以供怀孕的妇女依靠。甚至教区教堂也做出这样的承诺，正如凯勒姆(Kelham，诺丁汉郡)对圣斯蒂芬(St Stephen)的手指所做的那样。[16]

妇女们如果无法接触到圣物，或者让人将圣物带到她们身边，就会转而求助于其他形式的超自然援助。在中世纪晚期，其中有一种是一卷羊皮纸或普通纸，上面载有一个相当于1/15耶稣身高的十字架或他身体两侧伤口的临摹品。和束腰紧身衣一样，卷轴可以在分娩的时候放在肚子上，上面有书面承诺，谁看了或穿了它们，谁就能轻松分娩。[17]某些矿石也被认为是有用的。它们包括水晶、碧玉、孔雀石以及最好的鹰石。人们认为，最后这种(一种铁矿石)常被鹰带到它们的巢穴，以帮助它们繁殖。[18]人们发现它是硬壳软核的块状物，其中一部分有时会松动，内部发出"咔嗒咔嗒"的响声，这让人联想到空心石头的奇妙，也让人联想到子宫里的婴儿。没有羊皮卷轴和鹰石的贫穷妇女只能采取较低级的预防措施。雷金纳德·斯科特(Reginaled Scot)讲述了16世纪末人们如何在腰带或鞋带上系上铃铛并敲响三次。这也被认为能使分娩过程更加顺利。[19]

当时的人也鼓励精神上的准备。约在1400年，利勒夏尔地区(Lileshall，什罗普郡)的教士约翰·米尔克(John Mirk)写了一部简单的《给教区教士的指示》(*Instruction for Parish Priests*)，敦促他们告诉孕妇来忏悔并接受圣餐，"出于对可能降临的危险的恐惧"，换句话说就是死亡。[20]中世纪晚期约克郡主教教区的一份祷文邀请听众为该教区或其他教区内的所有孕妇祈祷：

17

> 上帝安慰她们，赐给她们喜乐，赐给她们的孩子基督教的洗礼，赐给母亲神圣教会的净化，解除她们分娩的痛苦。[21]

事情远不止眼前所见。我们不仅祈祷分娩成功与孩子健康。我们指望婴儿能活到受洗的时间，换句话说就是几分钟，以及他们的母亲能活过至少40天，接着在教堂里接受洗礼。有种常见的情况，即母亲死于难产但婴儿仍在她体内，教会领导人就裁定应该进行剖腹产手术。恩舍姆的阿尔弗里克(Ælfric of Eynsham)在公元1000年后不久写道，尤利乌斯·凯撒(Julius Caesar)就是这样出生的，他还说认识另一个这样出生的人，那人一直活到了晚年。[22]后来几名神职人员重复了这一呼吁，米尔克告诉接生婆不要吝啬使用刀子。如果她没有勇气，她应该找一个人来做这件事——这的确是最后的办法。[23]

巴塞洛缪认为四肢纤细的年轻女性在分娩时尤其危险；在他写作的年代，贵族女孩十几岁就结婚生子。[24]一些高贵的女孩和年轻的妇女没有在危机中幸存下来，尽管这个年龄可以为最大限度的护理做准备。玛丽·博亨（Mary Bohun）——德比（Derby）伯爵夫人，亨利四世（Henry IV）的第一任妻子，在1394年分娩后不久就去世了。亨利八世（Henry VIII）的王后简·西摩（Jane Seymour）在生下她的第一个孩子爱德华六世（Edward VI）12天后也去世了。在布利克灵地区（Blickling，诺福克郡）的教堂里，有一座悲伤的纪念碑，供奉着托马斯·阿斯特利（Thomas Asteley）的妻子安妮·阿·沃德（Anne a Wode）。这是一座不朽的铜像，它描绘了安妮怀抱着两个襁褓中的婴儿。一处铭文解释说，"在殉道者圣阿加佩图斯（St Agapetus）殉道的那天（1512年），她生下一个男孩和一个女孩，度过分娩的危险后，她突然来到上帝面前"。她的孩子们显然也是如此。[25]玛格丽特·博福特夫人（Lady Margaret Beaufort）虽然在13岁时成功生下亨利七世（Henry VII），但由于身材矮小，因此分娩困难，并且之后似乎一直无法生育。[26]

再之后，分娩需讲究专业知识，而这在古代是由女性而不是男性提供的，是接生婆而不是男医生。"接生婆"指的是在分娩时"与妻子在一起的人"，或者（不太确定）是"在妻子身边"为她接生的人。[27]拉丁语中的对应词"产科医生"（obstetrix），表示"站在旁边的女人"。在特里维萨的翻译中，巴塞洛缪将她定义为，"一个有能力帮助分娩的妇女的女人，使这个妇女以较少的痛苦和悲伤生下她的孩子"。他讲述了接生婆如何用舒缓的药膏涂抹母亲的子宫以减轻分娩的痛苦。她把孩子从子宫里取出来，在4英寸长的地方给脐带打结。她用水洗去孩子身上的血，用盐和蜂蜜（或盐和玫瑰，捣在一起）涂在他身上，使他干燥，安抚他的四肢和身体，并把他包裹在衣服里。用蘸有蜂蜜的手指揉搓他的口腔和牙龈，以清洗它们，并刺激孩子吮吸。[28]接生婆通常由其他妇女协助：大户人家由仆人，小户人家则由邻居。在这种情况下，甚至大人物也会到场相助或提供安抚；沃里克伯爵夫人安妮（Anne countess of Warwick，1492年去世）因乐于陪伴分娩的妇女、慷慨地提供物质帮助而被人们铭记。[29]

巴塞洛缪对接生婆职责的描述属医学范畴，但其他资料显示，接生婆有时会求助于宗教或迷信手段来安抚病人（指产妇），让她们顺利分娩。在分娩的阵痛中，接生婆和她的助手会向圣徒祈祷，并敦促母亲（指产妇）也这样做。亨利三世的王后曾向圣玛格丽特（St Margaret）请求帮助，爱德华一世向圣托马斯·贝克特（St Thomas Becket）求助。[30]古卷上已经提到，那些使用古卷的人用它向圣西尔（St Cyr）祈求，圣西尔是一个与他的母亲尤莉塔（Julitta）一起殉道的圣婴，大概是因为作为一个孩童,圣西尔同情分娩的问题。[31]16 世纪中期的作家们认为圣母和圣玛格丽特是主要的祈祷对象。[32]那时,教会改革家已经开始反对这种做法。1535 年,以威斯敏斯特大教堂的圣母腰带为始,他们开始破坏分娩圣物。[33]1538 年,索尔兹伯里(Salisbury)主教尼古拉斯·沙克斯顿(Nicholas Shaxton)告诉他的神职人员,要警告接生婆不要让分娩中的妇女发誓去朝圣,而只需要向上帝祈祷。在分娩过程中,她们不应该使用"任何腰带、钱包或圣母的物品"。1551—1552 年,格洛斯特(Gloucester)和伍斯特(Worcester)的主教约翰·胡珀(John Hooper)试图用迷信的方式向圣徒或"盐、草药、水、蜡、布、腰带或圣骨"祈祷。伦敦主教埃德蒙·邦纳(Edmund Bonner)是一位虔诚的天主教宗教改革家(Reformation Catholic),他不反对向圣徒祈祷,但在 1554 年,他谴责接生婆使用未经教会批准的魔法、符咒、巫术、邪术和祷告。[34]

接生婆可能是通过协助一位年长的、有经验的医生而学会了她的技能。她的社会地位并不高,曾有人称她仅仅是"妈妈接生婆"(Mother Midwife),此人曾于 1520 年拜访过亨斯坦顿(Hunstanton,诺福克郡)的乡绅莱斯特兰奇(Lestranges)一家。[35]同样,她的角色赋予她世俗和宗教的双重威望与重要性。在中世纪的法语中,她被称为"助产士"(sage-femme),意思是"聪明的女人",1523 年,一位出现在教会法庭上的接生婆提到"我的职权"。[36]该职权包括进行紧急洗礼。人们只想要那些声誉良好的接生婆。1372 年,冈特的约翰(John of Gaunt)命令莱斯特(Leicester)的接生婆伊洛特(Ilote)去赫特福德(Hertford)为他的第二任妻子康斯坦丝(Constance)接生。[37]凯瑟琳·蒂勒(Katherine Tiler)——布里斯托尔(Bristol)的接生婆,在 1520 年 11 月被传唤到 12 英里外的索鲁伯里城堡(Thorubury Castle,格洛斯特郡)伺候白金汉公爵(duke of Buckingham)的儿媳。[38]然而,接生婆不像奶娘,她是一个临时的角色,工作报酬也没那么高。当冈特的嫂子——白金汉伯爵夫人,在 1382 年生下一个女儿时,他给了接生婆 20 先令,不及他赠给奶娘的礼物的 1/3,而凯瑟琳·蒂勒只收到 10 先令。[39]收入最高的接生婆是王室成员。1486 年,接生婆艾丽斯·马西(Alice Massy)获得 10 英镑,她曾陪伴亨利七世的女王约克的伊丽莎白成功生下第一个孩子亚瑟王子(Prince Arthur)。[40]她可能被留下来帮助女王后期的生育,因为在 1504 年,当所有的生育都结束时,伊丽莎白自己也去世了,亨利每年给艾丽斯一笔小钱——5 英镑,奖励她曾作为"我们最亲爱的妻子女王的接生婆"[41]。

对王室和贵族的分娩与洗礼的描述是从 15 世纪中叶流传下来的。在那个时期,许多贵族的生活都受到高度规范,贵族夫人生孩子时要有与她的身份相称的风格和尊严。在爱德华四世(Edward IV)统治时期,颁布了一些关于女王分娩与坐月子的法令,1493 年,亨利七世也批准了一些法令。[42]受王室家族的启发,公元1500 年,诺森伯兰郡伯爵夫人珀西(Percy countess of Northumberland)设计了另一套法令,增加一些王室法令中没有的细节。[43]这些文件中所规定的做法是详尽的,目前还不清楚这些做法被地位较低的贵族和乡绅复制了多少,但它们很可能有一定的影响。王后或伯爵夫人(我们姑且称她为夫人)可以选择她生孩子的房间,而且必须铺上地毯。屋顶、墙壁和窗户上都挂着华丽的挂毯,如果夫人愿意,就留下一扇窗户供她采光。黑暗的房间因此可视。灯会准备好,橱柜和床也会摆放好,富丽堂皇与夫人的地位相称。珀西的家人计划摆放一个便携式圣坛,以便进行弥撒。卧室之外的一两个房间也要布置得很富丽堂皇:一个接待室和一个带有"身份椅"(chair of estate)或王座的大房间。

　　这位夫人在预产期前一个月左右进入这些房间,并在产后继续在里面待上大约六周,直到她接受洗礼或"安产感谢礼"。[44]她在进入她的套房时,会在她所住的房子的礼拜堂里举行一个仪式。关于礼拜堂,珀西的法令解释得很详细,认为它会有一个很高的圣坛、两个较低的圣坛,还有一个在礼拜堂上方的"密室"或画廊里,那里是夫人做礼拜时坐的地方。当礼拜堂的主持牧师为仪式做好一切准备时,管家、牧师以及先生们就引导夫人走进密室。当她从密室里向外看时,在礼拜堂很高的圣坛上举行大弥撒以纪念圣灵,在其他三个圣坛上分别举行小(简单的)弥撒——四场弥撒同时进行,以尽可能多地使她精神受益。在做大弥撒的时候,她经过一道楼梯走到礼拜堂里,要特别注意,她穿过屏风进入圣坛。她跪下来,献上贡品,亲吻圣像牌(牧师在祝圣弥撒中的面包和葡萄酒后亲吻的小金属或象牙圆盘)。然后她被给予圣餐,或者,正如它被表达的那样,"接受她的权利"。

　　在宗教改革之前,对于一般人而言,接受圣餐是不寻常的。这种事通常只发生在复活节(Easter Day)和有重大危险的时候,生孩子就是其中之一。按照惯例,两位先生用毛巾托着夫人的下巴。这是用来接住礼拜堂牧师把祝圣面包片放进她嘴里时可能掉下来的面包屑。然后,家庭仆人从酒窖里拿出酒,检查质量。酒先倒进那位夫人自己的杯子里,再从那杯子倒进一个圣杯,呈给她喝。在中世纪后期的使用中,这种酒并没有被奉为圣物。圣餐用的圣酒太神圣了,不能给出去(如果它酒掉了怎么办?),所以领受圣餐的人被给予普通的酒来清洁他们的口腔以及送服圣饼。圣餐仪式过后,这位夫人回到她的套间。在珀西家,她会得到一份"离席小酒点"（voidee）或一杯加香料的酒填填肚子，因为她会在领圣餐前禁食。然后，勋贵们隆重地把她接到她的房间。

此时，那些人离开了套房，外面的门也被锁上了。只有妇女被留在里面。需要的时候会有人给她们送去食物和酒，她们承担了通常属于男性的职责：为夫人服务并满足她的需要。由她们安排人将分娩和生下孩子的消息告诉领主和他的家人，有人会警告礼拜堂的神职人员要在夫人分娩期间祈祷。如果夫人成功分娩，她们的任务是立即唱《赞美颂》（*Te Deum*），一种对喜悦的结果表示赞美和感谢的赞美诗。

洗礼的习俗

婴儿一出生，就进入人类社会。从 7 世纪开始，英格兰社会成为一个基督教社会，它寻求超越人类，这种渴望影响了婴儿。塞姆普林汉姆（Sempringham，林肯郡）教士伯恩的罗伯特·曼宁（Robert Mannyng of Bourne）于 1303 年开始创作的英语诗歌专著《执手罪恶》（*Handling Sin*），很好地表达了基督教对罪恶的态度。曼宁 22 开始向大众解释教会的教义与实践。和所有的基督徒一样，他也相信人类因亚当的不服从罪而从恩典中堕落，并从这开始讲起。一旦这样的事发生了，男男女女就无法从罪恶中解脱出来，只能死在没有神的地狱里。

曼宁说，得救的唯一途径就是受洗，在这个过程中，一个人通过仪式上的水洗，放弃罪恶，确认对上帝的信仰，并接受上帝的恩典：

> 我们得救了，通过基督教洗礼
> 亚当的死罪，
> 所有的人类都是在罪恶中诞生的：
> 现在是，将来是，过去是。
> 亚当的罪是如此严重
> 以至于没有人对上帝如此亲近
> 谁不去地狱
> 除非他被石头洗礼过。

洗礼使我们从人类的悲惨境况中解脱出来，将我们从魔鬼的奴役中解放出来，并

(为我们)打开通往永生的大门。[45]在1299年报道的一则来自东方的故事中,曼宁的同时代人看到了它的拯救力量。鞑靼人(异教徒)国王的兄弟娶了亚美尼亚国王的基督徒女儿。她给他生了个儿子,儿子长着鬃毛和头发,父亲命令把他烧死,但母亲要求把孩子交给她,并让牧师给他施洗。霎时,他蓬松散乱的外观消失了,变得优雅而迷人。当这个父亲看见神迹,他信了基督,他的家人也如此。[46]

在基督教的早期发展阶段,和耶稣一样,人们成年后会接受洗礼。[47]然后,教会建立了条例和章程,规定应该首先对新人的信仰进行指导和检验。因此,洗礼发展为两个阶段的仪式:首先,审问申请人:检验以确保他或她放弃了世界、肉体和魔鬼,并信仰三位一体。然后施加洗礼,通常放在复活节或圣灵降临节(Pentecost)举行,这是早期教会的两大节日。然而,一旦成年人中有人成为基督徒,他们自然就会希望自己的孩子也能受洗,这样他们就能组建成一个完整的基督徒家庭。公元3世纪,罗马开始实行婴儿洗礼,当时,神父希波吕托斯(Hippolytus)建议,在洗礼庆典上,应首先允许儿童入内,接着是男人,然后才是女人。他补充道,既然儿童不能代表自己说话,那么他们的父母或家人应该代表他们说话。

把洗礼的范围扩大到儿童起初并没有得到普遍的支持。特图利安(Tertullian,约公元200年)就不赞成这种做法,他说提倡为婴儿施洗的人如果承诺这些婴儿会信仰什么和做什么,就有发假誓的危险。但到了四五世纪,罗马帝国大部分地区名义上都信奉了基督教。儿童如此广泛地接受洗礼,以至于神学家们开始担心如何拯救那些没有受过洗礼的人。米兰的安布罗斯(Ambrose of Milan,397年去世)说,他不知道一个未受洗的孩子是否配得上天堂。希波的奥古斯丁(Augustine of Hippo,430年去世)的说法更激进。他认为所有新生儿都是有罪的,没有人不重生而能摆脱审判。他建议尽早施洗,以免被神永久驱逐。从他的时代开始,儿童受洗得到广泛认可,人们认为有必要这样做,所以在他们还是婴儿的时候就应该受洗。

在7世纪英格兰人改信基督教时,这种观点就已经确立。的确,受第一批传教士洗礼的,许多都是成年人,但新宗教一旦在父母中生根,这种做法很快就会延伸到他们的婴儿身上。关于英格兰人受洗的最早的记载之一是诺森布里亚(Northumbria)国王埃德温(Edwin)的小女儿伊恩弗雷德(Eanflæd)。她出生在626年的复活节,就在同一天,她的父亲,一个异教徒,逃脱了一场由威塞克斯(Wessex)国王派来的刺客的袭击。埃德温对这两件事非常高兴,他允许伊恩弗雷德在接下来的圣灵降临节受洗,并承诺如果他成功惩罚威塞克斯,就和她一样(去受洗)。[48]当这个仪式完成后,在下个复活节,埃德温自己参加了仪式,并且他后来的孩子也接受了洗礼，可能是在出生后不久，因为他们中的两个在洗礼后的一个星期内去世了。[49]

确切地说，关于何时给婴儿施洗的共识形成较慢。直到 12 世纪晚期，英格兰对这一问题一直有两种不同的看法。有人希望把仪式的时间定在传统的复活节和圣灵降临周（Whitsuntide），包括对婴儿的施洗。除非有死亡的危险，切尔西教会委员会（Church council of Chelsea）（787 年）下令所有人应遵守"标准的宗教仪式"（canonical observances），指的也是这些时间，到 1170 年，温彻斯特委员会（Council of Winchester）也做出了类似的裁决。[50] 历史学家奥尔德里克·维塔利斯（Orderic Vitalis）告诉我们，他出生于 1075 年 2 月 16 日，在下一个复活节前夕（4 月 4 日），尽管阿查姆（Atcham，什罗普郡）的洗礼在当地举行，但他没有参加。[51] 还有一种做法是，尽可能在一出生就施洗。早在约 690 年就有这种记载了，当时的威塞克斯国王伊内（King Ine of Wessex）颁布了一项法令，强制要求婴儿一出生就接受洗礼。每个孩子都要在出生后 30 天内接受洗礼。如果监护人不遵守（这条法律），会被罚款 30 先令，如果孩子未受洗礼就死亡，剥夺监护人的一切。[52]

伊内的法律非常实用，因为在他的时代，很多地区建立了教会和牧师社区。人们可以设想父母和牧师能在婴儿出生后一个月内取得联系。到了 10 世纪和 11 世纪，当地的教区教堂越来越多，对临产儿施洗变得可行。所谓的"埃德加教规"（Canons of Edgar，1005—1008），实际上是由约克和伍斯特的伍尔夫斯坦（Wulfstan of Worcester and York）主教颁布的，命令牧师告诉他们的教区居民，所有的孩子都应该在出生七天内接受洗礼。[53] 同一时期的《诺森布里亚祭司法》（Northumbrian Priests' Law，1008—1123）规定这个时间为九天，（超时）罚款 6 奥尔斯（ores，约 10 先令）。如果一个孩子在这段时间内没有受洗就死去了，那些负责人应该做忏悔。如果在九天之后，他没有受洗就死去，他们要忏悔并接受 12 奥尔斯的罚款。[54]

1170 年之后，关于洗礼时间的声明消失了，这表明，到 1200 年左右，洗礼通常在婴儿出生后不久进行，而且常常是在出生的那天。在早些时候，这可能是常见的。康沃尔的彼得（Peter of Cornwall，1221 年去世）是奥古斯丁教义和神迹收藏家，他的家族来自朗塞斯顿（Launceston，康沃尔郡）。他告诉我们，在 12 世纪早期，他有一个名叫帕甘（Pagan）①的叔叔，之所以这么叫是因为他直到 12 岁才受洗。[55]

---

① Pagan 通常解释为异教徒，此处取其音译指代人名，意指取此名的人接受洗礼的年龄太大，不符合彼时教会提倡一出生就洗礼的做法，因而被讽刺为"异教徒"。——译者注

但这段家族史可能有误。帕甘完全是一个可以接受的教名,朗塞斯顿附近有两三个教堂,在那里受洗不会有任何障碍。有时候,因为要联系教父或教母、安排出行事宜,尤其是如果孩子比预期早出生,洗礼可能会推迟一两天。[56] 14 世纪发行的英文版传奇小说《莱弗莱因》(Lay Le Freine)虚构了这样的情况:一个骑士的妻子生了一对双胞胎。他急忙召见使者,命令他赶快骑马去找他的邻居——另一位骑士,请他做孩子的教父。[57] 另一方面,普通人更有可能身边就有朋友和邻居来承担这一角色,他们无需等待。1480 年,伦敦的一个教会法庭认为,一个有非婚生子女的人过了两天才带着孩子受洗,这加重了他的罪过。[58]

1200 年之后,教会自己制作了一张例外的速度时间表(timetable of speed),试图调和在复活节和圣灵降临节洗礼与出生后立即洗礼的两种主张。教会仪式书规定,在这些节日之前的星期六,应该在教堂里进行庄严的洗礼,似乎教会会为了这个目的而收留在这之前出生的婴儿。这种做法不受家长们的欢迎。1237 年,伦敦议会解释教皇本人在这些日子会亲自为婴儿洗礼,其他国家的教会也都这样做,试图打消他们的疑虑。[59] 最终,雷丁委员会(Council of Reading)在 1279 年做出了妥协。婴儿只会在复活节和圣灵降临节之前的那一周被收留,如果他们有死亡的危险,便取消收留。与此同时,所有人都会接受洗礼仪式的第一部分,即"教义问答",只需要等待洗礼本身。[60] 人们偶尔会邂逅基督教名字,比如女性的名字阿纳斯塔西娅(Anastasia,意为"复活"),男性的名字帕斯卡(Pascoe 或 Pascal,意为"复活节"),以及中性的名字潘特科斯特(Pentecost,意为"圣灵降临节")。如今看来,这些可能是指特殊情况下的洗礼。

洗礼的正式礼仪发展起来。洗礼必须在自己的教区教堂或公认的小教堂里举行,而不是在家里(紧急情况除外)或在私人小教堂里。为了不损害教区教堂的权利,应谨慎管理小教堂获得洗礼器。一些神职人员要求为孩子施洗收取费用——早在 10 世纪 90 年代,恩舍姆的阿尔弗里克就谴责了这种做法。[61] 12 世纪的作家马姆斯伯里的威廉(William of Malmesbury)暗示这种做法广泛存在于诺曼征服时期,并讲述了伍斯特地区的教长圣伍尔夫斯坦(St Wulfstan)以及后来的主教(1062—1095 年)如何通过免费为穷人的孩子施洗而出名。[62] 从 12 世纪到 13 世纪晚期,教会经常禁止收取洗礼费,但如此频繁的重复,表明这种做法是缓慢消亡的。[63] 最重要的是,受洗需要赞助人——那些赞助受洗者的人在场。这是必要的,无论他或她是一个孩子还是成年人。例如,当萨塞克斯的国王埃塞尔威尔(Æthelwealh)成为基督徒时,麦西亚(Mercia)的国王伍尔夫菲尔(Wulfhere)充当了他的赞助人,而国王阿尔弗雷德(Alfred)也对他以前的敌人丹麦人古瑟伦(Guthrum the Dane)做了同样的事情。[64]

到了约 1000 年,男性赞助人被称为"教父",女性赞助人被称为"教母"。如果你需要讨论这两种人,在中世纪不用单词"godparent",而用"godsib",再后来用"gossip",意思是"臣服于上帝的家属"。[65]现代习俗早在 12 世纪就已建立,即男孩或男人在受洗时应该有两个教父和一个教母,女孩或女人则相反。[66]除非是紧急情况,父母一方不能为孩子施洗,一对夫妻也不能为同一个孩子施洗。然而,兄弟姐妹之间(即使是孩子)没有这种限制,在 1330 年肯特伯爵(earl of Kent)被处决后不久,他的家庭陷入混乱,他年幼的儿子和女儿成了他俩刚出生的弟弟约翰的赞助人。[67]神职人员以及洗礼仪式的主祭牧师本人都有资格成为教父母。[68]1282 年,我们听说一个怀孕的母亲做了这件事,但是到了 16 世纪,一些人认为这不合礼仪。[69]16 世纪 30 年代中期,当亨利八世的仆人拉尔夫·萨德勒(Ralph Sadler)需要为他刚出生的儿子找一名教母时,他不确定是否应该去找住在附近的理查兹夫人(Mrs Richards),万一她是孕妇。他在一封信中写道:"在妇女中有一种迷信的观点和惯例,那就是如果一个妇女怀了孩子,她就不能为其他男人的孩子施洗(成为教母)。"[70]这是一种迷信,还是对未来的预防? 正如接下来所见,一个人不能与他们教父母的孩子结婚。[71]

总之,12 世纪以后,洗礼通常是在出生当天或最多几天之后进行的。王室洗礼可能是最慢的。15 世纪中期以后,通常在出生后的 2—4 天内举行洗礼,也许是为了留出时间准备周密的与之相关的公共仪式。[72]然而,并非所有的分娩都是顺利的。如果分娩困难或婴儿虚弱且似乎出生时或出生后不久就可能死亡,该怎么办? 在这种情况下,婴儿一出生或在分娩的过程中就接受洗礼。这对于保命是如此重要以至于教会在这些情况下放弃了神职人员的权利。在紧急情况下,任何普通人都可以施洗,即使是父亲或母亲,但父母只有在没有其他人的情况下才可以这样做。中世纪后期,为神职人员和平信徒服务的作家都不遗余力地描述了这一过程,牧师们也被要求确保每个人都知道这一过程,尽管在实践中,这类紧急情况通常由接生婆处理。紧急洗礼必须包括两个要素:孩子的头部必须用纯净水清洗;施洗的人必须说:"我以圣父、圣子和圣灵的名义给你施洗。"虽然不是必需,但最好也给他起个名字。洗礼的字眼可以用英语、法语或拉丁语说,但他们必须援引三位一体中完整的三个人。[73] 26

1523 年,人们调查了肯特郡的一名接生婆进行的一次紧急洗礼,展示出在正确遵守规则的情况下洗礼现场发生的事。接生婆伊丽莎白·盖恩斯福德（Elizabeth Gaynsforde）在罗切斯特（Rochester）主教法庭宣誓作证说：

> 我，前面提到的伊丽莎白，看到托马斯·埃弗里（Thomas Everey）的孩子，晚生，生命有危险，依据我的职责——当时是接生婆，就以这种方式给这个孩子施洗。"以圣父、圣子、圣灵之名，我为你丹尼斯（thee Denys）施洗。"

她被问道：

> 孩子是不是提到的那位托马斯的妻子生下的，何以她回答说孩子还没出生，是因为除了孩子的头，她什么也没看见，而且因为孩子处于危险之中，所以在那个时候她需要——正如刚刚所说——为孩子施洗，她用手把水洒在孩子的头上；之后孩子出生了，被送到了教堂，在那里，牧师给了（他）尚缺的基督教（洗礼），并且孩子仍然活着。[74]

这一切传统且合理，包括选择"丹尼斯"——一个男女通用的名字。正如伊丽莎白所指出的，一个在紧急洗礼中幸存下来的婴儿最终被带到教堂，牧师询问已经做了什么，然后进行了剩余的洗礼仪式。[75]

有时信徒的洗礼难免做得不好。可能会使用不正确的词汇，曼宁在书中写了一个故事来警告人们这一点。一个接生婆用她自己的一句话给一个孩子洗礼：

> 上帝和圣约翰，
> 给这个有血有肉的孩子施洗礼！

孩子死了。当他（或她）被带到教堂墓地埋葬时，牧师询问接生婆做了什么。他告诉她，孩子的灵魂已经迷失了，并永远禁止她再帮忙接生。[76]似乎有一些平信徒过于担心犯错，以致他们中的好几个人说过这句话，而非那一个人有意这么做。中世纪晚期的一篇文章谴责"一些愚蠢的女人"这样做过，而且是四五个人一起参与。[77]这种行为说明恐惧。如果没有牧师在场，这些话会说得准确吗？如果不准确，且孩子死了，他（或她）的灵魂就不会被赐福且上不了天堂吗？我们将在后面的章节中看到，婴儿的死后生活是一个非常值得关注的问题。[78]

洗礼仪式

中世纪后期，在拉丁语工具书《手册》中已经规定了洗礼的标准步骤，当神职人员为他们的教区居民在分娩、结婚、死亡等事宜进行服务时,他们手中拿着这本书。[79]《手册》假定,洗礼将在出生后不久在教区教堂举行,而且因为教区可能随时会有人出生,所以洗礼盆里通常会备着水,并且水要经常更换以保持纯净。参加洗礼的人,包括接生婆、婴儿和教父母,聚集在教堂的门廊处,派人通知牧师接见他们。牧师问接生婆孩子的性别;如果是男性,则放在他的右边,女性则放在左边——在生命的最初阶段,这一习俗将男性与力量和统治联系在一起。尽管到了中世纪后期,每个人出生时都要接受洗礼,但洗礼仪式仍然保持着古老的双重形式,并在《手册》中有所体现。[80]婴儿在受洗前必须接受指示,而这些指示必须在教堂之外进行,因为在这个阶段,婴儿还不是基督徒,没有资格进入教堂。建造精致的教堂门廊部分目的就是为这些场合提供庇护以及渲染辉煌壮丽的气氛。

传统意义上的指示无法造出一个适合进入教堂的婴儿。相反,是为他(或她)驱除邪恶,并在一系列仪式中给他(或她)注入圣德。首先,牧师用拇指在婴儿的额头上画个十字。然后他把手放在孩子的头上,问他(或她)叫什么名字。下一个仪式是用一些盐驱邪,这些盐由受洗人的亲人带来,然后放一点到婴儿的嘴里。这个过程有祈祷相伴随,给男孩和女孩的祈祷略有不同,接着在额头上会再画两个十字。在这之后,牧师回忆耶稣治愈一个聋哑人的方式,在他的左手吐唾沫,然后右手拇指用唾液湿润婴儿的耳朵和鼻孔。接着,他在婴孩的右手画个十字。"这样,"他说,"你可以示意自己,抵制一切坏人。愿你保持天主教信仰,拥有永生,永远活下去。阿门。"最后,他喊婴儿的名字,对他(或她)说:"进入上帝的圣殿。"

现在,受洗团体走进教堂,来到靠近入口的洗礼盆前。如果洗礼盆里有新水,牧师就必须通过诵读祷文和进一步的仪式使之神圣。将洗礼盆里的水向四周洒出一些。牧师对着水吹三次气,按十字形状把蜡烛的蜡滴在水里,使水变得神圣,然后用蜡烛的底部在水里画个十字。他(向水里)滴上几滴油和圣油(一种油和香油的混合物)。然后,他把婴儿(从受洗的长袍里取出)抱过来,把右手放在他(或她)的身上,再次问他(或她)的名字。他用拉丁语向婴儿提出问题,由他(或她)的教父母代为回答。他们也应该用拉丁语回答,虽然很简单:

你放弃撒旦吗?(*Abrenuncias sathane*?)

我放弃他。(*Abrenuncio.*)

那他所有的德行呢?(*Et omnibus operibus eius*?)

我放弃它们。(*Abrenuncio.*)

那么他的浮夸呢?(*Et omnibus pompis eius*?)

我放弃它。(*Abrenuncio.*)

牧师用拇指蘸上油,在婴儿两肩之间的胸部和背部画上十字。然后他说:

你在寻找什么?(*Quid petis?*)

洗礼。(*Baptismum.*)

你希望受洗吗?(*Vis baptizari?*)

我希望。(*Volo.*)

现在,婴儿可以接受洗礼了。

为了做到这点,牧师把婴儿抱在手里,让他(或她)的头朝东,脸朝北,换句话
说,就是在他(或她)的右侧。他说:

我以圣父的名义给你施洗(*Et ego baptizo te in nomine patris*)。

说着把婴儿整个浸在水中。接着他把婴儿的脸转向南方,重复同样的事,继续说:

并以圣子的名义(*et filii*)。

然后他第三次把婴儿的脸浸入水中,最后说:

并以圣灵的名义(*et spiritus sancti*)。阿门。

平信徒似乎专注地注视着这一过程。"我们认为",1546年一位教会评论家说,

如果我们的孩子顺利地接受洗礼,他们的四肢将永远健康。但如果他们
遭遇不幸,肢体任何部位受到伤害,我们立刻将过错归咎于牧师,说:"那个部
位没有受过良好的洗礼。"[81]

因此,牧师有责任在众人见证下将孩子完全浸入水中。

当这些都完成后,年长的教父母从牧师手中接过婴儿,正确地"把他(或她)举
在洗礼盆上方"。当教父母举着他(或她)的时候,牧师用拇指蘸上圣油,在孩子的
头顶画个十字。现在把婴儿放进他(或她)的"洗礼服"(chrisom):一块布或一件带
帽的长袍,包裹着他(或她)的头部和身体,并固定住圣油。[82] 婴儿手里握着一根点
燃的蜡烛,上面写着文字,翻译如下:

接受燃烧着的和不熄灭的光。保护您的洗礼。你们要谨守,好叫主出现
在婚礼上的时候,你能和圣徒在天堂的圣殿中与他相遇。

最后,牧师必须给所有相关的人下指示,照规则仪式就此结束。他必须警告孩子的

父母,在孩子 7 岁之前,他们应该让孩子远离火、水和其他一切危险,如果他们做不到,就由教父母负责。后者被要求教孩子长大后的三种基本祈祷文,这是每个人都应该知道的:《主祷文》(Paternoster,上帝的祷词)、《圣母经》(Ave Maria,"马利亚万岁")和《使徒信经》(Apostles' Creed)。还有另外两条指示。一条与婴儿洗礼服有关,指示必须在婴儿的头上裹上一段时间,以保护那里的圣油,并在约定的时间归还给教堂。通常是由母亲来接受净化时带回。作为一种神圣的物品(浸透了圣油),婴儿洗礼服只能再次用于宗教目的,就和毛巾或法衣一样,禁止神职人员出售它用于其他洗礼。[83]另一条指示是,孩子一到离这个地区不到 7 英里的地方,就 30 必须被送到主教那里接受坚信礼。[84]一些神职人员提醒教父母们离开教堂前要洗手,可能是怕他们手上沾有圣油。[85]

　　《手册》没有提到教堂以外的活动,但很可能婴儿的父母通常会在家里招待那些参加洗礼的人。尤其是如果教父母从很远的地方过来,更有必要款待他们。作为回报,他们有义务回赠礼物,而且赠送者或教子的级别越高,义务就越大。最华贵的礼物是送给王室婴儿的。1486 年,亚瑟王子收到一个金杯和杯盖、一对镀金的盆、一个有盖的金盐窖和一箱金子。其他王室的孩子也得到过类似的金盘子或银盘子。[86]都铎王朝早期的国王——亨利七世和亨利八世,经常赠送 5 马克(marks,合 3 镑 6 先令 8 便士)给他们的教子,这是些王室成员的孩子,有时也可能是朝臣或家中仆人的孩子。[87]1502 年在温莎(Windsor),约克女王伊丽莎白给了约翰·贝尔(John Belle)1 镑 6 先令 8 便士,这孩子可能处于最低级的贵族阶层。[88]骑士们就没那么慷慨了:16 世纪 20 年代,沃顿的亨利·威洛比爵士(Sir Henry Willoughby of Wollaton)给绅士的孩子 10 先令,给地位较低人家孩子的总额为 3 先令 4 便士、1 先 31令 8 便士或仅仅 12 便士。[89]同一时期的伦敦杂货商理查德·希尔(Richard Hill)记录了他的孩子们得到的金额,通常是 3 先令 4 便士。[90]普通的婴儿得到 1 先令、1 格罗特(a groat,即 4 便士)或仅仅是一件实物礼物,就已经很幸运了。

　　婴儿洗礼之后,做母亲的要去教堂进行净化,在 15 世纪又被称为"安产感谢礼"[91]。旧约律法规定,分娩的女人是不洁净的,生儿子后 40 天或生女儿后 80 天都不可触摸圣物,也不可进入圣地。妇人要将祭品献给牧师,才会变得洁净。[92]人们认为,在耶稣诞生后,马利亚就遵循了这一犹太习俗,(毫无疑问部分就因为这个)它成为基督教的惯例,在所有情况下洗礼到净化的周期是 40 天。到了 12 世纪末,这种做法在英格兰已经很普遍。[93]基督教继承了分娩会影响妇女地位的观念,到 1400 年左右,死于分娩的妇女应该被葬在教堂墓地,而不是葬在教堂里。[94]然而,基督教中的不洁观念不如犹太教中的那么强烈,将母亲逐出教会这种做法并没有坚持下去。约 600 年,教宗格里高利(Pope Gregory the Great)在给坎特伯雷的奥古斯丁(Augustine of Canterbury)的信中建议,如果妇女希望在分娩后立即进入教堂感恩,则她们没有罪。[95]《手册》也是这个意思,虽然它指的是"已婚妇女的净化",但它继续写道:

> 32 请注意,孩子出生后,无论何时她们想进入教堂感谢分娩,已婚妇女都可以得到净化……也不能拒绝她们进入教堂,以免惩罚似乎变成对她们的责备。然而,如果她们出于尊敬而希望节制一段时间,我们认为她们的忠诚不应该受到谴责。[96]

此外,教会官方也没有强调一个特定的时间跨度。通过牧师的教导或根据大众的喜好,社会上可能会更严格地遵守 40 天的做法。1239 年,普罗旺斯的埃莉诺王后是在爱德华一世出生 50 多天后去接受净化的,而在 1253 年,她的妹妹凯瑟琳(Katherine)真的就是在分娩 40 天后去接受净化的。[97]

安产感谢礼,顾名思义,必须在教堂里进行,神职人员被禁止在家里举行这个仪式。[98]1475 年,伦敦的一名妇女因为孩子是非婚生育的,没能去做礼拜,所以被要求在她的教区教堂里公开忏悔三个星期日。[99]来做安产感谢礼的母亲被期望把女邻居或朋友带过来支持她,有时还会带着她的接生婆。[100]这是穿新衣服和其他华服的场合。1330 年黑太子(Black Prince)诞生后,菲利帕女王(Queen Philippa)在教堂做礼拜时,得到了一件镶有小毛皮的金色布料长袍,晚上又穿了一件丝绸和黄金
33 制成的长袍。[101]即使是一个普通的女人也可以想要"一件长袍和与她做礼拜相称的物品,就像她上次所做的那样"[102]。做礼拜的人与教区牧师和他的执事在"教堂门前"相遇,通常意味着是在走廊里。牧师和执事背诵了赞美诗(Psalm)第 121 篇("我要向高山举目")、一些短诗和答唱咏以及对母亲的基督教使命表示感谢和希望的祷文。然后给她洒上圣水,牧师拉着她的右手把她带进教堂,用拉丁语说,就像他六周前对她的孩子说的那样:

> 你们要进入神殿,好得永生,直到永永远远。阿门。

在里面,母亲呈上她孩子的洗礼服和一笔钱。[103]有时,似乎她会留下来听弥撒。[104]之后,通常会在家里设宴。1246 年,国王、王后和许多贵族聚集在沃灵福德(Wallingford,伯克斯郡),庆祝国王的兄弟康沃尔伯爵(earl of Cornwall)理查德(Richard)的妻子桑查(Sancha)的安产感谢礼。[105]那位王后自己——普罗旺斯的

埃莉诺,在1253年也有过类似的宴会,参加宴会的有坎特伯雷大主教(archbishop of Canterbury)、伊利主教(bishop of Ely)以及格洛斯特伯爵(earl of Gloucester)。[106]乡绅们邀请他们的邻居,如果可能的话,还会款待当地的贤人,如修道院院长和神父,普通民众在他们的圈子里也会这样做。[107]

富人会把洗礼和做礼拜的基本习俗复杂化,正如他们对待分娩的习俗。[108]当孩子快要出生时,教堂已经为洗礼做好了准备。以都铎王朝为例,威斯敏斯特宫似乎被认为是一个可能的分娩场所,而附近的修道院则是合适的教堂。另一方面,珀西一家和其他人一样,必须遵守去教区教堂的规定。教堂门廊(洗礼仪式开始于此)以及洗礼盆周围的区域和整个圣坛,都悬挂着金丝织物并且地上装饰着金丝织物。在洗礼盆旁边有一个长廊(或以帘子遮蔽的区域),里面有地毯、垫子、一个可以在上面洒香水的火盆和盛有洗涤水的镀金银盆。对于王子或公主来说,普通的教堂洗礼盆似乎不够豪华。王室法令建议人们在这种场合携带坎特伯雷的银洗礼盆,或者为此特制的类似的新洗礼盆,尽管人们承认石制洗礼盆也可以"像人们常见的那样"使用。无论如何,洗礼盆都内衬着柔软的亚麻布,并放在一个平台上,以便在场的旁观者可以观看仪式。

王室教父母在孩子出生前就被挑选出来,并住在附近,为这件事做准备。洗礼仪式也会挑选一位主教负责。婴儿出生后,由在场的首席夫人带着去教堂,如果是王室成员,最好是一位公爵夫人,另一位公爵夫人将在她的肩膀上背着洗礼服。婴儿穿着一件拖尾很长的洗礼服,分别由伯爵或伯爵夫人托着(如果是王子或公主的话)。在珀西的洗礼仪式上,接生婆也去了。一大群人陪伴在王室人员左右,他们手持200支未点燃的火把(大蜡烛),其中24支由骑士们手持围绕着婴儿。珀西夫妇也有类似的随行人员,但人数较少。携带着洗礼用盐的餐具室巡官和带着盆与洗手用水的盥洗室巡官都被送至教堂。主教在教堂走廊接待孩子,并进行仪式的第一部分,即问答。然后婴儿由华盖盖着抬进教堂,脱下长袍,脱去衣服接受洗礼。在王室惯例中,威斯敏斯特的修道院院长先祝圣洗礼盆中的水,然后洗礼仪式才进行——大概也由主教完成。当婴儿在附近的另一条挂着窗帘的走廊里等待的时候,有人替他(或她)交了一笔钱,主教证实了,祷告也在进行着。

精神仪式之后紧接着是世俗仪式。在教堂里,人们洗完手给主要参与者奉上酒和香料,并赠送洗礼礼物。列队返回宫殿时,礼物在最前面,接着是婴儿和他(或她)的侍从。婴儿头顶上罩着一顶华盖,侍从们点燃了火把。当众人回到家,婴儿被放到育儿室,教父母送洗礼礼物给女王或夫人。亲戚或朋友也会给孩子送礼物。

34

1382 年,冈特的约翰送给他的侄女安妮(Anne),也就是他哥哥白金汉伯爵(earl of Buckingham)的女儿,一对银盆、一个水罐和另外价值近 95 英镑的银币。他也给了婴儿的侍从和送来消息的信使小费。[109]乡绅的记载谈到各种礼物,如金扣、镶有宝石的金戒指以及总额为 2 先令或 6 先令 8 便士的金钱。[110]沃里克伯爵理查德·博尚(Richard Beauchamp)的 15 世纪生活画册表明,在他 1382 年出生的场景中,他母亲的一个侍从正在查看一个箱子,里面显然装满了这类礼物。[111]

　　这些安排当然是理想化的。即使是王室成员在细节上也会有所不同,常常发生意想不到的情况。亨利七世的第一个孩子——亚瑟王子,1486 年 9 月 20 日星期三出生在温彻斯特,而不是威斯敏斯特,洗礼仪式直到下一个星期天才进行。[112]这是一个寒冷潮湿的季节,牛津伯爵(earl of Oxford)——预定的教父母中的一位,因洪水而晚到。该伯爵是兰开斯特(Lancaster)家族的长期支持者,亨利不愿剥夺他的荣誉。与此同时,教堂里的神职人员列队庆祝这次分娩,他们唱着《赞美颂》。教堂的钟声响起,街道上燃起了篝火,信使被派往英格兰各地传播这一消息。在大教堂内,一个特殊的洗礼盆被竖立在一个舞台上,舞台围着栏杆以挡住人群,并配有合适的帘布和横杆。周日,女王的妹妹塞西莉(Cecily)抱着婴儿来到了大教堂,而另一个妹妹安妮则抱着洗礼服。

　　当听到牛津伯爵离这还有 1 英里时,洗礼仪式准备就绪了,但这只是空欢喜一场。最终,在等了三个小时后,人们决定在没有他的情况下继续进行洗礼。塞西莉担任教母,德比伯爵(earl of Derby)和马尔特拉弗斯勋爵(Lord Maltravers)担任教父。由伍斯特主教为王子施洗,他的埃克塞特(Exeter)和索尔兹伯里(Salisbury)的兄弟以及许多其他神职人员提供协助。婴儿刚接受洗礼,牛津伯爵就来了,作为补偿,牛津伯爵被要求在王子的坚信礼上做他的赞助人,坚信礼由埃克塞特主教主持。王子在熊熊燃烧的火把簇拥下回到家里,然后在号手和吟游诗人的吹笛声中被送到他的育儿室。在大教堂的教堂庭院里,两桶酒被打开,为的是"让每个人都能喝个够"。

　　怎样来总结洗礼呢? 就像中世纪教会的其他服务一样,它将礼拜传统和神学意义奉为神圣。它用拉丁语,通过仪式产生影响,以可见的方式确立基督教的地位。它把孩子作为一个个体来尊重。过去婴儿出生后不久就得接受洗礼,除了复活节、圣灵降临节以及双胞胎或三胞胎之外,很少有集体洗礼。大多数婴儿是单独受洗的。这是一个解放的过程:将灵魂和身体从罪恶和死亡中解放出来,享受救赎以便永生的可能性。同时,这也是一种约束的过程,一种进入社会团体的仪式,至少是四种团体。在一个公开的仪式上,它给你指定了性别并给了你一个名字——这个名字会在仪式中重复大约24次。有了名字,你就成为一个可以被识别、称呼和命令的团体成员。通过宣告你的性别,你在两性有不同身份、角色和命运的世界里被确立为男性或女性。通过接纳教父母,你在自然家庭之外获得一个宗教家庭,最后(但并非最不重要)你成为了教会的一员。这件事发生在你出生的那天,没有经过你本人的同意。在你的余生中,无论在理论上还是在实践中,你都要服从它的规则,你的信仰、你的行为,甚至你吃什么、喝什么。

名字

> "你叫什么名字?"
>
> "N.或 M.。"
>
> "这个名字是谁起的?"
>
> "我的教父和教母,在我受洗的时候,我成为基督的一员,上帝的孩子,天国的继承者。"[113]

这是1549年克兰默(Cranmer)的《教义问答》(Catechism)中著名的开场白,是英格兰数百万儿童在接下来的四百年里学习的一课。他们从牧师、老师和父母那里学习,只有当他们能回答这些和其他问题时,他们才被允许参加坚信礼。虽然克兰默是一位新教改革家,他的《教义问答》是一种教儿童基督教的新方法,但他的许多设想与中世纪天主教徒的设想相似。从诺曼征服到宗教改革,洗礼在孩子出生后不久就开始了,所以由教父母在教堂给孩子起名是名字的首次对外宣布。通常,正如我们将看到的,名字是由教父母中的一位选择的,在这种情况下,人们自然会说名字是他们给的。

　　事情并非一向如此。盎格鲁-撒克逊儿童,尤其是在早前的几个世纪里,在他们有机会接受洗礼之前,父母可能会在几天、几周或几个月前给他们起好名字。洗礼认可了这个名字,而不是授予它。宗教改革之后,在出生和受洗之间又出现了一段空隙。克兰默本人禁止在孩子出生的那天进行洗礼(除非有必要),并指定在星期日或节日举行洗礼。他的目的是把洗礼放在全体教会会众面前完成,并把它作为一种教具,以便"每个在场的人都能回忆起他自己在受洗时向上帝所作的声

36

明"[114]。他没有规定是哪个星期日或哪个节日,但在很长一段时间里,洗礼一直是在出生后不久就进行——可行的话通常是在出生后的第二天。在现代,洗礼被推迟得更久了,为的是给父母们恢复的时间,以及有时间邀请远方的亲戚和朋友。如今,与盎格鲁-撒克逊人一样,父母将命名行为放在首位。洗礼只是认可了一个已经做出的选择,一个众所周知的事实。

我们的名字是我们最早的财产。只要我们能交谈和理解,我们就能通过它们感知我们的个性,并向他人宣布它。14 世纪的传奇小说《佩勒内的威廉》(*William of Palerne*)写道,牧人发现 4 岁的王子独自在森林里,王子对牧人的妻子说,"我是威廉"。[115]和其他小孩子一样,他觉得自己的名字表明了自己的身份,而不是他的王子地位,也不是他那身华丽的金丝衣服。随着年龄的增长,我们的名字会吸收我们的个性,与我们产生共鸣。对于那些认识他的人来说,"约翰·史密斯"(John Smith)不仅是一个名字,而且是一个人,想到名字而不想到它的主人是不可能的。矛盾之处在于,我们的名字尽管具有"我们的特性",却不是我们自己创造的。它们是我们的长辈赋予我们的,就像我们的家族、家庭和教养一样。选择我们的名字是出于一些对他们而不是我们而言非常重要的原因。因此,为了了解儿童名字的历史,我们必须找出是谁选择了这些名字,然后试图发现他们为什么选择这样做。[116]

在盎格鲁-撒克逊时代,王室和贵族家庭成员的记录保存得最好,他们的名字似乎是由父母挑选的,往往是根据家族传统来选择的。一些家族保留了可辨认的模式,所以大多数埃塞克斯国王的名字都以 S 开头(Saeberht,Seaxred,Saeward),而威塞克斯国王的名字通常以 C 开头(Cerdic,Cynric,Cynegils)。还有一些人重新使用了从 900 年到 1066 年的王室家族的名字,比如阿尔弗雷斯(Alfreds)、爱德华兹(Edwards)和埃德加斯(Edgars),或者(如我们将看到的)取出父亲或母亲名字的一部分用来起新名字。还有一些名字是以古代英雄为原型的,他们可能被视为家族的祖先。肯特(Kent)的国王欧曼里克(Eormenric)和麦西亚(Mercia)的国王奥法(Offa)这两个名字都是北欧著名国王的名字。克罗兰的圣古斯拉克(St Guthlac of Crowland)显然是以他的部落创始人的名字命名的。[117]然而,大约在诺曼征服的时代之后,当婴儿洗礼普遍化时,一种相互竞争的新的影响开始出现,即教父母。正如我们所看到的,每个孩子都有三个这样的(教父母):两个与自己同性,一个是异性。教会的洗礼仪式赋予教父母而不是父母在公众场合宣布孩子名字的角色。到了中世纪后期,教父母中的年长者给孩子取自己的名字已经成为一种惯例。这种做法可能始于盎格鲁-诺曼时期,并从 13 世纪末开始广泛传播。

37

关于父母和教父母在这个问题上的相对力量,历史学家们对此存在一些争论。菲利普·奈尔斯(Philip Niles)对 13—16 世纪早期的封建继承人的命名进行了研究,他发现,在 302 个有记录的孩子中,261 个(86%)孩子用的是他们教父母之一的名字。[118]他注意到在洗礼仪式上人们对教父母没有给出一方的名字表示惊讶,这意味着这种省略打破了公认的习俗。[119]他承认,名字有时可能是为了纪念圣徒或家庭成员,但他的结论是,最高权利是首席教父母授予他或她自己的名字。另一方面,路易斯·哈斯(Louis Haas)则认为,有必要把目光放在教父母之外。他以约克郡的封建继承人为样本,指出父母可能会选择将会给出他们想要的名字的教父母。他注意到,有些教父母与(孩子的)父母同性同名;他认为,其他人的地位比父母低,这意味着父母选择他们是为了支配名字的选择。[120]

奈尔斯和哈斯可能在一定程度上是正确的。显然,有些父母决定了他们孩子的名字。我们将看到,某些家族特别注意使用独特的传统名字。在另一些情况下,选择名字是为了复制父母的名字,为了荣耀圣徒,或者仅仅是为了区分每个孩子与其兄弟姐妹。国王和王后通常会给他们的每个孩子起不同的名字,不过如果这些名字的主人去世了,这些名字可能会被重新使用。爱德华三世(Edward III)的两个儿子受洗时被命名为威廉,在第一个儿子去世后,第二个儿子被命名为威廉。给孩子起独特的名字在社会底层也很常见。哈瑟西奇(Hathersage,德比郡)的贵族罗伯特·艾尔(Robert Eyre,1459 年去世)和他的妻子琼(Joan)有十个儿子和三个女儿,除两个以外都有不同的名字,尽管有些可能在婴儿时期就死了。[121]其他的例子有克莱(Cley,诺福克郡)的商人约翰·西蒙兹(John Symondes,1512 年去世)的家庭和奥克奥弗(Okeover,斯塔福德郡)的乡绅汉弗莱·奥凯尔(Humphrey Oker,1538 年去世)的家庭。西蒙兹有八个孩子(男女各四人),奥克有 13 个孩子(八男五女)。两家的名字都没有重复。[122]在这种情况下,父母要么选择了有很多名字备选的教父母,要么告诉他们应该给孩子起什么名字。

在其他家庭——也许是大多数家庭,父母更关心尊敬他们的教父母,并给予他们授予他们自己名字的权利,而不是干涉这个过程。这样的父母可能会觉得,如果教父母和教子有一个共同的名字,那么教父母会为教子做更多的事情。在一个大家庭中,这一政策可能会导致同一个名字给到多个孩子。在贝丁顿(Beddington,萨里郡)教堂,有一尊纪念菲利帕·卡鲁(Philippa Carew)的铜像,她是采邑领主的女儿,死于 1414 年。她有 14 个孩子,男女各七人,铜器上画着他们的脸,并列出了他们的名字。男孩们分别叫盖伊(Guy)、约翰、约翰、约翰、约翰、威廉和威廉。他们的姐妹叫埃莉诺、露西(Lucy)、阿格尼斯(Agnes)、阿格尼斯、玛格丽特和安妮。[123]在著名的诺福克乡绅帕斯顿家族中,约翰·帕斯顿一世(John Paston I,1466 年去世)有五个儿子。最大的两个孩子都叫约翰,一个出生在 1442 年,另一个出生在两年后,他们都成年了,并且都有重要的事业。过去人们认为,之所以重新使用名字,是因为(之前使用它的)孩子死了,爱德华三世的家里就可能发生这种情况。但是这种解释并不适合帕斯顿家的情况,因为他家的两个孩子都长大了。在这种情况下,首席教父母的名字才是主因,他或她给孩子起名字的权利(或者父母希望遵从这种权利)比给每个孩子起一个单独的名字更重要。

考虑了给出这些名字的人之后,我们现在可以看看他们给出的名字。盎格鲁-撒克逊名称主要有两种:单主题的(基于一个元素)和双主题的(包含两个元素)。[124]单主题的例子包括贝奥恩(Beorn,"人"或"战士")、西福克(Heafoc,"鹰")或伍尔夫(Wulf,"狼")。双主题的包括阿尔弗雷德(Alfred,"精灵顾问")、爱德华(Edward,"富有或快乐的守护者")和埃塞尔福莱德(Æthelflæd,"高贵的美")。这两种名字在整个社会都被使用,但国王和贵族特别喜欢双主题类型,而单主题的名字在普通人中很常见。重要人物可能把自己名字中的元素给到他们的孩子。威塞克斯国王老爱德华和他的妻子埃尔弗雷德(Ælfæd)给他们出生在 10 世纪初的儿子取名为埃德温(Edwin)、埃德蒙(Edmund)和埃德里德(Eadred)。这些名字重复了父亲名字中的第一个元素,埃德蒙也有两个儿子,分别叫埃德维格(Eadwig)和埃德加(Edgar)。爱德华和埃尔弗雷德的大儿子埃夫威尔德(Ælfweard)的名字是由女方名字中的第一个元素和男方名字中的第二个元素组成的。有一些惯例是关于哪些名字是男性的,哪些是女性的,但有趣的是,一些女性的名字表达温和的品质,如埃塞弗莉德(Æthelflaed)和米尔德丽德(Mildred,"温和的力量"),而另一些女性名字的品质却类似于男性,如埃塞思(Æthelthryth,"高贵的力量")和伊迪丝(Edith,"快乐的战争")。这些名字可能与过去有关,也可能与未来有关。伊迪丝也许是纪念父亲的一次军事胜利,埃塞弗莉德则表达了这样一个女孩将如何发展的希望。

盎格鲁-撒克逊名字的数量很多。在德文郡,仅地名中就有 562 个特定的或貌似可信的人名。[125]其中一些可能是同一名字或昵称的变体,因为(像我们一样)盎格鲁-撒克逊人经常缩短彼此的名字,以表示喜爱或熟悉。"Ælfwine"后来变成"Ælle","Nothelm"变为"Nunna","Trumwine"变为"Tuma",这种习惯在最高级的人身上也有所体现:埃塞克斯国王塞伯特(Sæberht)的成年子女称他为"塞巴"(Saba)。[126]这些昵称很可能也被用在孩子身上,代表着他们或他们父母的发音错误,

但这很难证明,因为昵称可以在成年后起。盎格鲁-撒克逊人在 7 世纪皈依基督教,
但在很长一段时间内,这似乎并没有对命名习惯产生影响。我们可能会认为圣经
中的人名或圣徒的名字会变得流行,然而,尽管我们偶尔会遇到带这样名字的牧
师,如贝弗利的约翰(John of Beverley)或埃克塞特的博尼费斯(Boniface of Exeter),
但这些都是入教后取的新名字。它们既不是孩子出生时起的,也不是受洗时起的。

　　直到 11 世纪晚期,英格兰儿童的名字几乎完全是日耳曼语。来到中部和北部
的维京殖民者引入了斯堪的纳维亚风格,但这些风格在类型和意义上与盎格鲁-撒
克逊风格并没有太大的不同。1066 年的诺曼人也是如此,他们的名字大多来自日
耳曼大陆。我们认为典型的诺曼名字,如"杰弗里"(Geoffrey)、"亨利"、"休"
(Hugh)、"奥多"(Odo)、"罗伯特"(Robert)、"罗杰"(Roger)和"威廉"都属于这一类,
一些女孩的名字也是如此,如"玛蒂尔达"(Matilda)、"米莉森特"(Millicent)和"罗莎
蒙德"(Rosamund)。然而,到诺曼征服时,命名习惯上的一个重大变化开始传遍西
欧。这就是拉丁名字、圣名和圣经名的使用,虽然还不普遍,但已经在法国北部生
根。我们在 11 世纪晚期的英格兰发现了一些这样的例子[尤其是在《末日审判书》
(Domesday Book) 中],包括"安德鲁"、"劳伦斯"、"马修"(Matthew)、"莫里斯"
(Maurice)、"帕甘"(意为"同胞"而不是"异教徒")和"斯蒂芬"(Stephen)。以撒
(Isaac)和摩西(Moses)也是基督徒而不是犹太人的名字。

　　1066 年之后,这些圣经和圣徒的名字在英格兰人中稳步传播,罗伯特·巴特利
特(Robert Bartlett)将这一过程称为"转变与融合"[127]。"转变"指的是名字从主要
是日耳曼语变成了日耳曼语、希伯来语和拉丁语的混合物,今天仍然存在于我们身
边。"融合"表达了这样的事实,即特定名称被广泛采用,结果是它们的数量减少
了。整个西欧都可以看到这一进程,反映了一段国际联系密切的时期,尤其是教会
和十字军的东征。在英格兰,这一过程可能得到了诺曼征服的帮助。让法国贵族
掌权,这意味着渴望加入他们的英格兰人会给自己的孩子起诺曼名字,尤其是"威
廉""罗伯特"和"亨利"等常用于王室的名字。在 1120 年左右,我们就可以看到这种
压力在起作用,比如巴塞洛缪——法恩群岛(Farne Island,诺森伯兰郡)的隐士和非
正式圣徒。他出生在惠特比(Whitby,约克郡),父母给他起名叫托斯提(Tosti),但
当他长大后,他的青少年同伴取笑这个名字(维京人的名字),并叫他威廉。他后来
取教名为巴塞洛缪。[128]

　　这种变化在康沃尔的彼得的家族中得到了很好的体现,他是伦敦阿尔德盖特
圣三一修道院(Holy Trinity Aldgate)院长,于 1221 年去世。彼得来自朗塞斯顿(康

沃尔郡），我们可以从他的作品和一些现存的财产契约中重建他的家谱。他的曾祖父叫狄奥多尔夫（Theodulf），大约生活在诺曼征服时期。狄奥多尔夫的儿子都有像他自己一样的英文名字——阿尔西（Ailsi）和布里特里克（Brictric），但阿尔西的孩子（生于 1100 年左右）的名字混用了日耳曼语、拉丁语和基督教名字："伯纳德"（Bernard）、"尼古拉斯"（Nicholas）、"乔丹"（Jordan）和"帕甘"。在下一代，大约在

40　12 世纪 30—40 年代，伯纳德给他的儿子们取名为"卢克"（Luke）、"彼得"和"约翰"，而乔丹是康沃尔的彼得的父亲，他可能还有一个儿子叫理查德（Richard）。[129] 在这四代中，这个家族从根本上改变了它的命名习惯，其他地方也是如此。到了 12 世纪 20 年代，盎格鲁-撒克逊人或斯堪的纳维亚人的名字基本上从林肯郡的乡村消失了。一份来自劳斯郡（Louth）地区约 624 名男性租户的名单显示，只有 6% 的人有这样的名字。绝大多数像是"现代"诺曼人或圣徒的名字，以威廉（86 例）、罗伯特（59 例）和约翰（40 例）为首。[130]

　　诺曼征服前的名字很少在这一过程中幸存下来。其中有一些在一段时间内以变形的形式存在，如男名艾尔默[Ailmer，原名埃塞尔梅尔（Æthelmær）]、艾尔沃德[Ailward，原名埃塞尔维尔德（Æthelweard）]和阿留雷德（Alured，原名阿尔弗雷德），女名伊迪丝和希尔达（Hilda）。爱德华和埃德蒙继续或重新得到使用，因为以它们命名的圣徒很受欢迎。但总的来说，这些名字变得更加国际化了。诺曼人的名字（比如上面提到的那些）变得很常见，圣徒和圣经人物的名字也一样。亚当、约翰和彼得开始在男孩子当中走红，巴塞洛缪、克里斯托弗（Christopher）、丹尼斯、尼古拉斯和菲利普（Philip）也得到广泛使用。女孩名字的变化比较缓慢，也许是因为

41　诺曼女性不如男性那么重要，但她们的名字也在 13 世纪早期发生变化[131]，两种新的女孩名字开始流行起来。一种来自圣徒：阿格尼斯、伊莎贝尔（Isabel）或伊丽莎白、凯瑟琳（Katherine）、玛格丽特（Margaret）和玛丽（Mary）。另一种是基于拉丁语或法语词汇，具有吸引人的含义，如克拉拉（Clara）和克拉丽斯（Clarice，意为"清楚"）、克里斯蒂安[现代的克里斯蒂娜（Christine）]、达姆塞尔（Damsel，意为"女士"）和普莱曾特（Pleasant）。许多新的名字，包括男性的和女性的，都变成了像盎格鲁-撒克逊人的一样的昵称。它们被缩短[巴塞洛缪变为巴特（Bat）、凯瑟琳变为凯特（Kate）、玛丽变为玛尔（Mall）]，或者在结尾加一个小后缀。亚当和理查德变成了阿德科克（Adcock）和希契科克（Hitchcock）；玛丽和彼得变为杨金（Jankin）、马尔金（Malkin）和珀金（Perkin）。到 1300 年左右，儿童和成年人都有了这样的名字。[132]

　　名字也受到趋同过程的影响。使用中的名字总数仍然很大，但每个名字的流

行程度并不一致。1200 年以后,一份又一份的人员名单——无论是纳税人、租户还是行会成员——都包含了为数众多的一小群名字。约翰、彼得、托马斯和威廉在男性当中最常见;亚当、亨利、斯蒂芬和沃尔特(Walter)也很常见。女性也同样如此,她们选择伊丽莎白、玛丽和(新成员)安妮。其他名字仍然在使用,但比以前少见。有时,它们作为传统在某些家庭中坚持下来。牛津的德·维尔(de Vere)伯爵青睐奥布里(Aubrey),而埃塞克斯和赫里福德(Hereford)的博亨伯爵则青睐汉弗莱(Humphrey)。在乡绅中,朗赫尔(Lanherne,康沃尔郡)的阿伦德尔(Arundell)家族使用伦弗雷(Remfrey),斯托克德里(Stoke Dry,拉特兰郡)的迪格比(Digby)家族使用埃弗拉德(Everard)和凯内尔姆(Kenelm),以及东约克郡的家族[尤其是弗兰伯勒的康斯特布尔斯(Constables of Flamborough)]使用马默杜克(Marmaduke)——一个源于凯尔特人的名字。但是在大多数家庭中,可供选择的名字越来越少,所以有必要找到一种方法来区分这么多约翰、彼得和威廉。结果是在 12—13 世纪,姓氏被广泛使用,使人们根据他们的地址、职业、特征或他们的父亲、母亲或丈夫的名字进一步确定身份。一些古老的盎格鲁-撒克逊人和维京人的名字持续了很长时间,足以成为姓氏,如艾尔默(Aylmer)和瑟斯坦(Thurstan)、戈德温(Godwin)和奥姆(Orme)。

趋同的发生似乎有不止一个原因。教父母给孩子取名字或许能解释这种现象,因为如果地位相对较高的人经常被要求这么做,他们的名字会重复用于下一代。上面提到的诺曼征服可能是一个影响因素,宗教无疑是另一个因素。教会对天使长米迦勒(archangel Michael)、圣母马利亚、圣使徒以及圣徒克里斯托弗、尼古拉斯、凯瑟琳和玛格丽特等人物的强调,使人们不断地注意到这些名字。一些神职人员认为应该规范对名字的选择。1281 年,兰贝斯(Lambeth)的一个教会委员会警告神父们,不要给孩子起"淫荡"的名字,尤其是对女孩。如果起这些名字,主教可以在坚信礼上更改它们。在中世纪晚期流行于神职人员中的约翰·德·伯格(John de Burgh)的手册《瞳孔》(*Pupilla Oculi*)重复了这一警告。[133]人们想知道这些不道德的名字是什么。他们是否包括出现在 15 世纪乡绅家庭中的阿玛贝尔(Amabel)、杜丝(Douce)或者伊索尔特(Iseult,小说中著名的通奸女)?[134]如果是这样的话,禁令并不是完全有效,至少在有地位的人当中是如此。

在中世纪的英格兰,王室家族提供了一个关于命名惯例的很好的简史。在盎格鲁-撒克逊时代晚期,人们使用具有世俗意义的双主题英语名字,如阿尔弗雷德或爱德华。这常常让人想起一位著名的国王。当威廉在 1066 年征服英格兰时,他的

42

家族带来了日耳曼大陆风格的名字:男孩子用亨利、罗伯特和威廉,女孩子用阿德拉(Adela)和玛蒂尔达。1135 年,诺曼王室的男性血统消失后,像这样的名字继续被使用,先是斯蒂芬国王,然后是亨利二世(Henry II)的安茹(Angevin)一族。亨利的儿子叫威廉和亨利,女儿叫玛蒂尔达。但即使在这个时期,样式的变化也是显而易见的。罗伯特在 1100 年后被放弃使用,威廉在 1153 年后被放弃使用,玛蒂尔达在 1156 年后被放弃使用。亨利是唯一一个从 11 世纪到 16 世纪一直被使用的日耳曼名字。

征服者和他的王后并没有受到日益流行的非日耳曼名字的影响。他们的两个女儿分别叫塞西莉亚(Cecilia)和康斯坦斯,都是罗马人的名字,前者还是圣徒的名字。大约在 13 世纪 30 年代,斯蒂芬国王给他的一个女儿取名玛丽,这是王室对圣母崇拜的第一次回应,然后圣母崇拜的重要性大大增加。亨利二世也信奉另一种流行的圣徒崇拜,他称自己 1165 年出生的小女儿为琼(Joan),称 1167 年出生的小儿子为约翰。施洗者约翰(John the Baptist)也是时兴的圣徒。在下一代中,约翰国王(像亨利二世一样)将传统的姓氏(亨利和理查德)与来自圣徒的新姓氏(伊莎贝尔和琼)混合在一起,但当他的儿子亨利三世在 1239 年开始有了孩子时,圣徒的名字占据了主导地位。亨利的两个女儿都是以受欢迎的女圣徒凯瑟琳和玛格丽特的名字命名的,第一个是因为她出生在凯瑟琳节,第二个是因为这是她祖母的名字,并且她的母亲分娩时曾寻求圣徒的帮助。[135] 亨利的儿子们取了盎格鲁-撒克逊人的名字爱德华和埃德蒙,这两个名字在人们的心目中已不再是世俗的名字,而是神圣的名字,因为爱德华令人回忆起忏悔者圣爱德华(St Edward the Confessor),埃德蒙令人回忆起贝里圣埃德蒙兹(Bury St Edmunds)。

到了 13 世纪末,王室喜爱的圣徒名字中又出现了第三个英国人物——托马斯·贝克特。从某种意义上说,这是一个奇怪的选择。贝克特不像埃德蒙和爱德华一样是国王,他是一个伦敦商人的孩子。此外,他是亨利二世在 1170 年的敌人和受害者。但在 1300 年,爱德华一世的妻子玛格丽特在生第一个孩子时曾向他祈祷,出于感激,男孩被取名为托马斯。显然,在坎特伯雷,托马斯崇拜的流行消除了他早期的社会和政治意义,他的名字后来被爱德华三世和亨利四世的儿子使用。其他新的圣徒崇拜兴起于中世纪后期,但这些对王室影响较小,主要是因为 14 世纪 50 年代以后出生的王室子女比以前少。爱德华四世家族是 15 世纪最大的家族,也有最新奇的名字。它们包括乔治(George)——现在这个家庭的守护神——和布里奇特(Bridget)。布里奇特的名字让人想起当时两个流行的圣徒:爱尔兰的布里奇特和瑞典的布里奇特。后一个布里奇特是西翁（Syon，米德尔塞克斯地区）修道院的守护神，该修道院由亨利五世（Henry V）建立，与王室关系密切。

时不时地，这个家庭也会引入一些世俗的新名字。这些词在女孩中比在男孩中更常见，所以我们看到有贝伦加利亚（Berengaria）、布兰奇（Blanche）和菲利帕——通常是对祖母的赞美。爱德华一世将他的第三个儿子取名为阿方索（Alfonso），这是他第一任妻子卡斯蒂尔的埃莉诺（Eleanor of Castile）的兄弟的名字，如果年轻的王子没有在 10 岁时去世，这个名字本可能在英格兰立足。理查二世（Richard II）是黑太子的次子，他有一个自 1209 年起家族便不再使用的名字，但可以想象的是，这个名字模仿理查一世（Richard I）的名字，人们希望新理查也能成为一名勇士和十字军战士。亨利七世，一个拥有微弱权力的国王，试图通过称呼他的长子为亚瑟王来暗示他的家族的古老血统，如果亚瑟王能活到成年，这种做法可能也会延续下去。没有迹象表明国王或王后对他们失败的前辈的名字会有微词。在以后的岁月里，约翰、爱德华二世和理查二世的名字都被重复使用着。爱德华一世、爱德华二世、爱德华三世和亨利四世都有一个儿子叫约翰，其中最有名的就是冈特的约翰，正是死亡与出生的意外使我们失去了又一个这样的国王。

此外，对于儿童来说，名字有着各种各样的意义。其中一些有明确的含义，有望指向未来的品质或成就。然而，在 1200 年后，大多数名字只是回忆一个人，而不是表达一种想法。它们会提醒你一个圣徒、一位祖先或教父母之一，（如果你幸运的话）可能会给你带来这些人的帮助。有几个名字表明它们的持有者是与众不同的，因为它们只在某些家庭中使用，但这是相当不寻常的。在中世纪后期，大多数名字是通用的，并通过社会形成了一种联系。你可以心满意足地说出你与你的主人或夫人、你的国王或王后有着相同的名字。一个名字可能会激励你去模仿那些曾经用这个名字的人。黑太子爱德华几乎就是爱德华三世的翻版。又或者，它可能根本就没有这种效果：爱德华二世的行为与爱德华一世截然不同，亨利六世也不是亨利五世。

生日与记录

如今，婴儿的出生是一个法律与民事事件。在数天内，人们必须通过正式的注册程序向政府汇报新生儿出生。登记建立起一个人的国籍和民事权利。一个人的出生日期被记录下来,并且影响其一生。从这一天起,产生了有关就学、结婚、选举权以及养老金的资格。机构要求在申请表上填写出生日期,并将其用作验证身份的密码。因此,生日也有社会意义,这就不足为奇了。尤其是,在童年时期当我们举行生日聚会和收到礼物时,甚至在成年后当我们到了 18 岁、21 岁或整数岁时。

　　这种对生日的关注是我们中世纪的祖先所共有的吗?答案似乎是"是的,但没有那么多"。中世纪后期,有些人当然知道自己或家人的出生日期。1479 年,当布利克灵(Blickling)的贵族威廉·博林(William Boleyn)的小女儿安妮去世时,她的父亲在她的坟墓上仔细地记下她死于 3 岁 11 个月零 13 天。看起来好像他知道那天离她的 4 岁生日还有两周半,就是圣路加节(St Luke's Day,10 月 18 日)。[136]对于像博林这样的人,我们已经在所谓的"年龄证明"中获得了一个明显的证据来源,在"年龄证明"中,封建继承人证实他们已经达到法定年龄:女性 14 岁,男性 21 岁。证据并不像人们所希望的那样公正,因为它来自继承人带来的证人,且是为了支持他们的主张,而非准确地记录事件。有时证人没有指明出生的地点,有时他们对日期含糊不清。1273 年,肯特郡的一个人只记得他自己的儿子是在圣母诞生的节日前后出生的。[137]圣安德鲁的罗杰(Roger of St Andrew)于 1280 年左右成为剑桥郡(Cambridgeshire)的继承人,据说他大约出生在万圣节(All Saints)前夕以及万圣节后的第二或第三天。[138]多塞特郡(Dorset)的一个女继承人爱丽丝·德·皮德尔(Alice de Pidele)的生日是在 1291 年 3 月,但她有 16 岁和 18 岁两个年龄。[139]

　　然而,在其他情况下,年龄证明断定了明确的、清楚的关于出生日期和年龄的事实。继承人通常被认为是在国王统治的特定年份的特定日子出生,通常是圣徒的日子。据说他们在特定的教堂受洗,有时在场的人的名字会被陈述出来。由此,1291 年威尔特郡(Wiltshire)的继承人菲利普·佩内尔(Philip Paynel)据说是在圣母升天(Assumption of our Lady)那天出生的,大约是在一天中的第一个小时。清晨,他在当地的圣玛丽教区教堂接受牧师的洗礼。阿格尼斯·德·利特尔(Agnes de Writel)带他去参加洗礼,并担任他的教母,同时菲利普·巴塞特(Philip Bassett)被邀请担任首席教父,由两名代表替他把婴儿从洗礼盆中抱起来,并把他自己的名字给他。[140]底层社会没有这种记录,但参考资料有时显示,也有一些人准确或粗略地记得出生日期。诺里奇的威廉(William of Norwich),这位 1132—1133 年出生在普通的诺福克乡村的年轻圣徒,被记得或认为是在圣烛节(Candlemas Day,2 月 2 日)来到这世界的。[141]1307 年,赫里福德郡(Herefordshire)的一个寡妇基派克的玛格丽特(Margaret of Kilpeck)回忆说,她在圣母马利亚诞辰(Nativity of the

Virgin Mary)生下了儿子亚当,在"复活节后几天"生下儿子罗杰。[142]

这些记录表明,历法有助于记住出生日期。宗教节日和圣徒节使人们能够确定日期或至少确定季节。托马斯·贝克特必定知道他出生在使徒圣托马斯节日并以这个圣徒命名。[143]理查二世可能骄傲于他的生日在主显节(Epiphany)——三王来朝的节日,而且事实上有三个国王参加了他的洗礼。[144]一周或一个月的某一天可能会被记住并赋予意义。虽然以"星期一出生的孩子长得很漂亮"(Monday's child is fair of face)开头的韵文在 1838 年之前没有记载,但关于出生日期的类似民间传说确实非常古老。[145]一份盎格鲁-撒克逊人关于一个月里不同日子的小册子揭示了在这些日子里出生的孩子所拥有的不同品质。例如,一个男孩在第一天来到这个世界上,他将是"杰出的、聪明的、明智的、博学的",但他必须谨防由水带来的危险。女孩会是"纯洁的、有道德的、温和的、端庄的、男人中意的",但会在她的嘴上或眉毛上留下印记。[146]类似的预测从 15 世纪流传下来,涉及一周中的每一天、一个月中的每一天和黄道十二宫的符号。星期天出生的孩子将是一位伟大的领主,星期三出生的孩子将是坚强而聪明的,然而星期六出生的孩子和生下他的母亲将会经历危险。[147]在某个星座(无疑是双鱼座)出生的孩子将成为渔夫,在另一个星座(可能是天秤座)出生的孩子将成为掌管金钱的人,其他星座的孩子将成为牧师或士兵。[148]

出生和受洗的地方也被铭记。威尔士的杰拉尔德(Gerald of Wales)回忆他是如何出生在马诺比尔城堡(Manorbier Castle,彭布罗克郡)的,阿斯克的亚当(Adam of Usk)回忆他出生在阿斯克(格温特郡)。[149]圣徒诺里奇的威廉、赫里福德的托马斯(Thomas of Hereford)和布里德灵顿的约翰(John of Bridlington)的传记作家们都知道他们的英雄第一次看到光明的地方。对大多数人来说,这样的证据从未被记录下来,但这并不意味着它不曾发生。年龄证明包括许多关于贵族出生地点的证据,并且来自英格兰北部的一系列档案同样可以证明一些地位较低的人的出生地点。在 15 世纪晚期至 16 世纪早期的约克城,来自苏格兰边境英格兰一边的人有时被认为是苏格兰人,因此没有公民权利。为了证明自己的英格兰身份,他们请了证人来证明自己的出生地和受洗地,通常还证明他们的父母和教父母的名字。例如,约翰·马尔森(John Malson),一个制作腰带的人,在 1482 年带来证据表明他是理查德·马尔森(Richard Malson)的孩子,出生在兰沃斯比(Langwathby,坎布里亚郡),并在那里的教堂受洗。他的教父母是彭里斯的约翰·梅基尔(John Mekyll of Penrith)、兰沃斯比的约翰·沃克(John Walker of Langwathby),以及卡尔顿的威廉

(William of Carleton)的妻子。[150]

生日不仅让我们想起过去,而且它们是通往未来生活道路的阶梯。我们的年龄指向一个新数字。中世纪的人们也一定经常知道他们在生日时的年龄。这种情况在儿童时期尤其明显,因为父母看着孩子长大,孩子们则衡量着他们走向成年的过程。正如我们所看到的,关于"人生阶段"有一个非常完善的概念。[151] 3 岁和7 岁是很重要的,3 岁是断奶年龄,7 岁是从婴儿向儿童过渡的年龄。青春期的标志是一系列年龄门槛,包括进教堂忏悔和参加圣餐仪式、进入法律与秩序系统、结婚的能力以及管理财产的权利。[152]是否以及多久庆祝一次孩子的生日还不确定。圣经的读者应该知道法老和希律·安提帕(Herod Antipas)都用盛宴来庆祝他们的生日,英语中也有"生日"这个词,但当时远没有今天这么常见。[153]人们更加重视纪念人们的死亡日期,即所谓的"讣告"或周年纪念,在这一天,人们为死者的灵魂举行弥撒或祈祷。这些事件的记录比生日还多。

温彻斯特学院(Winchester College)的档案使人们对这件事有了更深入的了解,这所著名的公立学校由威克姆·威廉(William of Wykeham)于 1382 年创建。学院给 8—18 岁的男孩提供奖学金,从 1472 年开始,学院在他们入学时就记录了他们的年龄。入学登记册上说,这个男孩(例如)去年米迦勒节(Michaelmas,9 月29 日)10 岁。直到 16 世纪 60 年代,给出的日期通常是圣徒日或其他宗教节日。一些男生的年龄与一个非比寻常的圣徒的日子联系在一起,例如大卫(David,3 月

47 1 日)和格雷戈里(Gregory,3 月 12 日),这意味着他们知道他们出生在这些日子,但据说大多数男孩在重大节日有特定的年龄,特别是圣诞节、天使报喜节(Lady Day)、施洗约翰日(St John the Baptist Day)、米迦勒节——这些是标志着一年中的

48 各个季度的日子。这表明他们对自己的出生日期只有一个粗略的、季节性的概念,不太可能纪念这一天。[154]所有的男孩都自称知道自己的年龄,但 16 世纪 70 年代的克劳德·德塞连斯(Claude Desainliens)在一篇关于法语的论文中设想,年龄的问题甚至超出了英格兰学童的知识范围。当被问到他的年龄时,男孩说他"不知道",但是他知道他的父亲在家里的圣经中写了他的出生日期。[155]

也许就像这则轶事表明的那样,是成年人而非儿童会在脑子里或书里记下这些事情。当然,大量的中世纪出生记录是由成年人写下来的,越晚出生,存活的就越多。到 12 世纪中叶,编年史家开始注意英格兰王室的孩子们的出生,这一事实反映了长子继承制日益增长的重要性。英格兰的王权和贵族的土地将以更严格的顺序传承下去,长子优先,因此出生顺序比以前更重要。圣米歇尔山(Mont St

Michel)的修道院院长托里尼的罗伯特(Robert of Torigni)是最早的此类编年史家之一,他为亨利二世从 1155 年到 1167 年的子女[玛蒂尔达(生于 1156 年)除外]撰写了出生记录。他还提到了长子威廉的去世,当时他大约 3 岁。[156]圣奥尔本斯(St Albans)的修士马修·帕里斯(Matthew Paris)提供了一个类似的素材,即亨利三世和普罗旺斯的埃莉诺的五个子女的出生记录,同时贝里圣埃德蒙兹的编年史里提到了爱德华一世的一些孩子。[157]13 世纪下半叶,有些编年史作家着手记录底层人民的出生。约 1252 年,当乔治·德·坎蒂卢普(George de Cantilupe)出生在阿伯加文尼(Abergavenny)时,据说他的出生日期分别写在当地的修道院和托特尼斯修道院(Totnes Priory,德文郡)的编年史上,乔治家族是托特尼斯的领主。[158]1305 年,一个伦敦人——可能是安德鲁·霍恩(Andrew Horn),他是鱼贩,后来成为这个城市的管理人员——在他的编年史中记录了埃利亚斯(Elias)和朱莉娅(Julia)的出生,她们是他的邻居制桶匠威廉生于 4 月 3 日的双胞胎孩子,并且记录了他自己生于 6 月 24 日的儿子"J."的出生,这个婴儿在 12 周后死亡。[159]

比编年史更常见的是在教会仪式书中插入信息。早在 13—14 世纪,一些封建继承人的见证人声称,他们知道出生或洗礼日期,因为当地的神职人员已经在弥撒或圣歌中记录了它们。[160]到中世纪末期,私人祈祷书得以保存下来,它们的主人将这类家庭数据录入其中。15 世纪晚期的一本"时辰书"(book of hours)就是这样提供的。它的主人是威廉·罗伯茨(William Roberts,1508 年去世),他是小布雷克斯特德(Little Brackstead,埃塞克斯郡)的一位绅士,上面记载了他在 1478 年至 1497 年间五个孩子的出生。这份记录提供了名字、工作日、小时、日历日期(或节日)和年份。后来,这本书传给了威廉的女儿玛格丽特,她先是嫁给了约翰·廷珀利(John Tymperley),然后又嫁给了爱德华·斯特兰曼(Edward Strangman)。她或她的丈夫保持着类似的方式,记录了她和第一个丈夫的两个孩子的出生,以及和第二个丈夫异乎寻常多的总计 17 个孩子的出生,包括两对双胞胎。同样的信息一直记录到 1537 年这个家族最后一代的每个孩子。[161]

最完整的家庭出生记录之一是由伦敦杂货商理查德·希尔在 16 世纪 10—20 年代所做的,他为自己和家人编纂了一本著名的英格兰散文和诗歌选集,被称为 50 "牛津大学贝利奥尔学院 MS 354"(Balliol College Oxford MS 354)。在这本书中,他提到了自己的出生地——兰利的希伦德(Hillend in Langley,赫特福德郡),但没有提到日期以及七个孩子的出生。[162]关于第一个孩子约翰的记录不如其他的完整,但关于第二个孩子托马斯的记录更加具有代表性:

公元 1520 年，圣灵降临周的星期三。备忘录，我的第二个孩子托马斯·希尔（Thomas Hill）出生在 5 月 30 日，在 1520 年早上 8 点……在圣博托尔夫（Saint Botolf，伦敦）教区的新码头，制盐者教父托马斯·沃尔（Thomas Wall）给了 3 先令 4 便士；杂货商乔治·温格（George Wyngar）给了 2 先令；阿格尼丝·温格爵士（Dame Agnes Wyngar）女士给了 3 先令 4 便士；在主教坚信礼上，杂货商约翰·莱恩（John Lane）给了 3 先令 4 便士。

这里有许多事实，正如我们对一个成功的商人所期望的那样。这些记录包括地点、教区、时间、工作日、月份和年份、教父母的名字、他们给的金额以及坚信礼上赞助人的名字。所有这些记录都是有潜在价值的。地点和日期可能需要用于法律事由，在计划结婚时，教父母和赞助人的名字可能与之有关联。儿童长大后会得到一些钱，而这笔钱的数额证明了这个家庭的社会地位。希尔的三个孩子年轻时就死了，他们的死亡日期和所在教区也被完整地记录下来。

正如我们所见，早在 13 世纪，教区牧师就会记录每一个重要婴儿受洗的日期。到 16 世纪早期，一些人可能已经保留了洗礼、婚姻、有时是葬礼的完整名单。[163] 1538 年，王室将此类记录列为强制性义务。王室对神职人员的指令要求他们所有人都拥有一份"名册或登记表"，记录每一次婚礼、洗礼和葬礼的日期和年份，以及相关人员的姓名。在洗礼案例中，该指示后来扩大到包括婴儿父亲和母亲的名字。[164] 国王声称这将使婚生子女和非婚生子女都记录在案，但确保婴儿继续在教区教堂受洗的愿望可能也很重要。在一个宗教分歧日益扩大的时期，罗马天主教徒可能会试图为他们的孩子做出不同的安排，而激进的新教徒（比如强调成人自愿洗礼的再洗礼派）可能会完全忽视这一过程。不管喜欢与否，英格兰改革家并不希望废除所有英格兰人都属于同一教会的制度。

因此，否认我们中世纪的祖先对出生地点和日期或人们后续的年龄感兴趣是错误的。其中一些兴趣可能与我们的动机不同，比如希望通过日历日期或当时的星座组合预测孩子的性格或未来。但是，记录和记住出生和年龄的实际原因已经存在，即使它们不像现在这么紧迫。对这些事情进行记录是一种古老的本能，当亨利八世政权建立教区登记簿时，它建立在传统的基础上，同时引入了一些新的东西。

【注释】

[1] *The York Plays*，pp.126—127.

[2] *The Chester Mystery Cycle*，pp.115—118；*The N-Town Play*，pp.156—162；最终源自 James，1953，pp.46，74。

[3] *Beues of Hamtoun*，pp.171—172.

[4] 要获得该主题的大纲，参阅 Dunstan，pp.39—57。

[5] Aristotle，"On the Soul"，sections 402a—405b；idem，"History of Animals"，sections 583a—b；idem，*De Partibus Animalium I and De Generatione Animalium I*，ed. D. M. Balme（Oxford，1972），sections 731a，734b—736a.

[6] John，ii. 20.

[7] Augustine，"De Diversis Questionibus LXXXI—II"，in *Opera Omnia*，vol. 4（*Patrologia Latina*，ed. J. P. Migne，vol. 40，Paris，1887），col. 39.

[8] Dunstan，pp.39—57；M. Anthony Hewson，*Giles of Rome and the Medieval Theory of Conception*（London，1975），pp.166—178；Pamela M. Huby，"Soul，Life，Sense，Intellect：Some Thirteenth-century Problems"，in *The Human Embryo：Aristotle and the Arabic and European Traditions*，ed. G. R. Dunstan（Exeter，1990），pp.113—122.

[9] Thomas of Chobham，pp.463—464. 乔伯姆在这里引用了七十士译本中的摩西律法版本（Dunstan，p.42）。

[10] Bracton，ii，341.

[11] 有拉丁文本的早期印刷版本，例如 Bartholomaeus Anglicus，*De Rerum Proprietatibus*（Dillingen，1506）。英文译本已被编辑为 *On the Properties of Things*，i—iii；其早期印刷版本参阅 STC 1536—1538。

[12] 关于以下内容，参阅 *On the Properties of Things*，i，294—297. 有关妊娠和妇科的其他记录，参阅 *The Early South-English Legendary*，vol. i，ed. C. Horstmann，EETS，os，87（1887），pp.319—322；Beryl Rowland，*Medieval Woman's Guide to Health：the first English Gynecological Handbook*（Kent，OH，and London，1981）；以及 Helen Rodnite Lemay，*Women's Secrets：a Translation of Pseudo-Albertus De Secretis Mulierum，with Commentaries*（Albany，NY，1992）。

[13] *On the Properties of Things*，i，234—235.

[14] Eadmer，1962，p.165.

[15] *Customary of the Benedictine Monasteries of ... Canterbury，and ... Westminster*，ed. E. M. Thompson，vol. ii，Henry Bradshaw Society，28（1904），pp.49，73；PRO，E 101/370/20；Charles Peers and L. E. Tanner，"On Some Recent Discoveries in Westminster Abbey"，*Archaeologia*，93（1949），p.151；Nicolas，1830，p.78.

[16] *Pierce the Ploughmans Crede*，p.4，lines 78—79；*LPED*，ix，11，49；*Three Chapters of Letters Relating to the Suppression of Monasteries*，ed. Thomas Wright，Camden Society，26（1843），pp.59，198；Strype，i part i，396—397；J. W. Clay，*Yorkshire Monasteries：Suppression Papers*，Yorkshire Archaeological Society，record series，48（1912），pp.16—18.

[17] Bühler，pp.274—277.

[18] *On the Properties of Things*，ii，845—846，853—855，862.

[19] STC 21864；Scot，p.205.

[20] Mirk，1974，lines 77—84.

[21] *The Lay Folk's Mass Book*，ed. T. F. Simmons，EETS，os，71（1879），p.71.

[22] *Councils and Synods I*，i，248.

[23] *Councils and Synods II*，i，70，183，234，441，453，635；Mirk，1974，lines 97—106.

[24] *On the Properties of Things*，i，303.

［25］Stephenson，p.324.

［26］M. K. Jones and M. G. Underwood，*The King's Mother：Lady Margaret Beaufort*（Cambridge，1992），p.40.

［27］*MED*，*OED*，参看"midwife"。

［28］*On the Properties of Things*，i，298，305.

［29］Rous，section 56.

［30］前文，p.42。

［31］Bühler，pp.274—275.

［32］*The Early Works of Thomas Becon*，ed. J. Ayre，（Cambridge，Parker Society，1843），pp.138—139；J. Calfhill，*An Answer to John Martiall's Treatise of the Cross*，ed. R. Gibbings（idem，1846），p.20；R. Hutchinson，*Works*，ed. J. Bruce（idem，1842），pp.171—172；T. Rogers，*The Catholic Doctrine of the Church of England*，ed. J. J. S. Perowne（idem，1854），pp.226—228.

［33］Charles Wriothesley，*A Chronicle of England during the Reigns of the Tudors*，ed. W. D. Hamilton，vol i，Camden Society，new series，11（1875），p.31.

［34］Visitation Articles，ii，58—59，292，356—357.

［35］Gurney，p.429.

［36］前文，p.26。

［37］*John of Gaunt's Register*，ed. Sydney Armitage-Smith，2 vols，Royal Historical Society Camden 3rd series，20—21（1911），ii，55，321.

［38］*LPED*，iii part i，p.499.

［39］*John of Gaunt's Register*，*1377—1383*，ed. Eleanor C. Lodge and Robert Somerville，2 vols，Camden 3rd series，66—67（1937），ii，258—259.

［40］*Materials for a History of the Reign of Henry VII*，ed. William Campbell，2 vols（RS，1873—1877），ii，65，84.

［41］*CPR 1494—1509*，p.354.

［42］未注明日期的条例见于 BL，Harley MS 6079，fols. 26r—29r，印于 Leland，iv，179—180，毫无根据地把它归为 Lady Margaret Beaufort. BL，Cotton MS Julius B. XIL，fol. 56，记载了约克女王伊丽莎白被囚禁的经历（印于 Leland，iv，249）。1493 年的条例见于 BL，Harley MS 642，fols. 207r—224v，印于 *A Collection of Ordinances and Regulations for the Government of the Royal Household*（London，Society of Antiquaries，1790），pp.125—128，还有进一步的文本见于 BL，Harley MS 4712，at fol. 15r。

［43］Bodleian，MS Eng. hist b. 208，fols 1r—22r.

［44］例如 E. W. Ives，*Anne Boleyn*（Oxfbrd，1986），p.230。

［45］Mannyng，lines 9509—9516，9560—9562.

［46］William Rishanger，*Chronica et Annales*，ed. H. T. Riley（RS，1865），pp.189—190；Walsingham，1863—1864，i，113.

［47］关于中世纪的洗礼史，参阅 J. D. C. Fisher，1965，以及 Cramer。

［48］Bede，pp.164—167（book ii，chapter 9）.

［49］Ibid.，pp.186—189（book ii，chapter 14）.

［50］*Councils and Ecclesiastical Documents*，iii，448—449；*Councils and Synods I*，ii，575.

［51］Orderic Vitalis，vi，552—555.

［52］Attenborough，pp.36—37.

［53］*Councils and Synods I*，i，319.

［54］Ibid.，i，455.

［55］Hull and Sharpe，pp.26—27.

［56］前文，pp.25，34，202—203。

［57］ *The Middle English Lai le Freine*，lines 35—58.

［58］ Hale, p.2.

［59］ *Councils and Synods II*. i, 247；对比 pp.297, 368, 590；ii, 988。

［60］ Ibid., ii, 836；Mirk, 1974, lines 142—150.

［61］ *Councils and Synods I*，i, 211.

［62］ *Three Lives of the Last Englishmen*，ed. Michael Swanton(New York and London, 1984), p.100.

［63］ *Councils and Synods I*，ii, 774, 979, 986；*Councils and Synods II*，i, 68, 70, 117, 180, 246, 453；ii, 988.

［64］ Bede, pp.372—373(book iv, chapter 13)；Asser, pp.47, 140.

［65］ *MED*，参看"godsib""godsibbe-rede"；*OED*，参看"gossip""gossipred"。

［66］ *Councils and Synods I*，ii, 1048—1049.

［67］ *CIPM*，ix, 455.

［68］ *CIPM*，vii, 381—382.

［69］ *CIPM*，iv, 109.

［70］ *Original Letters Illustrative of English History*，Third Series, ed. Henry Ellis, 4 vols(London, 1846), ii, 225—226.

［71］ 前文,p.202。

［72］ 举个例子,从 1480 年到 1537 年,参阅 BL, Add. MS 6113, fols. 31v—33r, 74r—78v, 79v—80r, 81r—86v, 115r—119v。

［73］ Mannyng, lines 9591—9626；Bodleian, MS Bodley 828 (William of Pagula, *Oculus Sacerdotis*), fols 115r—117v, 120v；STC 4115：Burgo, fol. 4r—4v；*Manuale*, pp.38—42；Mirk, 1974, lines 85—96, 125—140.

［74］ W. Maskell, *Monumenta Ritualia Ecclesiae Anglicanae*, 2nd ed., 3 vols(Oxford, 1882), i, pp.ccxlviii—l.

［75］ *Manuale*，p.39.

［76］ Mannyng, lines 9627—9656.

［77］ STC 791：*The Art of Good Lyuyng and Good Deyng*(Paris, 1503), sig. I. iv 右页。

［78］ 前文,pp.123—128。

［79］ *Manuale*，pp.25—43.

［80］ Ibid., pp.25—31, 35—43.

［81］ *Four Supplications*，ed. F. J. Furnivall and J. Meadows Cowper, EETS, es, 13(1871), p.90.

［82］ *MED*，参看"crisme"；*OED*，参看"chrisom"。

［83］ *Councils and Synods II*，i, 69—70, 141, 427, 512；ii, 1087.

［84］ 前文,p.219。

［85］ Littlehales, 1903, p.5；Foxe, viii, 126.

［86］ BL, Cotton MS Julius B. XII, fols. 19v—27r, 印于 Leland, iv, 206—207；对比 BL, Add. MS 6113, fols. 79v—80r, 81r—86v, 116v—117r, 117v—119v.

［87］ Samuel Bentley, *Excerpta Historica*(London, 1831), p.110；Nicolas, 1827, pp.106, 117, 136, 145.

［88］ Nicolas, 1830, p.28.

［89］ HMC, *Report on the Manuscripts of Lord Middleton*(London, 1911), pp.338, 343—344, 365, 367—368, 376, 381—382.

［90］ Dyboski, pp.xiii—xiv；前文,p.50。

［91］ *MED*，参看"chirchen"；*OED*，参看"church"。

［92］ Leviticus, xii. 1—8.

［93］ M. R. James, "Two Lives of St Ethelbert, King and Martyr"，*English Historical Review*，32 (1917), p.235；*Councils and Synods II*，i, 35.

［94］Mirk，1905，p.298.

［95］Bede，pp.90—91(book i，chapter 27).

［96］*Manuale*，p.44；*Dives and Pauper*，i part ii，116.

［97］Paris，iii，539，566；v，415，421.

［98］Hale，pp.14，111.

［99］Ibid.，p.10.

［100］Ibid.，pp.206，225.

［101］PRO，E 404/2/10；Rickert，pp.94—95.

［102］*Cely Letters*，p.167.

［103］*Manuale*，pp.43—44. 关于赠品，参见 Brightman，ii，884，以及 Cox，pp.59—63。

［104］Hale，p.119.

［105］Paris，iv，568—569.

［106］Ibid.，v，632；T. Stapleton，"A Brief Summary of the Wardrobe Accounts ... of King Edward the Second"，*Archaeologia*，26(1836)，p.337.

［107］*CIPM*，iv，224；v，50；vi，118，204—205；vii，381，385.

［108］BL，Cotton MS Julius B. XII，fols. 19v—27v；Harley MS 6113，fols. 31v—117r passim；Leland，iv，180—184；Bodleian，MS Eng. hist b. 208，fols. 15r—18r.

［109］*John of Gaunt's Register*，ed. Lodge and Somerville，ii，258—259.

［110］*CIPM*，v，36；vi，476；vii，188，385.

［111］Dillon and Hope，pp.1—2.

［112］BL，Cotton MS Julius B. XII，fols. 19v—27v；Leland，iv，204—207.

［113］Brightmam，ii，778.

［114］Ibid.，ii，724.

［115］*William of Palerne*，p.127，line 70.

［116］关于英格兰人的名字的历史，参阅 Withycombe，以及 Reaney。

［117］*Felix's Life of Saint Guthlac*，ed. Bertram Colgrave(Cambridge，1956)，pp.76—77.

［118］Niles，pp.95—107，at p.98；对比 Bennett，pp.1—14。

［119］例如 *CIPM*，viii，90；ix，137—138。

［120］Haas，pp.1—21，at p.18.

［121］Stephenson，p.83.

［122］Ibid.，pp.328，444.

［123］Ibid.，p.478；idem，*A List of Monumental Brasses in Surrey*，ed. J. M. Blatchly(Bath，1970)，pp.23—31.

［124］关于盎格鲁-撒克逊的名字，参阅 W. G. Searle，*Onomasticon Anglo-Saxonicum*(Cambridge，1897；repr. Hildesheim，1969)，尤其 pp.xii—xxiv，以及 Clark，1987，pp.31—60。

［125］*The Place-Names of Devon*，ed. J. E. B. Gover，A. Mawer，and F. M. Stenton，2 vols，English Place-Name Society，8—9(1931—1932)，ii，681—687.

［126］Bede，1991，pp.132—133(book ii，chapter 5).

［127］Robert Bartlett，*The Making of Europe*(London，1994)，pp.270—280 at 274.

［128］*Symeonis Monachi Opera Omnia*，ed. T. Arnold，2 vols(RS，1882—1885)，i，296.

［129］Hull and Sharpe，pp.36，45—50. 类似的情况，参阅 Clark，1987，p.42，以及 Moore，pp.183—184。

［130］Gillian Fellows Jensen，"The Names of the Lincolnshire Tenants of the Bishop of Lincoln，*c.* 1225"，in *Otium et Negotium*：*Studies in Onomatology and Library Science Presented to Olof von Feilitzen* (Stockholm，Acta Bibliothecae Regiae Stockholmiensis，I6，1973)，pp.86—95 at 86—97.

［131］Cecily Clark，*Words*，*Names and History*，ed. Peter Jackson(Clambridge，1995)，pp.117—143 at 128—129.

[132] 例如"Watekyn"，1290—1291 年赫里福德主教家的贵族男孩（Webb，i，135）。亦可参阅前文，pp.172，319。

[133] *Councils and Synods II*，ii，897；Burgo，fol. 9v；Lyndwood，p.246.

[134] Clayton，pp.82，85，87.

[135] Paris，iv，48；v，415.

[136] Stephenson，p.324.

[137] *CIPM*，ii，31—32.

[138] Ibid.，p.195.

[139] Ibid.，pp.498—499.

[140] Ibid.，p.500.

[141] Thomas of Monmouth，p.12.

[142] *Acta Sanctorum*，October，i，638—639.

[143] Frank Barlow，*Thomas Becket*，2nd ed. (London，1997)，p.10.

[144] Nigel Saul，*Richard II*(New Haven and London，1997)，p.12.

[145] Opie，1997a，pp.364—365.

[146] Cockayne，iii，184—197.

[147] Robbins，pp.63—67，67—70；*The Works of John Metham*，ed. H. Craig，EETS，os，132(1916)，pp.148—156.

[148] Dives and Pauper，i part i，130—131.

[149] *The Autobiography of Giraldus Cambrensis*，ed. H. E. Butler(London，1937)，p.35；Adam of Usk，pp.118—119；对比 pp.98—99。

[150] *A Volume of English Miscellanies*，ed. James Raine，Surtees Society，85(1890)，pp.40—41. 亦可参阅 *York Civic Records*，ed. Angelo Raine，Yorkshire Archaeological Society，Record Series，98，102，106(1938—1942)，i，24，169，175；iii，15—16，130。

[151] 前文，pp.6—7。

[152] 前文，pp.213—221，321—328。

[153] Genesis，xl. 20；Matthew，xiv. 6；Mark，vi. 21；*MED*，参看"birth"；*OED*，参看"birthday"。

[154] Winchester College Archives，21490A(Registrum Primum)，pp.38 以及下列等等。有一些更早的条目是关于 1431 年的(ibid.，p.22)。

[155] Byrne，p.5.

[156] *Chronicles of the Reigns of Stephen，Henry II，and Richard I*，ed. R. Howlett，4 vols(RS，1884—1889)，iv，176，183—184，189，195，197，211，226，233.

[157] Paris，iii，539；iv，48，224，406；v，415；*The Chronicle of Bury St Edmunds 1212—1301*，ed. Antonia Gransden(London，1964)，pp.47，52，56，62，67，77.

[158] *CIPM*，ii，20—21.

[159] Stubbs，i，134，137.

[160] *CIPM*. ii，505—506；v，355；vii，90，341—342，383，481；viii，41，150，233—234；ix，247，410—411，413，449.

[161] *Sotheby's Catalogue*，no. 92；*Western Manuscripts and Miniatures*(London，1992)，section 92. 关于这个家族，参见 P. Morant，*History and Antiquities of Essex*，2 vols(London，1768)，ii，144。类似的卷目包括 BL，Harley MS 5793(Danet family)；BL，Royal MS 2 A. XVIII(family of Henry VII)；Bodleian，MS Dugdale 47，fols 4r，5r(Hales family)；以及 Bodleian，MS Gough liturg. 3，fol. 94v(Coope family)。

[162] Dyboski，pp.xiii—xiv.

[163] Cox，pp.236—239；然而，已经提到的蒂普顿(Tipton)登记簿上的日期应该是 1573 年，而不是 1513 年。

[164] *Visitation Articles*，ii，39—40.

第二章　家庭生活

家庭规模和形态

52　　我们不是以平等的地位进入这个世界的。塑造我们的不仅是我们从父母那里继承的基因，还有他们的健康、他们的生活方式和他们生活的地方。我们还在母亲的子宫里时就受到富有和贫穷的影响，一旦我们离开子宫，其影响就会增加。就家庭规模、形态、住房、财富和生活标准而言，中世纪的孩子和现代的孩子一样，成长于各种各样的家庭。"家庭"一词来自拉丁语单词 *famulus*，意思是"奴隶"或"仆人"。在罗马和中世纪，它既适用于我们现在所称的由父母和孩子组成的"核心家庭"，也适用于任何住在屋檐下的仆人。仆人和孩子一样，受一家之主的管辖，也算是家庭成员。一个富裕的孩子在这样的大家庭中长大，与仆人和父母互动。一个贫穷的孩子则只属于一个核心家庭。

　　中世纪英格兰记录最完善的家族是王室家族，从 12 世纪中期开始，几乎每个王室成员都在编年史或档案中被提及。[1]在 1150 年到 1540 年间，英格兰国王和王后大约生了 96 个孩子，每一例婚姻出生的孩子数从 0 到大约 15 个不等。理查一世和二世没有孩子，而亨利六世只有一个孩子。在另一个极端，爱德华四世有 10 个孩子，爱德华三世有 12 个，而爱德华一世的总数最多。他与第一任妻子——卡斯蒂尔的埃莉诺——至少生育了 15 个孩子，与第二任妻子——法国的玛格丽特（Margaret of France）——至少生育了 3 个孩子。一个大家庭证明了国王的能力和王后的健康。国王需要男性继承人，而且儿子和女儿都是统治王国或建立联盟的宝贵财富。

雇用奶娘给王室宝宝喂奶的习俗是另一个关键问题。这加快了母亲恢复生育能力的速度，使她们怀孕的间隔时间比由她自己喂养孩子间隔的时间短。

　　实际上，王室家族规模更小。尽管得到了大量的护理和医疗照顾，但并不是所有的孩子都活了下来。在下一章中，我们将看到大约 34 个王室后代在出生时或出生后不久就去世了，只留下大约 62 个。如果我们用这个数字除以结婚的国王的数量 15，平均每个君主就只有 4 个多一点的孩子，如果算上死去的婴儿，这个数字上升到 6 个多一点。这平均的 4 人有时会因童年时期的进一步死亡而减少。一些王室的孩子一起在集体中长大，在他们自己的家庭中，可能已经形成了感情纽带。在其他情况下，这种事不会发生。爱德华三世的子女出生时间的跨度超过 25 年。最小的孩子——伍德斯托克的托马斯（Thomas of Woodstock），生于 1355 年，比他最小的姐姐玛格丽特小 9 岁。理查二世、亨利六世和亨利的儿子爱德华在童年的大部分时间里都没有兄弟姐妹。

　　一旦我们离开王室，出生记录就变得不那么常见了，即使是在社会的最高阶层中：贵族、乡绅和城镇的富裕阶层。然而，J. S. 穆尔（J. S. Moore）博士对 12 世纪男爵和骑士的细致研究表明，男爵家族的平均人数在 4.15 人至 4.83 人之间，而骑士家族的平均人数在 4.55 人至 5.71 人之间。这些数字包括父母，这使得孩子的平均数量在 2 人到 3 人之间。在这些平均值的两边，可能有一家的人数范围在 1 到 10，也许更多。[2]然而，这些数据所依据的资料很可能忽略了那些在婴儿期死亡的儿童，而且有些数据来自特定日期的家庭"快照"。考虑到婴儿死亡率，男爵和骑士父母所生孩子的总数可能会更高，就像王室一样。

　　在中世纪后期，出现了关于贵族和乡绅家庭规模的新资料。一种是祈祷书或文学杂记，父母在其中列出婴儿的名字和出生日期。这些并不常见，也没有被大量地研究。[3]另一种资料虽不太详细，却更为丰富，包括镶嵌在教堂地板上平头石上的标记着重要人物（通常是成年人）死亡的纪念性铜像。在 15 世纪，不仅流行用这种铜像描述他们所纪念的男人和女人，而且还用来描述他们的孩子。[4]特别是在铜像上记录儿童的名字。[5]更常见的是，它们记录一群子女的年龄。每个铜像上的各组数字并不相同，似乎表明了一种惯例：记录每一个出生的孩子，而不管其活着与否。然而，通常情况下，铜像会展示所有的孩子都成长得很好，所以我们无法得知有多少婴儿死亡或长大成人。

　　铜像的证据表明，贵族和乡绅的后代从一个到一个以上不等，但常见的是 6 个或 8 个孩子，总数偶尔会超过 12 个。阿什比·圣莱格斯（Ashby St Legers，北安普

53

敦郡)的托马斯・斯托克斯(Thomas Stokes,1414 年去世)和他的妻子艾伦(Ellen)有 4 个儿子和 12 个女儿,而特林(Teriing,埃塞克斯郡)的罗切斯特(Rochesters)在 1500 年有儿子和女儿各 9 个。到 1506 年,约翰・科巴姆勋爵(John Lord Cobham)和他的妻子玛格丽特共生了 8 个儿子和 10 个女儿,他的继任者托马斯生了 13 个,分别是 7 个儿子和 6 个女儿。伯纳姆(Burnham,巴克斯郡)的威廉和阿格尼丝・奥尔德里奇(Agnes Aldriche)在约 1520 年、圣梅丽翁(St Mellion,康沃尔郡)的简・科里顿(Jane Coryton)在 1551 年的孩子数量更多,各达到 24 个。奥尔德里奇一家有 9 个儿子和 15 个女儿,科里顿一家有 17 个儿子和 7 个女儿。[6] 自耕农的铜像并不多见,但布拉姆利(Bramley,汉普郡)的威廉・茹瓦(William Joye)的一尊铜像显示他和 12 个孩子在一起,男孩、女孩各 6 人。[7] 商人和他们的妻子似乎很少拥有超过 12 个孩子,只有一到两家超过了。约翰・吉尔伯特(John Gilbert,1467 年去世)是诺里奇的杂货商和市长,他和妻子安诺尔(Annore)生了 17 个孩子;尼古拉斯・莱韦森(Nicholas Leveson,1539 年去世)是伦敦的布商和郡长,他和妻子丹尼斯(Denys)生了 18 个孩子。[8] 15 世纪早期金斯林(King's Lynn)著名议员的妻子、神秘主义者马格丽・肯普(Margery Kempe)就符合这种情况:她声称有 14 个孩子。[9]

这些数字一定是由于死亡而减少的。即使是最多产的父母,也很少能同时使超过 10 个或者 12 个孩子活着。马格丽提到她只有一个孩子(一个儿子)已经长大并结婚了。中世纪后期的富裕家庭平均每家有两三个活着的孩子,就像 12 世纪一样。社会底层也是如此。在这里,父母对生孩子持谨慎态度,可能是出于经济方面的考虑,而糟糕的住房、饮食和缺乏医疗照顾则使孩子的生存更有风险。对 12—14 世纪中期农村社会的研究表明,在贫穷的劳动家庭中,活过婴儿期的孩子的平均数量略少于 2 个。在自耕自种的农民中,存活率高一点,在最富有的家庭中高达 5 人。然而,1300 年后,人口开始下降,1348—1349 年的黑死病加剧了这一过程。到 14 世纪晚期,这些平均值可能下降了 1/4 之多。[10]

全社会关于家庭规模的证据在 16 世纪有所改善。在这一时期,主要的新资料来源是 1538 年开始存在的教区记录。登记簿的目的是记录每一次洗礼,每个人出生后不久都必须举行洗礼仪式,因此实际上是对事实的登记。它们使编制与全体人口有关的出生统计数字成为可能。[11] 到了 1600 年,当这完全可能的时候,出生统计数据表明男性的平均结婚年龄是 28 岁,女性是 26 岁,所以大多数父母在有孩子的时候已经完全成年了。贵族和乡绅是例外,因为他们的成员通常在十几岁时结婚,但这些年轻父母所生的孩子也会由年长的仆人抚养长大。到 16 世纪 40 年代,一个英格兰家庭所生孩子的平均数量是 2.9 个,到 16 世纪 90 年代上升到 3.5 个,现在这一数字考虑到了所有出生的孩子,包括那些存活时间很短的孩子。

综上所述,这些资料表明,在整个中世纪,典型的英格兰核心家庭的规模基本上是稳定的,有两到三个活着的孩子,尽管这个数字在富人中趋于增加。[12]大多数儿童没有大量的兄弟姐妹,除了那些在婴儿期死亡的。拥有大家庭的普通父母一定与众不同,比如这个"有 13 个孩子的穷人",亨利八世曾在 1530 年给他 3 镑 6 先令 8 便士。[13]儿童的父母最有可能是结了婚、住在一起、年龄在近 30 岁到 40 岁出头之间,一些可能比他们年轻 10 岁或更多岁数的富人也要排除在外。家中通常只有父母是成年人,除非有仆人。祖父母或其他亲属可能住在附近并提供帮助,但很少住在父母的屋檐下。我们发现,一些富有的祖母在遗嘱中给孙辈留下了遗产:衣服、珠宝、金钱或家畜。[14]然而,值得注意的是,宗教作家在谈到抚养孩子时,提到教父母(而不是祖父母),是父母在这方面的支持者。在文学作品中,祖母有时是恶毒的人物,对儿媳心怀怨恨,对儿媳的孩子充满敌意。在乔叟的《律师的故事》(Man of Law's Tale)中,是一位祖母把女主人公和她的孩子带到海上漂流;在《天鹅骑士》(The Knight of the Swan)的传奇故事中,是另一位祖母把她的孙辈变成小鸟。[15]

大多数孩子是在家里由父母或父母的仆人抚养长大的。没有将他们放在其他地方养育的做法,至少在他们早年是如此。"养育"一词在中世纪被广泛使用,但它的意思只是"喂养"或"抚养"。[16]父母或奶娘可能被描述为在父母家里养育孩子。离家养育仅限于某些特定群体。国王和王后过着居无定所的生活,这使得他们很难有年幼的孩子在身边。到了 13 世纪晚期,这些孩子生活在他们自己的特殊家庭中,由有地位的骑士或夫人以及一些仆人照看。12 世纪之后,贵族和乡绅有时会利用修道院和女修道院,把孩子安置在那里当修士或修女,作为寄居者。[17]在社会的另一端,被母亲遗弃的婴儿会得到某种照顾,并被单独抚养。[18]在大多数情况下,父亲的死亡导致孩子落入监护人或亲属手中。即便如此,(如果可能的话)他们会和母亲在一起至少待到 7 岁,然后搬到监护人的家里。[19]所有这些类型的孩子都是特殊的,他们只能形成人口中的少数。直到 10 岁左右,孩子才有可能离开家去接受教育或当仆人。[20]

另一种家庭生活的变化源于再婚。丧偶的父亲或母亲可能会带来一个继母(stepmother)或继父(stepfather),有时还会带来继子女(stepchild)或(最终)同父异母(或同母异父)的兄弟姐妹。单词"step"是一个古老的日耳曼语,意思是"孤儿",

56

继父母是某个失去双亲的人的父母,继子是失去双亲的孩子。一些这样的父母可能是善良和慈爱的,但大众对他们的看法是非常敌对的。人们认为,这两种人,尤其是母亲,都缺乏亲生父母的感情,并会伤害伴侣的孩子。一片干瘪的面包被称为"继母的面包片"。[21]古往今来的故事都讲述了她们残酷和邪恶的行为。12世纪的拉姆齐修道院(Ramsey Abbey)编年史认为,150年前,当地一位大亨的妻子谋杀了她年幼的继子。当她被指控有罪时,她的丈夫以他的胡子发誓说她是无辜的,但他的胡子掉到了他的手里,他给了修道院一处房产来弥补他不知情的伪证。[22]中世纪著名的文学作品《罗马七贤》(*The Seven Sages of Rome*)讲述一位罗马王子由于他继母对他的诬告而面临死亡;面向儿童的小说《修士与男孩》(*The Friar and the Boy*)则讲述一个农民的儿子如何亲自报复他父亲那刻薄和像泼妇一样的第二任妻子。[23]

没有全职父母的其他孩子称为非婚生子女,通常由单亲妈妈抚养长大。相比之下,他们经历了公众的反对和种种不利条件。到12世纪,教会和英国普通法都认为只有合法婚姻的孩子才是合法的。如果他(或她)的父母没有结婚,或者是非法结合(例如,没有得到特别批准结婚的表亲),他(或她)的地位就不合法。如果他(或她)的父母后来结婚了,教会愿意承认非婚生的孩子合法,但普通法没有作出这种让步。出于宗教目的,就权利和义务而言,非婚生子女会受到和婚生子女一样的对待,但未经特别许可不得被任命为神职人员,除非他们也加入了宗教团体。[24]普通法更具歧视性。它剥夺了非婚生子女继承父母财产和地位的任何权利:这些规定影响到更多的人。只有一次,非法成为了一种优势。从大约14世纪30年代开始,律师们认为农奴的亲生子女是自由的,因为他们甚至不能继承父母的农奴制度。[25]

婚外出生的孩子可能并不寻常,至少在盎格鲁-撒克逊时代晚期是如此,那时基督教的道德观念已经根深蒂固。在16世纪,当非婚生子女的出生率首次可以被测量时,它从未超过4.5%。[26]大众的态度与教会和法律的态度一致,不喜欢这些孩子。他们被描述为"bast""bastard",以及后来的"horcop"(意为"妓女的头"),或"leir-child"(意为"巢穴或说谎的孩子")。[27]"私生子"(bastard)一词在诺曼征服后不久首次出现在英格兰,当时它被用来形容征服者威廉(William the Conqueror)——他本人出身可疑。[28]它本身是一个起源不明的词,人们猜测它的意思是"不诚实的""在驮鞍上怀上的"或"在田庄里怀上的"——所有这些都意味着偏离婚床。[29]后来,它被扩展到形容质量低劣的事物,这反映了对非婚生子女的负面看法。[30]大约在 1200 年,诗人莱亚门(Layamon)想象年轻的默林(Merlin)是如何被另一个男孩虐待的,因为他被认为是私生子。"我是国王的儿子,而你是个无名小卒……你母亲是个妓女,因为她从来不知道你的父亲是谁……你不是任何人的儿子。"[31]后来讲这个故事的人想到了其他合适的奚落男孩的词:"肮脏的泼妇""黑泼妇""卑鄙的坏蛋和孤儿""肮脏虚伪的弃婴"。[32]

实际上,非婚生子女受到的对待更加多样,有时也更加宽容。母亲可能会抚养他们,父亲则会在这个过程中提供帮助。到 14 世纪,教会法庭有权命令父亲抚养这样的孩子,并且存在这样的例子,即法庭要求父亲每周固定支付 1—6 便士的抚养费。[33]有些父亲表现得更慷慨。12 世纪的法律作家格兰维尔(Glanvil)承认,一个人可以把土地,甚至是继承的土地,给他的亲生孩子。[34]在他写这篇文章的那个世纪,亨利一世有 20 个非婚生子女,而亨利二世至少有三个。[35]英王给他的大多数非婚生子女安排了不错的职业或婚姻,其中有三个特别受青睐。亨利一世的儿子罗伯特被封为格洛斯特伯爵(earl of Gloucester),他的女儿西比尔(Sybil)嫁给了苏格兰国王。亨利二世的儿子杰弗里(Geoffrey)成为林肯(Lincoln)的主教,在他父亲死后,成为约克大主教。这些孩子缺乏其婚生兄弟姐妹的全部权利,但是(如果得到父亲的承认),他们仍然可以享有相当高的家庭地位。

中世纪后期也是如此。[36]亨利五世的兄弟克拉伦斯公爵托马斯(Thomas duke of Clarence)和他的私生子约翰之间关系密切,也许是因为托马斯没有合法的婚姻关系。1421 年,父亲和儿子在法国的博热战役(battle of Beaugé)中战斗,托马斯在那里被杀,但当法国人准备把他父亲的尸体从战场上带走时,约翰勇敢地夺回了它。后来,他成为了国王的骑士、都柏林城堡(Dublin Castle)的巡警以及亨利六世赐予他的爱尔兰土地的主人。[37]16 世纪早期,在英格兰政界中有几个杰出人物的母亲都是未婚的。查尔斯·萨默塞特(Charles Somerset)是都铎王室远亲、同名公爵之子,在亨利七世和亨利八世的宫廷中功成名就,1514 年被册封为伍斯特伯爵。 58 爱德华四世的儿子亚瑟·普朗塔热内(Arthur Plantagenet)与亨利八世交好,在 1511 年娶了一位贵妇人,并正式成为莱尔子爵(Viscount Lisle)。1525 年,当亨利开始担心王位继承问题时,他提拔伊丽莎白·布朗特(Elizabeth Blount)的儿子亨利·菲茨罗伊(Henry Fitzroy)为里士满和萨默塞特公爵(duke of Richmond and Somerset)。当时以及在 16 世纪 30 年代初,人们认为公爵可能会被选为亨利的王位继承人,但国王明智地从未这么做,因为年轻的亨利死于 1536 年,年仅 17 岁。[38]

婴儿护理

从出生那天起,中世纪的婴儿就被分为两类。大多数人依靠母乳喂养,这是通常的做法,除非母亲生病或去世。然而,在上层社会,母亲们通常不给孩子喂奶,而是雇用有自己婴儿的妇女充当奶娘。国王、贵族、乡绅们以及城镇中向往同样生活方式的一些富人都是如此。毫无疑问,有时母亲和孩子的健康是一个原因;她可能身体虚弱或生病了。对那些想要生育多个后代的父母来说——比如在生了一两个女儿之后再生一个儿子,有时更值得关注的是尽快恢复母亲的生育能力。地位和保持胸部小的愿望可能是其他考虑因素。同样,可能也有例外:富有的女性出于对孩子的爱或为了推迟再次怀孕而喂养自己的孩子。圣经在撒拉(Sarah)、哈拿(Hannah),尤其是圣母马利亚身上描绘了这样的母亲。有一两个中世纪的传奇故事也是如此。[39]例如,在马洛礼(Malory)的《亚瑟王之死》(*Morte d'Arthur*)中,埃克特(Ector)爵士的妻子希望用母乳喂养自己的儿子凯(Kay),却被要求喂养亚瑟王,而把自己的儿子送到另一个女人那里。[40]在现实生活中,圣托马斯·坎蒂卢普(St Thomas Cantilupe)生于1218年林肯郡(Lincolnshire)的一个男爵家庭,据说他是由"一位非常虔诚、高贵、神圣的女主人"哺育的——这可能是指母乳喂养。[41]

人们敦促那些雇用奶娘的人在选择和管理奶娘时要当心。婴儿的高死亡率似乎在一定程度上是由于她们的母乳不足,这使得找一个适合这项工作的奶娘至关重要。罗马的吉尔斯是13世纪一位研究王室和贵族教育的作家,在中世纪后期的英格兰颇受欢迎。他建议选择与亲生母亲身体特征相似的奶娘,因为母亲的乳汁符合孩子的需要。[42]巴塞洛缪是将婴儿的疾病归因于喂养的研究人员之一,他建议这些疾病应该通过喂给奶娘的药物来治疗。[43]到了1493年,王室开始对奶娘和婴儿的食物进行严格检查。无论奶娘自己吃什么、喝什么,都要由王室人员事先"检验"或品尝质量。在喂食时,医生也会在场,确保婴儿以适当的方式被喂养。[44]

我们对王室奶娘了解得最多,因为档案记录了她们的存在。[45]她们似乎都是已婚妇女,地位在贵族阶级之下,但高于普通阶级。一种是裁缝的妻子,另一种是理发师的妻子。乡绅们的奶娘很可能地位较低,如农民的妻子,但绝不是最低级、营养最差的阶层。如果王室奶娘喂养的孩子长大后登上王位,她们就会受益;据记载,一些国王每年会给她们13镑6先令8便士到40镑不等的工钱。她们自己的孩子,特权儿童的同父异母兄弟或姐妹也可能获得晋升,就像凯在亚瑟王的宫廷中那样。历史上最著名的例子是亚历山大·内克汉姆(Alexander Neckham),他的母亲霍迪娜(Hodierna)是圣奥尔本斯的一个妇女,在1157年替阿基坦的埃莉诺(Eleanor of Aquitaine)哺乳她的儿子理查一世。也许在王室的支持下,亚历山大后来成为了一名杰出的学者,并以赛伦塞斯特(Cirencester,格洛斯特郡)修道院院长的身份结束了他的生命。[46]

在一个富裕的家庭里,奶娘会有助手。比伯斯沃尔的沃尔特(Walter of Bibesworth)是一位英格兰骑士,他在13世纪晚期关于如何学习法语的著作中描写了日常生活,他建议母亲们雇用一名"摇手"(bercere,英语中"摇的人"或"摇摆的人"的意思)。[47]毫无疑问,这是一个摇晃摇篮的女人,也是一个给奶娘提供其他帮助的女人。在中世纪后期,王室和贵族的婴儿仍然配备有很多侍从,有时这些侍从不仅照顾他们,还照顾那些大一点的孩子,这些孩子往往是由非哺乳母亲接二连三地生下来的。1512年,诺森伯兰郡的珀西伯爵雇用了两个摇手和一个童仆,而1493年的王室条例提到了一个奶娘和四个摇手。年纪稍大一点的亨利六世王子,1424年3岁时有两个奶娘、一个女仆、一个洗衣女工和两个身份不明的仆人。[48]社会地位越低,获得的帮助就越少。市民的妻子或自耕农的妻子可以请她的女仆人帮忙,但绝大多数的母亲不得不独自承受这一负担,除非她们有丈夫或其他愿意并能够帮忙的孩子。

丈夫们会对这些需要有所回应吗?中世纪的作家和艺术家在描述性别角色时,将家务琐事分配给了女性,而把男性与更剧烈的运动和户外活动联系在一起。在文学作品中,他们被描绘成不适合照顾小孩的动物。沃尔特·梅普(Walter Map)讲述一个被敌人追捕的骑士的故事,他被一个住在农舍里的女人庇护着。她吩咐他在她误导追捕者的时候看着孩子,但他把自己的刀给了孩子玩,孩子跌在刀上,死了。[49]1500年左右在韦克菲尔德(Wakefield)上演的《第二牧羊人的戏剧》(Second Shepherds' Play)中,偷羊的马克(Mak)用婴儿的摇篮把偷来的羊藏起来。[50]圣大卫(St David)的新教主教罗伯特·费拉尔(Robert Ferrar,1555年去世)对着他的小儿子吹口哨,说他的小儿子能听懂他的哨声。他辩解说,这是一种与孩子建立联系的方式,也为后来的教学奠定了基础,但这一习惯成了天主教徒对他的指控之一。[51]伊扎克·沃尔顿(Izaak Walton)关于神学家理查德·胡克(Richard Hooker)的故事也遭到类似的反对,1584年时,胡克是一名已婚的乡村牧师。据说,两个来访的朋友发现他在妻子的坚持要求下埋头做家务,包括摇晃摇篮,他们和沃尔顿都觉得这样做不合适。[52]男性的大部分精力肯定都花在了照看孩子以外的事情上,人们可能对他们不这样做存在偏见。与此同时,妻子们可能需要配偶们的帮助,而一些男人则乐于或被迫提供这些帮助。

比伯斯沃尔的沃尔特在其著作中建议,婴儿应该裹着衣服放在摇篮里。他还谈到了围兜,用英语来说就是"流口水弄脏的破布"[53]。事实上,就像现在一样,各种各样的衣服和设备可能是为有钱的孩子准备的,也可能是以更简单的方式为贫穷的孩子仿造的。在小说《温柔的工艺》(*The Gentle Craft*,约 1597 年)中,托马斯·德洛尼(Thomas Deloney)概述了一套设备齐全的婴儿用品。一个年轻的鞋匠告诉他主人的妻子,他的未婚妻怀孕了,这个妻子惊叹道,这将使他付出代价:

> 床、衬衫、童帽、背心、发箍、襁褓、十字衣、围兜、尾布、斗篷、长筒袜、鞋子、外套、衬裙、摇篮和矮木凳,除此以外还有一个站立凳和一个用来给孩子做软食的小金属锅。[54]

正如这个列表所显示的,那些有经济条件的孩子得到了成品衣物,包括内衣和上衣:衬衫、衬裙、外套、长筒袜和鞋子。童帽(biggins)是一种帽子,十字衣(cross-cloth)是一种戴到前额的亚麻布。尾布(tail-clouts)可能是尿布或擦屁股的抹布。矮木凳(cricket)是妈妈或奶娘在照看摇篮时坐的小凳子,或者是孩子刚学步时使用的小凳子。站立凳是一个帮助孩子学习走路的架子。金属锅是一个有把手和脚的容器,用来烹饪或加热软的食物。[55]

62　　　中世纪照顾婴儿的一个主要区别是将婴儿牢固地绑在衣服上——后来被称为"包裹法"。盎格鲁-撒克逊人把他们的婴儿裹在衣服里,但不清楚他们是否也把婴儿绑起来。[56]另一方面,大约到了 13 世纪,婴儿的衣服被绑成一个紧密的包裹,手臂放在身体两侧,腿伸直。这是用长条状的布做成的,被称为"摇篮带""束缚带"或"襁褓带",以十字形缠绕而成。[57]这一习俗反映了一种信念,即婴儿的身体是灵活的,如果不受约束,四肢会弯曲生长。它可能还有其他的好处:在寒冷的房子里加强保暖,甚至保护孩子免受动物的伤害。用这种方式裹着的孩子可以抱在膝盖上,或者平放在摇篮里——摇篮是一项古老的发明,尽管这个词直到约 1000 年才在英语中被记录下来。[58]摇篮的形状和精巧程度各不相同,贫穷的家庭可能只提供一个盒子或篮子。有些可能是篮子状的,挂在屋顶上,易于摇动。其他的则立在地上,有时涂上颜色,倚靠在弧形梁上。这种类型的摇篮可以用脚摇晃,这样摇的人就可以腾出手来做其他工作。

地板式摇篮的插图从 14 世纪开始流传下来,尤其是在描绘贵族和神圣家庭的场景中,这被认为象征一种类似的等级。这些摇篮被描绘成制作精良的家具,通常在摇篮两侧的顶部有搭钩,这样婴儿就可以被安全地固定在里面。在亨利七世的王室条例中,日常用品王室摇篮被描述为由漆过的木头制成,长 45 英寸、宽 22 英寸。摇篮的四个角有四个银和镀金的把手或圆头,每边都有一排五个的银钩。外框上配备一顶亚麻布华盖、被单和两条点缀着毛皮、金布镶边的猩红色床单。一个更大的"庄园摇篮"(cradle of estate)会被放在宫廷中,用于公开展示婴儿。它长 7.5 英尺、宽 2.5 英尺,由木头制成,覆盖着精美皮革。每边都有八个搭钩,并且摇篮固定着五根标杆,每个角一根、前板中间一根,刻着王室纹章。这个摇篮还配备有昂贵的亚麻制的床罩。[59]

摇篮需要小心管理,因为它们和里面的使用者很容易发生事故。牧师警告家长们要确保摇篮是直立的,这样摇篮就不会滚动,要仔细地把儿童固定在里面。[60]就此方面而言,1307 年在坎蒂卢普的圣托马斯记载的神迹中发生了两起事故。在一起事故中,一个 16 周大的女孩被发现时已经死了,一只胳膊吊在摇篮里;在另一起事故中,一个婴儿因保护不当掉了出来,脚从凌晨到清晨(约上午 8 点)一直吊在摇篮上。[61]还有一起事故,1491 年,一个来自布拉克利(Brackley,北安普敦郡)的六个月大的男孩差点被摇篮吊绳勒死。[62]虽然这些灾难中,有一些和过去一样,发生在悬着的摇篮里,但是那种立在地上的摇篮并非就没有危险。这种摇篮容易受到那些经常在房子里跑来跑去、打翻物品或攻击孩子的动物的撞击。[63]

巴塞洛缪在他的百科全书里又加了一点关于照顾婴儿的内容。在写作中,他 63 设想他们是由奶娘照顾的,但他的评论可能也反映了母亲们的所作所为。当婴儿把自己弄脏时,应该给他们洗干净,要经常给他们洗澡,要给他们涂上桃金娘油或玫瑰油,特别是四肢。男孩比女孩更需要这样的膏油,因为他们的身体更硬。当婴儿啼哭时,应该给他们喂奶或移动他们的身子,有时扛在肩膀上,有时抱在手上,有时放在膝盖和大腿上。我们应该跟他们说话,给他们吹口哨、唱歌。应该用被单和布包裹着他们,确保他们的四肢完全伸展,并且把布绑在摇篮的扣子上,使四肢笔直而不是弯曲地生长。婴儿应该在黑暗中睡觉,因为明亮的光线会伤害他们的眼睛,使他们斜视。出于同样的原因,醒着时也不应该把他们滞留在这样的光线中。[64]一个世纪后,盖伊·德·肖利亚克(Guy de Chauliac)写道,他也人为,斜视通常是由于婴儿被平放时把目光转向光线或某些显眼的物体造成的。他认为,这可以通过在相反的方向放置一个发光的或有颜色的物体来抵消。[65]

在中世纪的著作中,偶尔也会出现其他关于婴幼儿护理的零碎内容。亚里士多德是 13 世纪作家在教育方面的主要权威,他建议允许婴儿哭泣和尖叫,因为这可以锻炼身体和促进成长。[66]然而,罗马的吉尔斯却明白亚里士多德所说的恰恰相反,他声称哭泣应该被制止,因为哭会消耗呼吸和精神。他还建议让儿童适应寒冷,让他们有时间玩,不要给他们酒喝。[67]他没有提到白天的休息,但很可能把婴幼儿放在床上就是为了这个目的,即使仅仅为了能给他们的照顾者一些平静。有两个关于小孩子中午睡觉的神奇故事。其中一个案例发生在近 1300 年,一个 18 个月大的男孩在 12 点 20 分左右从睡梦中醒来后在户外遇到了意外,他显然是在 11 点左右进食、半小时后躺下休息的。[68]另一个故事发生在 15 世纪,一位母亲让她 2 岁的孩子睡在床上,然后到田野里去了。当她回来的时候,房子着火了——也许是因为孩子醒了,在壁炉边玩耍。[69]

考虑到中世纪儿童相对较高的死亡率,父母们担心他们的健康也就不足为奇了。尽管罗伯特·曼宁在 1303 年写道,虽然和今天一样,婴儿被人绑架的情况非常罕见,但他设想女性可能会偷走孩子。[70]更常见的情况是,婴儿会猝死或死于致命感染,这似乎没有医学上的解释。坎特伯雷的威廉(William of Canterbury)在 12 世纪 70 年代记录了"一些人令人难以置信的无稽之谈",当婴儿生病时,这些人认为他(或她)发生了变化。[71]他的怀疑甚至没有被他同时代的神职人员所认同。蒂尔伯里的杰维斯(Gervase of Tilbury)讲述了阿尔勒(Arles)大主教亨伯特(Humbert)在婴儿时期是如何在夜里被人从摇篮里抱起来,放进洗脚盆里的。杰维斯说,许多婴儿是早上时被发现在房子外面,他们的摇篮在街道上,尽管门是关着的。[72]沃尔特·梅普讲述了一个可怕的故事:有个骑士失去了三个幼子,都是在襁褓中被人割喉而死。最终发现罪犯是一个长得像当地女人的恶魔,在被逮捕的过程中完全消失了。[73]

一些父母采取了预防措施来保护他们的孩子——这些预防措施本质上是非基督教的。11 世纪的作家们不赞成这种做法,即成年人在十字路口引导孩子"穿过地面",显然是为了表示献身或保护。[74]后来,在小孩子的床上放食物变得普遍,以抵挡或安抚来伤害他们的鬼神。罗伯特·曼宁告诉父母,

> 你放在孩子头上的食物,
>
> 最好不要留下这种力量。
>
> 如果那是为他们而放的,
>
> 那么这是一种邪恶的异端邪说。

> 为了圣灵，
>
> 圣父与圣子的爱，一位坚定的上帝。[75]

他不喜欢这种做法，因为这意味着除了上帝之外，宇宙中还有其他超自然的力量。但是他不觉得这等同于可以禁止它；相反，通过教导人们留下食物以纪念三位一体，他试图让它成为正统。这个习俗在 17 世纪仍然被保留着，当时人们认为这是为了防范女巫。诗人罗伯特·赫里克（Robert Herrick）在 17 世纪 30 年代和 40 年代描述了两种阻止女巫靠近睡觉中的孩子的方法，其中一种和曼宁的方法一样：

65

> 把圣饼皮拿来，
>
> 放在头下；
>
> 孩子们睡觉的时候
>
> 有一种魔力能把女巫赶走。[76]

> 让那个迷信的妻子
>
> 在孩子的头旁边，
>
> 搁一把刀：刀尖朝上，刀柄朝下
>
> （当她在城里闲谈的时候）；
>
> 这个，还有其他神秘的咒语
>
> 让熟睡的孩子免受伤害。[76]

面包可能被认为是有美德的，因为它来自上帝（"今日赐给我们日用的面包"），或者作为肉食者的一种替代品。由于刀是铁的，所以有力量，可以把攻击者吓跑。

在摇篮中被人类或超自然力量调换的调包婴儿是大众信仰的另一种虚构之事。有时这种说法也有一定的根据，比如一对夫妇为了继承家族的遗产而假装生了孩子。13 世纪 90 年代一个轰动的案件令林肯和伍斯特的主教们感到震惊。埃拉·勒·索（Ella le Sor）是伍斯特教区一个庄园的女主人，她假装怀孕，让她的庄园管家和其他人去寻找一个合适的婴儿。班伯里（Banbury，牛津郡）的亚当和艾丽斯·库克特（Alice Coket）以 12 便士的价格卖给了他们一个才出生两天的小男孩、一条面包和一盘熏肉。男孩被重新洗礼，并被描绘成埃拉的继承人，这取得了一定的成功，因为当她的丈夫死后，孩子被封地的领主收养了。[77]关于名人类似出身的谣言有时也会出现。在强调"长子继承权"的社会里，诬蔑别人的最好方法就是说他不是真正的继承人，而是替代者。1377 年，当冈特的约翰与伦敦市民发生纠纷时,伦敦到处张贴着诽谤传单,声称他是冈特的出生地根特镇(Ghent)的一个佛兰德屠夫的儿子。据说,王后真正的孩子出生后不久就被奶娘压死在床上,出于对国王的恐惧,王后和她的家人用屠夫的儿子代替了他。[78]

1318 年,出现了正好相反的情况,一个默默无闻的人自称是王室成员。这就是约翰·德·鲍德汉姆(John de Powderham)或"作家"约翰,1318 年牛津大学的一名抄写员,他宣布自己,而非爱德华二世,才是合法的国王。约翰声称,当他在王室摇篮里时,他受到了伤害,奶娘用一个车夫的孩子替换了他来掩饰这次伤害。他说,爱德华对乡村生活的热爱显示了他的血统——这暗指国王以爱好工人技能而著称。据说,牛津的许多人都相信这个故事,尽管约翰的说法的唯一证据是伤口的痕迹。但当他试图占领牛津城外伍斯特学院对面的博蒙特(Beaumont)王宫时,当地机关把他关进了博卡多监狱(Bocardo gaol)。最终,他被送到北安普敦的爱德华那里,在那里他继续坚持他的主张——他是他自己幻想的受害者。另一方面,当时的作家则断言他是黑魔法的践行者,国王对他毫不留情。他被移交给国王的法官们,在很短的时间内,他被审判、定罪,并作为叛徒被绞死。[79]

断奶

中世纪的儿童接受母乳喂养的时间比现在的儿童要长。在 15 世纪,我们听说萨默塞特郡的一个 1 岁女孩在吃奶,又听说斯通利(Stoneleigh,华威郡)的一个 2 岁男孩在吃奶。[80]停止母乳喂养似乎是在 1 岁到 3 岁的任何时间完成的。[81]15 世纪早期的苏格兰诗人雷特(Rait)把从出生到 3 岁定义为人生的第一个阶段,断奶或许是终点。[82]中世纪圣母马利亚的一段生活讲述了她 3 岁时被圣安妮断奶的故事,莎士比亚的《罗密欧与朱丽叶》(Romeo and Juliet)中的奶娘也回忆起了朱丽叶相同的故事。[83]奶娘说她给孩子断奶时把苦艾涂在她的乳头上。使孩子不敢去寻找乳房,这是一种古老的做法,埃德默(Eadmer)在 12 世纪的圣安瑟伦的生活中提到过。[84]当然,到了两三岁的时候,这些孩子已经在吃母乳之外的其他食物了。巴塞洛缪注意到,雇用的奶娘会用自己的嘴嚼碎食物给一个未长牙的孩子,并用手指喂他。在都铎和斯图亚特(Stuart)时代,这种做法在奶娘中仍然很普遍,毫无疑问,在亲自抚养孩子的母亲中也是如此。[85]

从古代开始,断奶就被认为是孩子生命中的一个重要时刻。对成年人来说,这是出生后的第一个里程碑,标志着一个走向独立的阶段。在圣经中,先知撒母耳(Samuel)的母亲在他断奶时让他在圣殿中服务,而圣母马利亚的传说描绘了她在同样的时间去了那里。[86]在中世纪的记录中,断奶(或断奶之前的时期)也是作为一个里程碑而存在。据说忏悔者爱德华曾被送往法国"度过他的摇篮期,即他断奶的时期"[87]。教皇阿德里安四世(Pope Adrian IV)出生在圣奥尔本斯附近,据信他一直在那里"被喂养,直到他断奶"[88]。1313年假爱德华二世的故事讲述了他被女王的奶娘们抚养长大,直到"断奶"。[89]因此,孩子停止母乳喂养的时间可能很重要,正如莎士比亚在对朱丽叶的奶娘的描绘中所暗示的那样,成年人会记住它。有时这可能会成为家庭为之庆祝的一个事件。圣经讲述亚伯拉罕(Abraham)如何举办宴会来纪念他的儿子以撒断奶,而诺里奇的圣婴威廉(saint William of Norwich)出生在1132—1133年,他的生活表明他的父亲也做了同样的事——除非这是作者受亚伯拉罕的启发而发明的。[90]

与此同时,大约在六个月大的时候,婴儿就开始移动了:滚动、爬行,最后站立和行走。对他们和他们的长辈来说,这既快乐又危险。在中世纪的富裕家庭里,会有仆人看守他们。比伯斯沃尔的沃尔特建议,为了避免孩子伤害或弄脏自己,应该安排一个少年或马夫跟着孩子,这样孩子就不会绊倒或跌倒。[91]一些手稿插图显示,蹒跚学步的孩子从腰到脚都困在一个架子或篮子里,如果他们摔倒了,这种架子或篮子可以支撑他们。托马斯·德洛尼的站立凳就是这类装置。然而,在大多数家庭中,父母或年长的兄弟姐妹,尤其是母亲,不得不执行这类监督任务,因为在人与火、水、工具和动物共存的房子里有各种各样的潜在危险。

教会强调父母有责任保护孩子的安全。埃克塞特的巴塞洛缪主教(1184年去世)探讨了如果一个母亲把她的婴儿放在火旁,一个男人往大锅里倒水,水溢出来,烫死了孩子,谁应该受到责备。他的结论是,母亲是有罪的,应该为置孩子于危险的地方而忏悔。[92]正如我们所看到的,在洗礼仪式上,神职人员警告教父母要确保他们的孩子在7岁之前不受火、水和其他危险的伤害。[93]尽管如此,事故还是会发生,正如芭芭拉·哈纳沃特(Barbara Hanawalt)所指出的,这些事故反映了性别差异。[94]男孩比女孩更有冒险精神,在4—6岁时,他们的大多数死亡都发生在家庭之外。对于女孩来说,这种情况发生得稍晚一些,一般在7—12岁。男孩和女孩在很小的时候就依附于与他们同性别的父亲或母亲,跟随并模仿他们。小女孩的意外更有可能发生在家里,而且往往与她们母亲做饭或打水等日常活动有关。小男孩则更容易因为观看父亲户外工作而受伤,尤其是在用工具、动物和

67

载具时。

当然,父母不仅照顾孩子,还试图逗乐和鼓舞他们。正如我们将看到的,母亲
68 们唱着摇篮曲,读着童谣;父母玩着手部游戏或提供玩具。艺术家们喜欢以一种游
戏的姿态描绘圣母马利亚让年轻的耶稣坐在她的腿上:他抚摸她的下巴,抱着一个
玩具,或者拿着一个苹果。13 世纪早期的专著《安克雷尼·维斯》(Ancrene Wisse)想
象着耶稣在和他的信众玩耍,就像母亲和孩子玩耍一样。"她从他身边跑开躲了起
来,让他独自坐在那里焦急地四处张望,喊着'夫人!夫人!',并哭了一会儿。然后
她笑着跳出来,张开双臂,拥抱他,亲吻他,为他擦眼泪。"年幼的孩子挣扎着走路,
撞到东西或被东西绊倒,磕到自己。作者说,当这种情况发生时,我们就会猛地拍
一拍他(她)撞到的东西,就好像那东西很淘气一样,孩子就会觉得很有趣,不再
哭了。[95]

和今天儿童的行为一样,他们也和动物亲密无间,因为动物的体型与他们更接
近,它们有不同的行为,而且它们中有许多明显对人友好。成年人通过饲养家养宠
物和讲述有关动物特性的寓言来鼓励这种关系。在安全事故记录中,有一两次提
到了儿童与鸟或动物玩耍。一个小女孩拿着食物被一头猪撞到水里,另一个女孩
拿着一只鸭子的头(可能她在这鸭子被杀时拿到的)到河里洗,结果淹死了。[96]家
养的动物可能会有名字,在 15 世纪的教科书里提到了两三种:"Copple"(意为"有
冠")表示母鸡,"Kob"表示斗鸡,还有"Whitefoot"可能表示狗。[97]贵族儿童可能会
拥有鹰或猎犬,就像爱德华一世的小儿子亨利王子在 1273 年至 1274 年养鹰一样,
这些动物是由别人照顾的,但孩子可能认为是他们自己在照顾。[98]

幼年期被认为在 7 岁时结束。当它结束时,父母和教父母的责任有所减少,
因为他们认为孩子更强大、更警觉了,可以保护自己。到了中世纪后期,神学家和
律师们认为,一个 7 岁的孩子可能会作为一个神职人员接受削发、订婚(但不是完
全结婚)、被指控犯罪,甚至(与一些特殊女孩)发生性关系。[99]亚里士多德建议
男孩应该从 7 岁开始接受正规教育,并且如今有证据表明,中世纪的王子在大约
7 岁的时候就会从女性管理转到男性管理,或者被送到教员那里。[100]但 7 岁不
应该被过分强调为一个分水岭。儿童在三四岁时就开始接受教育,儿童犯罪和订
婚都非常罕见。对大多数男孩和女孩来说,成长是一个渐进的过程,有小的变化,
也有大的连续性。

白天

　　时间对每个人来说都是一样的,但对于遵守时间,家庭之间各不相同。直到14 世纪,人们对时间的支配很大程度上集中在白天。为了节省照明费用,底层人民天一亮就起床,天黑就上床睡觉。富有的人起得稍晚一些,因为他们的仆人已经为他们收拾好房屋,屋子里的蜡烛或灯会一直用到晚上。夏天的白天比冬天长,尤其是对穷人来说,工人在夏天的工资更高,因为他们工作的时间更长。然而,这种模 69 式逐渐被时钟数量的激增所改变:大型家庭的家用时钟和教堂的公共时钟,用铃以及之后用刻度盘来标记时间。时钟使人们更容易以一种恒定的方式衡量一天,并在全年中始终如一地生活。大约到了 1400 年,人们开始像我们一样,用时钟来表示一天中的时间,而不是用早、中、晚的旧方法,或者像晨祷和晚祷这样的礼拜时间。

　　即使有时钟和蜡烛,大多数中世纪人也比我们更多地利用白天时间,因此他们开始和结束一天的时间都更早。他们在黎明时分或刚过拂晓就起床,喝点饮料或吃点小点心当早餐,常常拖到 8 点钟才吃。儿童按照这种模式生活。我们从学校的记录中听说了关于他们大多数人的时间表,记录中提到了上课的时间。按照我们的标准,这些时间是较早的:早上六七点,在夏天有时会提前一个小时。[101] 到了15 世纪,礼仪文学——以乡绅子弟和较富裕的城镇居民为对象——包括了每天起床的建议。人们应该在胸前和前额上比画一个十字,然后念《主祷文》和其他祷文。 70 脸和手要洗干净,注意清洗耳朵和鼻子,头发要梳理。[102] 都铎时代的道德家们抱怨说,富裕家庭的男孩懒惰,倾向于躺在床上直到大白天。然后他们吃早饭,有时在床上吃,并且是仆人帮他们穿衣服。一位作家想象一个男孩喊着要他的衣服:

　　　　玛格丽特,把我的长袜拿给我。我请求你送过来。我的紧身上衣呢? 把我的吊袜带和鞋子拿来。把鞋拔给我。

穿好衣服后,他需要洗脸的水和毛巾。[103] 但这是富人的儿子;穷人没有仆人,但是溺爱的母亲会为男孩完成这些工作。并且,他们的孩子在起床时是否做了祈祷也不得而知。

　　早餐似乎都是单独吃的。有时是在工作时吃。一些学校允许男孩自带早餐在学校里吃,并暂停课程让他们吃早餐,这是 1518 年圣保罗学校(St Paul's School,伦敦)的约翰·科利特(John Colet)禁止的习惯。[104]当天的其他几顿饭则比较丰盛,更具社交意义,也比较正式:11点或12点吃午饭,5点或6点吃晚饭。在人口众多的家庭中,仆人先吃饭,雇主后吃饭,吃得晚(像起床一样)显示了一个人的地位。一家人似乎都会在一起吃两顿主餐,可能幼儿除外。学校在上午晚些时候停课,让男孩们回家(或到宿舍)吃饭。各个家庭的饮食方式可能各不相同。穷人可能会一起坐在一张桌子旁,而富人则遵循更为复杂的习俗。巴塞洛缪在描述贵族家庭的用餐时说,"儿童被安置在他们自己的位置上",不过放在父母桌子上还是其他桌子上则不得而知。[105]后者当然是大户人家的做法。一份都铎王朝的资料显示王室青年分开用餐,另一份资料提到会在主桌旁边为儿童准备一张圆桌。[106]

71 　　在虔诚的富裕家庭中,主餐的礼节包括让儿童在吃饭前做祷告。到了15世纪,在有文化的家庭中,有时还会让他们在吃饭时阅读(或听取)有教育意义的文本。[107]年龄稍大的男孩和青年可能要在餐桌旁侍候。被雇用的男侍从也这样做,为他们的主人或女主人提供食物和饮料,并单独用餐。[108]这种做法似乎在一些家庭中被效仿,在这些家庭,儿子被当作仆人对待。乔叟笔下的乡绅(Squire)"在父亲的餐桌前切肉"[109],弗朗西斯·西格(Francis Seager)的《美德学校》(*School of Virtue*,1557)设想男孩在岁数足够大的时候,招待他们的父母和客人。他们端上盘子,把盘子收拾干净,端上甜点,并把洗手的水准备好。[110]以这种方式安排的膳食不仅有营养,而且具有教育意义,教导人们尊重上帝、父母和客人。一个人学会了礼仪、有礼貌和社会等级的重要性,最后这点体现在人们就座和用餐的顺序上。

　　时间以另一种方式统治着生命:一年的循环。这影响了饮食,决定了食物的种类和人们可以吃什么。中世纪基督教强调饮食:在特定时间举行盛宴,在其他时间禁食,包括不吃某种食物或完全不吃食物。星期五和重要节日的前几天禁止吃肉。在大斋节(Lent)期间,人们开始了更严格的禁食,不仅禁止肉类,还禁止奶制品,有时还会推迟或取消用餐。在大斋节的周一和周六,也就是所谓的"懒散日"或临时日,不提供晚餐。儿童被部分地免除了这种禁食,继续有规律的饮食,有时还吃成年人禁止吃的食物。颁布于1400年的温彻斯特学院校规,允许年龄在15岁以下的学子享用早餐、午餐和晚餐,后两种是为学院年长成员准备的。[111]在爱德华四世王室中,被称为"扈从"的贵族青年被允许在斋戒日吃晚餐,而珀西家族在1513年也对伯爵的子女和他的小礼拜堂的男孩们做出了类似的让步。[112]伯爵的孩子们在大斋节期间吃黄油和鸡蛋,而他们的长辈不吃这些食物。[113]我们偶尔会听说一些虔诚的孩子像成年人一样坚持禁食。诺里奇的威廉是其中之一,阿宾登的埃德蒙

(Edmund of Abingdon)是另一个。[114]据说,威廉从 7 岁开始就在周一、周三和周五禁食,但他的哥哥们没有这样做。

食物受等级与财富的影响,并且这里没有统一的标准。为了公允地看待中世纪儿童所吃的所有食物,我们不得不制作食物本身的编年史。然而,提到的某些食物专门与儿童有关。一个是牛奶,经常出现在家庭账簿上。例如,诺里奇的凯瑟琳(Katherine of Norwich)——一个东盎格鲁(East Anglian)贵族的寡妇,在 1336 年至 1337 年经常购买儿童喝的牛奶作为她的家庭必需品。[115]牛奶或水可以与谷物、面粉或面包混合制成粥或稀粥:人们称之为"pap"或"papelotte"。[116]15 世纪早期的一份医学食谱呼吁用制作儿童软食的方式将牛奶和优质的白面粉混合在一起煮。[117]一旦孩子有个几岁,他们很可能会像成年人一样喝麦酒或啤酒(可能是一种低度酒),啤酒比单纯的水更纯正、更有营养。1273 年到 1274 年,经常有人买牛奶和麦酒给爱德华一世的儿子——6 岁的亨利王子,也给和他住一起的另外两个孩子:他 9 岁的姐姐埃莉诺和他们 7 岁的表兄布列塔尼的约翰(John of Brittany)。[118]

比伯斯沃斯的沃尔特对刚刚度过断奶阶段的幼儿的喂养有一些建议。如果一个孩子早上伸出手去拿面包,给他一些——如果你也不多了,就给他一片。在中午的正餐,取出鸡蛋(大概是煮熟的),剥去蛋壳和蛋白,给孩子蛋黄。苹果也是好东西,但要削去柄和皮,去掉果核。[119]16 世纪早期的作家提到面包和黄油是儿童的典型食物,但这可能适用于那些可以在市场上买到黄油的相对富裕的人。大约在1500 年,一位威尼斯游客来到伦敦,注意到母亲们"以佛兰德人的方式"给她们的孩子吃涂了黄油的面包。1532—1533 年,亨斯坦顿的莱斯特兰奇买来"黄油给孩子们"。[120]托马斯·莫尔(Thomas More)描述了一位母亲把面包和黄油交给她的儿子带去学校。威尼斯人注意到伦敦的鹞子(食腐鸟)是如此温顺,以至于它们会从儿童的手中衔走面包。[121]

只有在少数大型家庭和学院才完全有可能重构儿童的饮食,在那里,膳食结构和饮食要素都有记载。这些地方只能代表社会中较富裕和管理较好的部分。其中一份资料来源是 1513 年诺森伯兰郡珀西伯爵的家书,这本书让我们了解了两类人的食物:伯爵自己的孩子和在他的小礼拜堂服务的男孩。珀西家每天为其成员提供三餐:早餐、午餐和晚餐。为伯爵的两个最大的孩子(11 岁的亨利和他的弟弟托马斯)准备的早餐包括半条基本的"家庭"面包、一个精粉面包(一小条精制小麦面包)、两夸脱啤酒、一只鸡或三根煮熟的羊肉骨头。另外两个孩子——玛格丽特和英杰拉姆(Ingelram),后者还在上幼儿园——只给他们一个精粉面包、一夸脱啤酒

72

和三根煮熟的羊肉骨头。

小礼拜堂里的男孩们由于社会地位较低,吃的食物也不那么丰盛。他们的早餐包括家庭面包、啤酒、煮牛肉,周五还会有咸鱼。如果是在大斋节,肉就会被各种各样的鱼代替:咸鱼或鲱鱼,而在伯爵的孩子那里,则是被前面提到的黄油或涂着黄油的蛋代替。珀西的家庭食谱没有描述午餐的菜单,因为午餐的菜单会随着日子的不同和等级的不同而变化,但肯定包括面包、肉或鱼。晚餐也有不同的种类,懒散日会特殊点,那时候的晚餐和早餐非常相似:给伯爵的孩子是一条精粉面包和黄油,给小礼拜堂里的男孩们是家庭面包,以及所有人都会给到鱼。年轻的珀西喜欢吃新鲜的鱼,如鳕鱼或大菱鲆,而小礼拜堂里的男孩们吃的是普通的咸鱼。[122]

在 16 世纪 70 年代,伦敦一位法国教员克劳德·霍利班德(Claude Hollyband)对一所寄宿学校的男生食物有一段很好的描述。早餐包括一小块粗面包(含麸皮)和黄油,或者当季的水果。午餐通常是炖煮蔬菜,斋戒日则是鲜鱼、咸鱼或一碗脱脂牛奶伴面包。晚餐包括调味沙拉和一道肉菜——通常是炖羊肉配蔬菜,也会有烤肉(每周一到两次),比如小牛肉或小山羊肉。在禁食的日子里,每人用两个鸡蛋(烤的、煎的、水煮的或做成煎饼的)代替肉,或者用鱼和奶酪代替。午餐和晚餐也有面包,而且显然数量不限。如果面包皮上沾上了烤箱里的灰,就需要用小刀削一下。有些学生喝淡啤酒,并且夏天有水果。[123]

这样的饮食会持续供应,但也是单调的,在以面包和蔬菜为主食的贫困家庭更是如此。儿童渴望更刺激的或应季的食物,这并不奇怪,这一主题经常出现在学校的食谱中,而教员们显然希望这能激发学生的兴趣。大约在 1450 年,埃克塞特高中(Exeter High School)就有一组这样的食谱,其中提到了大斋节前的阉鸡、野鸡和鹧鸪;填馅牛肚、香肠和羊肚杂碎;祈祷日期间的奶油、奶油芝士和果馅饼;还有达特河(River Dart)的鳟鱼。[124]这类食物必须是稀有或难以获得的,除非是富人,同样的情况也适用于甜食,如蜜饯糖果和奇特的饼干。爱德华一世的小儿子亨利在一次生病时得到了一根扭曲的糖棒。[125]大多数孩子肯定都用水果来满足他们对甜味的渴望,一些作家提到了他们对水果的喜爱。13 世纪晚期的传教士托马斯·多金(Thomas Docking)谈到了男孩们在秋天收获葡萄,诗人约翰·利德盖特(John Lydgate)回忆了 15 世纪他年轻时偷苹果的经历。[126]在 15 世纪 90 年代的一本牛津教科书中,假设一个学生从"督学"(正在煮梨)的家里得到了一份礼物,他期待收到石榴或橘子,"如果有卖的话"。[127]

和食物一样,衣服也有很大的不同,取决于财富和地位。一般来说,中世纪的成年人和儿童服装可能包括亚麻衬衣或法兰绒衬裤、遮盖身体的衬衫、穿在腿上的长袜(尤其是在冬天)和一套高级服装。不需要干体力劳动的有地位的男人和女人,穿长袍一类的衣服,拖到小腿或脚,中间系上束带或腰带。工作或玩耍的男人们用长及臀部或大腿的短外套取代了长袍;而工作的女性则穿一种到达小腿的衣服。兜帽或帽子普遍是用于防雨或防寒,人们也普遍戴手套,尤其是轻富裕的人。儿童可能穿着相似的衣服,女孩比活跃的男孩穿更长的外套,男孩会穿着遮蔽全身的长袍出席特殊的场合或去上学。

这样的衣服可以在家里做,也可以委托附近的裁缝做,还可以买现成的,或者买二手的。某些物品似乎更常以成品形式购买:帽子、手套和鞋子。15 世纪的一本字典中有一个专门的拉丁词,表示"儿童帽子"[128]。手套制造商和鞋匠(使用更难做的材料)制作了尺寸合适的儿童手套和鞋子。在富裕家庭的家庭账簿中,儿童服装支出的记录仍然存在,但这些记录往往与被买来用于这些目的的布料有关,而不是现成的衣服。据推测,布料是在家中裁剪和缝制的。16 世纪 20 年代,莱斯特兰奇家中上学的儿子尼古拉斯需要:各种鞋子(花费 6—8 便士)、用于制作两件衬衣的 3 厄尔(ell)①亚麻布(3 先令 9 便士)、一顶帽子(5 先令 4 便士)、用于制作一件外套和一双长筒袜的布料(10 先令)、用于制作一件紧身上衣的黑色纬起绒布(20 先令)。他妹妹贝丝(Bess)需要:一双鞋子(花费 4 便士)、手套(6 便士),还有 1 码(yard)②装饰着小鸟图案的缎子(2 先令 2 便士),显然是为了做一条裙子。厨房男孩得到了便宜些的衣服,包括"粗皮革"[可能用来做一条围裙(5 便士)]、一双鞋(6 便士)、给他做一双长袜的毛毯布(7 便士)、用于制作一件衬衫的 2 码帆布(8 便士)、用于制作一件外套的 4 码起绒粗呢布(2 先令)。他那套衣服大约花了 4 先令,但他需要两套,第二套衣服在第一套衣服洗的时候穿。[129]

当时,衣着很重要;与之相对,脱光衣服也是如此。裸体是天真的象征;巴塞洛缪注意到,青春期前的儿童多么乐意光着上身出现在公共场合。[130]男孩和年轻人可能会为了游戏而脱衣,就像最早的圣卡斯伯特(St Cuthbert)传记作者描述他们在 7 世纪做的那样:脱掉他们的衣服,做倒立或其他体育表演。[131]《格麦林的故事》(*Tale of Gamelyn*)中的少年英雄是乔叟时代的流行人物,他摔跤时"光着脚,脱掉衣服",显然除了内裤什么都不剩。[132]游泳(男孩子的另一项运动)时也不穿任何

75

① 旧时量布的长度。——译者注
② 英制中丈量长度的单位。1 码等于 3 英尺,约为 91 厘米。——译者注

衣服。大一点的男孩或女孩(就像他们的长辈一样)可能会裸露胳膊和腿工作,就像传奇小说《佩勒内的威廉》(*William of Palerne*)中在驳船上的"裸腿大胆的男孩"。[133]在我们自己的文化中,为工作或休闲而脱衣是关于青春、美丽、力量和性的声明。在中世纪,这样的信息与我们已经忘记的信息混杂在一起。赤裸与惩罚联系在一起。男孩们赤裸着屁股挨打,罪犯们被剥去衬衣抽打,朝圣者或罪人们光着脚去获得功德或进行忏悔。它也意味着贫穷。作家和艺术家描绘穷人赤脚或衣衫褴褛,露出部分身体。哈夫洛克(Havelok)——13 世纪故事中那个被赶出去的王子,穷困潦倒,不得不去做搬鱼工,露着腿、光着脚,身上披着帆布做的斗篷。他一找到更好的做厨房佣人的工作,老板就给他买新衣服,包括长筒袜和鞋子。社会地位取决于你穿什么,而不是你展示了什么。[134]

一旦孩子可以自己穿衣和脱衣(以及在此之前),他们就会被教导要保持干净整洁:要洗手和梳头。这方面的习俗可能因社会地位的不同而有所不同,地位高的人更挑剔,更能保持自己的清洁。以富裕阶层男孩为目标的礼仪书籍强调卫生和良好的餐桌礼仪。正如我们所看到的,男孩们被要求起床后洗手和洗脸。饭前也应该洗手。[135]沐浴是一个更加晦涩的话题。富有的孩子可能会洗澡。约 1200 年的一个惊人的故事讲述了一个奶娘如何把一个 1 岁的幼童放进置在火上的铅浴缸里,出去拿更多的木头生火,回来发现孩子溺水而亡。[136]在 1273 年至 1274 年关于亨利王子和他的兄弟姐妹的家庭账簿中提到他们在圣灵降临节、复活节和圣诞节前夕洗澡,但这些显然是带有仪式或节日意图的特殊事件。圣诞浴是一种热水浴,而圣灵降临节浴会加入 1 加仑的酒。[137]亨利家以每镑 4 便士的价格买了 2 磅西班牙肥皂。[138]夏天普通人有时在室外洗澡。1269 年,威尔登(Wilden,贝德福德郡)12 岁的约翰·勒·怀特(John le Wyte)在一条小溪里洗澡时淹死了;1337 年,亨兹迪奇(Houndsditch,伦敦)的威廉·德·雷德本(William de Redbourne)16 岁的儿子约翰在一个很差的地方洗澡时淹死了。[139]

如厕训练和如厕程序是另一个晦涩的话题。在供给充盈的家庭中,成年人和儿童广泛使用便壶或马桶。1273 年到 1274 年,人们买了便宜的罐子供年轻的亨利王子使用,每个只花了 1 便士。[140]很多人在室内或室外的厕所里小便,也许人们认为女孩和妇女应该在一些隐私的地方做这种事。另一方面,一些男人和男孩公开这样做。约翰·勒·斯托雷(John le Stolere)——一个 7 岁的穷人乞丐,1339 年在街上小便时被一辆两匹马拉的水车轧死了。[141]这种开放并不局限于穷人。约翰·科利特为相对富裕和有特权的人重建了伦敦圣保罗学校,他只在建筑楼里修建小便池。他在 1518 年说,"因为其他原因",男孩们应该去"水边"。这就意味着要长途跋涉到泰晤士河(River Thames),在岸边或向水中排便。[142]

文明的人在排便后用一种有吸水力的东西来清洗自己,这种东西在 15 世纪被称为"arsewisp"[143]。"wisp"这个词指的是一把干草或稻草,可以用来擦鞋或刷马。[144]富人在生活习惯上是更有教养的。约翰·罗素(John Russell)在 15 世纪一首写给家中仆人的诗中,告诉管家(负责看房的人)要保持厕所的清洁,坐垫要铺上绿色的布,不使用的时候要用垫子把洞孔遮起来。应当准备些毛毯、棉布或亚麻布以备擦拭之用。当使用者用完后,管家应该准备好盆、水罐和毛巾。[145]

77

晚上

夜幕降临,灯火通明。儿童看到自己在墙上的影子,追着影子,却始终追不上。[146]我们听到的关于晚上的资料比早上的少,除了家人必须在晚上 9 点左右上床睡觉以获得八个小时的睡眠,以及年龄较小的孩子可能会睡得更早。毫无疑问,他们经常试图拖延这一过程,就像他们如今所做的那样。有些人可能希望熬夜玩耍,有些人可能会被夜间恐怖所困扰。雷金纳德·斯科特在 1584 年写道,他指责成年人造成了对黑暗的恐惧:

> 但是在我们的童年时代,我们母亲的女仆们总是用一个头上长着角、嘴里喷着火、屁股上长着尾巴的丑陋魔鬼来吓唬我们……因此,当我们听到一个人喊"大树枝"时,我们就会吓一跳,害怕起来。我们被牛头怪物(bogies)、精灵、女巫、顽童、侏儒、老妖婆、复仇女神、森林之神、潘神、农牧之神、木神(wood gods)、装满烛台(Will o' the wisp)的工具箱等纠缠得够呛……以至于我们害怕自己的影子。[147]

在两本由男学生记录的笔记中提到了女巫的女儿,也就是梦魇,以及'门后无血无骨之人'。[148]

有些儿童遇到鬼魂,或者自以为遇到了。大约在 14 世纪 40 年代,泰恩茅斯(Tynemouth,诺森伯兰郡)修道院的一个男孩正在帮助一个僧侣在所谓的"死者礼拜堂"做清晨弥撒,他看见一个穿得像僧侣的东西走了进来。它匍匐着,脸伏在地上,吓得男孩躲在神父和圣坛之间。当神父做完弥撒后,他也看到了那个身影,对它说："起来吧，兄弟！去休息吧！"它便出去然后消失了。[149]1462 年，黄昏时分，一个大约 11 岁的男孩走在剑桥大学国王学院和卡莱尔学院之间的小路上，看见一个留着长胡子、衣衫褴褛的老人，他想摆脱他，但却摆脱不掉。他奉命第二天晚上回来接收消息，他这样做后又被告知第三天再来。最后，老人屈尊透露了他的消息：他预言了瘟疫、饥荒和死亡，比任何活着的人所知道的都要多。在神学博士等人的询问下，男孩说他没有看到老人在地上行走，结论是他遇到了一个幽灵。[150]

睡前祷告可以平息这些恐惧。著名的英格兰儿童睡前祷词是：

> 马太、马可、路加和约翰，
>
> 祝福我所躺的床。

78 该祷词直到 1656 年才有记载，但人们认为它至少可以追溯到 16 世纪中叶，而对这一观点的支持来自中世纪后期的文学作品。[151]乔叟的《米勒的故事》（Miller's Tale）指的是一种"夜间咒语"，是房主站在房子的四面和前门的门槛上说的，以保护房子不受邪恶侵害：

> 耶稣基督和圣本尼迪特，
>
> 保佑这所房子不受任何邪恶怪物的侵扰。[152]

一首针对 15 世纪学生的诗暗示，他们也知道这样的祈祷。当他们去上学时，它提醒他们，他们将向他们的老师学习，并以三位一体的名义祝福他们：

> 他必以三位一体的名义教导你，
>
> 然后以马可、马太、路加和约翰，
>
> 以每一个十字架和尊贵的名字。[153]

以三位一体的名义是"以圣父、圣子和圣灵的名义"的祝福，是一个人在自己身上画十字时说的，"马可、马太"看起来像一个类似于"马太、马可、路加和约翰"的祈祷。这两句话都适合在睡前说。

按照现代的标准来看，睡眠安排常常是拥挤的。大多数人日夜紧密地生活在一起，共用床和卧室以节省空间和保暖。父母和奶娘经常和年幼的孩子睡在一起，因为存在受伤和死亡的风险，这种做法遭到了教会领袖的反对。埃克塞特的巴塞洛缪建议，那些在床上"压迫"孩子致死的人应该进行三年的忏悔，每年分为三期，每期 40 天，40 天中有一天要斋戒，只吃面包和水。如果是神职人员所为，则应额外增加一年。[154]在后来的几个世纪里，教会继续认真对待这个问题，一系列主教和委员会敦促神职人员警告人们不要这样做。[155]教区神职人员被告知,将那些压住孩子的母亲和她们的丈夫一起送到主教那里接受审判。[156]到 15 世纪晚期,教会法庭传唤了被指控造成此类死亡的妇女,但尚不清楚是否给予了惩罚,或仅仅是警告。[157]然而,尽管如此,大人们还是继续让小孩子到他们的床上睡觉。托马斯·坎蒂卢普在 1307 年收集了一份奇事清单,其中有两个孩子看起来显然是在午夜死在了母亲的怀里,还有两个孩子被奶娘压在身下,幸运的是他们都平安无事。[158]

　　当时,理想情况下,年幼的孩子应该自己睡在摇篮或婴儿床里。一旦他(或她)长大了,连神职人员都允许他(或她)和成年人睡觉。利奇菲尔德的斯塔文斯比(Stavensby of Lichfield,1238 年去世)是一位主教,主张 3 岁"或 3 岁左右"作为母亲可以把孩子放在她床上睡的门槛。[159]乔叟时代的约翰·米尔克曾说过(不那么确切),这个门槛是当一个孩子可以自己照顾好自己的时候。[160]大约在 15 世纪,另一位牧师偶然发现或记录了一个巧妙地解决这个问题的方法。他在洗礼时对父母和教父母的布道中,告诉他们要确保在孩子会说"*Ligge outter*!"——换句话说就是"再躺远一点!"——之前,不应该让他们睡在父亲或母亲旁边。[161]不与父母同床共枕的孩子很可能与他们的兄弟姐妹同床共枕,但神职人员警告说至少在 7 岁以后,不要让男孩和女孩睡在一起,以免发生性行为。[162]稍大一点后,性别相同的孩子通常同床而睡。在温彻斯特学院这所资金雄厚的学校,学生们成双成对地睡到 14 岁;长大成人后,他们每人有一张床。[163]1460 年后,威尔斯大教堂(Wells Cathedral)唱诗班的成员三人同睡:两个小男孩睡在床头,一个大一点的男孩睡在床尾,脚夹在他们俩中间。[164]

　　父母把孩子安顿在床上,可能会哼唱韵诗一类的舒缓小调,这种韵诗在 19 世纪首次被记录,可以赋予床上每个位置一种特殊价值:

　　　　躺在木桩旁,他将得到一个金石;

　　　　躺在墙边,他将得到一个金球;

　　　　躺在中间,他将得到一把金制小提琴。[165]

没有兄弟姐妹的孩子可能会独自睡觉,但一个人住一个房间是不常见的。到 15 世纪 70 年代,王室的六名扈从都是十几岁或二十出头的年轻人,他们都有自己的房间,每个人都有一个私人仆人,可能也睡在那里。[166]15 世纪 90 年代的牛津教科书假设富裕家庭中一群被宠坏的孩子,年龄在 3—10 岁,住在他们自己的挂满布帘的房间里。然而,这些都是相当特殊的情况。[167]国王自己有仆人睡在他的卧室里。

79

至少男孩们似乎经常什么都没穿就上床睡觉了。1303年,在康威城堡(Conway Castle,威尔士北部)附近的一所房子里,一个名叫罗杰的2岁多一点的小孩赤身裸体地躺在床上,他在睡梦中走了出去,经过一座桥,掉进了城堡沟渠里,所幸没有死亡。[168]牛津教科书设想了类似的躺在床上的状态。一个学生回忆道:"清晨,当我从睡梦中醒来,我听到一声淘气的拍手声,我害怕地从床上跳了起来,一丝不挂,就像我出生时一样。"[169]

过去拥挤的床和卧室似乎没有多少隐私可言。然而,人们习惯了集体睡觉,一个人在宿舍可能和在私人房间里一样孤独。闭上眼睛,远离周围的环境,创造一个属于自己的精神空间。每一个睡觉的人都会做梦。亚里士多德认为,孩子只有在婴儿时期才开始做梦;巴塞洛缪把这个年龄定为5岁。[170]牛津教科书上的一个男孩回忆说,他曾"在睡梦中被奇妙的幻象困扰",但当他醒来时,"我完全忘记了这些幻象"。[171]所有这些梦都可能被认为在很久以前就消失了,但奇怪的是,有些梦境还被记录了下来。这发生在他们有宗教信仰的时候,成年人认为这些有教育意义。和我们一样,中世纪儿童的梦反映了个人经历、问题、恐惧和当下感兴趣的事情。它们的不同之处在于反映了当时高度宗教化的文化:它的艺术、思想和个性。

80　　　梦中可能会出现圣徒。年轻的托马斯·贝克特正在发烧,他看到一位身材高大、表情平静、外表美丽的女士站在他的床边。她把两把钥匙放在他手里,说:"托马斯,这是天堂的钥匙,你将是它的主人。"然后她消失了。[172]基尔派克的亚当(Adam of Kilpeck)在赫里福德大教堂(Hereford Cathedral)守夜时,瞥见了赫里福德前主教圣托马斯·坎蒂卢普。他不知道主教长什么样,就把他看到的人描述成穿着牧师衣服的人。这个身影用长袍擦了擦男孩瞎了的眼睛,走出一扇大玻璃窗,朝坟墓的东边走去。男孩睁开眼睛说:"他去哪儿了?"[173]玛格丽特·博福特夫人(Lady Margaret Beaufort)在不到12岁的时候,被要求在两个求婚者中做出选择。在一位老妇人的建议下,她向少女的守护神圣尼古拉斯(St Nicholas)祈祷,第二天晚上,大约凌晨4点,她处于半醒半睡中,一个穿着主教服装的男人出现在她面前,让她选择嫁给埃德蒙·都铎(Edmund Tudor)。那身影似乎就是圣徒本人。[174]

儿童也可能会梦到其他的世界,那是他们从长辈那里听到的。在12世纪中叶,穆尔巴顿(Mulbarton,位于诺福克郡)的一个少女看到一只鸽子从天而降,并告诉她跟着它走。她自己变成了一只鸽子,并且他们一起飞翔,先向左(灾难的方向)飞去看见了刑罚场,以及它们的恶臭、黑暗、高温和寒冷,然后飞到天堂,在那里她看到上帝、圣母和圣徒——包括当地新的圣婴诺里奇的威廉。[175]年轻人可能会做噩梦,在梦中,鬼魂或恶魔可能出现并威胁他们。这就是 17 世纪早期庞特弗拉克修道院(Pontefract Priory,约克郡)15 岁的新修士尼古拉斯的命运,他认为自己正被邪恶的灵魂弄得窒息。他从修道院宿舍的床上跳下来,哭喊着跑来跑去:"救我! 救我! 看,他们把我团团围住,掐住我的喉咙。"噩梦一遍又一遍地发生;他接受了忏悔,但无效;但最后他通过向托马斯·贝克特祈祷并在脖子上放置圣徒的遗物而被治愈了。[176]

奇切斯特的圣理查德(St Richard of Chichester,1253 年去世)收藏的一本13 世纪圣迹收藏集中,就包含如今被称为"濒死体验"的那种梦。书中讲述了 13 世纪时,罗姆西(Romsey,汉普郡)的沃尔特·德·多林奇(Walter de Doinge)的儿子尼古拉斯,年仅 8 岁,罹患肿瘤,似乎就要死去。然后他苏醒过来,说他来到了一个美丽的地方,在那里他遇到了上帝,还有许多荣耀的人陪伴着他,包括圣理查德。他希望自己能永远住在那里,但圣理查德祈求上帝饶他一命。上帝同意了。圣徒用他的手在男孩的胸膛上比画着,加强它的力量,把所有的疼痛和虚弱从他的身体赶走。他从梦中醒来,恢复了生机和健康。[177]

父母与孩子

我们大多数人仍然认为家庭是一个理想的机构,它具有产生爱、教育和社交的 81 潜力,尽管在实践中它并没有做到这一点。中世纪和都铎时期的英格兰人也构想理想家庭,并在艺术和文学中表达这种理想。墓碑为我们提供了这方面的很好的视觉线索。在 14 世纪晚期,丧葬纪念碑开始不仅刻画丈夫和妻子,还刻画孩子。其中一个最早这样做的是威斯敏斯特教堂里的爱德华三世的坟墓,它的一边仍然展示着他的六个孩子,另一边以前也展示过六个。[178]这种习俗在大约 1400 年之后蔓延到纪念性铜像上,在宗教改革之后又蔓延到雕刻着肖像的大型城墙古迹上。正如我们所注意到的,这些纪念物中包含的儿童似乎延伸到了所有活着出生的人。有几个孩子裹着襁褓,表示他们在婴儿时期就去世了,但通常情况下,这些图片会忽视死亡,把所有的孩子描绘成仿佛他们已经到了童年中期或青春期。他们偶尔会被描绘为成年人——牧师、修女或穿戴盔甲的绅士——表明他们长大并走上了这条道路。[179]

圣像中有一些是宗教类型的。在最早的纪念碑上,比如爱德华三世的纪念碑,儿童被设想成"哭泣者",带着眼泪和祈祷陪伴父母走向坟墓。后来,他们总是跪着祈祷,仿佛在父母死时或死后替他们说情。但是墓葬的艺术传递着其他的社会与性信息。在人生三个阶段的第二个阶段,父亲和母亲都是成熟的人物,处于人类活力之轮的顶端。儿童证明了父亲的权势和母亲的生育能力,他们被描述为成熟人物证实了这一点;如果把他们中的一些人描绘成死去的婴儿,就会削弱这一点。同样,儿童身体上的不成熟确保了他们不会挑战长辈的权力和性能力。他们跪着的姿势虽然适合向上帝祈祷,但也是对父母的顺从。在请求父母祝福时也采取了类似的态度。孩子们帅气的外表表明,他们的父亲已经把自己的地位和精子传给了他们。他根据他们的状况,精心地供养他们,还把他们带到教堂去。简而言之,这些墓碑上的家庭就像那些现代广告中的家庭一样理想。他们的儿女数量多、虔诚、顺从、有秩序、保养良好,按着上帝安排给他们的条件生活。

不可否认,墓碑上的孩子也有自己的个人特征。无论多么理想化,每个孩子都有一个形象,有些形象有名字,比如卡鲁的孩子,显然是想要他们成为拥有他们父母权力的人。[180] 早在肖像画变得写实之前,纪念艺术就可辨别出有个性的人和与众不同的儿童。但是,当14—15世纪西欧流行写实肖像画时,这最终也传播到了儿童身上。在伦敦国家美术馆(National Gallery)中,由汉斯·梅姆林(Hans Memling)创作的著名画作《多恩·特里普奇》(*Donne Triptych*)是最早包含英格兰儿童的画作之一,创作时间约为1479年至1480年。它刻画了捐赠者跪时的肖像,包括基德威利的约翰爵士和伊丽莎白·多恩夫人,还有他们的女儿安妮。当时安妮大约8岁,梅姆林可能是在她活着的时候画的。[181] 到15世纪末,欧洲的统治者们只委托他人为他们的孩子们画像。例如一张从1494年遗存至今的2岁的法国王储查尔斯(Dauphin Charles of France)的画像,以及另一张从1502年遗存至今的勃艮第公爵(duke of Burgundy)三个孩子的画像。[182] 英格兰王室也纷纷效仿。亨利七世的儿子亚瑟和亨利八世都是十几岁或更小的时候被人画出来的,我们还有一些爱德华六世婴儿时期的肖像,大约创作于1539年以后。[183]

呈现在艺术中的父亲与儿童肖像同样出现在文学作品中。犹太教关注儿童爱父母和服从他们父母的责任,基督教继承了这一点;的确,十诫(Ten Command-ments)在"第一条"(对上帝的义务)而非"第二条"(对邻舍的义务)中阐述过这项责任。诫命也不仅仅是一个命令,就像指示人们不要偷窃或杀戮一样。接下来会警告孩子的生命和财富取决于遵守命令:"你可以活得长久,在耶和华你的上帝所赐你的土地上,你可以享福。"[184] 中世纪的作家重复并放大了这条戒律。例如,曼宁坚持认为,拒绝父母的意愿是一种致命的罪,甚至不情愿地服从父母的意愿也是一种较轻的罪。你若诅咒他们,或在言语上反对他们,也是如此。如果你打了父母中的任何一个,罪是如此之大以至于主教本人都不能赦免你,而只能是教皇。[185]

其他方面也需要讲责任。曼宁认为,父母应该热爱和珍惜他们的孩子,而不是咒骂他们。[186]杰弗里·德·拉·图尔·兰德里(Geoffrey de la Tour Landry),他的《高塔骑士之书》(*Book of the Knight of the Tower*)于 14 世纪 70 年代在法国写成,后来被翻译成英语。他认为父亲和母亲应该每天为自己的孩子祈祷。他讲述了一则警世故事:一对争吵不休的父母嘴上说把他们的儿子交给魔鬼。结果魔鬼出现了,抓住孩子的胳膊,导致他终身残废。[187]16 世纪的新教作家也持同样观点。1528 年,威廉·廷代尔(William Tyndale)引用圣保罗(St Paul)的话,敦促父亲们不要对他们的孩子粗暴无礼,不要不断地责备孩子,使他们气馁,也不可以溺爱他们、放纵他们,而只能按敬虔的方式养育他们。[188]尽管如此,廷代尔还是将家庭生活中的主体能动性角色赋予了父亲或母亲。他和他同时代的人认为,父母与孩子的关系反映了国王与臣民、上帝与人类的关系。宇宙是建立在统治和服从的原则之上的。儿童也许值得关心,但他们必须去服务、去倾听、去服从。

他们的举止必须是服从的。廷代尔谈到儿童向他们的父母摘下帽子弯曲膝盖,这是一种传统礼仪。[189]父母可以像牧师一样祝福他们的孩子,孩子们为此则要像在教堂里那样跪着。[190]书写的文字也必须要有礼貌。在帕斯顿家族中,约翰二世和约翰三世兄弟给父亲约翰一世的信以"最受尊敬且最虔诚的父亲"开头,署名为"儿子和仆人"。约翰二世有时会以"母亲"为抬头给他的母亲玛格丽特写信,但这可能是作为长子或她最宠爱的孩子的特权。另一些时候,他像称呼父亲一样称呼她为"最虔诚温柔的母亲",约翰二世的弟弟们采用后一种称呼方式。[191]

出现关系紧张也在所难免。加布里埃尔·哈维(Gabriel Harvey,约 1550 年出生)回忆起与恼怒的父亲的一次冲突。"我父亲开始在餐桌上责骂我,并和我争辩起来。我立刻尽我的职责,从饭桌上站起来,只是说着'我祈求您,好父亲,为我祈祷吧,我也会为您祈祷的'。"[192]父母们看到他们认为懒惰或不听话的孩子,就会反击。中世纪的英格兰有一个表示纪律的动词:"chaste""chasten"或"chastise",意思是"使纯洁或纯粹"。[193]它有一个名词,"chastising"。这些词在给予建议或口头警告的意义上可以表示"纠正",但它们后来暗指体罚,就像今天的惩戒一样。在这个问题上,中世纪社会与我们的社会明显不同,不仅对儿童和年轻人,而且对成年人都广泛实行这种惩罚。对于年轻人来说,父母、雇主和老师对他们进行体罚是可

84

以接受的,当惩戒具备充分理由而非无节制时,大多数教育学家和道德家都赞成这种做法。

14 世纪伟大的诗人威廉·朗兰(William Langland)在他的诗作《农夫皮尔斯》(*Piers Plowman*)中,借"理智"这个角色之口建议把殴打作为社会改革的一种方式。理智指导一个有泼妇般妻子的男人手持两根棍子把她带回家,显然是要用持棍的威胁来统治她。另一个人的妻子很懒惰,理智告诉他砍一到两棵树苗,打她直到她去工作。然后理智转向孩子。他要求"商贩"或商人管教他们的后代,不要因为害怕瘟疫而不合理地纵容他们。理智清楚地表明,他从身体意义的角度注释了"chasten"这个词。首先,他引用了"我父母教给我"的谚语,孩子越亲,就越需要教导。然后他引用了圣经中的箴言:

> *Qui parcit virgo, odit filium.*
>
> 这句拉丁语的英语意思是,谁知道呢,
>
> "谁不动棍棒,谁就会宠坏他的孩子"。[194]

理智没有提到殴打或鞭笞罪犯,这是另一种行之有效的做法,但朗兰在其他地方提到了,显然赞同这种做法。[195]

85　即使是在更"文明"的乡绅家庭,父母对体罚的支持也得到了充分的证明。法官威廉的遗孀阿格尼丝·帕斯顿(Agnes Paston)对她 20 岁的女儿伊丽莎白在1449 年拒绝嫁给一位年长的追求者而感到愤怒。至少有三个月的时间,她禁止女孩与屋外的任何人有社会交往,每周打她一到"两次,有时一天打两次,她的头有两三处骨折",一位震惊的表妹如是记录。[196]九年后,也就是 1458 年,阿格尼丝写到了关于她在伦敦读书的 16 岁的儿子克莱门特(Clement):

> 如果他做得不好,也没有改正,求他(也就是他的教员)一定要鞭打他,直到他改过为止。他在剑桥遇到的最后也是最好的一位教员也是这么做的。[197]

"鞭笞"的一种替代方式是公开羞辱。16 世纪 20 年代,东德文郡莫亨奥特里的威廉·卡鲁爵士(Sir William Carew of Mohun's Ottery in east Devon)将儿子彼得送到埃克塞特,寄宿在市议员那里,并在市中学学习语法。彼得逃课,爬上城墙;当他的监护人来逮捕他时,他爬上一个炮塔,威胁要跳下去,迫使市议员离开他,让他自己下来。威廉爵士再次去埃克塞特时,把儿子叫到跟前,把他拴在一根绳子上,交给一个仆人"像牵条狗一样"领着他在城里转悠。后来,男孩也以同样的方式被带回莫亨奥特里的家里,有一段时间,他和父亲的一条猎犬住在一起。[198]

中世纪和都铎时期的作家们反复叮嘱体罚儿童。这可能会让我们认为这种做法根深蒂固,直到我们问为什么作家们如此强调这一点。显然,他们觉得在纪律问题上,社会过于宽大,而不是过于严厉。在城镇中尤其被认为是如此,正如朗兰在这方面批评小商贩一样,早期都铎王朝的批评家们也把矛头指向了商人和工匠。15世纪90年代牛津的一位教员曾抱怨说,富人的孩子"大部分"都被父母的溺爱毁掉了,尤其是他们母亲的溺爱,结果是他们长大后非常顽皮;"有些被绞死,有些被枭首"。[199]1509—1510年,在伦敦塔(Tower of London)期待行刑场景的埃德蒙·达德利(Edmund Dudley)用几乎相同的措辞悲观地评估了当时的形势。他对商人们说,不要让妻子的怜悯毁掉自己的孩子:

> 不要让他们在家里穿着皮大衣炫耀,不要在他们起床时把衬衫焐热,也不要让他们在床上躺到10点钟然后不洗手就吃一顿热乎乎的早餐。

他继续抱怨说,一个商人的儿子被过度宠溺,以致他既不学习也不工作。"必须叫他'约翰少爷',还有叫他的父亲'商人阁下'。"他诚恳地呼吁纪律;让年轻人立即开始工作。记住你是如何赢得你的财富的,要小心,以免他们浪费你通过如此多的艰难和痛苦而获得的东西。[200]

穷人

描述出生和成长的正常过程可能会误导人。在中世纪尤其如此,当时遗存的证据都是过于偏向富人。许多孩子出生在贫困家庭,有些人甚至连一个家都没有。单身女性可能作为离家在外的仆人、贫穷的旅行者或妓女而怀孕。跟随丈夫到新城镇或新乡村找工作的妻子可能会发现自己在那里成了寡妇,面临独自生孩子或抚养孩子的前景。所有这些人和他们的后代都面临着由缺乏支持、有时是绝对反对引起的额外问题,因为他们是未婚的、贫穷的或来自其他地方的移民。

贫困的孕妇或有小孩的贫困妇女主要是靠她们家人救济——如果她们有家人的话——或者是靠私人慈善机构救济。唯一的公共援助是由医院提供的,医院最早出现在11世纪末的英格兰,到13世纪中期存在于大多数城镇。中世纪的医院和我们现在的很不一样。它们通过住宿和食物而不是医疗服务,把大部分的照料提

86

供给贫穷的临时访客或长期的体弱多病的老人。1414 年,一项议会法规列出了医院应该照料的人群,孕妇被列为其中一个群体。[201]罗伯特·科普兰(Robert Copland)的诗作《通往斯皮塔豪斯的公路》(*The Highway to the Spitalhouse*,1530)描写一家经营良好的医院,在那里,"贫穷的产妇"可以住院。[202]有时,我们有关于特定机构的更具体的证据。1240 年,亨利三世捐赠 16 镑 13 先令 4 便士给圣约翰·奥克斯福德(St John Oxford),为分娩的妇女建造一个产室。[203]圣保罗·诺威奇(St Paul Norwich,约 1200—1250 年)的法令规定应给贫穷的临盆妇女提供住的地方,一直到她们恢复健康可以离开。[204]1446 年,布莱斯(Blyth,诺丁汉郡)的小医院得到重建,部分是为了接待和收容这样的妇女。这家医院虽然地处农村,但靠近中部和北部之间的主要道路,可能曾为路过的贫穷妇女提供服务。[205]

并不是所有的医院都有这样的帮助。一些更大、更尊贵的医院倾向于接手更容易的任务,即为那些只需要食宿的人提供食物,回避因怀孕、分娩和孕产而引起的棘手问题。1219 年,布里奇沃特(Bridgwater,萨默塞特郡)的圣约翰医院法令禁止孕妇、哺乳期的婴儿、麻风病人、精神病患者、癫痫或传染病患者进入医院,无论他们贫穷、虚弱与否。[206]在 1229—1254 年间,剑桥的圣约翰医院制定了类似的法令,同样排除了孕妇、麻风病人、伤者、残疾人和精神病患者。[207]在 1246 年,牛津的圣约翰医院甚至排除了"淫荡的"孕妇,将她们与麻风病人、瘫痪或浮肿患者、精神病患者、癫痫患者、瘘管或不治之症患者归为一类。[208]这表明在一个单身汉众多的城市里,大家对妓女有抵触情绪。

在为孕妇、母亲和儿童服务方面,伦敦的那些医院可能最成熟。这些反映了这座城市在一些方面存在更突出的问题,比如来自农村的移民、仆人基数大、贫困、卖淫等,这会导致许多家庭无法或不会承受的怀孕。至少有三家大医院提供帮助。在 1341 年和 1344 年,没有主教门(Bishopsgate)的圣玛丽(医院)因其慈善工作获得了王室免税待遇,它的慈善工作包括接待坐月子的妇女。[209]1352 年,圣巴塞洛缪医院也获得了类似的特权。15 世纪时,这两家医院继续接待这样的妇女。[210]在那个世纪,圣巴塞洛缪医院的工作被一个伦敦市民——可能是威廉·格雷戈里——挑出来表扬。这位作者说,对于穷人来说,这是一个非常舒适的地方,

> 尤其是对那些做错事的怀孕的年轻妇女而言。她们被送到那里,一直到罪恶涤尽的那天,吃喝的费用都由这个地方承担,并受到完全公正的教导和看守。她们在那里谨守忠告和礼拜。

他最后说的话意味着医院遵守与这些母亲及其婴儿的保密协定。[211]

伦敦第三家做此类工作的医院是位于索斯沃克（Southwark）的圣毛马斯医院。清单的作者说：

> 贵族商人理查德·惠廷顿（Richard Whittington）为那些犯错的年轻女子建造了一间有八张床的新房间，他相信这是一件好事。他命令发生在这个房间里的所有事情都要对外保密，违者会被剥夺这样的生活，因为他不会让任何年轻的女人感到羞耻，以及这可能成为阻碍她们结婚的原因。[212]

显然，惠廷顿（1423年去世）是一位帮助"堕落"女性的倡导者，支持她们生下孩子，或许还会为小孩的养育问题做好安排，以至于她们可以恢复正常生活并结婚。然而，明智的是，要记住大多数单身母亲的命运一定相当艰难。实际上，医院可能会冷漠地接待她们。1536年，当地人声称，圣托马斯医院拒绝为一个怀孕的穷女人提供住宿，她死在了教堂门口。他们声称，富人的女仆人和情妇很容易被医院接纳。[213]

其中两家医院，圣巴塞洛缪医院和没有主教门的圣玛丽医院，声称它们的工作不仅仅是支持孕妇，还照顾那些在医院里分娩时死亡的产妇的孤儿子女，一直到他们7岁。[214]在约克郡，圣伦纳德医院也扮演了类似的角色。1155年至1165年，市政当局把两座教堂划拨给它，用于帮助弱者和婴儿；1255年，它声称专门为后者服务。[215]到1287年，医院里的孤儿院为18个孩子提供了食宿，男孩和女孩都有。[216]一个家庭主妇是管理者，两头奶牛供应牛奶，每周分发47条面包。[217]1364年，医院下面的被称为"Barnhous"的建筑（意思是"儿童之家"），被命令用来抚育弃婴、孤儿和其他贫穷的孩子。由一个修女照看房子，还得留一两头奶牛挤奶，还要建一个好烟囱，免得火里串出来的烟呛到孩子。[218]早在1283年，林肯郡的医院就收留了孤儿。到1504年，在圣凯瑟琳修道院的医院里出现一群常主的孩子，他们有不同的名称，如孤儿、穷孩子、无父或无母的孩子，当地人经常在遗嘱中提到给他们捐款。[219]

即使孩子出生在一个有房子的家庭，贫困也会使他们的父母很难养育他们。朗兰是观察穷人及其后代贫困状况的人之一，最早在约14世纪60年代完成诗作《农夫皮尔斯》，诗的主人公有时是乡下小农，有时是农业劳工。这首诗包含了一个情节，在这个情节中，农村社区遭遇了饥荒，饥饿化身为人类。从某种意义上说，朗兰赞成饥饿，因为饥饿可以训练人们努力工作，避免懒惰和犯罪。然而，他承认它

也伤害了善良的人。当饥饿向皮尔斯索要食物时,后者提醒他,农民或劳工在初夏吃的是粗劣的食物:

> "我没有钱,"皮尔斯说,"买小母鸡,
>
> 没有鹅,也没有猪,只有两块青(未熟的)奶酪,
>
> 几块凝乳、奶油和一个无酵饼,
>
> 还有一条为我的孩子们烤的由豆子和麸皮制成的面包。
>
> 我以我的灵魂起誓,我没有咸肉,
>
> 也没有煮鸡蛋,天哪,去做肉片(咸肉和鸡蛋),
>
> 但我有韭菜、欧芹和许多卷心菜……
>
> 靠这种生活,我得活到收获节(8 月 1 日);
>
> 到那时,我希望我的农场能有收成。"[220]

89

皮尔斯一家主要靠蔬菜为生,很少有乳制品。他们没有做面包的粮食了。在 8 月初收获之前,孩子们必须吃由豆子和麸皮——磨碎的谷物壳——做成的面包,或者像朗兰后来改写的那样,吃由豆子和豌豆做成的面包。这种面包实在是很寒酸,在别的地方,朗兰认为它适合给无所事事的乞丐吃,跟喂马的饲料没什么两样。

他的最后一版诗大约写于 14 世纪 80 年代,诗的主题重新回到穷人和他们的孩子身上。他指出,贫穷的人就在我们身边,在我们的邻居中,

> 住在村舍里的穷人,
>
> 被孩子们和领主们的房租所困。
>
> 他们用来纺纱的钱可能会省下来,他们把这些钱花在租房子上,
>
> 也花在牛奶和面粉上,
>
> 以便做出粥来满足嗷嗷待哺的孩子。
>
> 他们自己也要忍受饥饿,
>
> 以及在冬天夜里醒来的痛苦,
>
> 起身到床边摇摇篮。

90

上面的内容是说,孩子是沉重的负担。婴儿需要持续的关注,这扰乱了成年人的睡眠,使他们更加疲惫。在这首诗中,诗人似乎特别关注那些靠纺纱、梳棉、精梳羊毛、做衣服、洗衣服、剥灯心草等谋生的母亲。她们虽然穷,却羞于向邻居乞讨。她们的食物是冷肉和冷鱼;在星期五或斋戒日,极少量的牡蛎或贻贝对她们来说就是一顿大餐。[221]

在一首创作于 14 世纪 90 年代的匿名诗中再次出现了这一主题,灵感就是来自朗兰,名为"农夫皮尔斯的信条"(*Piers the Plowman's Creed*)。这首诗描绘了皮尔斯出现在田野里,衣衫褴褛地跟在动物拉着的犁后面。他的妻子和他一起在用刺棒赶着它们。她的外套被裁剪得很高,以方便工作,她在外套上裹了一条簸谷布,以抵御寒冷,并且她还是光着脚走路,尽管地上都结冰了。她把一点点大的孩子带在身边,因为不能把他们留在家里。一个是婴儿,裹着布躺在田边的木盆里。还有两个 2 岁的孩子,在旁边站着或坐着哭,心烦意乱的农夫叹了口气,让他们安静下来。[222] 即使在 15 世纪和 16 世纪早期,当人口更少、更繁荣的时候,仍然有大量的贫困儿童。牛津的一位教员在 15 世纪 90 年代教过相对富裕的学生,他可能注意到,

> 许多孩子至少在 13 岁或 12 岁以前都不穿鞋,他们的脚由于长时间的跋涉而变得非常坚硬,以致即使走在荆棘、石南以及锋利的石子上,他们也感觉不到疼痛。[223]

20 年后,诗人亚历山大·巴克利(Alexander Barclay)观察到冬天的男孩子们"都衣衫褴褛"[224]。

一些贫穷的孩子独自或与父母一起流浪乞讨。我们在神迹记录中听到过一些名字,因为他们残疾了,但却找到了治愈的方法。在诺里奇,有个叫罗伯特的男孩,从小就畸形,拄着拐杖跪着四处乞讨。1156 年,他在圣威廉圣祠被治愈。[225] 林肯郡的一个疯姑娘大概是挨家挨户地走动,靠城里太太们的施舍活着,直到 1200 年后不久她在林肯郡大教堂的圣休的墓中被治愈。[226] 在奥平顿(Orpington,肯特郡),一个跛脚的男孩站在教堂门口等待施舍,1253 年前,他碰巧遇见奇切斯特的圣理查德(St Richard of Chichester),当时这位圣徒还活着;他得到理查德的照料并痊愈了。[227] 在 13 世纪末,伯顿的约翰(John of Burton)大约 16 岁,在勒德洛(Ludlow,赛洛普郡)和赫里福德乞讨,他只能用低沉的声音说话。在去过赫里福德大教堂的圣托马斯·坎蒂卢普的圣祠之后,他可以咕哝威尔士语和英语了,第二次去过后他的说话进步更大了。[228] 这些记录显示了人们对穷人和残疾人的友善态度。认识他们的当地人也许会给他们提供帮助,圣徒尽管和他们一样穷,但被描绘成他们的庇护人。

并非所有人都如此幸运。中世纪的观察家们对乞讨的孩子或他们的父母并不总是热情地回应,尤其是在陌生的地方。在伯顿的约翰被治愈之前,赫里福德郡的

一位官员下令把他毒打了一顿,以观察他的语言缺陷是不是一场骗局。[229]朗兰如此同情那些值得可怜的穷人,而厌恶乞丐和他们的孩子。他声称,这些男人和女人没有结婚就生下了孩子,这些孩子被视为私生子。更糟糕的是,父母故意打断孩子的背或骨头,然后带他们一起去乞讨,以便更好地利用人们的善良。[230]在16世纪早期,巴克利也提出类似的指控:

> 其他一些乞丐暂时虚假地
>
> 使他们的孩子毁容——上帝知道,很不幸,
>
> 打烂了他们的脸,打断了他们的骨头。
>
> 激起过路人的怜悯。[231]

在1417年流传着一个类似的可怕故事,尽管它并没有涉及父母。金斯林(诺福克郡)的三个孩子据说被乞丐小偷绑架了。一个被挖掉了眼睛,另一个被打断了脊背,两个人的舌头也都被割掉了,以让他们噤声。第三个孩子没有毁容,被带到伦敦,在那里,当他意外地看到自己的父亲时,可能向他呼救了。乞丐被抓了起来并被绞死了。[232]

在宗教改革之前,贫困儿童主要依靠私人慈善。然而在16世纪30年代,穷人的问题开始通过立法来解决。[233]1536年,一项"惩罚健全的流浪汉和乞丐"的法案规定,城镇和教区的地方当局负责收集救济和帮助穷人的救济品。他们有权管理5—14岁仍在乞讨或游手好闲的孩子,只要他们没有患重大疾病。要把孩子们送到富有的农民或手工艺师傅那里,学习劳动,"等长大后,他们可以靠这些谋生"。当他们开始工作时,会得到一套衣服。任何年龄在12—16岁之间的年轻人,如果拒绝或离开这份差事,都可能被逮捕,并被当众用棍棒抽打,必要时会被遣送回去工作。[234]1563年,为这个目的筹集资金成为强制性的,九年后,地方当局任命了专门的穷人监督员来负责他们的福利,包括年轻人的福利。例如,1577年至1578年,在阿什伯顿(Ashburton,德文郡)有三个这样的孩子:一个男孩叫巴雷特(Barrett),一个女孩叫约兰德(Yollond),还有一个男孩仅仅被称为"私生子"。他们的伙食费每周是6便士到8便士,教区给了他们鞋子和衣服;男孩子有衬衫和外套,女孩子有罩衫、围裙和头巾。这三个人那一年总共花了教区3镑17先令9便士。[235]

有时,乞丐的孩子或乞讨的孩子有生命危险。1288年,当年仅5岁的琼·拉·施瑞夫(Joan la Schreve)掉进威斯特斯顿(Wisteston,赫里福德郡)一个池塘快被淹死时,那些路过且看到她的人什么都没做。这个故事很有启发意义,那是因为他们

误以为她是当地另一个带着孩子乞讨的妇女的女儿,以为是她母亲出于绝望而把她扔进去的。[236]没有人愿意大声呼救。仅在 13 世纪 70 年代,贝德福德郡(Bedfordshire)就有三个可怜的孩子不幸身亡。莫尔登的阿格尼丝(Agnes of Maulden)的儿子罗杰可能是未婚母亲或寡妇的孩子,在 1272 年 2 月 19 日黄昏时分坐在路上,因为没有栖身之处而哭泣。一个邻居出来查看,但撞见一些路过的小偷谋杀了他,以及那显然是目击者的孩子。[237]1273 年,米尔顿·布莱恩特的琼·范恩(Joan Fine of Milton Bryant)抱着她 2 岁的儿子亨利来到霍顿里吉斯(Houghton Regis,贝德福德郡),挨家挨户地寻找食宿。有人允许他们待在谷仓里,但亨利走丢了,掉进了沟里,导致毙命。[238]第二年,大约在某个黄金时间(大清早),一个名叫琼的 5 岁的穷孩子到瑞斯莉(Riseley)家讨面包吃;她过桥时摔下去淹死了。[239]

"绿孩子"可能是类似的穷孩子,半野生地成长于 12 世纪的东盎格鲁荒原或林地中。大约在 1200 年,两位编年史家讲述了他们的故事,虽然对他们出现的日期没有明确说明,但所描述的事情却是一致的。[240]这两个孩子,一个男孩一个女孩,被收割者发现于贝里圣埃德蒙兹(萨福克郡)附近的伍尔皮特(Woolpit)的一个矿坑边缘,他们成人形,穿着衣服,皮肤泛着淡绿色。没人能听懂他们在说什么。他们痛哭流涕,被带到附近一个骑士的家里,在那里,许多人都来看他们。他们不吃任何食物,直到有人拿出豆荚;他们想吃这些东西,但必须有人教他们如何剥开。男孩显然是两个孩子中年龄较小的,他日渐衰弱,很快就死了,但女孩活了下来。她逐渐习惯了正常的饮食,失去了原来的肤色。在接受洗礼后,她成为骑士家的一员,并最终在金斯林结了婚。

我们按自己的本能可能会将这两个孩子合理化,认为他们是来自偏远森林地区的孤儿,因为缺乏适当的饮食而贫血,但编年史家们并不持有这种观点。对他们来说,这两个孩子散发着神秘和浪漫的气息。据说,这个女孩声称她和她的兄弟来自一个叫圣马丁(St Martin)的地方,那里的人都是基督徒,但都是绿色的。那儿没有太阳,只有天空中的一抹光芒,就像日落之后的那种光芒。那个地方离我们不远,但是有一条大河把我们和那个地方分开。当被问及她是如何进入萨福克郡时,女孩解释说,当她和男孩照看一群动物时,他们进入了一个山洞,在那里他们听到了悦耳的铃声。他们穿过洞穴,来到了我们的世界,却找不到回家的路了。尽管他们饥肠辘辘、衣不蔽体,但他们一定有特别之处,才会引发这样一个奇妙的故事。

92

【注释】

[1] 关于以下内容，参阅 Fryde，pp.38—42，以及 Parsons，pp.245—265。

[2] Moore，pp.153—196.

[3] 前文，p.48。

[4] 纪念性铜像的权威目录（包括对儿童的提及）尤见 Stephenson. On children，参阅 Page-Phillips。

[5] 例如 Stephenson，pp.83，329，444。

[6] 如上所述，pp.20，34，37，39，76，83，87，135，221，273，278，283，378，401，478，502，536，549—550；Page-Phillips，图 34 和图 44。

[7] Stephenson，p.158。

[8] Ibid.，pp.4，148，184，234，276，308，350.

[9] Kempe，pp.115，221。

[10] Moore，pp.167，188；Razi，pp.75，85—88，93，139—144；Howell，pp.232，235.

[11] 关于以下内容，参阅 Wrigley and Schofield，尤其 pp.189，255，260，307，423，528。

[12] Moore，p.193.

[13] Nicolas，1827，p.93.

[14] 例如 *Somerset Medieval Wills*（*1383—1500*），ed. F. W. Weaver，Somerset Record Society，16（1901），pp.179，375，384；idem，（*1501—1530*），ibid.，19(1903)，pp.70，140—141，191。

[15] Chaucer，"Canterbury Tales"，II(B¹) 694—896；前文，pp.290—291。

[16] *MED*，参看"fostren"；*OED*，参看"foster"。

[17] 前文，p.225；Power，pp.568—581。

[18] 关于抛弃行为，参阅前文，pp.88，96。

[19] 前文，p.326。

[20] 前文，pp.308—309，317。

[21] *MED*，参看"step-""step-child""step-dame""step-fader""step-moder"；*OED*，参看"stepdame""stepfather""stepmother"。

[22] Macray，pp.129—134.

[23] 前文，pp.287，293，……。

[24] Lyndwood，p.26. 主教可以对次要的命令给予豁免，但对于包括牧师在内的重大命令，只能由教皇给予豁免。

[25] Pollock and Maitland，i，422—423. 一个更容易接受的相反观点，参阅 Bracton，ii，30。

[26] Peter Laslett，*Family Life and Illicit Love in Earlier Generations*（Cambridge，1977），pp.112—114。

[27] *OED*，*MED*，参看该词。

[28] *The Anglo-Saxon Chronicle*，ed. Dorothy Whitelock et al.，2nd impression(London，1965)，p.141.

[29] Paul Robert，*Dictionnaire alphabétique et analogique de la langue française*，12th edn，9 vols(Paris，1985)，参看"bâtard"。

[30] *OED*，参看"bastard"。

[31] Layamon，*Brut or Hystoria Brutomum*，ed. W. R. J. Barron and S. C. Weinberg(Harlow，1995)，lines 7765—7719；这段情节源自 Wace's *Le Roman de Brut* 以及转引自 Geoffrey of *Monmouth's Historia Regum Britanniae*。

[32] *Of Arthour and of Merlin*，ed. O. D. Macrae-Gibson，vol.i，EETS，os，268(1973)，pp.92—93；*Merlin*，ed. H. B. Wheatley，vol.i，EETS，os，10(1865)，p.30；*Lovelich's Merlin*，ed. E. A. Koch，vol.i，EETS，es，93(1904)，p.57.

[33] *Registrum Hamonis Hethe*，*Diocesis Roffensis*，ed. Charles Johnson，vol.ii，Canterbury and York Society，49(1948)，p.951；*Act Book of the Ecclesiastical Court of Whalley Abbey 1510—1538*，ed. Alice M. Cooke，Chetham Society，new series，44(1901)，pp.170—171；Ralph Houlbrooke，

Church Courts and the People during the English Reformation，*1520—1570*（Oxford，1979），
p.77；对比 Robbins，p.20。

［34］Glanvill，pp.70—71.

［35］关于以下内容，参阅 Given-Wilson and Curteis。

［36］关于伦敦对非婚生子女的支持，参阅 Hanawalt，1993，pp.59—61。

［37］Walsingham，1863—1864，ii，339；*CPR 1422—1429*，pp.489—490，543.

［38］关于 Fitzroy，参阅 Given-Wilson and Curteis，pp.174—176。

［39］Genesis，xxi. 7；I Samuel，i. 24；Luke，iii. 16.

［40］Sir Thomas Malory，*Works*，ed. Eugène Vinaver and P. J. C. Field，3rd edn，3 vols（Oxford，
1990），i，10—11.

［41］除非"喂奶"（*nutritus*）仅仅意味着"抚养"（*Acta Sanctorum*，October，i，600）。

［42］Giles of Rome，*De Regimine Principum*，part ii，book ii，chapter 15.

［43］*On the Properties of Things*，i，299.

［44］Leland，iv，183.

［45］关于以下内容，参阅 Orme，1984，pp.11—12。

［46］London，College of Arms，MS Arundel 6，fol. 135v；*Rotuli Litterarum Clausarum*，ed. T. D. Har-
dy，vol i（London，Record Commission，1833），p.416.

［47］Walter of Bibbesworth，p.3.

［48］Orme，1984，p.12.

［49］Map，pp.382—383.

［50］*The Towneley Plays*，p.145.

［51］Foxe，vii，9；Andrew J. Brown，*Robert Ferrar*（London，1997），pp.121—123.

［52］Izaak Walton，*The Life of Mr. Richard Hooker*（London，1665），pp.43—44.

［53］Walter of Bibbesworth，p.3.

［54］*The Works of Thomas Deloney*，ed. Francis Oscar Mann（Oxford，1912），p.103.

［55］*OED*，参看"biggin""cricket""cross-cloth""posnet""standing"。

［56］Crawford，p.68.

［57］*OED*，参看"cradle" 17，"swaddleband"，"swaddling-band"。

［58］Ibid.，参看"cradle"。

［59］Leland，iv，183—184.

［60］Thomas of Chobham，p.215；*Councils and Synods II*，i，214.

［61］*Acta Sanctorum*，October，i，643—644，645.

［62］Grosjean，pp.260—263.

［63］前文，pp.99—100。

［64］*On the Properties of Things*，i，298—289，304.

［65］Chauliac，p.443.

［66］Aristotle，"Polities"，book 7，chapter 17，section 1336a.

［67］Giles of Rome，*De Regimine Principum*，part ii，book ii，chapter 15.

［68］*Acta Sanctorum*，October，i，614—615.

［69］Grosjean，pp.92—94.

［70］Mannyng，lines 2153—2154.

［71］J. C. Robertson，i，203—204.

［72］Gervase of Tilbury，*Otia Imperialia*，ed. F. Liebrecht（Hannover，1856），p.40.

［73］Map，pp.160—162.

［74］Crawford，pp.89—90.

［75］Mannyng，lines 9671—9680.

［76］Robert Herrick, *Poetical Works*, ed. L. C. Martin(Oxford, 1956), p.284.

［77］*The Rolls and Register of Bishop Oliver Sutton*, ed. Rosalind M. T. Hill, vol.v, Lincoln Record Society, 60(1965), pp.126—128; *The Register of Bishop Godfrey Giffard*, ed. J. W. Willis-Bund, part iv, Worcestershire Historical Society(1902), p.538.

［78］Galbraith, pp.104—105. 托马斯・沃尔辛厄姆(Thomas Walsingham)讲述了据说是出自怀克姆的威廉的故事的另一个变体[*Chronicon Angliae*, ed. E. M. Thompson(RS, 1874), p.107]。

［79］关于这段情节,参阅 *CPR 1317—1321*, p.273; *Le Livere de Reis de Brittanie e le Livere de Engl-eterre*, ed. J. Glover(RS, 1865), p.335; Stubbs, i, 282—283; *Vita Edwardi Secundi: The Life of Edward the Second*, ed. N. Denholm-Young(London, 1957), pp.86—87;以及 *Chronica Mon-asterii de Melsa*, ed. Edward A. Bond, 3 vols(RS, 1866—1868), ii, 335—336。

［80］Grosjean, pp.21—23, 92—94.

［81］Palsgrave, fol. 407r,意味着超过一个。

［82］*Ratis Raving*, lines 1112—1125.

［83］*The Middle English Stanzaic Versions of the Life of Saint Anne*, ed. R. E. Parker, EETS, os, 174(1928), p.8; *Romeo and Juliet*, I. iii. 20—25.

［84］Eadmer, p.81;亦可参阅 *Jacob's Well*, ed. A. Brandeis, part i, EETS, os, 115(1909), p.231。

［85］*On the Properties of Things*, i, 304; Palsgrave, fol. 234r; *OED*,参看"blabber"。

［86］I Samuel, i. 23—24; James, 1953, p.41.

［87］*The Life of King Edward*, ed. F. Barlow(London and New York, 1962), p.8.

［88］John Amundesham, *Annales Monastici S. Albani*, ed. H. T. Riley, 2 vols(RS, 1870—1871), i, 349.

［89］*Annales Monastici*, iv, 344—345.

［90］Genesis, xxi. 8; Thomas of Monmouth, pp.12—13.

［91］Walter of Bibbesworth, p.3.

［92］Morey, p.224.

［93］*Manuale*, p.32.

［94］Hanawalt, 1977, pp.15—19. 关于事故,亦可参阅前文,pp.99—100。

［95］*Ancrene Wisse*, pp.97, 119.

［96］PRO, JUST 2/106 m. 1d; 2/107 m. 7.

［97］Orme, 1989, pp.80, 83, 85; Thomson, 1979, p.150.

［98］Johnstone, p.408.

［99］前文,pp.216, 324, 327。

［100］Aristotle, "Politics", book 7, chapter 17, section 1336b; Orme, 1984, pp.9, 17—18.

［101］Orme, 1973, p.124;前文,p.154。

［102］Furnivall, 1868a/1931, pp.265—266; idem, 1868b, pp.4—7.

［103］Byrne, p.1. 亦可参阅前文,p.75。

［104］Orme, 1973, p.124; Lupton, p.278; Byrne, p.8.

［105］*On the Properties of Things*, i, 329.

［106］Byrne, p.23.

［107］前文,p.207。

［108］Furnivall, 1868a/1931, pp.186, 252, 275—276.

［109］Chaucer, "Canterbury Tales", I(A) 100.

［110］Furnivall, 1868a/1931, pp.229—231.

［111］Kirby, pp.487—488.

［112］Myers, p.126; Percy, pp.80—81, 84.

［113］Percy, pp.73, 78.

［114］Thomas of Monmouth，pp.13—14；Lawrence，p.203.

［115］*Household Accounts from Medieval England*，ed. C. M. Woolgar，2 parts，London，British Academy，Records of Social and Economic History，new series，17—18（1992—1993），i，182—183，等等。

［116］*MED*，参看"pap""papelote"；*OED*，参看"pap""papelotte"。

［117］John Arderne，*Treatises of Fistula in Ano*，ed. D'Arcy Power，EETS，os，139（1910），p.72.

［118］Johnstone，pp.400，402，等等；对比 Byrne，p.9。

［119］Walter of Bibbesworth，p.7.

［120］Sneyd，p.11；Gurney，p.517.

［121］More，xii，45—46；Sneyd，p.11.

［122］Percy，pp.73—76，79—81.

［123］Byrne，pp.8—11.

［124］Orme，1995，pp.287，290—291.

［125］前文，p.108。

［126］Lydgate，1911，pp.352—354.

［127］Nelson，p.16.

［128］*Promptorium Parvulorum*，i，75.

［129］Gurney，pp.433—462.

［130］前文，p.329。

［131］Colgrave，pp.64—65.

［132］*The Tale of Gamelyn*，ed. W. W. Skeat，2nd ed.（Oxford，1893），lines 215，259，269.

［133］*William of Palerne*，p.202，line 2，767.

［134］*The Lay of Havelok the Dane*，ed. W. W. Skeat，2nd ed.（Oxford，1956），lines 855—862，962—974.

［135］Furnivall，1868a/1931，pp.265—266.

［136］*The Vita Wulfstani of William of Malmesbury*，ed. R. R. Darlington，Royal Historical Society，Camden 3rd series，40（1928），p.120.

［137］Johnstone，pp.402—403，405.

［138］Ibid.，p.411.

［139］Hunnisett，p.11；Sharpe，p.190.

［140］Johnstone，pp.401—402，408.

［141］Sharpe，pp.219—220.

［142］Lupton，p.279.

［143］*MED*，参看"ars"（2）；*OED*，参看"arse" sb。

［144］*OED*，参看"wisp"。

［145］Furnivall，1868a/1931，pp.63—64.

［146］Brown，1957，p.146.

［147］Scot，pp.152—153.

［148］前文，p.151。

［149］Walsingham，1867—1869，ii，368—369.

［150］*Three Fifteenth-Century Chronicles*，ed. J. Gairdner，Camden Society，new series，28（1880），p.165.

［151］Opie，1997a，pp.357—360.

［152］Chaucer，"Canterbury Tales"，I（A）3483—3484.

［153］Furnivall，1868a/1931，p.181.

［154］Morey，p.224；对比 Robert of Flamborough，p.222。

[155] *Councils and Synods II*，i，32，70，183，204，214，235，274，302，351，410，432，441，444，457，520，590，618；Thomas of Chobham，p.215.

[156] Mirk，1974，lines 1657—1658.

[157] Hale，pp.21，41.

[158] *Acta Sanctorum*，October，i，645，669.

[159] *Councils and Synods II*，i，214.

[160] Mirk，1974，lines 155—156.

[161] BL，Add. MS 30506，fol. 23v；Littlehales，1903，p.5.

[162] Mannyng，lines 7659—7662；Mirk，1974，lines 216—221.

[163] Kirby，pp.509—510.

[164] *Dean Cosyn and Wells Cathedral Miscellanea*，ed. 204. Aelred Watkin，Somerset Record Society，56(1941)，p.107.

[165] Opie，1997a，pp.475—476.

[166] Myers，p.126.

[167] Nelson，pp.1—2.

[168] *Acta Sanctorum*，April，i，626—628.

[169] Nelson，p.3.

[170] Aristotle，"On Dreams"，section 461a；*On the Properties of Things*，i，338.

[171] Nelson，p.2.

[172] J. C. Robertson，iii，162.

[173] *Acta Sanctorum*，October，i，638—639.

[174] John Fisher，pp.292—293.

[175] Thomas of Monmouth，pp.74—77.

[176] J. C. Robertson，i，380—381.

[177] *Acta Sanctorum*，April，i，213.

[178] *An Inventory of the Historical Monuments in London*，vol.i：*Westminster Abbey*[London，Royal Commission on Historical Monuments(England)，1974]，p.30.

[179] 前文，p.53；Page-Phillips，passim；Stephenson，passim。

[180] 前文，pp.37—38。

[181] K. B. McFarlane，*Hans Memling*(Oxford，1971)，pp.89，53，56，plates 1，4.

[182] Riché and Alexandre-Bidon，p. 64；Vienna，Kunsthistorisches Museum，no. 4452；对比 nos. 4430，5618。

[183] *Oliver Millar，The Tudor，Stuart and Early Georgian Pictures in the Collection of Her Majesty the Queen*，2 vols(London，1963)，text p.53，plate 7；*The Drawings of Hans Holbein ... at Windsor Castle*，ed. K. T. Parker(Oxford and London，1945)，p.49，plate 46.

[184] Exodus，xx. 12；Deuteronomy，v. 16.

[185] Mannyng，lines 1057—1169.

[186] Ibid.

[187] Caxton，1971，p.114；对比 Mannyng，lines 1243—1274。

[188] STC 24446；William Tyndale，*The Obedience of a Christian Man*(Antwerp，1528)，fols. 48v—49r.

[189] Ibid.，fol. 25r.

[190] 前文，p.207。

[191] *Paston Letters*，i，passim.

[192] Gabriel Harvey's Marginalia，ed. G. C. Moore Smith(Stratford-upon-Avon，1913)，p.143.

[193] *MED*，*OED*，参看"chaste" "chasten" "chastise"。

[194] Langland，A. v. 28—32；B. v. 28—41；C. vi. 131—140；Proverbs，xiii. 24.

［195］Ibid., C. ix. 163.

［196］*Paston Letters*，ii，32.

［197］Ibid.，i，41.

［198］Hooker，p.5.

［199］Nelson，pp.13—14.

［200］Edmund Dudley，*The Tree of the Commonwealth*，ed. D. M. Brodie(Cambridge, 1948)，p.68. 也可对比 Palsgrave, fols. 186v, 312r。

［201］*Rotuli Parliamentorum*，iv，19—20；*Statutes of the Realm*，ii，175.

［202］Judges，p.3.

［203］*Calendar of Liberate Rolls*，i，1226—1240，p.455.

［204］E. H. Carter，"The Constitutions of St. Paul Norwich"，*Norfolk Archaeology*，25（1935），pp.350—351.

［205］*VCH Nottinghamshire.*，ii，165.

［206］*Reg. Bekynton*，Wells, ed. H. C. Maxwell-Lyte & M. C. B. Dawes, 2 vols，Somerset Record Society，49—50(1934—1935)，i，289.

［207］Miri Rubin，*Charity and Community in Medieval Cambridge*(Cambridge, 1987)，pp.300—301.

［208］*A Cartulary of the Hospital of St John the Baptist*，ed. H. E. Salter, 3 vols，Oxford Historical Society，66，68—69(1914—1920)，iii，3.

［209］*CCR 1339—1341*，p.600；*CPR 1340—1343*，p.434；*CPR 1343—1346*，p.432.

［210］*CCR 1349—1354*，pp.414—415；*CPR 1354—1360*，p.11；*CPR 1436—1441*，p.43；*CPL 1431—1447*，pp.489—490.

［211］*The Historical Collections of a Citizen of London in the Fifteenth Century*，ed. J. Gairdner, Camden Society, new series, 17(1876)，p.viii.

［212］Ibid.，p.ix.

［213］*LPFD*，xi，73.

［214］*CCR 1343—1346*，p.432；*CCR 1349—1354*，pp.414—415.

［215］*Early Yorkshire Charters*，ed. W. Farrer, 3 vols，Yorkshire Archaeological Society Record Series, extra series(1914—1916)，i，248—249；*CPL 1198—1304*，p.319.

［216］Patricia H. Cullum，"Hospitals and Charitable Provision in Medieval Yorkshire"，University of York，PhD thesis(1989)，p.191,引用 Lichfield, Joint Record Office, QQ7；idem，*Cremetts and Corrodies*，University of York，Borthwick Papers，79(1991)，pp.28—29。

［217］*Cal. Inquisitions Miscellaneous*，ii：1307—1349，pp.178—179.

［218］PRO，C 270/20；*VCHYorkshire*，iii，340.

［219］*Lincoln Wills*：vol i，*A. D. 1271 to A. D. 1526*，ed. C. W. Foster，Lincoln Record Soc.，5（1914），列出的参考文献见 p.213.

［220］Langland，A. vii. 267—277；B. vi. 282—292；C. ix. 304—314.

［221］Ibid.，C. x. 71—97.

［222］*Pierce the Ploughmans Crede*，pp.16—17.

［223］Nelson，p.86.

［224］Barclay，1928，p.184.

［225］Thomas of Monmouth，p.270.

［226］Gerald of Wales，1861—1891，vii，134—135.

［227］*Acta Sanctorum*，April，i，302.

［228］*Acta Sanctorum*，October，i，625—626.

［229］Ibid.，p.629.

［230］Langland，C. x. 166—170.；对比 A. viii. 73—78；B. vii. 90—94。

［231］Barclay，1874/1966，i，304.

［232］*The St. Albans Chronicle*，*1406—1420*. ed. V. H. Galbraith(Oxford，1937)，p.103.

［233］要了解这项立法的概要，参阅 J. R. Tanner，*Tudor Constitutional Documents A. D. 1485—1603*，2nd ed. (Cambridge，1930)，pp.469—473。

［234］*Statutes of the Realm*，iii，559.

［235］Hanham，p.184.

［236］*Acta Sanctorum*，October，i，610—612.

［237］Hunnisett，pp.39—40.

［238］Ibid.，pp.66—67.

［239］Ibid.，p.82.

［240］Ralph of Coggeshall，*Chronicon Anglicanum*，ed. J. Stevenson(RS，1875)，pp.118—120；William of Newburgh in *Chronicles*，*Stephen*，*Henry II and Richard I*，ed. R. Howlett，vol. i (RS，1884)，pp.82—84. 亦可参阅威尔士的杰拉尔德所讲述的相反的故事，前文，p.340。

第三章 危险和死亡

弑婴和弃婴

婴儿期和童年期是脆弱和危险的时期。分娩需要行家的帮助才能保证安全。 95
我们的早年充满了潜在的危险;水管、暖气、橱柜和里面的东西都可能造成伤害。
当我们冒险离开家时,我们可能会在玩耍时或在街上遭遇其他不幸。即使在充满
关爱的家庭中也是如此,但并不是所有的家庭都充满关爱。父母和监护人可能会
忽视孩子,或对孩子怀有敌意,没有疼爱与保护。他们可能患有身体缺陷,使生活
变得困难,并影响他人对他们的态度。他们可能会生病,也可能死于疾病。我们旅
程的下一个阶段是探索这些问题和危害以及它们对中世纪儿童的影响。

有些婴儿只活了一两个小时,不是因为他们自己的虚弱,而是因为他们的父
母。他们一出生就被杀害,成为恐惧、羞耻、冷漠或精神疾病的受害者。1343 年,在
牛津的泰晤士河上,有人在方济各修道院附近发现了一个出生才半日的女婴,她的
脐带没有打结——明显是一个少女或妇女在没有接生婆帮助的情况下生下的。[1]
和我们一样,中世纪的人们对这种行为感到恐惧。从 10 世纪 90 年代的阿尔弗里克
到 14 世纪 90 年代的乔叟,宗教领袖和作家视弑婴为谋杀行为,与杀害成人一样严
重。它不仅剥夺了受害者在这个世界上的生命,而且剥夺了其来世的救赎,因为未
经洗礼而死的婴儿将会下地狱,阿尔弗里克补充说,杀婴者也会下地狱,除非他们
忏悔。[2]教会要求,如果发现弑婴者,应将其送到主教处进行忏悔,而且必须以非常
快的速度开始这种忏悔。[3]直到大约 12 世纪,这样的罪人被终生逐出教会;后来,

量刑标准被人道地降低到十年。[4]1200 年后不久,弗兰伯勒的罗伯特(Robert of Flamborough)写道,他建议忏悔 15 年。如果凶手是一位非常贫穷的母亲,她因为无法养育孩子而做出这样的行为,那么忏悔可能会缩短到七年。[5]13 世纪中期,教皇格里高利九世(Pope Gregory IX)在《教皇教令集》(*Decretals*)中建议,自愿杀死儿子的母亲应该进入宗教机构,但是,如果那样不可行,可能也必须进行一些较小程度的忏悔。[6]

英格兰国王也有同感。大约在 1118 年,亨利一世颁布的法律也提到了旧的规定,即负责堕胎的妇女应该被终生逐出教会。它主张,那时如果胚胎还没有 40 天,她们就要忏悔三年;如果胚胎时间再长一些,并因此被赋予了灵魂,就要忏悔七年。后一种量刑标准与杀害活人的相同。[7]到了 13 世纪,杀害活着的儿童被视为杀人,可能会被处以极刑。萨宾娜・德・科廷格尔(Sabina de Coetingle)试图杀死她的新生婴儿,她声称婴儿是死胎,并辩称自己精神错乱,但陪审团发现孩子出生时是活的,并且她神志正常。她被判处火刑。[8]然而,她的情况却不同寻常;更普遍的情况是,王室法庭会接受有关父母精神错乱的申诉。大约在 1275 年,波顿(Bourton,牛津郡)的玛蒂尔达・列维(Matilda Levying)"饱受病痛和癫狂之苦",用斧头杀害了她的两个孩子,国王下令如果她的亲戚愿意照顾她,可以将她从监狱释放后送到他们手中,她最终得到了赦免。[9]我们无法计算在中世纪的英格兰有多少婴儿被蓄意杀害,但很可能(和今天一样)这些事件是不正常的。教会和王室对此类杀戮的反对很可能与大多数人的情绪一致。

与杀死婴儿相比,抛弃婴儿是一种不那么可怕的选择。这种做法早在 7 世纪晚期就被提及,当时威塞克斯的伊内国王试图为相关人员提供帮助。他要求付一笔钱作为弃婴的抚养费:第一年付 6 先令,第二年付 12 先令,第三年付 30 先令,以后每年要"根据长相"或者体格付钱。[10]到了 12 世纪晚期,教会也对弃婴问题产生了兴趣,因为需要给他们施洗。约克(1195 年)和威斯敏斯特(1200 年)的教会会议规定,当孩子被遗弃时,不管有没有盐,他们都应该接受洗礼,除非已经这样做过了。[11]这里提到的盐是指受洗的人把一些盐带到教堂供神父在仪式上使用。[12]那些把婴儿和盐一块遗弃的人,通过这个小小的习惯表明,他们希望婴儿被保护下来,接受洗礼。都铎王朝早期的一位作家将遗弃婴儿与妓女联系在一起,尽管我们不能说有多广泛,但这很可能是某种单身女性所为。[13]也不清楚是谁收养了这样的孩子,来抚养他们。有些人这样做可能是出于慈善,有些医院(如我们所见)这样做是出于职责,宗教机构偶尔也扮演这样的角色。在 12 世纪晚期由玛丽・德・法

96

兰西(Marie de France)写的传奇小说《白蜡树》(*Le Fresne*)中,一个侍女把一个婴儿遗弃在女修道院外,并在这样做时祝福了婴儿;这个女婴随后由修女们抚养。[14]现实中有类似的故事:阿基坦的埃莉诺女王在路上发现了一个没有母亲的小男孩,并安排他在阿宾登修道院(伯克斯郡)长大。[15]

残疾

孩子可能生来畸形,四肢缺失,或者是双胞胎连在一起。在中世纪,这些类型的婴儿能成功诞生,是非常罕见的,以至于编年史作家将其作为圣迹记录下来。在1249年,马修·帕里斯描述了两则这样的案例。其中一个是在怀特岛(Isle of Wight)发现的18岁袖珍青年:虽然身高只有3英尺,但他的身材匀称。另一个是出生在赫里福德郡的男孩,据说是一个女妖或女恶魔(*incuba*)的孩子。不出半年,他的牙齿就长齐了,个子也长得像个17岁左右的少年了。[16]1399年,阿斯克的亚当报告说,一个男孩出生于兰巴多克(Llanbadoc,蒙茅斯郡),他的额头中间长着一只眼睛。[17]

这样的奇观引发了一系列的解释。我们比较熟悉的一个科学观念,认为父母也许产生了太多或太少的物质,不足以形成一个正常的孩子。[18]更常见的是,残疾可以追溯到父母在做爱或怀孕期间的想法或行为,然后这些想法或行为会转移到他们的后代身上。例如,沃尔特·梅普讲述了一个残忍的故事,即法国侯爵因犯罪而被法国国王割掉右耳。四天之内,他的妻子生下了一个没有右耳的儿子。[19]正如帕里斯一样,人们有时怀疑恶魔和人类之间有交往[20],或者说人们视上天的影响为一个因素。恒星可能会产生一个巨大的孩子,而这样的孩子,就像彗星或地震,是不寻常事件即将到来的征兆。阿斯克的亚当所记载的孩子的出生是他认为反映1399—1400年动乱的一系列奇怪事件之一,当时亨利四世废黜了理查二世,随后他上台后又遭遇了叛乱。然而,许多人可能只是把这些孩子视为畸变:令人惊奇或大笑的东西。帕里斯把怀特岛的年轻人形容为"大自然的怪物"。他讲述了这个年轻人是如何被带到王后面前的,王后带着他四处走动,以吸引旁观者的注意。在中世纪后期,贵族家庭雇用的一些弄臣很可能是有理解力障碍或身材矮小的儿童或年轻人。以现代的标准来看,人们会很反感让他们成为弄臣,但当时的人可能认为,他们给了这些弄臣谋生的机会。

97

严重残疾儿童的身份也受到质疑。他们是人类吗？如果是，是一个人还是多个人？1552年，米德尔顿斯托尼（Middleton Stoney，牛津郡）的约翰·肯纳（John Kenner）的妻子生了一对"连体"双胞胎。至少，我们可以说是双胞胎，但记录这一事件的一位伦敦编年史家却不确定。他首先写了"两个孩子"，然后更正为一个"孩子"，再之后又描述为两个。[21]三个世纪前，亨利·布拉克顿就研究过畸形是否会影响一个人的法律地位。他判断法律是宽容的。法律没有考虑到无用的部位、扭曲的肢体、驼背的状况，或者六根、四根或一根手指，它只会拒绝"怪物"或"神童"，因为他们是咆哮而不是哭泣，而且不像人类。[22]14世纪80年代，作为一名神职人员的约翰·德·伯格写道，他也持类似的宽容的观点。当被问及那些生来就是"畸形"的人是否应该受洗时，他决定，如果他们主要是人类，就应该受洗。这包括连体双胞胎或三胞胎。只不过伯格停顿了一下，评论说，有些人认为灵魂存在于心灵，而有些人认为灵魂存在于头脑，所以在这些情况下，可能需要不止一次洗礼。[23]

畸形也引起了人们的同情。这种孩子有些就像发育完全的孩子一样受到疼爱和培育。益格鲁-撒克逊人的墓地偶尔会发现有腭裂的儿童和成年人，他们在出生时需要特别照顾，因为他们不能吃奶。有两个残疾成年人的坟墓，一个是先天缺少左臂，另一个是由于儿童时期的疾病而导致右腿发育不全。这两个坟墓意味着他们活了下来，多亏他人的关心和支持。[24]有人照顾着怀特岛的年轻人，并且在14世纪早期，一对连体双胞胎活到了快要成年的时候。在莫修道院（Meaux Abbey，约克郡）编年史中，这对连体双胞胎被描述为"人类怪物"，他们的下半身连在一起，但肚脐以上是分开的。据说他们的性别是男性和女性，尽管这样的双胞胎通常是完全相同的。大约在1330年，他们出生在约克郡东区（East Riding of Yorkshire），在那里被悉心照料到长大。不出所料，他们引起了人们的注意，并可能被公众参观过。一个人吃、喝、睡或说话，而另一个人做别的事。而且，他们经常在一起甜蜜地唱歌。就在1348年黑死病暴发之前，年仅18岁的这对双胞胎在赫尔河畔金斯顿（Kingston-upon-Hull）去世，其中一人比另一人多活了三天。[25]1552年的肯纳双胞胎只活了15天，但他们似乎也得到了同情。伦敦编年史家没有把他们描述为"畸形的"，但说他们是在教会的允许下，由接生婆在家里施洗的。他指出，他们可以各自睡觉、醒来，用"快乐的欢呼"或表情回应关心。[26]

然而，当残疾儿童长大后，他们很可能会发现社会和法律障碍放大了他们的身体缺陷。对女性来说，结婚会更加困难；对男性来说，就业会更加困难——至少在最有声望的岗位和职业上是如此。畸形的神职人员如果想成为牧师，必须得到教皇的批准。[27]至少,有位研究骑士身份的专家认为,任何部位的残疾都将使一个人无法获得这一荣誉。到 15 世纪,使封建继承人与不合适的人结婚被认为是"贬损",包括畸形的人或慢性病患者。[28]甚至人们会根据体型而选择或拒绝仆人。13 世纪有个故事讲,由于哈弗洛克从港口运了大量的鱼,他因此受雇在一位伯爵的厨房工作,厨师认为他"强壮"。200 年后,一位描述爱德华四世家族的作家认为,他们的男仆应该"出身清白"(合法)、"四肢干净"(比例匀称)——伦敦商人和刀匠也认为他们的学徒应该具备这些要求。[29]

意外事故

儿童意外事故是中世纪儿童生活中最广为人知的方面之一,这要归功于两种来源的资料,每一种资料都表明了成年人对儿童的兴趣。首先是一些圣迹故事。像欧洲其他地方一样,英格兰产生了圣徒崇拜;这些又生成了圣迹和关于它们的著述。那些记录圣迹的人希望证明圣徒的力量和他或她帮助人们摆脱困境的意愿。关于牛津的弗丽德斯维德(Frideswide of Oxford)、芬切尔的戈德里克(Godric of Finchale)、托马斯·贝克特、托马斯·坎蒂卢普(赫里福德主教)和国王亨利六世等圣徒的精美收藏集一直保存至今。[30]许多圣迹都与孩子和他们的意外有关,显示了绝望的父母如何求助于圣徒或将孩子带到神龛,并取得了有益的结果。因此,他们的故事都有圆满的结局。故事中男孩比女孩多,这可能是因为男孩更爱冒险,也可能是因为父母更关心他们的生存。但是,就阶级而言,这些记录非常开放,包括穷人和富人。圣徒是一个关心我们所有人的人。

另一种证据是验尸官的记录,因为验尸官只关心孩子死后的情况,所以他们的故事结局很不幸。另一方面,它们就像圣迹记录一样,对儿童和成年人都有所关注。无论在什么年龄,任何非正常死亡都应该被公开,并以正式的方式进行检查。发现尸体的人必须大声呼喊——通过叫喊或吹喇叭来引起人们的注意。必须通知到住得最近的四个邻居。他们再去报告地方当局,后者又去报告验尸官。逃避责任的人可能会被处以罚款。验尸官按时来看尸体,第一个发现者和四个邻居必须在场做证人。一个由当地居民组成的陪审团被要求对死因作出裁决,所有这些程序都被登记在案。[31]有时这个过程可能会被忽视,正如 1288 年赫里褐德郡的琼·拉·舍里夫(Joan la Shirreve)的案例一样。[32]然而,每种制度都有例外。验尸官的记录包含大量涉及儿童死亡的案例,包括简单的家庭事故的受害者,正如我们所看到的,他们没有排除穷人和边缘化的人。国王严肃对待所有非正常死亡,哪怕是最年幼的婴儿。[33]

神迹故事和验尸官的卷宗揭示了发生在中世纪家庭和今天同样的事故,原因也一样——儿童的好奇心和存在的危险,对成年人无害,但对儿童可能是致命的。摇篮里的婴儿可能会被带子或绳子缠住,被从墙上掉下来的石头砸到,被火烧伤,被烟呛到,或者被动物袭击。验尸官和圣迹记录表明,猪是一种特殊的危险来源,它们会穿过敞开的门进入房屋,咬婴儿,或者掀翻他们的摇篮。母猪吞食婴儿是乔叟的《骑士的故事》(Knight's Tale)中死亡场景之一。[34]一旦婴儿会爬或会走路,这些威胁就会因其他潜在的危险而增加。其中最主要的是炉灶,在炉灶上打翻盘子会令人烧伤或烫伤。儿童会掉进盛着液体的容器里:一锅牛奶,一桶水,一个木桶。一个人被开着的门压死,另一个人的头被门上的带子缠住了,还有一个人从楼上的窗户掉了下来。

能够触摸到松动物体的婴儿很容易把它们放进嘴里。中世纪的儿童会吞下他们遇到的各种东西:戒指、银币、徽章、铜针、麦穗。有的人往鼻子里塞一颗梅花石,有的人往耳朵里塞一颗小石头或一颗豆子。那个耳朵里塞着豆子的男孩直到37年后才把豆子丢掉。他们被自己弄伤或被工具所伤:被刀子割伤,在看父亲砍柴时被斧头砍伤,或躲在稻草堆里被干草叉刺伤。房子外面还有更多的危险,尤其是来自水的危险。儿童掉进了房子的井里,或者掉进了附近的沟渠、坑、池塘和河里。有时是在他们闲逛的时候,有时是在洗衣服、玩耍、试图拿东西或取水的时候。有一次,一个孩子据说是在看自己的倒影时淹死的,还有一次是在梦游后淹死的。在院子里或街道上,马匹来往构成了进一步的威胁。孩子可能会被马蹄踩到,或者被马车碾过。

当事故发生时,人们开始质疑父母在做什么。一些人声称他们是暂时分心了:吃饭、加热烤炉、晾衣服。其他人则在做更耗时的差事:去拿麦芽酒,去教堂,或者在地里干活。父母不在的情况下也许会有一个合适的临时保姆。人们听说一个女孩看着摇篮里的孩子,而母亲在外面遭遇了致命的事故。有些时候,监护人年纪太小,比如约翰·科克(John Cok)——一个5岁的男孩,1369年被留在希尔珀顿(Hilperton,威尔特郡)照顾他1岁的弟弟威廉。在他照看的时候,摇篮着火了,婴儿死了。[35]验尸官的调查通常不会批评父母,可能是因为一旦死因被确定为意外死亡,王室就没有兴趣给出进一步的意见了。即使是圣迹作家也很少把责任推到父母身上,以下例子是一个明显的例外,即一对父母去教堂,留下他们 15 个月大的儿子在炉灶上爬来爬去。[36] 相反,这些作家试图唤起事故造成的创伤:明显的死亡、父母和邻居的痛苦,以及绝望的誓言或祈祷。所有这些都为圣徒们树立了"成功助手"(successful helpers)的名声,不管情况多么令人沮丧。

虐待

　　我们非常清楚存在这样或那样的虐待儿童的现象——身体上的、精神上的和性方面的。我们的祖先也注意到了这一点;事实上,教会每年都有一个节日,并以此为主题。12 月 28 日的悼婴节(Holy Innocents' Day)回顾了希律王(King Herod)的士兵屠杀伯利恒(Bethlehem)及其附近地区幼儿的事件。这场屠杀被视为一场涉及 14.4 万名儿童的浩劫,这个数字是根据《启示录》(Book of Revelation)中提到的殉道者而提出的。书中的插图以骇人听闻的细节描述了这一事件的惨状(图 2)。但大多数中世纪的人可能将大屠杀视为异国事物:那种犹太人特有的残忍。如果这对他们自己的社会有意义的话,这可能表明虐待儿童的根源在家庭之外而不是家庭内部,这在今天仍然是一个普遍的假设。

　　当然,人们似乎更容易想象陌生人或监护人的虐待,而不是父母的虐待。尤其是家庭中的身体虐待,很少引起人们注意。正如我们所看到的,评论家认为父母对孩子的惩罚太轻而非太多。无论是世俗法庭还是宗教法庭,对这个问题都没有太大的关注。教父母、邻居、牧师或地方当局可能会时不时地介入调解和保护,但很难知道这种情况发生的频率。当儿童离家在外由别人照顾时,更容易发生虐待现象。然后,他们的家人更有可能介入,或邻居更有可能举报这件事。有时,教员们被指责做得过头。根据 16 世纪中期伦敦编年史家亨利·马汉(Henry Machyn)的记录,1563 年,一个名叫潘瑞德(Penred)的人给一个孩子教课,用带扣的皮带狠狠地打了他一顿,结果这件事引起了公众的注意。这个教员被送上了刑台,被鞭打得鲜血直流,那个男孩的伤势也被公开,"这是任何时候都能看到的最可怜的一幕"[37]。偶尔也会有雇主被揭露为施虐者。伦敦"格雷弗里亚人"(Greyfriars)的编年史作者记载道,1552 年,奥尔德斯盖特街(Aldersgate Street)的一个酿酒妇用一把铁齿梳子"给"她的女仆"梳头",这种梳子是用来刮起布上的绒毛的:那个女人被推上马车游行示众,然后送进了监狱。[38]

101

　　儿童也可能遭受彼此的暴力：在学校、在工作中或在街上。人们对此所知甚少，因为它很少受到法律的关注，但有时它会在学校中浮出水面。16 世纪早期的一本牛津教科书中有一个名叫安东尼的恶霸，他用拳头打另一个男孩的头和脸，使他的受害者脸颊青一块紫一块，晚上无法入睡。同一本书也指出了校外的问题。假设一个小男孩有天晚上进城办事。大约晚上 8 点回家时，他被三个穿得像学者的年轻人拦住，"但他们实际上是小偷"。当一个人看着的时候，另一个人拍拍男孩的嘴、敲敲他的头来迷惑他。第三个人偷了他的钱包和钱。这种遭遇并不奇怪。许多男学生带着现金寄宿在离家很远的陌生城镇上的学校。当地的年轻人很可能视他们为可袭击的陌生人以及有利可图的抢劫目标。[39]

　　虐待和剥削可以表现为心理或精神上的形式。儿童有时似乎拥有超越成年人的力量或认知，而成年人可能会利用这些力量和认知。有些人被认为能够打开锁门和铁栏，比如诺里奇的圣威廉，据说他在还是个小孩子的时候就遇到了一个戴着铁链苦修的人，他一碰铁链就把铁链弄得粉碎。[40] 1252 年，马修·帕里斯在达特福德（Dartford，肯特郡）附近的斯通（Stone）发现一个创造奇迹的婴儿。这个孩子当时 2 岁，名叫威廉，是威廉和尤斯塔奇亚·库尔（Eustachia Coul）的儿子，出生在圣十字架日（Holy Cross Day，9 月 14 日）这天，他可以在他父母的帮助下，通过在身体虚弱的人身上画十字架的记号和说出他们的名字，治愈他们。许多病人蜂拥到他身边，被治愈了，他的母亲声称她对他出生后的力量有神圣的预感。但奇迹并没有持续多久便消失了。[41] 显然，这件事并没有引起权威的反感，但在 1555 年（一个宽容程度较低的时期），两个女人操纵一个孩子预言上帝的王国即将到来，因此被罚在圣保罗十字教堂（St Paul's Cross，伦敦）忏悔。[42]

　　一种常见的做法是让儿童进行占卜。索尔兹伯里的约翰（John of Salisbury）告诉了我们怎么做。大约在 12 世纪 20 年代，当他还是个孩子的时候，他被送到一个从事艺术的牧师那里学习赞美诗。牧师让约翰和另一个同学盯着涂了油的指甲和磨光了的盆面。

　　　　首先念了几个名字，虽然我是个孩子，但我觉得这些名字引起恐惧，由此它们似乎属于恶魔，我又在上帝的要求下发了誓，之后我一无所知，我的同伴说，他看见了一些模糊的身影，而我没有看见这一切，除了钉子、盆和其他我以前在那里看到的东西外，什么也看不见。结果，我被判定为无用之人。[43]

罗伯特·曼宁在 1303 年写道，他也知道这种做法，并警告读者和听众不要这样做：

> 你若在刀剑中,或在盆中
>
> 随便哪个孩子看一眼,
>
> 或拇指或水晶。
>
> 巫师们把这一切都叫做巫术。[44]

他坚持认为,这违反第一诫(First Commandment),即禁止基督徒崇拜除上帝之外的其他人。

尽管如此,活动仍在继续。一个大约发生在 1400 年的故事被保存在比兰德修道院(Byland Abbey,约克郡)里的手稿中,描述了一个被偷肉事件困扰的房主,他雇用了一个巫师来解决这个问题。巫师找来一个男孩,给他的指甲涂了油,让他仔细察看指甲,并报告他所看到的。[45] 15 世纪 50 年代,德雷顿(Drayton,牛津郡)的彼得·艾德利(Peter Idley)为他的儿子写了一首名为"指令"(Instructions)的诗,他觉得有必要逐字逐句地抄写曼宁的警告,并补充道:"当心,它会失败。"[45] 与此同时,在 1365 年,一宗涉及儿童的魔法案件在伦敦法庭开庭受理。理查德·库克(Richard Cook)声称萨瑟克的书记官尼古拉斯囚禁了他半天半夜,直到他因为看到恶魔的灵魂而失去了理智,最终被书记官的恶魔咒语唤醒了。他提起诉讼要求赔偿 100 英镑。在尼古拉斯的辩护中,理查德还是个孩子,他声称自己在教理查德和其他男孩阅读和唱歌,因此扣留了理查德。陪审团不相信书记官的话,判理查德胜诉。[47]

另一种虐待儿童是性虐待,这一点在中世纪也得到了认识。[48] 教会的作家们花了很多时间讨论性罪,他们强烈反对乱伦、强奸和侵犯处女的行为。[49] 在忏悔时,牧师们被建议就这些问题调查他们的教区居民。[50] 今天,我们知道,儿童在任何年龄都可能遭受性虐待,他们的父母可能要为此负责,但这些可能性似乎还没有被我们的祖先意识到。诗人约翰·高尔(John Gower)描绘了一个典型的色狼勾引十几岁的年轻处女,碍于她的幼稚,之前这一切一直没能发生。[51] 曼宁和米尔克认为乱伦是由兄弟姐妹而不是成年人引起的,两人都对兄弟姐妹睡在一起表示担忧。[52] 曼宁给教父们添加了一个警告。他从圣格里高利的《对话》(Dialogues)中摘取了一个故事,讲的是这样一个人,他在复活节前夜喝醉了酒,和教女睡了一觉。天亮的时候,他承认了自己的罪,但还是决定去教堂,以防人们发现他不在。在那里并没有遇见什么事,但七天后他死了,当他被埋葬的时候,有炎热的火从坟墓里出来烧了他的尸首。[53] 这非常清楚地表明了他的归宿。

伦敦偶尔被提到是一个通过卖淫虐待儿童的地方,无论男女。1179 年,一名犹太人被指控在温彻斯特杀害了一名法国男孩。男孩的朋友也是法国人，他提出了指控，声称一个在法国的犹太人鼓励他们来英格兰，但却因为伦敦的罪恶，他们匆匆离开了。"到处充斥着令人无法接受的下流字眼，包括漂亮男孩、娘娘腔和男同性恋者。"[54] 涉及年轻人的性行为不时引起市政当局的注意并受到惩罚。亨利·马汉提到了三个这样的例子。1556 年，一名妇女因与孩子（显然是她自己的孩子）发生性行为而被套上颈手枷。1560 年，两名妇女因类似罪行被用马车拉着游街示众。其中一个来自萨瑟克（一个著名的妓院区），为一个外国人弄到了一个 11 岁的女孩；另一个是有地位的女人——海军军士长的遗孀沃纳太太（Mistress Warner），她对她的女儿和女仆也做了同样的事，她们两个都因此怀孕了。[55]

男人和男孩住得很近的宗教社区是另一些可能发生性虐待的地方。这些地方的一些负责人似乎已经预见到这一点，也在试图阻止其发生。在 11 世纪晚期大主教兰弗朗克（Archbishop Lanfranc）对坎特伯雷大教堂的修士们颁布的规定中，并没有提到这种虐待行为，但规定做出的安排暗示了对这种行为的担忧。修道院招募的男孩将由一名成熟且谨慎的修士管理。他要监督他们上床睡觉，如果有其他修士需要和他们谈话，他也要在场。修士们不能去男孩的卧室。[56] 后来也有类似的预防措施：1446 年，在达勒姆修道院（Durham Priory），修士们被告知不要把未经许可的男孩带到他们的房间。[57] 1535 年，亨利八世的专员走访了英格兰所有的修道院，问道："这种机构的院长或任何弟兄，是否曾有男孩或年轻男子与他同房？"[58]

尽管如此，早在 12 世纪，修士们就因鸡奸而闻名。沃尔特·梅普讲述了他在这个问题上开的一个玩笑。熙笃会（Cistercian）的一位修道院长当时讲述了圣伯纳德（St Bernard）如何试图救活勃艮第侯爵已经死去的儿子。圣伯纳德以先知以利沙（Prophet Elisha）的方式，把自己的身体放在男孩的身上，祈祷，然后站了起来，但奇迹没有发生。沃尔特说："他是最不幸的修士。我从来没有听说过哪个修士躺在一个男孩身上，而那个男孩事后没有立即起来。"修道院院长脸红了，一些听众走到外面笑了起来。[59] 宗教改革前夕发生了一系列关于修道院性虐待的指控。其中一个说的是米森登修道院（Missenden Abbey，白金汉郡）的教士约翰·斯莱瑟斯特（John Slythurst）。1530 年，有人从墙上的一个洞里看到他拥抱并亲吻躺在床上的看守人的儿子；这是他第二次犯这样的罪。主教的官员命令把他关在修道院里，并禁止男孩与教士单独在一起，或者进入他们的宿舍或小房间。[60] 亨利的专员们发现（或听说）加伦顿修道院（Garendon Abbey，莱斯特郡）的一名修士与十个男孩有关系，瑟加顿隐修会（Thurgarton Priory，诺丁汉郡）的一名教士与四个男孩有关系，同一院的另一名教士也与好几个男孩有关系。[61]同年,即 1535 年,格洛斯特的一位教员指控城外的兰托尼修道院(Lanthony Priory)院长和酒窖总管性侵学生。他声称是在脱下男孩们的衣服殴打他们时发现的证据。[62]

对虐待儿童的担心反映了社会的忧虑。我们的世界高度关注性问题;在中世纪,宗教文化盛行,虐待儿童很容易与宗教联系在一起。对修士的指控就是一个迹象,因为这些指控往往来自修道院外的人,他们并不赞同修道院的生活方式。在12—13 世纪,虐待儿童被归咎于另一个不受欢迎的宗教团体:犹太社区。[63]在这里,指控集中在所谓的为仪式目的绑架儿童。最早和最著名的案例是诺里奇的威廉,1144 年,这个 12 岁男孩被人发现在那座城市的附近被谋杀,随后被尊奉为圣徒。威廉一直寄宿在诺里奇的一个皮革商那里,学习他的手艺,工作使他接触到犹太人。当谋杀被发现时,矛头指向他们,有人声称是一个犹太人把威廉从师傅那里引诱走的。据说,在逾越节(Passover)前夕,威廉被带到诺里奇的一个犹太人家里,在节日当天,他像耶稣一样被折磨和钉在十字架上。他的尸体被扔在城市附近的索普森林(Thorpe Wood)里,在那里被一个樵夫发现了。[64]

在 12 世纪剩下的时间和 13 世纪的大部分时间里,出现了一系列这样的指控,最后一次是在 1279 年,就是犹太人于 1290 年被驱逐出英格兰之前不久。孩子们都是男孩,据说他们被割包皮、谋杀或者钉在十字架上。这些事实的证据充其量是间接的。林肯的小圣休(little St Hugh)于 1255 年去世,他的尸体是在城市里一个犹太人家附近的粪坑里被发现的。在这个案例中,一个犹太人在拷问下招供了;他被拖走绞死了,其他犹太人在伦敦受审,因为拒绝认罪而被绞死。有时,就像 1291 年的温彻斯特,仅仅有关于某个男孩失踪的报道,尸体却找不到。在其他时候,虽然有一具尸体,但它可能是一场事故的受害者或基督徒杀人犯的受害者。人们承认,诺里奇的威廉是被一个自称是祭司长的厨子的人从皮革商那里诱骗走的,而这个人又声称那个诱骗人是犹太人,以此来掩饰这一事实。然而,没有犹太人因谋杀威廉而受审,尽管有一个后来被骑士的侍从杀害了。显然,英格兰人觉得他们自己不可能为了杀人或性的乐趣而杀害孩子。相反,他们将此类行为解释为宗教行为,并将其归咎于当时最不受欢迎的宗教团体。

疾病

事故在原则上是可以避免的,疾病则没那么容易避免。在整个社会,疾病对儿童的健康构成威胁，往往还危及他们的生命。在巴塞洛缪看来，母乳喂养的婴儿可能会生病，因为母乳喂养者的母乳中含有杂质，会导致

> 十分有害的疮痛和严重的疾病，比如口腔中的暗疮、水泡和丘疹，呕吐，发烧，痉挛，腹泻，流涕，等等。[65]

年龄较大的儿童可能会患上童年期传染病或不分年龄的社会流行疾病。从早期开始，医学作家（尽管主要关注一般的或成年人的状况）就对儿童的疾病给予了一些关注。例如，益格鲁-撒克逊的文本指出，兔脑可以治疗出牙期间的牙龈疼痛，药膏牛胆汁或羽豆草放在肚脐上可以治疗儿童的肠道蠕虫。建议将大蒜灰和油混合用于治疗儿童结痂的皮肤，这种治疗方式可能特别适用于被称为皮癣的头皮疾病，同时建议使用四种草药的混合物来治疗泌尿系统问题。[66]

其中一些疾病是长期存在的。巴塞洛缪还提到儿童皮癣，他将其描述为"鳞片"或"飞蛾……因为它侵蚀并蚕食着头顶，就像蛀虫侵蚀布一样"。他提到了皮疹，显然是一种像水痘一样的轻度疾病，因为他认为它预示着晚年的健康，特别是它能预防麻风病。然而，儿童可能会通过从父母或奶娘那里染上麻风病，他认为小孩子可能会患膀胱结石——一种需要手术治疗的疾病。[67] 盖伊·德·肖利亚克14 世纪关于外科手术的论文被翻译成英语，其中提到了口腔溃疡、头上的痂（无疑也是皮癣）和他认为很可能在青春期前出现的结石。[68] 对圣徒崇拜的记载是疾病的另一种资料来源。从 12 世纪 70 年代开始，彼得伯勒的贝内迪克特（Benedict of 107 Peterborough）收藏关于托马斯·贝克特的圣迹事件，其中列举了 56 个涉及儿童的病例。这些疾病包括先天疾病和后天疾病：失明和残疾、语言和听力障碍、肢体瘫痪、痉挛、精神疾病和被称为"发烧"的感染。其他的年轻人被提到有肿胀、疝气、脓疱、肿块、溃疡、流鼻血和麻风病。[69]

儿童也受到流行病的影响。许多人可能死于 1348 年至 1349 年瘟疫第一次袭击英格兰的时候。在 1360 年至 1362 年的第二次大暴发中，必定也有很多人死亡，它对年轻人的影响在整个欧洲都是极受关注的。在约克郡，莫修道院编年史将其描述为"英格兰的第二次瘟疫，又被称为'儿童瘟疫'"[70]。附近的同在约克郡的圣玛丽修道院的一位作家称其为"儿童的夭折，意味着许多善良的人和大量的儿童被带走托付给上帝"[71]。在 1348 年至 1349 年的瘟疫之后，出生的孩子比往常多，这可能导致更大比例的年轻人遭到下一次瘟疫的重创。据记载，中世纪后期的许多 108 其他流行病对年轻人有严重影响。以 14 世纪晚期为例。1381 年，牛津暴发一场流

行病,次年蔓延至伦敦,"尤其在男孩和女孩中"肆虐。1383 年,诺福克郡暴发了一场瘟疫,感染了年龄在 7 岁到 22 岁之间的男女。一年后,一场瘟疫席卷了肯特郡和其他地方,"人们不分年龄和性别都受到影响",1387 年 9 月统计得出,死亡"主要集中于年轻男女"。1390 年夏末,传染病在英格兰各地蔓延,袭击"年轻人而非老年人","尤其是青少年和儿童"。[72]

富裕家庭会为生病的孩子寻求医嘱、购买药品和专门食品。巴塞洛缪建议,当婴儿生病时,应该通过奶娘给他们服药。[73]年龄稍大的孩子会受到单独对待。上文提到过亨利王子的家庭结构,他是一个脆弱的孩子,在 1274 年去世,年仅 7 岁。在他的家庭账簿中,我们得知了医学大师伊夫舍姆的休(Hugh of Evesham)在亨利得病时拜访了他,一个马夫被派去伦敦为他和他的妹妹购买糖和杏仁油,还有一个人虽然生病了,但仍然从乡下带来草药给亨利使用。为他的健康而购买的其他物品包括药膏、香料、糖浆、琉璃苣、檀香、玫瑰和紫罗兰糖,以及扭曲的糖棒。石榴和100 个卡利伟梨(caleway pear)也榜上有名,也许是为了刺激食欲。[74]另一个体弱多病的男孩是"小弗朗西斯",一个由白金汉公爵抚养的男孩,两百多年后,被安置在克勒肯威尔(Clerkenwell,伦敦)的圣约翰骑士修道院里。弗朗西斯也有一连串的疾病。1519 年 11 月,他患上了皮肤病(可能是流行性皮癣)。他的头发被剃光了,公爵为治疗他的头和脖子花了 12 便士,并且花费 5 便士购买一顶供他睡觉用的白帽。第二年春天,他患上了疟疾、咽喉疾病(包括黏膜炎)和黄疸。每一种疾病都涉及请医生和买药品的费用。[75]

许多关于疾病及其治疗的知识对成年人和儿童来说肯定是相同的,但作家们有时会发现不同之处,特别是需要更谨慎地对待儿童。肖利亚克警告说,在他们14 岁之前,不要让他们放血、用泻药,也不要给他们做结石手术。然而,他认为可以烧灼孩子的头以排出里面的水分,15 世纪一首关于放血的诗建议切开耳后的静脉来治疗头晕。[76]与乔叟同时代的约翰·阿尔德恩(John Arderne)提到,用蛋清、油、蜡、松节油和白英制成的膏药对治疗儿童口腔中的脓疱有好处,约翰·帕尔斯格雷夫(John Palsgrave)在 1530 年写道,建议那些有蠕虫的人服用一点马姆齐甜酒(malmsey)。[77]有些医生可能专门治疗儿童疾病;当然,科普兰在《通往斯皮塔豪斯的公路》(约 1530 年)中提到江湖郎中在这方面的欺诈行为。一名男子假装是来自欧洲的医生,由一名同伙担任翻译,他会拜访一户人家,用假外语使那位母亲相信她的孩子病得很严重:

"Dis infant rompre un grand postum;

By Got，he a la mort tuk under thum".

109 "他说什么?"那善良的太太说。

"女主人,他以他的灵魂和生命发誓

这个孩子对一个袋子很恼火

在他的肚子里,不管他怎么摇。"

这位母亲被这个庸医的专业知识所折服,愿意为了治愈孩子,给出任何一件最多20先令的东西。处方包裹在一张纸里,其实就是一种只值几个便士的粉末。[78]

正如我们所注意到的,中世纪英格兰的医院并不专注于为成年人或儿童的疾病提供短期治疗。相反,他们为那些长期残疾的人提供帮助。其中一种情况是麻风病(现在称为"汉森氏病");其他包括失明和跛足。患有这些疾病的孩子有时会被送进医院,比如在英格兰北部的一家医院里长大的跛足青年,后来在芬切尔(Finchale,达勒姆郡)的圣戈德里克神龛里被治愈。[79]然而,医院的收容人数通常是有限的,医院的位置也很受欢迎,需要赞助才能获得入住权。在 12 世纪,当一个霍尔顿(Halton,诺森伯兰郡)的女孩似乎感染了麻风病时,她的当地牧师为她在达灵顿(Darlington,达勒姆郡)附近的巴瑟尔(Bathel)麻风病医院争取到了一个床位。在戈德里克的帮助下,她在那里待了三年才康复。[80]不过,我们不应想当然地认为这些机构接纳了所有需要它们照顾的病患。

中世纪医学超越了现代传统医学的界限,进入了我们所说的替代医疗,这适用于儿童的治疗。在 12 世纪,人们认为国王的触摸可以治愈一种被称为淋巴结核病或"国王的恶魔"的疾病,至少从亨利二世一直到安妮女王统治期间,人们会为了这个目的而聚集在君主身边。[81]在英格兰,关于这个习俗的记录很少提到相关人士的年龄,但生病的孩子出现在圣迹故事中,表明许多男孩和女孩被带去接受触摸,并且偶尔会有这样的记录。已知最早寻求这种疗法的申请人之一出现在亨利二世统治时期,她是一个名叫罗杰的骑士 14 岁的女儿。罗杰因她的淋巴结核病带她去见国王,结果肿胀消退了。[82]1531 年,亨利八世赐 7 先令 6 便士"给一个可怜的孩子,国王的恩典曾在温莎治愈了他"[83]。即使这种触摸没有效果,它也一定会被记住,正如它被 3 岁的约翰逊博士记住一样,在约 1712 年,他曾因为这个目的被带到安妮女王那里。几年后,他告诉博斯韦尔(Boswell),他"对一位戴着钻石和黑色长头巾的女士有一种困惑但不知怎的又有点庄严的回忆"[84]。

法术是另一种治疗方法,包括诵读基督或圣徒的话语来对抗相关疾病。1529 年,伦敦教会法庭起诉了伊丽莎白·福特曼(Elizabeth Fotman),她声称能用符咒和草药治愈各种疾病,包括牙痛和"孩子肚子里的虫子"[85]。这些女人非常常见,以至于都铎王朝的一部写于 1537 年的戏剧《忒耳西忒斯》(*Thersites*)都对她们进行了讽刺。在这部戏剧中,尤利西斯(Ulysses)把他的小儿子忒勒马科斯(Telemachus)送到一名中年妇女那里,对着蠕虫施魔法。她让他腹部朝上躺下,然后对着它背诵了一段滑稽的"祷告":

110

> 科默顿(Comerton)的牧童用他弯曲的铁锹,
>
> 使蠕虫很快从你那里离开;
>
> 还有欢快的杰克·汤伯勒(Jack Tumbler),他玩弄着一只牛角,
>
> 愿你的蠕虫很快就被撕裂。

她召唤出以撒的母牛、诺亚方舟的船体、大卫扔在歌利亚(Goliath)身二的石头、托拜厄斯(Tobias)的狗的牙齿,还有基督诞生时出现的牛的下颚骨,以赶走蠕虫。然后她总结说:

> 站起来吧,小忒勒马科斯,马上;
>
> 我向你保证,明天你的蠕虫就会消失。[86]

有时,人们(包括孩子)会佩戴祈祷文或护身符之类的涡卷形装饰,只要祈祷文是基督教的,这种做法甚至也会被东正教接受。[87]早在 13 世纪,珊瑚就成为抵御癫痫和恶魔的另一种方式,到 1584 年,它仍然以保护"佩戴者免受魔法(enchantment)或蛊惑"而闻名。雷金纳德·斯科特记述了这一信仰,他指出在孩子的脖子上挂一块珊瑚是很常见的。[88]

当流行病肆虐时,儿童——至少是比较富裕的儿童——可能会被送到别处。在 15 世纪末和 16 世纪初,这种做法在大学和宗教团体中特别流行。在牛津,莫德林学院的研究员和学者在生病的时候会集体迁居到学院的一个或多个乡村庄园:1500 年是布莱叶(Brailes)庄园和威特尼(Witney)庄园、1502 年是威特尼庄园和沃林福德庄园,1507 年是海沃斯(Highworth)庄园。学院跟着一起搬过去,学校里那些十几岁的学生也愿意去,在农场或农舍里露营。[89]在当时的大学教科书中有一段话是这样说的:

> 上次我们因病离开大学时,学校里有一个肮脏、暴露的厨房,但现在给我们提供了一个稍微可靠一点的地方,不过是个马厩罢了。[90]

对这些人来说,疾病既能扩大也可以缩小他们的世界,对住在家里的孩子来说也是

如此。1480 年,英国古文物收藏家和旅行家先驱威廉·伍斯特记录了一段与他姑妈有关的家族史。她是考文垂的亚当·博托纳(Adam Botoner of Coventry)的女儿,前者在 1386 年瘟疫暴发时死在那里。在此之前,他把小女儿阿格尼丝送到安全地带,即他的弟弟布里斯托尔的托马斯那里。小女孩被托付给一个搬运工,由他带着走了 120 英里。当时她 4 岁,最终活了下来,并讲述了这个故事。[91]

其他治疗儿童疾病的有效措施主要是精神上的:祈祷、献祭和朝圣。有时,只有祈祷才能产生疗效;有时,疾病只对虔诚的行为有反应。以生病的孩子为例,可以测量他的身体,并将适当长度的蜡烛作为祭品送到神龛。这是在 12 世纪时建立起来的一种惯例,当时托马斯·贝克特和诺里奇的威廉在对神迹的崇拜中提到了这一点。[92]例如,彼得伯勒的贝内迪克特讲述伦敦的玛蒂尔达,一个带着生病婴儿的未婚母亲,如何忏悔自己的罪过并按照婴儿的尺寸做了一支蜡烛献给圣托马斯。她的孩子苏醒过来,并可以吃她的奶了。[93]当 1274 年亨利王子病重时,每根 2 磅重的蜡烛被分别送到坎特伯雷的圣托马斯圣祠、邓斯特布尔的圣弗雷蒙德(St Fremund of Dunstable)圣祠、吉尔福德城外的圣莫马特(St Momartre outside Guildford)圣祠、雷丁(Reading)的圣詹姆斯圣祠、威斯敏斯特修道院中的忏悔者圣爱德华和国王亨利三世的圣祠,以及一座名为斯泰普尔福德教区教堂。有一次,13 个贫穷的寡妇每人得到 1 便士,她们在夜里为王子祈祷。尽管如此,王子还是在 10 月底去世了。[94]

在其他情况下,要想获得治愈,必须进行个人朝圣。贝内迪克特在他对托马斯·贝克特所创造的神迹的描述中提到了很多这种情况。有个名叫杜兰德(Durand)的男孩,耳朵里卡了一块小石头,直到他发誓去圣徒的圣祠,他的病才治愈;他一这么做的时候,石头就掉出来了。[95]萨尼特的吉伯特(Guibert of Thanet)把他残废的女儿带到坎特伯雷;她需要一根手杖在路上帮助她。一个福克斯顿(Folkestone)人骑着马,带着他 7 岁的女儿来了;她手指残废了,无法吃饭。两个女孩都在圣徒的墓前被治愈了。[96]克莱尔伯爵夫人(countess of Clare)的孩子得了疝气,孩子康复以后,她就进行了一次赤脚朝圣;她曾向圣徒祈祷,也许答应了用此次朝圣之旅作为回报。[97]弗朗西斯因患疟疾,在一名随从的陪同下,被亲自送到圣奥尔本斯以及温莎教堂里非法定圣徒约翰·肖恩爵士(Sir John Schorne)的圣祠。[98]

一些朝圣中心做了进一步的服务:提供圣水,可在圣水里清洗圣徒的遗物。贝内迪克特描述了坎特伯雷的一名面包师如何借了一件有圣徒血迹的衣服,用水洗了洗,然后把水给了他生病的儿子,他的儿子几天后就康复了。[99]最终,坎特伯雷的水被装在小铅瓶里卖给了朝圣者。它治愈了一个来自埃塞克斯的名为塞吉瓦(Segiva)的 3 岁女孩,她的喉咙里卡了一根麦穗;一个来自什罗普郡的精神错乱的女孩;还有一个骑士的儿子,他曾因瘟疫而病倒。[100]它最具戏剧性的影响发生在埃塞克斯一位骑士的 10 岁儿子亨利身上,他长期食欲不振,面带病容。他喝了头一杯没有效果,喝完第二杯就吐出一条半肘尺长的虫子和别的腐臭物。他恢复了体力,那条虫子被挂在他的教区教堂里作为标志。[101]

但并不是所有人都能在圣祠里获得他们想要的治愈。贝内迪克特提到,一个跛脚男孩睡在贝克特的坟墓上,希望能治好他,但圣徒出现在他面前,让他离开,因为托马斯不会为他做任何事。一个盲人男孩用同样的方式使用坟墓,也同样没有取得效果,不久他就去世了。贝内迪克特引用这些案例来证明圣徒给予或拒绝给予他的恩惠时的力量;对于那些不幸的人来说,他们一定非常失望。[102]

死亡

对于这样的孩子,任何治疗都是失败的;最坏的情况是他们从婴儿期开始就要　112
面对死亡。当然,这不仅仅是儿童的命运。由于存在一些更大的生命危险以及效果更差的药物与手术治疗,导致预期寿命缩短,整个社会各个年龄段的人都离死亡很近。"有多少婴儿,每天有多少孩子,有多少苗壮成长的年轻人,有多少健壮的年轻人,"16 世纪 20 年代的传教士约翰·朗兰(John Longland)呼喊道,"带着哭泣和巨大的悲痛走向坟墓。"[103]道德家利用这种死亡提醒人类自身的脆弱,以及在生死问题上必须服从上帝的意志。当威廉·卡克斯顿(William Caxton)翻译杰弗里·德·拉·图尔·兰德里的《高塔骑士之书》时,他警告读者:

> 当神赐儿女给人的时候,人不应当过于为他们高兴,因为这样常常触怒神,所以神很快又从他们那里收回恩赐。

《高塔骑士之书》用一个故事来支持这一说法,这个故事讲的是塞浦路斯(Cyprus)女王在长期不孕后生下了一个儿子。她的宫廷用宴会和比武来庆祝这一事件,但上帝不喜欢这些庆祝活动,于是这个孩子死了。[104]

15 世纪,人们开始流行把死亡想象成一具尸体或骨骼用手将人从现世拉走。

巴黎圣婴(Holy Innocents)教堂展出了一系列关于这一主题的画作,并被广泛模仿,尤其是英格兰的圣保罗大教堂。死亡召唤着社会上的每一个人,从教皇、皇帝、红衣主教、国王,到吟游诗人和劳动者。孩童也不可避免。约翰·利德盖特(John Lydgate)为圣保罗大教堂的画作作诗,想象着死神在召唤它:

> 刚出生不久的小婴儿,
> 在这个世界上被塑造成没有乐趣的人,
> 你必须和以前到这里来的人在一起,
> 被致命的命令匆忙地引导。
> 学点新东西,继续跳舞;
> 没有一个时代能从那里幸免。

儿童回答道:

> 一个、一个、一个——一个我不会说的词;
> 我太年轻了,我是昨天才出生的。
> 死亡是如此匆忙地向我复仇,
> 我不再拖延。
> 我现在来,现在走;
> 不再有关于我的故事;
> 上帝的旨意无人能抵挡;
> 年轻人的死和老年人的一样快。[105]

利德盖特去世一个世纪后,汉斯·霍尔拜因(Hans Holbein)创作了一系列令人难忘的死亡版画,描绘了人们的各种状况。他也把孩子包括在内,这次是一个大一点的孩子,他被从家里的炉边拖出来,吓坏了的母亲在一旁看着。

有多少儿童死亡? 我们已经注意到,在 1540 年至 1599 年期间,每对婚姻的生育人数估计在 2.9 人至 3.5 人之间。在同一时期,一项基于教区记事录的对 12 个英格兰教区的详细研究,显示了以现代标准衡量的婴儿和儿童的高死亡率,尽管这种死亡率低于 17 世纪晚期和 18 世纪早期。在都铎王朝后期出生的每 1 000 名儿童中,有 270 人(27%,略高于 1/4)在出生后的第一年死亡。还有 124 人(12.4%,上面的一半)死于 1—4 岁之间,另有 59 人(约 6%)死于 5—9 岁之间。因此,总共有 425 名儿童在 10 岁前死亡(42.5%)。男孩比女孩更易遭遇不幸。在出生后的第一年,可能有 148 名男孩死亡,而女孩有 127 名;从 1 岁到 4 岁,男孩 65 人,女孩 59

人;从那以后就持平了。一个人存活的时间越长,成年的几率就越大。总的来说,这段时期出生的人的预期寿命在 27—41 岁之间。[106]

当然,这些数字不适用于中世纪,因为在中世纪,情况每年、各地都在变化。然而,中世纪的儿童死亡率可能至少是类似的,这一假设在研究王室成员时得到支持。在 1150 年到 1500 年间,英格兰国王和王后大约生了 96 个孩子,其中包括亨利四世和理查三世,他们在登上王位之前就有了孩子。[107]这个总数是一个近似数,因为王室成员出生的记录并没有提到所有的死胎和出生过程中死亡的婴儿,尽管其中一些可以从幸存婴儿的出生次序间隙推测出来。96 人中有 34 人在出生第一年就去世了。有 11 人在 1—10 岁之间去世,还有 11 人在 10—20 岁之间。后一组中有三人在玫瑰战争(Wars of the Roses)期间受到暴力袭击身亡,包括在伦敦塔的两位王子。有 40 人(不到一半)活到了 20 多岁,尽管这种地位的儿童可获得较高的生活水平和医疗保健。

虽然死亡最常发生在生命的早期,但它潜伏在整个童年和青少年时期,按现代标准,还要在富裕以及贫穷困苦的家庭中发生许多次。温彻斯特学院是第一所现代公立学校,在某种意义上建立了一种捐赠寄宿制度。它是由怀克姆的威廉在 1382 年为 70 名年龄在 8—18 岁之间的男学生建立的(图 3)。名义上,他们穷到需要教育援助;事实上,他们大多来自乡绅家庭、农村自耕农和富裕的城镇居民。按照当时的标准,他们的住宿和食物都相当不错,所以在大多数时间里,他们的健康状况也很好。虽然正常情况下,所有人都有望挺过他们的学生时代,但他们偶尔也会受到具有毁灭性影响的流行病的蹂躏。1401 年,至少有 12 名学生死亡,主要是在 4 月和 5 月,并且在一代人之后发生了更糟糕的情况。1430 年,4 月至 12 月间有 9 名男孩死亡,1431 年又有 20 人死亡,仅 3 月就有 6 人死亡。1434 年,男孩们再次遭殃,其中 11 人死亡,主要是在 8 月和 9 月,1436 年 8 月又有 4 人死亡。1393 年至 1471 年间,总共至少有 111 位学生在温彻斯特学院去世,当时保存了死亡记录,其中包括约翰·肯特,他的铜像已经被绘制出来了。还有一些人离开了这个地方,他们告诉我们,“因为他们身体虚弱”[108]。

死亡不仅从病理上而且从视觉上走进儿童的生活。有些人住在墓地附近,或者把墓地用作聚会和玩耍的空地,尤其是在城镇里。一些唱诗班或教区执事人员在专业上就与死亡有关。德文郡埃克塞特大教堂的唱诗班成员们住在中殿西端的一所房子里。然而,这只是他们的宿舍。白天,他们在大教堂附近散步,去教堂做礼拜,去圣歌学校教书,去教士的家里吃饭,每个男孩都在他所属的教士家里吃饭。

大教堂及其附近地区的功能之一是作为墓地、死者的住所。如今作为大教堂绿化用地的大块空地在当时是城市的墓地,那时当地大多数人都埋葬在这里。人们不断地在里面挖新坟,在此过程中被弄乱了的先前埋葬的人的尸骨都集中到唱诗班住处附近的一个停尸房里。

117   男孩们就生活在这种情形中。他们每天大部分行程都要经过停尸房和墓地。他们进入大教堂时,踩在由教士墓碑铺成的地板上。他们在祭坛墓上主教和骑士的雕像面前走动。到 1500 年,出现了两尊宏伟的"尸体"雕像:用石头雕刻的尸体,表达主人的谦卑,并警告活着的人为自己的死亡做好准备。有时唱诗班成员会参加葬礼,如果这是有能力支付大量神职人员和歌手费用的富人的葬礼;其他时候,他们会出席"讣告"弥撒,纪念死者的周年纪念日。在 16 世纪早期,他们结束一天的活动,来到大教堂的西门,对着劳伦斯·多贝尔(Laurence Dobell)的坟墓唱赞美诗。劳伦斯·多贝尔是一名牧师,曾为此留下一些钱。[109]

这些孩子是如何面对疾病和死亡的呢?他们没有留下任何关于这一主题的日记或信件,但是在 16 世纪早期有一个资料来源可以帮助我们了解这一问题。这是一组从英语翻译成拉丁语的文章,由牛津莫德林学院编写,莫德林学院是一所(像温彻斯特学院一样)为来自相对富裕家庭的十几岁男孩开设的语法学校。这些文章可能是由一名教员或一个学生写的,但无论哪种情况,它们都反映了学生感兴趣的话题。其中四项涉及流行病及其后果。在其中一篇文章中,一个学生说他遇到了一个善于预测天气的乡下人。他的朋友回答说:

> 我真希望你能问问那个对未来的事情如此明智的人,他对这一年有什么看法:他认为这是健康的一年还是疾病的一年。[110]

在另一篇文章中,一个学生抱怨说,去年他错过了很多课,

> 因为这里的城镇一直出现疾病。愿上帝赐恩,今年不要再这样了。[111]

在第三篇文章中,两个学生的患病立即引发了对流行病的担忧:

> 我们学院有两个学生,他们的胃得了重疾,他们中有一个把自己的所有疾病归因于所吃的鲱鱼,另一个不知道他的病因。上帝保佑他们都能逃过病魔,恢复健康,因为如果他们真的死了,他们的死不仅会使我们,还会使许多其他人逃离大学。[112]

后来是虚惊一场:

感谢上帝,让我们的学生们在最后一天恢复了健康,我们承受着如此沉重的负担,所以,你回来的时候,一定要把留在家里的学生都带到学校来,因为这里没有什么可怕的危险。[113]

显然,疾病的传闻很可能会引发最初是学校的缺勤,最终是逃离牛津本身。

因此,虽然流行病和死亡都是生命的要素,但我们不应过分估计它们的影响。就像今天的偷窃和暴力一样,在驾驭一个人的生命时,必须考虑到它们,但它们的力量还不足以抹杀其他一切。中世纪的孩子比现代的大多数后继者更频繁地经历死亡:邻居、朋友或家人。但是生活中还有很多其他的东西,比如友谊、宗教、教育、工作和娱乐。埃克塞特的唱诗班成员穿过一个墓地,这个墓地是周围城市的主要娱乐区域,其他许多墓地都有这个功能。在死人上面,人们聚会、打架、玩游戏。葬礼有守灵仪式,对富人来说,有华丽的服装、热情的招待和慷慨的施舍。1266 年,休·德·洛迪(Hugh de Lodey)的儿子约翰和杜洛的托马斯(Thomas of Duloe)的儿子亨利,两个都是年轻人,他们曾到伊顿索肯(Eaton Socon,贝德福德郡)教区的杜洛的一个死者的守灵现场玩。过了一会儿,他们离开了房子,在外面玩,掉进了一个坑里,亨利被约翰的刀刺伤了。[114]

基督教也宣扬希望的启示:救赎、复活、与神同在的永生。相比死亡的腐朽,富有的人的坟墓展示的更多的是他们生命中的辉煌。埃克塞特唱诗班的成员每天都会经过他们家附近的救世主耶稣的户外雕像,如果他们仔细看大教堂里教士威廉·西尔克(William Sylke)的尸体,他们就会看到它后面的一幅基督复活像。死亡在中世纪和文艺复兴时期都是人们关注的焦点,但这只是众多问题中的一个:人类关切事物绳索中的一缕线。

葬礼和墓碑

教会接受所有基督徒的葬礼,除了未受洗的婴儿、自杀者和被逐出教会的人。[115]因此,受洗的孩子被当作成年人对待。当亨利王子于 1274 年在吉尔福德去世时,年仅 7 岁 3 个月,他的心脏被移除(通常对重要人物这么做)并被埋葬在当地的多明我会修道院。他身体的其余部分被裹在蜡布里,装进圣骨箱或棺材,送到威斯敏斯特下葬。伦敦市民迎接他的送葬队伍,护送他们到修道院。人们在吉尔福德教堂和附近的莫顿修道院为他的灵魂举行弥撒。[116]其他王室孩子也以类似的方式安葬,通常在威斯敏斯特教堂举行公开仪式。亨利的妹妹伊丽莎白的两个孩子玛丽·博亨和汉弗莱·博亨(Humphrey Bohun)于1304年至1305年间在那里举行了葬礼。[117]1496年,亨利七世4岁的女儿伊丽莎白被从埃尔特姆(Eltham)带来,葬在忏悔者爱德华圣祠的北面。四年后,她年仅1岁多的弟弟埃德蒙在哈特菲尔德(Hatfield)去世,举行了和亨利王子一样的葬礼。他的遗体被抬上马车,由尊贵的随从护送。白金汉公爵担任了首席吊唁者,当送葬队伍经过时,伦敦市长和行会成员身着制服站在那里。埃德蒙也被安葬在爱德华圣祠旁。[118]

119

王室孩子的地位是特殊的,但没有理由认为在被小心翼翼地埋葬这件事上他们与众不同。最早有关儿童葬礼的记载出现在埃克塞特大教堂1305年至1327年的"讣告记录"中。[119]在埃克塞特,每一个普通人都要被带到大教堂参加他或她的葬礼,大多数人都被埋在教堂的墓地里。例如,这份记录告诉我们,1307年罗伯特·德·牛顿(Robert de Neweton)的儿子在此举行了葬礼,1308年有亨利·德·博德鲁根爵士(Sir Henry de Bodrugan)的儿子以及沃尔特·陶蒂夫(Walter Tauntifer)的孩子,1309年有托马斯·贝克(Thomas Baker)的儿子托马斯,1316年有切恩(Cheyne)的儿子,1317年有德·哈科贝(O. de Haccombe)的儿子。[120]另一个更晚、更完整的记载是从1504年流传至今的兰贝斯区(Lambeth,萨里郡)教堂执事的记录,列出了教堂葬礼上提供的蜡烛或在尸体周围燃烧的蜡烛所留下的蜡的收益。1504年3月到1505年3月是一个典型时期,蜡钱(wax-money)在17个孩子的葬礼以及"巴尔邦孩子"的周年纪念上得到使用。这笔钱通常是一个小孩2便士,两个小孩涨到8便士,"格林的孩子"(Grene's child)是9便士——针对成年人所记载的数额会更高。[121]

一份来自牛津的资料使我们得以窥见一个中等阶级孩子的葬礼的全部费用。1508年,林肯学院院长的男仆在一场流行病中病逝,尽管学院购买了"糖浆"(药物)治疗他,并雇了一个护士照顾他两天两夜。然后,学院花了1先令2.5便士安葬他。这些钱包括雇人在他的尸体周围通宵"看着蜡烛燃烧",在教区圣徒教堂敲响钟声,在他的安魂曲弥撒上献上祭品,为他提供裹尸布,以及为他建造墓地。[122]他的葬礼显然不太隆重,但即使是这样一笔钱,也会使贫困家庭的财力紧张起来,对他们来说,一副棺材板、一个墓地和最少的祈祷可能是所有能准备的了。另一方面,富人可以添加任何他们想要的东西,比如蜡烛、祭品、大量的代祷、对穷人的施舍,以及为客人提供的食物和饮料。17世纪儿童的葬礼费用提到了啤酒或葡萄酒、面包、蛋糕和其他食物的消费,具体取决于身份地位,这样的招待很可能已经成为一种传统做法。[123]

婴儿的葬礼产生了一两个特殊的习俗。在母亲进行安产感谢礼之前死亡的婴儿通常裹着洗礼服下葬,被称为"非满月婴儿"(chrisom child)——在宗教改革之后,婴儿不再行涂油礼,但这一称呼继续得到使用。[124]在一些教区,牧师显然还会索要"分娩布单"(bearing sheet)作为费用,大一点的婴儿或小孩被包裹在这块布单里举行葬礼。这是以下习俗的一种延伸,即当一个成年人去世时,他或她最好的礼服将作为"殡葬"费赠送给牧师。1514 年,伦敦商人裁缝理查德·胡恩(Richard Hunne)拒绝圣玛丽白教堂(St Mary's Whitechapel)的教区长要他儿子斯蒂芬的分娩布单的要求。这个婴儿只活了五周,而持有激进宗教观点的胡恩认为,作为一个婴儿,他没有财产,因此可以不给殡葬费。随后在教会法庭上展开了一场法律论战,最终胡恩以异端罪被捕,并死在伦敦主教监狱,他的死被广泛认为是谋杀。[125]这一丑闻促使法律发生了变化,1529 年,国会通过了一项法案,禁止任何牧师收取儿童殡葬费。[126]

在中世纪的英格兰,儿童和他们的长辈一样,通常被埋在教堂墓地的浅土丘下。这些土丘没有永久性或持久的纪念,因为土地经常被重复用来埋葬,尤其是在城镇里。儿童的坟墓可能分散在成年人的坟墓中,或聚集在一个地方。盎格鲁-撒克逊人有时把它们安置在教堂的屋檐下;后来的墓地显示出成群的坟墓被安排在建筑物的东端或西端。[127]被埋葬在教堂内仅限于贵族成年人和儿童:神职人员、贵族、乡绅、商人。这些室内坟墓更持久,通常可根据墓碑识别。克拉伦斯公爵的儿子理查德在 15 世纪 70 年代去世时刚出生三个月,被安葬在雷丁修道院的主祭坛前。[128]伦敦的格雷弗赖尔教堂里有一系列明显是建造于都铎王朝早期的墓穴,其中有几个似乎是儿童坟墓,他们要么是和父母一起埋葬的,要么是独自埋葬的。[129]大多数这样的儿童墓碑可能是平头石,有时嵌有纪念性铜像。[130]在威斯敏斯特修道院,最早的儿童铜像由一个简单的十字架和铭文组成,是献给玛格丽特的,她是瓦朗斯的威廉(William of Valence)的女儿,在 1276 年去世。第一个展示儿童肖像的地方是舍伯恩(Sherborne,汉普郡)圣约翰教堂,大约可以追溯到 1360 年。它的建立是为了纪念劳林·布罗卡斯(Raulin Brocas)和玛格丽特·布罗卡斯(Margaret Brocas),可能是伯纳德·布罗卡斯爵士(Sir Bernard Brocas,1395 年去世)的儿子和女儿。[131]

在 14 世纪晚期、15 世纪、16 世纪早期,还有一些儿童的铜像保存下来,但它们

120

并不常见。一些代表身着洗礼服的婴儿,如 1516 年斯托克德阿伯农(Stoke d'Abernon,萨里郡)的埃琳·布雷(Elyn Bray),表示他们在母亲行安产感谢礼之前就去世了。[132] 还有一些显示了他们裹着襁褓,表明他们活得久一点,比如斯坦福里弗斯(Stanford Rivers,艾克塞斯郡)的托马斯·格雷维尔(Thomas Greville),他在 1492 年"幼年早逝"。[133] 也有大一点的孩子的铜像。其中一个就是前面已经提到的安妮·博林,她在 1479 年还没有过 4 岁生日(去世)。[134] 有三个十几岁男孩的铜像:温彻斯特学院的学生约翰·肯特(1434 年去世)、约翰·斯托纳(John Stonor,1512 年去世)、托马斯·赫伦(Thomas Heron, 1517 年去世)。[135] 更精致的坟墓以圣坛的形式出现,上面带或不带肖像,依旧罕见,偶尔会为王室子女建造。亨利三世的四个后代和爱德华一世的两个后代被埋葬在威斯敏斯特修道院唱诗班南侧通道的装饰有珍贵石头的一个大理石祭坛坟墓里。爱德华三世的女儿布兰奇(Blanche,约 1341 年去世)和他的儿子温莎的威廉(1348 年去世)被共同埋葬在该修道院的另一个墓室里,并且非常罕见地展示了他们的肖像。他们的兄弟哈特菲尔德的威廉(William of Hatfield, 1344 年去世)的坟墓在约克大教堂依然可见,上面有一个雪花石膏制的小雕像。[136]

121   这样的纪念物是父母疼爱的象征吗?也许是的,因为即使是伟人和名人,也为死去的孩子感到悲痛。亨利三世与普罗旺斯的埃莉诺的女儿凯瑟琳在 1257 年去世时年仅 3 岁半。她是一个不能说话的残疾儿童,但马修·帕里斯称她"容貌姣好",讲述了她母亲如何因她的死过于悲痛以致生病,并无法从医学或人类慰藉中得到缓解。[137] 1286 年至 1287 年,卡斯蒂尔的埃莉诺送给波尔多(Bordeaux)的多明我会修士一块金布,以纪念她女儿的周年纪念日,二十多年前,这个小孩刚出生就去世了,她本来在历史上是默默无闻的。[138] 但是纪念物也表达了其他的观念。正如我们所看到的,儿女们是父亲阳刚之气、母亲生育能力和家庭力量的证明。孩子的坟墓或铜像表明他来自富有且重要的家庭。埃琳·布雷的纪念物表明她是骑士埃德蒙·布雷爵士的女儿,安妮·博林的展示了她的家族纹章。事实上,这些纪念物的罕见性传达了它们所纪念的人的特殊地位。

    由此得出的结论是,缺少它们并不表明父母们对孩子缺乏感情,或者未能认识到孩子的个人特征。一个躺在没有标记的教堂墓地的土堆下的孩子,也可能会被深深哀悼与怀念。康沃尔的彼得用温柔的笔法描写了他的侄女在婴儿期还穿着洗礼服时就去世了,和她的祖父几乎是在同一天。他们被葬在一起,女孩被埋在他两腿之间。[139] 一个伦敦编年史家,可能是安德鲁·霍恩(Andrew Horn),记录了霍恩的儿子"J."出生在 1305 年,他以同样的关怀记录了他 12 周的生命以及他在阿尔德盖特附近的科尔曼彻奇(Colmanchurch)的葬礼。[140] 在 15 世纪 90 年代的一本牛津教科书中,一个男学生讲述道:

> 我哥哥死后很久,我母亲每天依然习惯于坐着哭泣。我敢肯定,如果有人 123 看见她哭,没有不感到难过的。[141]

这么多孩子死亡的事实丝毫没有减轻他们的父母对于失去他们的痛苦。

来世

中世纪的人们会沉思死后的生活,并在脑海中描绘出形象的地图:地狱、炼狱和天堂。今世失去孩子的悲伤可能会因对他们来世命运的恐惧而加深。洗礼在这里是为了让人安心。正如格里高利在他的《对话》中所说,"我们不应该怀疑,而应该相信,所有受洗并在婴儿期死亡的婴儿都会进入天堂"[142]。他们的灵魂摆脱了原罪,并且还没有被新罪玷污。但是接下来的问题是洗礼的效果会持续多久。格里高利想了没多久:一旦我们会说话,我们就会犯罪。他讲述了一个 5 岁男孩的故事,这个男孩教养很差,习惯亵渎上帝的名字。瘟疫暴发了,男孩病倒了,他看到摩尔人那样的黑人靠过来把他带走了。他徒劳地对父亲喊道:"把他们赶走!"然后诅咒着上帝死去了。显然,这么小的孩子可能会下地狱。[143]

中世纪早期的一些人对儿童的罪恶也有类似的担忧。早期的悔罪论著为男孩们规定了忏悔,可能是指献身于修道院生活的男孩们,表明要相信他们需要弥补自己的罪恶。在 11 世纪晚期,圣安瑟伦假设了一个年轻的修士死后被魔鬼指控他犯下的罪行,是在他受洗后、进入修道院之前还是个少年或青少年的时候。[144] 直到 1303 年,曼宁才重新讲述格里高利关于亵渎上帝的男孩的故事,但此时教会已经改变了对罪恶的看法。[145] 在 12 世纪,青春期前的孩子被认为是缺乏成年人的智力和体力。这意味着他们的罪恶被视为不那么严重,他们的洗礼足以赎他们所犯的任何罪。在 1215 年,教会要求人们向牧师忏悔他们的罪行,但只是当他们达到能自由行使权利的年龄,实际上是十几岁的时候。[146] 可以说,只有在那个年龄之后,才有了一张平衡表,那就是罪恶必须用今世的忏悔或功德来弥补,如果今世没有,就要用来世的痛苦弥补。因此,圣托马斯·阿奎那(St Thomas Aquinas)相信那些死于孩童时期的人在末日审判时不会被追究责任。他们只是作为旁观者，观看基督的荣耀。[147]

这并不妨碍人们担心死去的孩子的命运，不管他们受洗与否。有一个故事，讲的是埃克塞特主教巴塞洛缪（1161—1184 年）在一个乡村教堂附近的房子里过夜时，如何被教堂墓地里无数婴儿的声音惊醒。他们在哀号说："我们有祸了！我们有祸了！现在谁来为我们祈祷，为我们的灵魂布施或举行弥撒呢？"原来是当地的一个知名人士刚去世，他习惯照顾孤儿，还雇了一个牧师为死者祈祷。[148]这些显然是受过洗礼的灵魂，他们本不需要祈祷，但有人觉得他们需要。乔叟的《召唤者的故事》(Summoner's Tale)讲述了一个虚伪的修士拜访了一个富有农民和他妻子的家，表现了人们需要对死去的孩子的命运感到放心。在得知这对夫妇的孩子在过去两周内死亡后，骗子赶紧安慰他们，说孩子得救了。"我看到了这个孩子的幻象，"他说，"在死后半小时内他被带到天堂。另外两个修士也看到了。我哭着去了教堂，我们一起唱《赞美颂》表示感谢。"[149]

未受洗者的命运引发了更大的恐惧。圣奥古斯丁认为，所有这些婴儿的灵魂都因原罪而被判下地狱，这成为中世纪的正统观点。正如我们所看到的，阿尔弗里克为一个一出生就被杀死的婴儿将会下地狱而悲痛，"一个令人厌恶的异教徒"[150]。学者们将未受洗儿童的终点定义为 *limbus inferni*，意思是一个地方在"地狱边缘"但仍然是该地区的一部分。在这里，他们的灵魂免除了那些固执的罪人所忍受的肉体上的痛苦，但他们没有得救的希望，并且可能会因为失去得救的希望而感到痛苦。[151]这种命运也适用于死胎。尽管人们相信胎儿在 40 天左右就会获得一个灵魂，女孩则是 80 天，但在胎儿出生之前，教会并不认为他（或她）是一个完整的身体。因此，他（或她）不能通过洗礼重生，并且给未出生的孩子洗礼是被禁止的。即使在分娩的危险时期，至少要等到孩子的头从子宫里出来之后才能进行洗礼，所以在此之前死去的孩子必然是未受洗的。[152]埋葬习俗与这些信仰相似。到 1400 年，死胎和未受洗的婴儿不允许埋在圣土中，因为他们不是基督徒，必须被埋葬在外面。[153]所有这一切对于那些不得不接受失去这样一个孩子的父母来说，并没有起到什么安慰作用，他们急于让孩子体面地安葬，渴望孩子的灵魂能与天堂的家人团聚。

一些作家试图缓和这种悲观情绪。15 世纪的英格兰教会律师威廉·林德伍德(William Lyndwood)认为，子宫里的孩子可能会被上帝赋予的特殊特权圣化，尽管他（或她）出生后总是要受洗。[154]他可能是在暗示圣灵的洗礼，这种可能性在中世纪后期被广泛讨论。[155]这个概念是由福音书中记载的施洗约翰的话暗示的：他用水施洗，但在他之后的人(意思是耶稣)将用圣灵施洗。[156]这一概念有助于解释上帝如何对待善良的异教徒以及无辜的孩子。在约翰·德·伯格和林德伍德的著作中可以找到该理论的一种变体，即受洗可以由上帝指示的天使完成，他们引用了托马斯·阿奎那的观点。[157]当这些人希望软化教会教义的坚硬棱角时，非正统派教徒也这么做就不足为奇了。英格兰第一个挑战正统观点的伟大人物是约翰·威克利夫(John Wycliffe)，他在他的《三人对话录》(*Trialogus*，约 1382 年)中质疑是否未受洗的孩子不能得救——这一主张立即受到他的反对者的攻击，但在他的支持者中很有影响力。[158]从那时起直到宗教改革，我们发现威克利夫的罗拉德派的一些追随者宣称，拯救一个孩子未必要为其洗礼。基督徒父母的孩子在子宫里就会因恩典而得救。[159]

另一些人试图通过行动而非推理来解决未受洗婴儿的问题。有时，婴儿似乎是在死产时受洗的，这是希望确保他们得救。亨利·布拉克顿在 13 世纪写道，一个婴儿的合法出生依赖于其发出的哭声。他观察到，洗礼和葬礼并不是成为一个基督徒的可靠的判定依据，因为接生婆习惯于说孩子是活着出生的，即便事实并非如此。[160]在 13 世纪末，埃尔莫尔(Elmore，格洛斯特郡)的罗伯特·德·博克兰(Robert de Bokland)之子约翰的出生监护人认为他一出生就死了，但他们还是给他施洗，直到后来才发现他还活着。[161]1300 年，埃玛·德·赫里福德(Emma de Hereford)在牛津遭到人群的挤压，生下了一个死胎，人们调查他的死亡时发现，他死在母亲的子宫里，但他有个名字叫罗杰，表明他也受洗过。[162]同样，人们并没有严格遵守把死胎排除在圣地之外的规定。大多数教堂的墓地都很容易进入，致使人们可以在夜幕之下偷偷地将婴儿埋葬在内。1389 年的一份王室许可证明了这一点，允许赫里福德大教堂在其辖区和墓地周围设置围墙和大门，并在夜间上锁。其中一个原因是为了阻止人们秘密埋葬未受洗的孩子。[163]这样的行为在 1493 年伦敦的一宗教会法庭案件中得以一窥。艾丽斯·万滕(Alice Wanten)来自圣尼古拉斯教区的肉铺街，她在怀孕期间被约翰·罗素殴打，导致她生下了一个死胎。随后，法院得知，接生婆命令阿格尼丝·科格(Agnes Coge)将孩子非法埋葬在帕尔顿(Pardon)教堂墓地。[164]

有时，父母可能会认为祷告可以拯救一个未受洗的孩子，尽管从神学的角度讲这是不可能的。比兰德修道院(约克郡)的手稿中保存着一则大约 1400 年的拉丁民间故事，主要讲一个人在孩子死后扭转洗礼失败的状况的能力。它讲述了一位来自约克郡克利夫兰的名叫理查德·朗特(Richard Rountre)的男子如何将怀孕的妻子留在家中,去西班牙的孔波斯特拉(Compostella)朝圣。一天晚上,他和他的同行者在大路旁的树林里扎营,轮流放哨。正当理查德放哨的时候,他听到路上有很响的行人声:有的骑着马,有的骑着牛羊。这些都是鬼怪,骑着他们送给教会作为殡葬费的动物到另一个世界去。在这之后,又来了一个婴儿,穿着鞋子跌跌撞撞地走着。理查德对着他说话,问他为什么要这样走。婴儿回答说:"我是你流产的儿子,没有洗礼也没有名字,就被埋葬了。"听到这话,父亲脱下了衬衫。他把婴儿裹在里面,以三位一体的名义给他起了个名字。

127　　　那婴儿高兴极了,站了起来,飞快地跟在其他鬼魂后面跑掉了。这大概是因为他现在不受教会的约束了。他不仅接受了洗礼,而且还通过接收父亲的衬衫而获得了教会的丧葬费。鞋子遗落了,父亲把它捡了回来。当他回到家时,接生婆承认孩子没有受洗就死了,他们把他埋在了鞋子里。这则寓言故事表达了世俗的虔诚战胜了法律和教义,它如此吸引人,以至于人们不愿承认它可能并非处处严肃。在故事的结尾,叙述者指出这位父亲给他的儿子施洗,成了他的教父。你不能和你孩子的教父/教母结婚,这样的夫妻必须离婚!但实际情况并非如此——当身边没有其他人时,允许父母紧急施洗——所以我们可能是在面对一个有意戏弄和扰乱正常习俗的故事。[165]

　　　我们会梦见我们认识的逝者,我们的祖先也是如此。康沃尔的彼得详细叙述了一则家庭传说,关于他的祖父阿尔西在12世纪早期的一个梦。阿尔西的儿子帕甘在12岁左右就去世了,这使得他的父亲开始思考另一个世界的本质,对他和他儿子在那里的前景有些担心。一天晚上,他梦见自己和一群旅行者一起去耶路撒冷朝圣。他们从山上下来,进入了一个云层密布的山谷,在那里,阿尔西失去了同128　　伴,独自游荡。到了河边,他惊讶地看到他死去的儿子在向他打招呼。帕甘解释说,是上帝派他来安慰他的,于是(尽管他们身材不成比例)他把他的父亲背在背上,和他一起飞过河去。他们经过了一个灵魂受难的地方,显然是炼狱,然后穿过了地狱谷,恶魔在那里向他们扔火把。最后,他们到达了一片美丽的平原,那是天堂。帕甘告诉他的父亲,自己现在就住在那里,阿尔西总有一天也会到那里。阿尔西回答说,他希望立即留在那里,但梦结束了,他的儿子消失了。这是一个令人不安的梦,有许多可怕的幻象,总之并不完全令人安心。阿尔西将到达天堂,与他的儿子团聚,但由于生命中的罪,他必须首先忍受炼狱的痛苦。[166]

　　　两百年后,到了14世纪晚期,一位诗人写了一篇他声称是一个类似的梦的描述。[167]他描写了他如何去了一个花园,在那里他失去了一颗珍贵的珍珠,它从一个草堆滚进了土里。直到后来我们才知道珍珠是他的幼女,土丘是她的坟墓。他为失去珍珠而伤心,便把头靠在土丘上睡着了。他梦见自己漫步穿过一个美丽的乡村,来到一条小溪边。对面坐着一个他认识的孩子:一个举止文雅、彬彬有礼的少女。那是他的女儿,身穿白色衣服,头戴珍珠王冠。她告诉他,耶稣已经娶她为妻,并将她加冕为王后。诗人问道,她只活了不到两年,连《主祷文》和《使徒信经》都没学过,这怎么可能呢? 她让他想起基督关于葡萄园工人的寓言。在一天结束的时候,无论他们工作了多长时间,上帝都会同等地奖励他们。[168]

　　诗人想跨过小溪去找他的孩子,但她警告他说在他死之前,这是不可能的。不过,她已经得到允许,让他看一看她现在住的地方。他们顺着小溪走到一个有利位置,从那里可以看到远处的一座城市。它是用金子和宝石建造的,由上帝的光芒照耀着。耶稣基督(Lamb of God)站在里面,接受来自天堂万物的赞美,包括他的"小王后"。诗人被眼前的景色迷住了,他想跳进水里去,但当他这么做的时候,他醒了。他又一次留在了今世——"这个悲伤的地牢",他向珍珠表示感谢,惑谢珍珠使他看到了幻象,并使他得到了安慰。他顺从上帝的旨意,承认上帝是他的朋友,并把他的孩子托付给上帝。在这里,悲伤带来了安慰。这首我们现在称为"珍珠"的诗,并没有讲述来世的恐怖,而仅仅讲述了上帝的伟大和仁慈是真的。恩典和信仰能医治忧伤,天堂的恩赐也已赐给我们所有人。

【注释】

[1] *Records of Medieval Oxford*, ed. H. E. Salter(Oxford, 1912), p.27.

[2] Ælfric, *Lives of Saints*, ed. W. W. Skeat, vol. ii, EETS, os, 82(1885), pp.374—375;Chaucer, "Canterbury Tales", X(I) 577.

[3] Thomas of Chobham, p.215.

[4] Morey, p.222.

[5] Robert of Flamborough, p.222.

[6] Friedberg, ii, col. 792.

[7] Downer, pp.222—223. 法律也反常地提到一个十年忏悔。

[8] Hurnard, p.169;PRO, JUST 1/818, m. 47.

[9] Hurnard, p.162;*CCR 1272—1279*, p.206;*CPR 1281—1292*, p.146.

[10] Attenborough, pp.44—45. 目前尚不清楚是谁对这些钱负责,也不清楚后来是否继续支付这些钱。

[11] Councils and Synods, I, ii, 1048—1049, 1061—1062.

[12] 前文,p.28。

［13］Horman, fol. 68v.

［14］Marie de France, Lais, ed. A. Ewert(Oxford, 1944), lines 156—224；对比 *The Middle English Lai le Freine*, lines 135—185。

［15］这段情节的两个不同版本见 J. C. Robertson, i, 213; ii, 245。

［16］Paris, v, 82.

［17］Adam of Usk, pp.86—87.

［18］关于各种解释，参阅 Helen Rodnite Lemay. *Women's Secrets*：*a Translation of Pseudo-Albertus Magnus's* De Secretis Mulierum *with commentaries*(Albany, NY, 1992), pp.112—116。

［19］Map, pp.442—447; Gerald of Wales, 1861—1891, vi, 131—132.

［20］*Dives and Pauper*, i part ii, 118—119.

［21］Brewer and Howlett, ii, 236—237.

［22］Bracton, ii, 31; iv, 361.

［23］Burgo, fol. 7v.

［24］Crawford, pp.94—96.

［25］*Chronica Monasterii de Melsa*, ed. E. A. Bond, 3 vols(RS, 1866—1868), iii, 69—70.

［26］Brewer and Howlett, ii, 236—237.

［27］Lyndwood, p.29; CPL, xiii part i, pp.20, 45, 224, 237—238, 403, 409.

［28］Ramon Lull, *The Book of the Ordre of Chyvalry*, trans. W. Caxton, ed. A. T. R. Byles, EETS, os, 168(1926), pp. 63—64; Thomas Littleton, *Treatise on Tenures*(London, 1841), II. iv, section 109.

［29］*The Lay of Havelok the Dane*, ed. W. W. Skeat, 2nd ed. (Oxford, 1956), lines 880—908; Myers, p.118; Hanawalt, 1993, pp.139, 253.

［30］戈登和菲纽肯研究过这个主题。关于提到的圣迹集，参阅 *Acta Sanctorum*, October, viii, 567—590; Reginald of Durham, *Libellus de Vita et Miraculis S. Godrici*, Surtees Society, 20(1845); J. C. Robertson, i—ii; *Acta Sanctorum*, October, i, 610—705；以及 Grosjean。

［31］R. F. Hunnisett, *The Medieval Coroner*(Cambridge, 1961)，尤其 pp.9—36; Pollock and Maitland, ii, 578。

［32］前文，p.91。

［33］哈纳沃特对验尸记录中儿童事故的话题进行了调查，Hanawalt 1977, pp.1—22，以及 idem, 1986, pp.171—187。这些记录的例子包括 *Select Cases from the Coroners' Rolls*, *A. D. 1265—1413*, ed. C. Gross, Selden Society, 9(1896); *Records of Mediaeval Oxford*, ed. Salter; Sharpe; Hunnisett; and *Calendar of Nottinghamshire Coroners' Inquests 1485—1558*, ed. R. F. Hunnisett, Thoroton Society Record Series, 25(1969)。

［34］Chaucer, "Canterbury Tales", I(A) 2019.

［35］PRO, JUST 2/200, m. 2.

［36］前文，p.211。乔伯姆的托马斯(p.215)命令将因疏忽而死的孩子的父母送到主教那里进行忏悔。

［37］Machyn, p.311.

［38］Brewer and Howlett, ii, 236.

［39］Orme, 1989, pp.139, 145; Orme, 1995, p.275；亦可参阅前文，pp.320—321。

［40］Lemay, *Women's Secrets*, pp.117—119; Thomas of Monmouth, pp.12—13.

［41］Paris, v, 302—303.

［42］Machyn, p.88.

［43］John of Salisbury, 1909, i, 164; idem, 1938, pp.146—147.

［44］Mannyng, lines 351—354.

［45］James, 1922, pp.420—421.

［46］*Peter Idley's Instructions to his Son*, ed. Charlotte D'Evelyn, Modern Language Association of

America，Monograph Series，6(Boston and London，1935)，p.113.

[47] *Select Cases of Trespass from the King's Courts*，1307—1399，vol i，ed. M. S. Arnold, Selden Society，100(1984)，pp.17—18.

[48] 关于这一点，参阅 Boswell，1980。

[49] 例如，参阅 Aquinas，vol. xiii，part ii(second part)，question 154，articles 1—12；Chaucer，"Canterbury Tales"，X(II) 835—914。

[50] Mirk，1974，lines 1347—1414.

[51] John Gower，*Mirour de l'Omme*，trans. William Burton Wilson(East Lansing, 1992)，p.120.

[52] Mannyng，lines 7659—7662；Mirk，1974，lines 216—221. 参阅前文，p.160(Horman)。

[53] Mannyng，lines 9709—9785；Gregory the Great，*Dialogues*，book iv，chapter 32，in J. P. Migne，*Patrologia Latina*，vol. 77(Paris，1896)，cols. 372—373.

[54] *The Chronicle of Richard of Devizes of the Time of King Richard the First*，ed. J. T. Appleby(London，1963)，p.65.

[55] Machyn，pp.112，228，239.

[56] Knowles，1951，pp.115—118.

[57] R. B. Dobson，*Durham Priory 1400—1450*(Cambridge，1973)，pp.75，78.

[58] Wilkins，iii，787.

[59] Map，pp.80—81.

[60] *Visitations in the Diocese of Lincoln，1517—1531*，ed. A. Hamilton Thompson，vol. iii，Lincoln Record Society，37(1947)，pp.19—21.

[61] Strype，i part i，396—397.

[62] PRO，SP 1/100，pp.5—8；*LPFD*，ix，373—374.

[63] 关于这个主题，参阅 Cecil Roth，*A History of the Jews in England*，3rd edn.（Oxford，1964），pp.9—56。

[64] Thomas of Monmouth，pp.15—34.

[65] *On the Properties of Things*，i，299.

[66] Cockayne，i，123，227，347，351；ii，241；iii，87.

[67] *On the Properties of Things*，i，344，409，420，426.

[68] Chauliac，pp.315，393，515.

[69] J. C. Robertson，ii，passim.

[70] *Chronica Monasterii de Melsa*，ed. Bond，ii，159.

[71] Galbraith，p.50.

[72] Hector and Harvey，pp.20—21，28—29，44—45，56—57，204—205，438—439；Walsingham，1863—1864，ii，197.

[73] *On the Properties of Things*，i，299.

[74] Johnstone，pp.406—414.

[75] *LPFD*，iii part i，pp.499，502—504.

[76] Chauliac，pp.131，515，537，546，556；Robbins，p.78.

[77] John Arderne，*Treatises of Fistula in Ano*，ed. D'Arcy Power，EETS，os，139(1910)，p.32；Palsgrave，fol. 172r.

[78] Judges，pp.11—12.

[79] Reginald of Durham，*Libellus*，pp.432—433.

[80] Ibid.，pp.455—458.

[81] 关于王室的触摸，参阅 Marc Bloch，*The Royal Touch：Sacred Monarchy and Scrofula in England and France*，trans. J. E. Anderson(London and Montreal，1973)，尤其 pp.21—27。

[82] *Acta Sanctorum*，October，viii，575.

［83］Nicolas, 1827, p.150.

［84］*Boswell's Life of Johnson*, ed. G. Birkbeck Hill and L. F. Powell, 6 vols(Oxford, 1934—1950), i, 43.

［85］Hale, p.34.

［86］STC 23949; *Three Tudor Classical Interludes*, ed. Marie Axton(Cambridge, 1982), pp.57—59, lines 687—754.

［87］*Dives and Pauper*, i part i, 158.

［88］*On the Properties of Things*, ii, 843; Scot, p.294.

［89］Orme, 1989, pp.132—133.

［90］Ibid., p.147.

［91］William Worcester, *Itineraries*, ed. John H. Harvey(Oxford, 1969), pp.310—311.

［92］Thomas of Monmouth, p.134.

［93］J. C. Robertson, ii, 94;对比 pp.153, 259, 263—266。

［94］Johnstone, pp.399, 409, 420.

［95］J. C. Robertson, ii, 200.

［96］Ibid., pp.116—117, 125.

［97］Ibid., pp.255—257.

［98］*LPFD*, iii part i, p.503.

［99］J. C. Robertson, ii, 58.

［100］Ibid., pp.208, 221—222, 229—234;对比 p.259。

［101］Ibid., p.105.

［102］Ibid., pp.67—68.

［103］J. W. Blench, *Preaching in England in the late Fifteenth and Sixteenth Centuries*(Oxford, 1964), p.235.

［104］Caxton, 1971, pp.115—116.

［105］*The Dance of Death*, pp.68—71.

［106］Wrigley and Schofield, pp.248—249, 528.

［107］只有爱德华一世的第一个家庭(帕森斯)有完整的统计。与此同时,只有一些不完整的列表,见 Fryde, pp.37—42。

［108］Winchester College Archives, 21490A(Registrum Primum), pp.1—37,遗漏月份日期和一些不准确之处的总结,参阅 T. F. Kirby, *Winchester Scholars*(London and Winchester, 1888), pp.18—81。

［109］Orme, 1983b, pp.85—100.

［110］Orme, 1989, p.140.

［111］Ibid., p.143.

［112］Ibid., p.137.

［113］Ibid.

［114］Hunnisett, pp.3—4.

［115］对于盎格鲁-撒克逊时期的儿童葬礼的做法,参阅 Crawford, pp.19—21, 27—28, 66, 169—170, 以及 Lucy;对于中世纪后期的做法,参阅 Daniell,尤其 pp.124—128;对于宗教改革之后的做法,参阅 Gittings, pp.80—81。

［116］Johnstone, pp.399, 414, 420.

［117］Charles Peers and L. E. Tanner, "On Some Recent Discoveries in Westminster Abbey", *Archaeologia*, 93(1949), pp.151—152.

［118］A. H. Thomas and Thornley, pp.260, 294, 374—375.

［119］Orme, 1988, pp.195—203.

[120] Exeter Cathedral Archives，Obit Accounts，D&C 3673，fols 74，84v，85v，90v；3764. fols 19，25.

[121] *Lambeth Churchwardens' Accounts*，*1504—1645*，ed. C. Drew，part i，Survey Record Society，40(1940)，pp.1—5.

[122] Andrew Clark，1914，p.27；对比 Gittings，pp.80—81。

[123] Gittings，pp.80—81.

[124] Cox，pp.59—63.

[125] Arthur Ogle，*The Tragedy of the Lollards' Tower*(Oxford，1949)，pp.48—56，196—197.

[126] *Slatutes of the Realm*，iii，288—289.

[127] Daniell，p.128；Crawford，p.87.

[128] Rous，1980，section 58.

[129] C. L. Kingsford，*The Grey Friars of London*(Aberdeen，1915)，pp.92，96，100，104，124.

[130] 关于儿童铜像，参阅 Page-Phillips；Stephenson，passim；以及 Clayton，尤其 pp.77—78，120，132—134，138—139。

[131] Page-Phillips，p.9 和 Fig. 1。

[132] Stephenson，pp.36，304，498.

[133] Ibid.，pp.133，222，262，324，436，558.

[134] 前文，pp.43—44。

[135] Page-Phillips，Figs. 16—18.

[136] Joan P. Tanner，1953，pp.25—37；*An Inventory of the Historical Monuments in London*，*vol. i*：*Westminster Abbey*［London，Royal Commission on Historical Monuments(England)，1974］，pp.30—31，34，38.

[137] Paris，v，632.

[138] Parsons，p.257.

[139] Hull and Sharpe，pp.26—27.丹尼尔(Daniell，pp.101—102)注意到,中世纪有很多父母在遗嘱中要求与孩子一起埋葬。

[140] Stubbs，i，137.

[141] Nelson，p.17.

[142] Gregory，*Dialogues*，book iv，chapter 18，in Migne，*Patrologia Latina*，vol. 77，col. 349.

[143] Ibid.

[144] Eadmer，p.18.

[145] Mannyng，lines 4865—4904.

[146] Norman P. Tanner，1990，i，245.

[147] Aquinas，vol. xxi(supplement，question 89，article 5)；亦可参阅前文，pp. •• (John de Burgh)，•• (unction)。

[148] Roger of Wendover，*The Flowers of History*，ed. H. G. Hewlett，vol i(RS，1886)，pp.18—20.

[149] Chaucer，"Canterbury Tales"，III(D) 1765—1884.

[150] Ælfric，*Lives of Saints*，ed. Skeat，ii，374—375.

[151] G. G. Coulton，*Infant Perdition in the Middle Ages*(London，1922)；*MED* 和 *OED*，参看"limbo" "limbus"；Aquinas，vol. xx(supplement，question 69，articles 5—7)；Mannyng，lines 9565—9576。

[152] Mirk，1974，lines 85—96；Lyndwood，p.246.

[153] Mirk，1905，p.298；Gittings，pp.82—83.

[154] Lyndwood，p.246.

[155] 关于圣灵的洗礼，参阅 Bernard Manning，*The People's Faith in the Time of Wyclif*，2nd edn. (Hassocks，1975)，pp.54—58。

[156] Matthew，ii. 11；Mark，i. 8；Luke，iii. 16.

［157］关于天使的洗礼，参阅 Burgo, fol. 4r,以及 Lyndwood, p.245。

［158］Anne Hudson, *The Premature Reformation: Wycliffite Texts and Lollard History* (Oxford, 1988), p.291.

［159］Ibid., pp.99, 114, 141—142, 469, 494, 510; J. A. F. Thomson, *The Later Lollards 1414— 1520* (London, 1965), pp.33, 45, 64—65, 67, 76, 104, 122, 127.

［160］Bracton, iv, 361.

［161］*Acta Sanctorum*, October, i, 643.

［162］*Oxford City Documents, Financial and Judicial*, 1268—1665, ed. J. E. Thorold Rogers, Oxford Historical Society, 18(1891), p.155.

［163］*CPR 1388—1392*, p.160; *Hereford Cathedral: a history*, ed. Gerald Aylmer and John Tiller (London, 2000), p.304.

［164］Hale, p.34.

［165］James, 1922, p.421.

［166］Hull and Sharpe, pp.26—35.

［167］*The Poems of the Pearl Manuscript*, ed. Malcolm Andrew and Ronald Waldrom (London, 1978), pp.53—110.

［168］Matthew, xx. 1—16.

第四章　言语、韵诗和歌曲

儿语

当我们来到这个世界的时候，我们会哭，我们的肺里充满了空气，宣告着我们 ₁₃₀ 作为有自我和需求的存在的到来。在生命的最初几个月里，我们主要通过哭泣进行交流——哭泣的原因不同，方式也会不同。饥饿、寒冷、刮风、无聊或者需要接触，所有这些都通过哭泣来表达。然而，从我们出生的那一刻起，就有人在跟我们说话。我们在聆听，大约两个月后，我们开始模仿我们所听到的。我们仍然会哭，但我们尝试着社交性的咿呀学语和鸣啊声。我们在世界各地都这样做，我们在不同国家或以不同语言发出的声音几乎没有什么区别。我们第一次说话是用元音，"aah"和"ooh"。接下来我们加入辅音，以唇音"b""p"和"m"开头，形成单个音节"ba"和"ma"。再后来我们把音节加倍，使之变化。最后，通常在 10 个月或 11 个月后，我们用周围人的语言创造出我们第一个真正的单词。如今，我们讲英语、法语或日语。

在中世纪的英格兰，这一切都是自然发生的，并且一定以与今天框似的方式和时间框架发生。没有必要寻找证据来证实这一事实，这也很合理，因为当时很少有关于婴儿的声音和语言的参考文献。道德家听到婴儿的哭声，有时会认为他们是在表达人类的悲哀。在夏娃堕落之后，妇女的命运就是在悲哀中生儿育女。"孩子出生时，"12 世纪的一位作家说，"也要经历苦痛，在悲哀之际降临在一个阴森的住所，从他（她）哭泣可以看出这一点。"[1] 婴儿似乎是在发出"wa"的声音，这与"woe"

(痛苦)相差无几。在 15 世纪的伯利恒,有两三首关于谋杀无辜者的歌曲,想象着当以色列儿童们的命运落在希律王士兵们的手中时,他们如何"wa,wa"哭喊的。[2]

婴儿的另一种早期声音是"ba"。歌曲作者描绘了婴儿时期的耶稣对他的母亲说"ba-bay",作为回应母亲对他说"by,by"。[3] 这个音节有更多令人愉快的联想,因为"ba"是一个表示亲吻的词,它的使用表达了马利亚和她儿子的亲密关系。第三种音节"da"和拉丁语单词"give!"相同。大约在 1380 年,牛津的一位教员在一封书信范文中以此为素材开了个玩笑,教一名学生如何写信给他的父亲索要更多的钱。儿子说,从他还是个婴儿的时候,他就不得不用同样的声音说话,就像布谷鸟一样,"Da! da! da!",这就是他现在必须唱的歌。[4]

成年人使用儿语和婴儿说话,把单词和婴儿的声音混合在一起。这种做法可能与智人(*Homo sapiens*)一样古老,13 世纪中期巴塞洛缪在他的百科全书中就注意到了这一点。在描述奶娘的职责时,他注意到她"结巴,或者说断断续续,好像是为了教孩子更容易地说话"[5]。正如约翰·特里维萨在其 1398 年的译著中所言,她"低声细语地说着话(whilispeth and semisouneth the words),以便更容易地教不会说话的孩子"[6]。"semisoun"的意思是"轻声地说话","whilisp"是"说话口齿不清"的古语,因此,两位作者都暗示奶娘说的是婴儿语言。巴塞洛缪是一位心胸开
131 阔的修士,他不仅注意到这个习惯,而且认为它有助于孩子的成长。并不是每个人都有这种感觉。托马斯·埃利奥特爵士(Sir Thomas Elyot)是著名的教育类书籍《统治者》(*The Governor*)的作者,该书出版于 1531 年,在书中他将那些使用儿语的人称为"愚蠢的女人"。他批评这一习俗是"一种放肆的行为,使得一些贵族和绅士的孩子(正如我今天了解到的)获得了堕落和污秽的发音"。他强调,照顾孩子的奶娘和其他仆人应该注意讲得体的英语:"干净、礼貌、发音完美且清晰,不遗漏任何字母或音节。"[7]

毫无疑问,与埃利奥特相比,巴塞洛缪的观点更接近母亲和奶娘的观点。儿语继续被使用着;事实上,英语中有一些单词来自婴儿发出的声音或成年人模仿的声音。一个是"baby"本身,13 世纪早期在英语中首次被记录为 *bahan*,如今依然在法语中通用(*bébé*),法国人在英格兰乔治王朝(Georgian)时期从英语中借用了这个词。[8] 另一个可能是"pap",意思是乳房的乳头和婴儿的粥。[9] 还有两个是我们比较熟悉的形容父母的名称:"dad"或"daddy"以及"mam"或"mamma"。[10]"mamma"一词首次被记录在 15 世纪末的一个圣迹故事中。斯通利(沃里克郡)的一位妇女回到家里,发现房子着火了,她 2 岁的儿子在屋里大喊"Mamme,mamme"。[11]

"mame""dadd"和"daddye"都出现在 1592 年切斯特戏剧《该隐和亚伯》(*Cain and* 132 *Abel*)的手稿中,出自成年但暴躁且粗俗的该隐的口中。[12]这两种词可能比这些例子要古老得多,因为它们太口语化了,所以没有被记载。

儿童对自己的身体很着迷,大人们经常以身体部位为基础与他们交谈:指着它们,给它们起名字,玩弄它们。手指有中世纪的名称——大拇指(thumb)、食指(toucher 或 lick-pot)、中指(longman 或 middlemast)、无名指(leche 或 leche-man)、小拇指(little-man),这些名称一定是儿童通过列表或押韵的方式学会的。[13]中世纪儿语的另一个片段是短语"handy-dandy",不管是真实的还是被成年人模仿的,它来源于成年人和小孩子之间的手部游戏。成年人向孩子伸出两只手,其中一只手里拿着东西。然后手合起来,把东西从一只手传递到另一只手,孩子必须猜东西在哪只手上。过了一段时间,这个词从游戏中流传出来,意思是一笔秘密的款项悄悄溜走了,就像从紧握的手中消失一样,就这个意义而言,它出现在 14 世纪晚期朗兰的《农夫皮尔斯》中。[14]我们拥有这个短语,只是因为它成了成年人的口头禅。

巴塞洛缪注意到,婴儿能被歌声抚慰,也能被谈话唤醒。他说,成年人用轻柔的声音给他们唱歌,或者用特里维萨的话说,"唱催眠曲和其他摇篮歌曲"来安慰他们的婴儿;当孩子入睡的时候,他们会用口哨和歌声来取悦他。[15]这也是一种古老的做法。罗马人给一首歌取名为"*lalla*",意思是让孩子入睡,动词 *lallcre* 的意思是"唱这样一首歌"。到 14 世纪,英语中也有类似的单词,"lulla"表示歌曲,"to lull"是它的动词形式,"lulla"在都铎王朝时期通过添加带有亲吻意味的音节"by"而成为"lullaby"。[16]中世纪的英格兰没有流传下来任何真正的摇篮曲,但有抒情诗效仿了其形式。14 世纪的诗人喜欢想象圣母马利亚为襁褓中的耶稣唱歌,并通过让圣母或耶稣思考他们即将迎来的苦难来创造一种悲怆感。目前已知的此类诗歌约有22 首,其中摇篮曲的歌词以叠语或合唱的形式出现。[17]

在一则例子中,圣母马利亚只是简单地唱"by, by, lulley"[18]。在另一则例子中,她一遍又一遍地重复这些音节:

> Lullay, lullow, lully, lullay,
>
> Dewy, bewy, lully, lully,
>
> Bewy, lully, lullow, lully,
>
> Lullay, baw, baw,我的小孩,
>
> 现在轻轻地睡吧。[19]

在第三首歌中,她把音效和歌词混在一起:

> Lullay,我的心肝,我亲爱的儿子,我的宝贝,[20]
>
> Lullay,我的心肝,我亲爱的宝贝。

133　而在第四首中,她加入了声明和命令:

> Lullay, lullay,我可爱的孩子,
>
> 睡吧,现在保持安静;
>
> 虽然你是一个小孩子,
>
> 但你可以有自己的意愿。[21]

这些诗歌的目的是提出关于马利亚和耶稣的想法,而不是实际意义上的摇篮曲。没有理由认为中世纪的母亲和奶娘只是悲伤地给婴儿唱歌;她们为什么不是以逗笑、恭维或讨好的方式做这件事呢? 然而,在显示使用常规措辞时——有时仅仅是响亮的,有时包括言语——马利亚的诗歌可能是现实主义的。这些措辞有一种公认的格式,构成了口头文学的一个小流派——这是儿童遇到的最早的流派之一。

不是所有唱给婴儿听的歌都要使他们昏昏欲睡。你可以想象一位母亲或奶娘在歌唱父亲、房子、动物,或者孩子长大后会成为什么样的人或做什么样的事。中世纪英格兰没有这样的歌词流传下来,但威尔士有一段歌词帮助我们了解了这些歌曲可能包含的内容。这首威尔士歌曲来自 13 世纪的一份手稿,但它的主题和语言要古老得多。它是《高多汀》(Gododdin)的一部分——一种诗歌循环体,似乎起源于英格兰和苏格兰的边境地区,传统上被认为是由诗人阿内林(Aneirin)创作于6 世纪。这些诗大多是关于在约克郡的卡特里克(Catterick)被英格兰人击败的不列颠士兵的挽歌,但其中有一首采用了摇篮曲的风格。它的新近编辑认为,从语言学的角度来看,它很可能可以追溯到阿内林的世纪或 7 世纪上半叶:

> 迪诺加德(Dinogad)的外套斑斑点点、斑斑点点,
>
> 是我用貂皮做的——
>
> 哨声,哨声,一阵口哨声;
>
> 我过去常吹着口哨,唱歌给他听,八个奴隶过去常唱歌给他听。
>
> 你父亲去打猎的时候,
>
> 他肩上扛着权杖,手里拿着棍棒。
>
> 他会呼喊他(具有攻击性?)的猎狗,

"吉夫(Giff)、加夫(Gaff)，抓住！抓住！取来！取来！"

他会在他的小圆舟里杀鱼，

就像(聪明的?)狮子大开杀戒一样。

当你父亲去山上，他会带回一只雄獐、一只野母猪、一只雄鹿、

一只斑点松鸡，从德文尼瀑布。

所有会攻击你父亲和他的飞镖的东西

——来自卢伊凡森林的野母猪和狐狸——

如果没有翅膀，一个逃不掉。[22]

就像圣母马利亚和耶稣的歌一样，这并不算对母亲给孩子们所唱的歌的实际效仿。 134
它比后来的英语童谣更长更复杂，而且它被选入《高多汀》的事实表明它有文学地
位。它的过去时态——父亲做过(did)而不是做(does)什么——可能是为了深刻地
提醒我们，英格兰的战士们留下了寡妇和孤儿。尽管如此，它仍然暗示着类似的歌
曲的存在，就像马利亚的摇篮曲，并且暗示存在乐观主义的歌曲。就像现代儿歌
《胖宝贝》(Baby bunting)一样，它描述的是父亲外出为家庭赢得利益或战利品。它
提供了关于家庭以外的事物的信息——地形、动物、狩猎——如果孩子足够大，可
能会激发其想象力。这表明，中世纪的成年人和儿童之间传递的词汇和思想远远
超过了已有记录。

　　摇篮曲也不是婴儿们唯一能听到的歌曲。任何时代的母亲和奶娘都可能唱她
们自己最喜欢的歌词，以此来与她们的婴儿交流或娱乐自己。一个 14 世纪的布道
作家说她们当时就是这么做的。他告诉我们，当母亲们把孩子放在摇篮里的时候，
"她们怎样用脚哄孩子，然后唱着老歌，唱道：

当心，安诺(Annot)，

你的闺阁，

并且应该远离沃尔特罗(Walterot)，

因为他是个色狼。"[23]

安诺指的是"小阿格尼丝"(little Agnes)，好色的沃尔特罗指的是"小沃尔特"(little
Walter)，他们都很难成为摇篮曲中的角色。也就是说，这段歌词一定是一首成年
人歌曲的一部分，在这首歌中，阿格尼丝被沃尔特诱惑，或被告知他对她有不良意
图。儿童从小就能听到长辈们的歌声；我们很快就会看到，他们也学会并接受了
它们。

童谣和儿歌

当我们走出婴儿期,在两三岁的时候,我们与成年人语言的关系变得更加复杂。这是一个涉及成年人与儿童之间的故事、对话或两者之间的游戏形式的童谣时代。"童谣"(nursery rhymes)最早作为短语出现在 19 世纪早期,可能是在安·泰勒(Ann Taylor)和简·泰勒(Jane Taylor)的《童谣》(*Rhymes for the Nursery*, 1806)中,其中包含了她们的著名作品《一闪一闪亮晶晶》(*Twinkle, twinkle, little star*)。书名出现在书脊上,叫"童谣"(*Nursery Rhymes*),这已经成为与儿童有关的歌谣与韵诗的常用术语。在美国,它们也被称为"鹅妈妈童谣"(Mother Goose rhymes),可能是受另一部开创性作品《鹅妈妈的旋律,或摇篮的十四行诗》(*Mother Goose's Melody, or Sonnets for the Cradle*)的影响,这部作品于 1781 年在伦敦首次出版。[24]

"童谣"这个短语是很有用的。并不是所有的家庭都有奶娘或儿童房,这个术语仅仅意味着小孩子在 7 岁以下,而这正是大多数童谣所针对的听众。诚然,大多数(虽然不是全部)作品是押韵的。但这个短语也可能具有误导性。研究表明,童谣完全是幼稚的——专为儿童而写。正如当今研究这个主题的最伟大的学者奥佩夫妇所观察到的,这些童谣是"由育婴室保存下来的",而不是"来自育婴室"。[25]有些——如摇篮曲——确实是成年人为幼儿制作的。然而,还有许多是成年人写给成年人的作品。其中有谚语、诗句或歌曲片段,它们首先在成年人中间流传,后来才传给儿童。

在我们这个时代,"童谣"也传达出一种品质和尊严的感觉。这个术语出现的时候,人们开始收集和出版各种韵诗,供成年人和儿童一起使用,或供儿童自己阅读。第一本这样的选集是 1744 年在伦敦出版的《拇指汤米的美丽歌本》(*Tommy Thumb's Pretty Song Book*),如今仅在大英图书馆存有一个不完整的孤本。[26]它印制了已经在使用的童谣,很快就被其他书籍效仿,有些类似,比如《鹅妈妈的旋律》,还有一些(比如安·泰勒和简·泰勒的那部)包含专门写的诗歌。1744 年以来,收集新的或传统的韵诗已经变得非常普遍,它们对这个主题有两个影响。首先,它们使童谣的文本变得僵硬。在选集出现之前,韵诗往往变化很大,因为它们主要通过口口相传,且经常被修改。一旦它们付印,特定的版本往往被认为是标准和正统的。"Hey diddle diddle""Jack and Jill"或者"little Miss Muffet",这些已被人们接受的词在今天很难改变了。

其次,已被收录进书里的和没被收录进书里的韵诗之间出现了差距。像刚才提到的这些韵诗已经成为英国文学的经典,被评论家推崇,被艺术家渲染,被民俗学家研究其意义。我们理解的童谣概念受到了他们的影响。但是儿童从来没有把自己限制在这样的童谣中。他们无意中听到并采纳了长辈们的许多歌曲和语录,其中大部分没有获得童谣的地位,也没有引起诗选编者的注意。一旦儿童接触到兄弟姐妹和其他男孩女孩,他们就会遇到其他类型的材料:古代、现代或原始的圣歌、小诗、谚语和滑稽、讽刺或粗鲁的戏仿。这种"游乐场"或"街头"材料在很大程度上被收藏家和学者们忽视了,直到奥佩夫妇在他们的书籍《学龄儿童的知识和语言》(*The Lore and Language of School Children*,1959)中研究它的表现形式。人们仍然普遍认为这类作品不是童谣。

中世纪在这方面有所不同。那时还没有出版过童谣或儿歌集,那些在年轻人中流传的韵诗,在起源上不能总是归类为"成年人的"或"儿童的",在性质上不能总是归类为"奶娘的"或"街头的"。因此,在 18 世纪之前,最好忘记带有现代内涵的"童谣"这个概念。我们所能做的,是进一步回顾过去,去追溯和儿童一起使用的或儿童自己使用的韵诗。这使我们了解到许多不同的资料。它包括成年人为成年人谱写的歌谣和诗句,这些会由儿童抄下来并保存起来。它不仅包括现在理解的"童谣",通常还包括一种短暂且粗俗的"儿童的知识和语言"。

考虑到人类本性的稳定性,人们可以预见中世纪的儿童从成年人或其他人那里学习韵诗和歌曲,就像他们最近几个世纪所做的那样。约翰·特里维萨在翻译巴塞洛缪的著作时提到,儿童"学唱颂歌时很聪明",意思是"很擅长学唱歌跳舞"。[27]奥佩夫妇在 1951 年首次出版了《牛津童谣词典》(*The Oxford Dictionary of Nursery Rhymes*),这是标准的现代风格的合集,他们发现至少有七首童谣似乎有中世纪的记载或类比,包括《马修、马克、卢克和约翰》(*Matthew,Mark,Luke,and John*)、《9 月有三十天》(*Thirty days hath September*)和《我在海外有四个姐妹》(*I have four sisters beyond the sea*)。他们认为,在他们词典里的 550 篇文本中,有 1/4 可能起源于 1599 年之前。[28]1978 年,研究中世纪英格兰文学的学者海伦·库珀(Helen Cooper)指出另一大批可能是童谣的作品,她收集了这些作品,并将其收录在一本名为"曾祖母鹅"(*Great Grandmother Goose*)的现代选集中。[29]她的材料来源是 13—16 世纪的手稿和文献记录。这些资料有时包括短诗、单行诗和对联,

137

通常被草草地写在页边或空白处,格式与经典童谣相似。

库珀诗集里的韵诗涵盖了各种各样的主题,下面给出了它们的现代版本。有些是关于动物的:

> 真是大灾难! 那只猫跳过了水坝。[30]

> 我太太在家里有个小窝
> 一只小狗脚穿木屐;
> 嘿,狗,嘿。[31]

> 野兔跑到市场上,红着脸等待出售;
> 灰狗站在他面前,标着价等待出售。[32]

还有些提到名人和政治事件:

> 亨利·霍特斯普尔斯(Henry Hotspurs)停了下来,
> 他的腿瘸了。
> 弗朗西斯医生为这一误诊
> 发誓说他没有责任。[33]

第三种包括实用的建议:

> 一匹白马上山,
> 一匹黑马下山,
> 一匹灰马走在碎石路上,
> 而一片棕色的海湾在做任何试验时(不管什么试验)都是最好的。[34]

第四种看起来像是在玩一个游戏的时候说的押韵词,比如祖母的脚步,在这个游戏中,一个人假装在睡觉,而其他人则靠过来:

> 当帕克特(puckett)不在时,我们去哪儿玩?
> 当帕克特睡着了,我们可以去播种我们的小麦。[35]

第五类是纯粹的无厘头作品:

> 我们的夫人给母马的尾巴挤奶;
> 猫在舔着锅;

> 我们的女仆拿着连枷走了出来，
>
> 放在她的脚下。

138

> 一头母牛偷了一头小牛，
>
> 把它装进了一个麻袋；
>
> 说真的，我今天不卖布丁了，
>
> "主人们，你们缺什么？"

在这首歌中，以叠词断句：

> 新闻，新闻，新闻，新闻！
>
> 你从来没听过这么多新闻！[36]

像这样的韵诗都可以给儿童吟唱。它们相对简短，题材范围广泛，本质上是大众化而非文学的，在特点上接近18—19世纪的经典童谣。

然而，这些材料引发了几个问题。我们很少知道为什么要记录下它们。某一首特别的韵诗在当时是一篇流行作品，还是一篇不一定会流行的原创作品呢？这些韵诗是完整的，还是出自某些作品中的奇怪诗句呢？如果我们把这些作品全部写下来，它们对儿童来说会显得体量太大或不适宜吗？这些韵诗属于哪一类文学？例如，"clim clam"是一句谚语（意思是"真是大灾难！"），是一个用于婴儿（可能有手部运动）的完整短语，还是一首更长的韵诗或歌曲的一部分？最令人困惑的是，除了由成年人或大一点的孩子写成并因此在他们当中流行外，这些草草写下的韵诗很少有社会背景。唯一被称为"童谣"的歌曲是《当帕克特不在时》[When puckett (is) away]和《我的夫人》(My dame)，这两首童谣都被伊丽莎白时代的学者加布里埃尔·哈维(Gabriel Harvey)在他的一本印刷书籍中记下（然后划掉）了。[37]此外，其余的可能仅仅属于成年人。成年人可能会讲一个关于"暴躁的"亨利·珀西(Henry "Hotspur" Percy)的滑稽韵诗；他们肯定会有关于最好的马的格言，而在整个历史中，胡言乱语把他们和儿童都逗乐了。

总之，在中世纪，要把某样东西描述成童谣或儿歌，我们需要建立它与儿童之间的联系。这并不容易做到。很少有韵诗包含这种用法的内在证据，也很少有中世纪的作家去费心注意哪些韵诗或歌曲在年轻人中流行。训诫中提到的"当心，安诺"是一个突出但罕见的例外。在1569年出版的由韦杰(W. Wager)创作的都铎王朝戏剧《你活得越久你就越愚蠢》(*The Longer Thou Livest the More Fool Thou*

133

Art)中,有一长串很有价值的歌曲,包括部分供儿童或青少年演唱的歌词。作者借这个儿童的口说,他是从他母亲的一个愚蠢女仆那里学来的,他坐在女仆腿上,它们至少可以追溯到 16 世纪早期。这部著作引用了八首歌,儿童说他还知道 20 首;事实上,他后来还唱了一两首。[38]但很少有材料以这种方式被贴上"供儿童用"的标签。更多的内容没有标注,但由于其背景和因果关系而与儿童有关。当韵诗出现在与儿童共同使用的或供儿童使用的读本中时,它们很有可能就是儿童知道的童谣,即使没有直接说明该事实。

139 　　有一种这样的书叫杂集或读书札记,由成年人为了教导和娱乐而编制。对于我们来说,理查德·希尔编纂的那部书就是一个特别好的例子,他是 16 世纪早期的伦敦杂货商,我们曾发现他记录了他孩子的出生。[39]希尔收集了故事、歌曲和其他材料,一部分是为了自己的娱乐和兴趣,另一部分似乎是为了与家人一起使用或供家人使用。其中两首似乎特别针对儿童。一首是《十二头牛》(*Twelve Oxen*):

> 我有十二头美丽的棕褐色的公牛,
> 它们在城里吃草。
>
> 吃干草,怎么吃,吃干草!
> 你没有看见我的牛吗,你这个小帅哥?[40]

在接下来的三首诗中,牛变成了白色、黑色和红色,在堤坝、湖泊(或小溪)和草地(或牧场)边吃草。虽然希尔收集了与成年人和儿童都有关的材料,但不断重复诗句的形式和"小帅哥"的称呼,使儿童更有可能成为这个例子中的听众。这首歌很舒缓——可能是摇篮曲;它也富有想象力;它涉及其他时空,唤起一种繁荣的感觉(十二头牛),教授了关于颜色的知识。在这些方面,它使我们想起《高多汀》中的摇篮曲。

　　希尔的另一首歌是一番胡说八道。[41]它出现在成年人的材料中,但它的幽默
140 不太成年人化;相反,它描写了动物做人类的事情,这接近于许多童谣的特点。这首歌一共有七节诗,前两节如下:

> 我看见一只狗在煮酱汁,
> 一只猿猴在盖茅屋
> 一只布丁在吃老鼠:
> 我要有磨刀石,而且我可以。

> 我看见一只刺猬在制作和缝纫，
>
> 还有一只在烤面包和酿酒，
>
> 把罐子擦洗一新，
>
> 我要有磨刀石，而且我可以。

每一节诗后面都有叠句：

> 嘿，嘿，嘿，嘿，
>
> 我要有磨刀石，而且我可以。

因为这段韵词是颂歌：一种由诗句和合唱组成的抒情诗，最初是在舞蹈中演唱的。制假售假贸易商有时会被判在脖子上挂一块磨刀石，戴着颈手枷示人，而磨刀石则成为说谎技巧的一个象征。[42]

　　理查德·希尔书中的第三首歌很有名，通常认为它与儿童无关。这是"基督圣体"（Corpus Christi）颂歌，里面也有一串叠句：

> Lulley，lulley；lully；lulley，
>
> 猎鹰把我的伴侣叼走了。

这个故事讲述"他"（大概是猎鹰）如何带着"他"（那个伴侣）进入一个棕色的果园，果园里有个大厅，大厅里有一张床，床上躺着一个受伤的骑士，旁边跪着一名哭泣的少女。最后一节是关于他们旁边的一块石头，"基督圣体写在上面"[43]。这是一首儿歌吗？有两个特点可以说明这一点：叠句摇篮曲，以及地点和人物的展开顺序（就像现代儿歌中的"这是杰克建造的房子"）。它也出现在手稿里写给儿童的作品中。同样，诗中的意象也有与基督有关的复杂的解释。颂歌的元素是如此多样，以至于很难确定这首诗主要是写给年轻人的。这首颂歌仍然是一个神秘的作品，学者们对此意见不一。[44]

　　中世纪最好的童谣记录是《到贝弗利汉姆有多远？》（How many miles to Beverleyham?），或后来变成的"到巴比伦"（to Babylon），这是一种游戏中使用的韵诗。[45]这是另一个记录在写于 13 世纪末的拉丁语布道中的童年文化片段。这位传教士提到了那些在某一时刻想成为虔诚的基督徒而在另一时刻又想堕落的人。他把他们比作

> 扮演"到贝弗利汉姆有多少英里？"，另一个说"8"的儿童。第一个说："我能在白天来吗？"另一个发誓说："是的，你可以。"于是前者开始跑起来，想跑多快

141

就跑多快,然后又跳回来,回到原来的位置,说:"哈,哈,步子真小,我又回到了原处。"[46]

这里涉及两个孩子之间的游戏。他们都说前四句台词,在这之后,一个人跑上一段距离,然后回来,而另一个人充当捕手。如果跑者成功返回,他(或她)就用最后的对句嘲弄捕手。[47]

这种游戏和韵诗显然经久不衰。三百年后,当牛津学者杰拉尔德·朗贝恩(Gerald Langbaine,1609—1658)描述他在坎伯兰郡(Cumberland)的学生时代时,仍然记得这些故事。他回忆说:

问题和回答如下。问:呸,呸,波斯托拉(postola)。到贝弗利有多少英里?答:8,8,还有8。问:你认为我今晚能到那里吗?答:能,如果你的马又好又轻的话。[48]

从朗贝恩的证据来看,这种游戏交流似乎被13世纪的作家缩短了,而且他那个时代的版本也是一种粗糙的韵诗。它可能是这样唱的:

到贝弗利汉姆有多少英里?
——8,8,还有8。
我可以白天到那里吗?
——是的,上帝保佑,如果你的马很轻的话。

中世纪骑轻型马的骑手一天可以走24英里以上的路,最多40英里左右。因为游戏建议玩家在游戏过程中要加快速度,所以玩家也许在中午或下午早些时候就该会面。总之,天黑前走24英里是可能的,但有点勉强。[49]

虽然韦杰的剧本《你活得越久你就越愚蠢》在稍晚的时候才被称为是中世纪的,但它填补了我们主题的一些空白。它的八首诗据说是一个成年人在旅途中学会的,涵盖了好几个不同的类别。[50]一个是常见于后来的童谣中的小故事,比如《矮胖子》(Humpty Dumpty)或《福斯特医生》(Doctor Foster),它们描写的主要是不幸的遭遇:

汤姆阿林(Tom-a-lin)和他妻子还有他妻子的母亲,
他们三人一起走过一座桥;
桥断了,他们掉了下去。
"魔鬼与所有人为伍",汤姆阿林说。

另一种富有想象力——是描述性的还是谜语性的,难以确定:

> 那只白鸽坐在城堡的墙上,
>
> 我拉弓,我要射死她,
>
> 我把她的羽毛和一切都放进我的手套里。

第三种是带有一点政治色彩的歌曲,写的是德意志雇佣兵马丁·斯瓦特(Martin Swart)或施瓦茨(Schwarz),他在 1487 年帮助领导了篡权者兰伯特·西姆内尔(Lambert Simnel)的军队对抗亨利七世。反叛者在纽瓦克(Newark)附近的斯托克战役(battle of Stoke)中溃败,斯瓦特在那里被杀:

> 马丁·斯瓦特和他的人,索达达姆(sodledum),索达达姆,
>
> 马丁·斯瓦特和他的人,索达达姆·贝尔(sodledum bell)。

这一定是成年人在战后创作和演唱的歌曲或叙事曲的一部分,并由他们的孩子从他们那里学会。

　　韦杰列出的剩余的歌曲名录也都是成年人的作品:抒情诗或情歌。其中四种在其他资料中为人所知。《罗宾,把你的弓借给我》(Robin, lend to me thy bow),一首在莎士比亚时代仍然很流行的歌讲述了威尔金如何向罗宾要装备,以便和他的"可爱的女人"一起去打猎。[51]《我躺在河岸边》(By a bank as I lay)以,歌手忧郁的心情开场,"嘿,怎么样",直到夜莺歌唱着冬天已经过去,呼唤着情侣们醒来。[52]《蜂巢山上温柔的金雀花》(The gentle broom on Hive Hill)是一首叙事诗的引子,后来主要保存在苏格兰语文本中。一个骑士和一位女士打赌,如果她在一座被金雀花覆盖的山上遇见他,就会失去她的贞操。他先到达山上,但她(或一个女巫)施了一个咒语,让他睡着了。然后她把金雀花扔在他身上,把她的戒指戴在他的手指上,让他醒来时感到羞愧。[53]四首诗中最奇怪的一首是《到火上去吧,贝茜》(Come o'er the burn, Bessy),这首诗最早记录于 15 世纪晚期。它的开头像一首情歌:

> 到火上去吧,贝茜,你这可爱的小贝茜,
>
> 到火上去吧,贝茜,到我这里。

然后转向寓言:

> 火上是盲目的世界,贝茜是人类,
>
> 我找不到比她更合适的人了。
>
> 她又晃又跳,基督站在那里,叫着

　　　　到火上去吧,贝茜,到我这里来。[54]

这样看起来,流行和世俗的东西已经被用于宗教目的。

　　像这样的歌曲和韵诗是大量散佚的流行音乐和诗歌中的极小片段。如果我们
144 有所疑虑,它们就会向我们展示小孩子接触过这种东西,并表明其多样性。儿童唱
或者让人唱给他们听关于幻想、胡言乱语、游戏、动物、人、政治和爱情(包括性)的
歌曲。有些歌曲或韵诗主要是儿童自己使用,比如《到贝弗利汉姆有多远?》。还有
一些适合成年人说或唱给他们听,如《十二头牛》。第三种类型,包括《当心,安诺》
(Watch well Annot),以及韦杰的大多数歌曲,最初都是成年人歌曲,间接地传到年
轻人那里。在韵诗和歌曲方面,就像在其他方面一样,儿童将一只脚放在长辈的文
化中,另一只脚留在自己的文化中。

大一点的孩子

　　小孩子的韵诗和歌曲绝不是故事的全部。还有很多关于他们的兄弟姐妹或准
确地说是哥哥们的口头文化的证据,这多亏了一种比我们探讨过的更有用的资料
来源。这包括由文法学校的教员或学生整理的学校笔记本,最早保存于 15 世纪早
期。[55]笔记本反映了纸的广泛使用,它是一种比羊皮纸更便宜的材料,而且比蜡版
更耐用,蜡版是早期学校使用的记录手段。笔记本由个人的一堆纸组成,书写者在
上面抄写课堂上使用的较短的拉丁语文本和诗歌,以及他自己的听课注释和练习。
因此,笔记本是一本个人文集,可以用于非学术摘记:物主名字、笔录、私人备忘录,
以及歌曲或诗歌片段。宗教改革前一度出现成千上万本这样的书,但现在只有三
四打保存下来。

　　这些书大多数学术水平相当高。他们的拉丁语文本非常有用,值得在作者生
前和死后由他人保存。有一两本书是作为用于装订其他书的废纸而偶然保存下来
的,但即使是这些书,质量也很好。我们的资料中没有来自真正糟糕或不称职的执
笔人的。笔记本上通常都有制作或购买笔记本的主人的名字,但这些名字通常很
难识别。人们总是很难弄清楚某本书究竟是属于教员的还是属于学生的,尽管书
中五花八门的内容通常都指向后者。不过,无论哪种情况,都与儿童有关系。这些
材料要么是教员写了用来教学生的,要么是教员手下的学生们写的。文法学校主
要招收年龄在 7 岁到 18 岁之间的男孩。由此可见,学校笔记本里的内容是这个年

龄段的学生感兴趣的,而不是那些年纪更小的学生。

并不是每一本这样的笔记本都有英语韵诗或歌曲,只是有几本是这样的。有时这些作品作为独立的条目出现在书中。当这种情况发生时,它们通常篇幅短小,就像那些在成年人手稿和文件中发现的那样,而且似乎是出于个人原因而草草记下的,与学校的工作无关。在其他时候,它们是用英语写的,然后又用拉丁语写,好像是教员把它们作为翻译练习,或者是学生受到启发,出于自己的兴趣而翻译它们。有时这两种译文是练习的一部分,当这种情况发生时,它们无可争辩地与学校的作业有关。这似乎令人费解。文法学校的任务是教拉丁语。为什么学校的教员会允许记录英语歌曲和韵诗,并在此基础上创作拉丁语作品呢?

答案就在于文法学校教学的本质。对于说英语(或爱尔兰语、威尔士语)的学生来说,拉丁语是一门有难度的语言。[56] 讲法语或意大利语的人更难适应它的语法和结构。罗马帝国灭亡后,英属群岛的拉丁语教师既要认真地教学生,又要保持学生对这门学科的兴趣。编写这些地区的拉丁文法是为了教那些将拉丁语作为一门外语的学生,这就不同于罗马帝国时期的拉丁文法,后者已假定人们掌握了基本的拉丁语,并旨在提高人们的技能。学校作业必须制作得对学生有吸引力。我们可以在恩舍姆的阿尔弗里克约公元 1000 年的作品中看到两种策略。他创造了今天所有外语的现代英语文法的原型。它是用英语写的,并通过一种简单的方式教拉丁语,用埃塞尔斯坦(Æthelstan)和邓斯坦(Dunstan)作为名词的用例,并包括关于英格兰日常生活的说明性句子。阿尔弗里克还写了一篇拉丁语"对话"(colloquy),描述了他那个时代的典型职业——农奴、猎人、学者,这既能给他的学生带来快乐,也能指导他们。[57]

15 世纪的教员们也采取类似的策略。在从诺曼时代到黑死病时期的很长一段时间内,学校都是用法语教学,在那之后,他们也把英语作为学校的教学语言,并且让他们的学生把英语翻译成拉丁语。为此目的,他们也从日常生活中搜集素材,设计学生们熟悉且感兴趣的话题。在学校的低年级中,拉丁语的写作形式是翻译篇幅短小的英语散文或在头脑中用拉丁语创作那些被称为"拉丁的"或"通俗的"文章。主题有时由教员设置,有时则允许学生们在一定程度上自由选择。无论哪种情况,练习的主题都可能是教室、男孩的家庭、当地的城镇、一天的新闻、明智的谚语,偶尔还有韵诗和歌曲。把学习拉丁语和日常生活联系起来还有另一个原因。学拉丁语不仅是为了阅读,也是为了将其作为一种口语来交流。最好的学校坚持让大一点的学生在课堂上讲拉丁语,因为他们正在为去教会或是教学和交谈将会

145

146

继续用拉丁语的大学生活而做准备。

15 世纪的学校笔记本中至少有七本包含英语韵诗或歌曲:布里斯托尔、汉普郡地区、林肯地区、威尔士西北部和温彻斯特各一本,埃克塞特两本。[58] 在其中的六本中,材料看起来像是来自大众文化——成年人或儿童,要么是因为它的格式,要么是因为它出现在其他手稿中,表明它远不止流通于一个执笔者或一所学校。这些韵诗的主题大致分为五类,第一类是关于口头或心理的文字游戏。林肯地区的笔记本里有一段绕口令:

> 三只灰色贪婪的鹅
>
> 飞过三个绿色油腻的沟;
>
> 鹅是灰色的、贪婪的;
>
> 沟是绿色的、油腻的。[59]

几个世纪后出现了类似的版本。一位维多利亚时代的古董商这样写道:

> 三只灰色的鹅穿过了一条绿色的河;
>
> 灰色的是鹅,绿色的是河。

1952 年,苏格兰的一名女学生引用了奥佩夫妇的另一段话:

147
> 十二只灰鹅在绿色的牧场吃草;
>
> 灰色的是鹅,绿色的是牧草。[60]

然而,最常见的文字游戏是猜谜(图 4)。这些笔记本里的谜语有些是用拉丁语写的。时不时会出现这样的问答组合:"谁死了却从未出生?""亚当。""有谁出生而不死?""以利亚。"等等。[61] 也有英语谜语。埃克塞特的一本笔记本上有两行英语和四行拉丁语,看起来像一个谜语,除非把它视为一堆胡言乱语:

> 三个无头男人在玩球,
>
> 一个无头男人侍奉了他们所有人。[62]

它也以较长的形式出现在 15 世纪的成年人歌集里:

> 我看见三个无头的人在玩一个球,
>
> 一个无手的男人侍奉他们所有人;
>
> 三个没有嘴巴的男人躺在那里笑,
>
> 三个无腿的男人把他们拖走了。[63]

同一本埃克塞特的笔记本中还包括一整首聚焦谜语的英语歌曲或诗歌,这些谜语
出现在后来的叙事诗改编本中。一个少女被魔鬼搭讪,魔鬼告诉她,除非她回答一
系列的问题,否则她必须成为他的情人。这些问题包括:　148

> 什么东西比树高?
> 什么东西比海深?
>
> 什么东西比荆棘锋利?
> 什么东西比号角响亮?
>
> 什么东西比风快速?
> 什么东西比国王富有?

总共有 14 个问题。少女向耶稣祈求帮助,然后给出了正确的答案:"天堂""地狱"
"饥饿""雷声""思想"和"耶稣"。最后,她斥责了魔鬼并直呼其名——人们相信这样
做会使魔鬼立即消失。[64]

第二组韵诗是关于鸟和动物的,把它们当作人对待,就像在寓言故事中一样。
布里斯托尔的笔记本上有一段让人想起《谁杀死了知更鸟》(*Who killed Cock
Robin*)的诗句:

> 我看见一只麻雀
> 射出一支箭
> 从耙子上
> 到手推车上。[65]

这也许是一首受韵诗启发的原创作品,而不是一首流行诗。另一方面,埃克塞特的
书中包括一篇已经提到过的对句,可能是谚语,也可能摘自一首歌曲或一则寓言:

> 野兔跑到市场上,红着脸等待出售;
> 灰狗站在他面前,标着价等待出售。[66]

同一本笔记本上有四行诗,这是一派胡言乱语或另一个寓言的一部分。它应该用
德文郡的口音来读,"foxes"读成"voxes":

> 野兔和狐狸(voxes),小鼠和大鼠,
> 祈求蝙蝠、苍蝇和蚊子

> 它们用旧毯子武装自己
>
> 以驱赶城里的猎犬和猫。[67]

威尔士的笔记本也呼应了这个话题。它有三首四行诗,可能是相连的,也可能是独立的。[68]第一首是关于动物之间的战斗,先是蟋蟀和蚱蜢:

149

> 蟋蟀和蚱蜢到这里去战斗
>
> 戴着头盔穿着铠甲,全副武装;
>
> 跳蚤像勇敢的骑士一样举着旗子,
>
> 圣甲虫用尽全力吹号。

下一首韵文或诗写了小山上的野兔:

> 野兔坐在山上抓住她的鞋,
>
> 指着上面的纽扣发誓,
>
> 她不会起来也不会离去
>
> 除非她看见二十只猎犬和一个人。

最后一首讲的是一个磨坊主坐在山上,村里的母鸡围着他:

> 磨坊主坐在山上
>
> 镇上所有的母鸡都被他吸引过来。
>
> 磨坊主说:"嘘,母鸡,嘘!
>
> 我可能不会为你们摇动我的包。"

磨坊主是出了名地贪婪,据说他们还偷别人的粮食。言下之意是这个磨坊主甚至不会为家禽抖一抖他的袋子。

提到磨坊主,我们想到第三种韵诗,它与不受欢迎的人有关,反映了学生接受长辈偏见的方式。温彻斯特笔记本里的一首韵诗聚集了修士、家畜围篱管理员(流浪动物的收留者)和酒馆老板,把他们和狐狸与臭鼬丢在一起:

> 狐狸和臭鼬,修士和家畜围篱管理员,
>
> 站成一排,
>
> 酒馆老板站在那附近,
>
> 同伴中最好的是一个老泼妇。[69]

在同一本书中,还有一首韵诗嘲笑鞋匠,用"souter"这个词来称呼他们,这个词后来

有了贬义,有点像今天的"cobbler":

> 鞋匠有一种高傲的自豪感
> 因为他们将永远骑在篮子上,
> 就像在袋子上的家禽。
> 我们能在哪里找到他们
> 我们要让他们逆风而行,
> 因为他们臭得像狗。[70]

一个更加不受欢迎的群体是苏格兰人,他们是林肯地区的笔记本里的韵诗描述的对象。这是一个片段部分,带有拉丁语译文,在拉丁语的帮助下,我们可以还原这部分韵诗。这首韵诗显然是由英格兰的一场胜利引起的,可能是 1424 年法国的维 150 尔纳伊战役(battle of Verneuil),在战役中一支苏格兰小分队与法国人并肩作战,共负败仗:

> 一个穿着大皮靴、脚上有毛的苏格兰人,
> 你是在维尔纳伊吗? 正在摔跤吗?
> 你在月弯的时候向那里走去,
> 在荒凉的月亏中你回家了;
> 你被抛在那地方。
> 你的脖子被邪恶的恩典折断。[71]

这首诗讲述(有代表性的)苏格兰人如何在新月时出发,在亏月时(不吉利的时候)回家。他像在摔跤比赛中一样,隐喻他摔断了脖子。

最后这首诗显然不是原创的。15 世纪写于伦敦的编年史记载了维尔纳伊战役,并引用了这段韵诗的中间两行。其中一部编年史的作者为胜利而欢欣鼓舞,他说:"最强烈的报复落在骄傲的苏格兰人身上,因为他们在同一天洗狗(像淹死的狗一样死去)……结果他们也许会说:

> 在月弯的时候他们朝那里走去,
> 在荒凉的月亏中他们回家了。"[72]

我们也可以把这个片段归类为政治类韵诗,在这种情况下,它让我们想起关于马 151 丁·斯瓦特的歌和关于哈里·霍特斯普尔(Harry Hotspur)的诗。儿童显然学会了有关时事的流行歌曲或韵诗。很容易想象他们对战争、战斗和叛乱之类的事件感

兴趣,对当时恶棍的垮台幸灾乐祸。

笔记本里的第四种诗探索了另一个世界:超自然现象。这和今天的学生的兴趣很接近,就像我们看到的,这早在 1500 年之前就有了。[73] 布里斯托尔的笔记本里有句话,可能是男孩们用鬼魂来吓唬彼此的话:

> 无血无骨之人站在门后。[74]

温彻斯特的笔记本上有一节诗是关于被"女巫的女儿"或噩梦缠身;也许这是要对她说的一种符咒:

> 如果这事发生
>
> 女巫的女儿缠着你,
>
> 她们都将受到上帝的诅咒:
>
> 女巫的女儿和她的女儿。[75]

儿童很可能知道他们的长辈防范邪恶的措施,以及他们传播邪恶的方式。有一首英文诗,是针对 15 世纪的男孩写的,特别警告他们不要对其他孩子或动物施咒,该咒语显然涉及一个人的好运与噩运:

> 如果你要去,可以走大街或路,
>
> 你要防备这两件事:
>
> 就是不可伤害孩童和牲畜
>
> 通过施咒,不可向西方或东方转。[76]

另一个符咒,不是在诗中,而是出现在诺福克学校的一本笔记本上:

> 你若要知道是谁偷了你的财物,就用未干的蜡油写这些字母并且放在你的头下,那拥有你财物的人就必在你睡觉的时候出现。

作者接着提供了要写的字母,显然是写在一团蜡上,然后放在枕头下面。[77]

最后,与《你活得越久你就越愚蠢》一样,笔记本里也有抒情类的韵诗和歌曲。布里斯托尔的笔记本上有一行字看上去就像一块小碎片:

> 菩提树薄薄的叶子向下洒着露珠。[78]

而温彻斯特的笔记本则有三个更长的片段:

> 娶我吧,罗宾,带我回家;
>
> 我什么都有,我什么都没有,然后我是一个贵妇。[79]

花在我的藤架上，
它们绿了；
但如果我的夫人不好好爱我，
我的狗就会伤心而死。[80]

在百叶窗板下
解救一只珩鸟；
去找琼·格洛弗（Joan Glover）
说我爱她；
在月光下，
一定要这样做。[81]

第一首诗的音色让人联想到一首情歌；第二首诗既抒情又滑稽，因为可能会因悲伤而死的是爱人的狗（而不是爱人自己）；第三首诗也可能是一首爱情歌曲，除非重复的韵词表明这是一篇学校的作品。

有唯一一本尚未被探讨的笔记本：来自汉普郡的那本，里面的内容表明学校的一些韵诗是原创作品。[82]这个笔记本包含五篇英语作品，并带有拉丁语译文，最后一篇只不过是一个谚语，第四篇可能是一个谚语或句子，尽管它包含了一些韵词：

当泥土粘在一起、布谷鸟歌唱、金雀花生长的时候，就是年轻人去求爱的时候了。

剩下的三篇是较长的诗句：

今天清晨，
我听见鸟儿在歌唱，
我喜欢把它们的名字混在一起：
鹧鸪、野鸡和八哥，
鹌鹑、金翅雀和田凫，
鸫鸟、画眉和啄木鸟，
松鸡、鹦鹉和夜莺，
五子雀、燕子和海鸥，
红嘴山鸦、布谷鸟、白嘴鸦、渡鸦和乌鸦。
在所有欢唱的禽鸟中

我看不到蝙蝠和猫头鹰。[83]

在我家里有一只松鸡；
他能唱很多不同的歌：
他能像狐狸一样咆哮，
他能像牛一样哞叫，
他能像鹅一样嘶嘶叫，
他能像驴在食槽里嘶叫，
他能像青蛙一样呱呱叫，
他能像狗一样汪汪叫，
他能像鹪鹩一样吱吱叫，
他能像母鸡一样咯咯叫，
他能像骏马一样嘶鸣；
喂这样一只鸟简直是发疯。[84]

在收获季节大车就是这样哐啷哐啷响，
青蛙或蟾蜍聚集在水边。
谁掉在沼泽里，谁就弄脏帽子，
谁看不见，谁就绊倒，
他娶了个邪恶妻子，后来兴旺了。[85]

这些看起来更像是在学校里写的诗，尽管最后一首包含了一些谚语。前两首似乎是专门设计来测试或显示拉丁语词汇的知识——鸟类和动物的名词，或发出声音的动词。但即使它们没有被广泛使用，也仍然很有趣。它们要么是学生写的原创诗歌，要么是教员为了激励学生而创作的诗歌。它们表现出学校对英语韵诗的宽容，并鼓励人们模仿这种韵诗。

这些作品还提醒我们，学校教育并不排斥智慧和幻想。学习一门语言会让人比平时更注意文法和句法，儿童可能会把这种认知转化为幽默效果。众所周知，现在学习法语的学生会发明法语单词或部分法语与部分英语的混合单词。这种娱乐方式可以追溯到中世纪，在成年人和儿童中都有。他们创造了滑稽的拉丁语，就像15 世纪戏剧《抹大拉的马利亚》（*Mary Magdalene*）中的假书信，这在后面的章节中会讨论。[86]他们设计了拉丁密码,比如同一世纪普利茅斯(Plymouth)的沃尔特·波拉德(Walter Pollard)在学校笔记本上的密码:一个音节颠倒的拉丁句子,*Nebo tergisma dic bisno lambafa cranpuli*,重新排列,意思是"好老师,给我们讲一个好故事"[87]。一些人甚至发明了他们自己的语言。威尔士 12 岁的学生埃利奥多尔(Eliodor)自称曾在 12 世纪早期造访过冥界,他声称自己学会了冥界的语言,并经常向他的听众重复它。几年后,威尔士的杰拉尔德记录下他使用过的两句短语——*Ydor ydorum*("拿水来")和 *Halgein ydorum*("拿盐来")。[88]

男学生之歌

关于儿童的——更确切地说是关于男学生的——还有另外一组歌曲,它们并非都保存在儿童的笔记本里。在 15 世纪或 16 世纪早期的手稿中至少记录了四首歌,并且明显可以追溯到那段时期。所有这些歌曲都采用一个或一群男学生说话的方式,并且都是以上学的痛苦为描述对象。他们对这种困境表现出顺从、无礼或愤怒,并思考逃跑的策略。理查德·希尔的选集中记载的那首是最著名的。[89]它有叠句:

> 嘿,嘿,到今天为止,
> 有什么用呢,尽管我说了不?

并且始于:

> 我很愿意当一名教士,
> 但这是一项奇特的工作;
> 桦树的树枝太尖了
> 它使我心软。

那男孩为星期一早上 6 点上学的痛苦而叹息。当他迟到时,教员看起来好像疯了:

> "你上哪儿去了,你这可怜的孩子?"
> "给鸭子挤奶,我母亲吩咐的。"

因为这段无礼的话,这位教员"不停地打他的屁股",直到它流血。然后男孩计划复仇:

155　　　　　我愿我的老师是只野兔，

　　　　　　并且愿他所有的书都是猎犬，

　　　　　　并且愿我自己是个快乐的猎手；

　　　　　　吹响我的号角，我不会饶恕，

　　　　　　因为即使他死了，我也不在乎。

第二首歌比较愤怒。它的目标是门卫——教员的助手，一个注定不受欢迎的人，因为他坐在学校门口（"门卫"的意思是"看门人"），处理迟到的人和要求出去的人：

　　　　　　门卫，我们认为你很聪明。

　　　　　　每天都在这方面打败我们，

　　　　　　仿佛你是城里的领主？

156　　　　　我们宁愿放弃学校，

　　　　　　每个人去选择另一种手艺，

　　　　　　也不愿受你支配。

"愿上帝保佑，"下一节诗写道，"但愿我们能从磨石或山楂树那儿把你抓住！"磨石作坊里乱放着成堆的碎石和边角料，一棵山楂树上会结满又小又硬的苹果。如果披着斗篷的罗伯特爵士（大概是教员）出现在门口为门卫辩护，他也会受到猛烈的打击。男孩们遭受了这两个男人的折磨，而这位歌手想要直接的报复。[90]

　　　温彻斯特的学校笔记本里有一首用拉丁语和英语写的"混合语言"（macaronic）歌曲。这首歌似乎是一个准备毕生从事贸易的学生的忏悔，因为它引用了"商人"，它的叠句（用拉丁语写的）比前两首歌更强调道德：

　　　　　　Frangens scola discipulus est mercator pessimus

　　　　　　（辍学的学生是坏商人）。[91]

在第一节诗中，男孩抱怨：

　　　　　　早晨，当我被叫起来去学校，

157　　　　　*De matre vel matertera*（被母亲或姑姑），

　　　　　　我的心开始冷却，

　　　　　　Languescunt mentis viscera（我的勇气逐渐衰弱）。

他继续说他如何迟到，如何在课堂上玩耍，如何对他知道的是多么少而不以为然。如果每个商人都这样做，商业就会无果而终。但是，尽管叠词中有许多响亮的声音，这首歌的结尾却很平淡，甚至带有挑衅意味：

> 伙计们，要快乐，要高兴，
> *Saltatis cum tripudio*（欢呼起舞）
> 因为我们今年不会都茁壮成长
> *Qui exhibemur studio*（那些仍在学习的人）。

这里没有复仇的念头；相反，是让我们快乐些，因为反正我们也不会个个都过得很好。

　　这三首歌曲没有明确的作者或背景。它们可能是由成年人或男学生创作的，尽管它们看起来像是供男学生演唱的曲目——可能是在学校的节日场合或家庭音乐会上由男孩歌手轮流演唱。第四首歌有一个更明显的目的，因为它提到了一学年中圣诞节学期的结束。这首歌也有拉丁语和英语两种语言，显然是为了让一群男孩在学校里唱给教员听，作为学期结束仪式的一部分。首先是四行"吟游学生式"（goliardic）的诗，节奏优美而奔放，仿佛男孩子们正大步穿过教室走向教员的讲台：

> *Ante finem termini baculum portamus*；
> *Caput hustiarii frangere debemus*！
> *Si preceptor nos petit，quo debemus ire，*
> *Breviter respondemus，"non est tibi scire*！*"*
>
> （现在学期快结束了，我们要拿一根棍子，
> 并且我们要用它袭击且击打门卫的脑袋！
> 如果教员问我们要去哪里，
> 简单地说，我们会回答他："这不是你该知道的！"）[92]

接着，这首歌改变了它的语气。它变成了每句都带有两种语言，没有了挑衅，取而代之的是恳求：

> *O pro nobilis doctor*（啊，高贵的老师），现在我们祈祷，
> *Ut velitis concedere*（您会同意）让我们去玩的。

男孩子们请求教员允许他们离开并结束校园生活。他们承诺，圣诞节后，他们会再次回来的，当不得不学他们的"拉丁语"时，他们还是会焦虑。

儿童的谈话

158　　　我们讨论的这些韵诗和歌曲很珍贵,因为它们的歌词可能是由中世纪的儿童说或唱的。在所有识字和文盲儿童中流传的大量已散佚的口述材料中,它们是罕见的幸存者。儿童谈话的其他资料所剩无几。成年人所说的话,或被指控说过的话,会出现在诽谤、异端邪说或叛国罪的法律案件中,但儿童的话很少出现在这样的记录中。我们已经听说惠特比(Whitby)的年轻人如何因为托斯提(Tosti)的名字而取笑他,以及男孩们如何嘲笑像默林(Merlin)这样的私生子。[93]但是儿童的大部分谈话,他们互相说的或喊的,都在他们说出口时就消亡了。

少数注意到这种谈话的成年人通常不以为然。布道词的作者抱怨说,父母不仅允许他们的孩子说脏话,而且还教他们这样做。"有些人,"1400 年左右的一位作家说,"教他们的孩子咒骂、瞪眼看、殴打、虐待周围所有的人。"[94]"许多父母,"大约 50 年后另一个人同意道,"通过诅咒的誓言教导他们的孩子蔑视上帝……,亵渎上帝。"[95]这种做法在传教士的心目中好比"以上帝的名义"(通常特指基督)骂人。一位作家声称,整个社会中,"从几乎不会说话的小孩,到满脸胡须的老人",都违反了不可妄称上帝名讳的戒律。[96]人们以上帝的血、身体、骨头、死亡、脚、肉、内脏、指甲、一侧身子和伤口起誓,同时也不放过他的眼睑。"男孩们和母亲们,"托马斯·贝肯(Thomas Becon)在 1543 年写道,"用他们亵渎神明的誓言撕裂了基督最神圣的身体,甚至从头顶到脚趾都撕裂了。"[97]当他们没有侮辱基督的时候,这些满嘴脏话的人就像今天的人们一样沉迷于性。15 世纪 90 年代,一位牛津的教员感叹道,现代父母对孩子百般纵容,甚至纵容他们说脏话。"如果他们碰巧叫那位女士(母亲)'妓女',或者叫那位父亲'戴绿帽子的男人'(有时看起来是这样的),他们的父母就会笑,把这当成一种娱乐,说孩子们在年轻时放纵是很正常的。"[98]

当时,在学校的教科书中发现辱骂似乎和碰到韵诗与歌曲一样奇怪,但同样的考虑也适用于此。教员们可能不赞成对自己的父母、长辈和上司说脏话,但他们并不反对用脏话来推动拉丁语的发展。班伯里(Banbury)著名的教员约翰·斯坦布里奇(John Stanbridge)就是这样做的,他在 1509 年出版了一本《庸俗集》(*Vulgaria*),并将其从英语翻译成拉丁语。这部书里包括"你这个臭家伙""你是一个虚伪的无赖""你应该被绞死""你是一个骗子"和"你的牙齿上有屎"之类的语句。他的学生还练习了对第三者的粗鲁评论："他的鼻子像鞋拔""他戴了绿帽子""他是有史以来最懦弱的人"。[99]

有一两次，记录提供了学生们互相唱的那种短韵诗的痕迹，采用的句式为"我有好东西，你有坏东西"（I have something nice, and you have something nasty）。其中一个再次出现在 15 世纪的道德剧《人类》（Mankind）中，就好像一个学生对另一个学生说：

> 我吃了一碟凝乳，
>
> 我会拉得你满嘴都是屎。[100]

另一个出现在西萨默塞特的巴林奇修道院（Barlinch Priory）里的一本学校笔记本上，这本笔记本大约编撰于 1500 年。这则短韵诗用拉丁语写成，但后面跟着一个英语短语，表明拉丁语是英语诗歌的翻译：

> *Ego habebo scuticam, tu habebis petuitam ; ego habebo rosam et tu habebis catarrum.*
>
> 我将有鞭子（而你将有种子。[101]
>
> 我将有一束玫瑰，而你有一个流鼻涕的鼻子）。[102]

学校不但没有限制这些辱骂，还会培养学生发明辱骂的技能。

在青少年剧目中包含性嘲讽本身就是一件有趣的事情。性暗示可能已经渗透到小孩子身上。约翰·斯克尔顿（John Skelton）在他的诗《为什么你们不来宫廷？》（Why Come Ye Not to Court，1522）中包含了一则对句，看起来像是引自一首流行歌曲：

> 摩克（Mocke）丢了她的鞋；
>
> 她还可以做什么呢？[103]

这与据说是一个 7 岁左右的女孩在 1606 年唱的一首韵诗有明显的相似之处：

> 公鸡嘟嘟嘟嘟，
>
> 佩吉（Peggy）丢了她的鞋。[104]

佩吉和摩克一样，是玛格丽特的宠儿。第二则对句转而成为著名的现代童谣的早期版本，最早记录于 18 世纪：

> 公鸡喔喔叫！

> 我的夫人丢了她的鞋子，
>
> 我的主人丢了他的琴弓，
>
> 他不知道该怎么办。[105]

斯克尔顿的韵诗几乎肯定包含了性的双关语。作为对亨利二世的情妇罗莎蒙德·克利福德(Rosamond Clifford)的讨论的一部分,它再次出现在他的诗《月桂花环或花冠》(A Garland or Chaplet of Laurel)中,其中短语"丢了某人的鞋"似乎意味着一个人的美德或童贞。[106]如果他的对句是取自后来童谣的早期形式,并且如果该童谣是由小孩子说或唱的,那将多有趣。他们会意识到它对成年人的意义吗?

160　　在学校里,年龄较大的男孩当然可以像学习辱骂话语一样轻松地学习性知识。巴林奇修道院的笔记本上的一句话提醒说:

> *Si sis vir fortis non des tua robora scortis*
>
> (如果你是一个强壮的男人,不要把你的力量给妓女)[107]

而斯坦布里奇让男孩们翻译为:

> 他和一个妓女睡了一整夜。[108]

在这方面最具冒险精神的是温彻斯特学院和伊顿公学的校长威廉·霍尔曼(William Horman)。他出版的《庸俗集》(*Vulgaria*,1519)中有一整章都是关于恶习和不当行为的。在这里,一个学生可能会学到"一个普通的女人靠她的身体生活",并把它译成优雅的拉丁语"一个非常强壮的妓女"。他会知道男人"使许多女人失去贞操","包养其他男人的妻子","猥亵儿童和少女","公然与他的姐妹乱搞,就像她是他真正的合法妻子一样"。[109]关于厕所也有类似的直白表达。斯坦布里奇的《庸俗集》中有这样的句子:"我去围攻"(排便)和"我差点被屎打了"。[110]霍尔曼的《庸俗集》更进一步说:"他已经把座位都弄脏了以让别人无法接近。"[111]真的,这是课堂材料,而不是学生的私下谈话。但这表明,与之后几个世纪的情况相比,对此类谈话的限制更少,更开放。

歌曲和学校里的这些语句并不能告诉我们所有我们想知道的关于中世纪儿童的事情,但它们总比什么都没有好。如果我们曾对此怀疑的话,那么阅读它们则会证实我们祖先与我们相似。中世纪的儿童和今天的儿童有许多共同的思想和兴趣。他们对口头和书面的文字游戏都有反应。他们喜欢动物,并将其想象成人。他们听说了像战争和叛乱这样的政治事件。他们对魔法和超自然现象很感兴趣。

他们互相模仿,嘲笑不受欢迎的职业和种族。他们喜欢色情和性方面的事情。除了这些广泛的相似性外,至少有一些使用中的歌曲和韵诗也存在特定联系。拗口的鹅、《到贝弗利汉姆有多少英里?》,可能还有《马太、马可、路加和约翰》,已经流传了数个世纪,尽管大部分是在口头上,而不是在书面上。

这种文化的大部分,就像玩具和游戏的文化一样,是与成年人共有的。父母和奶娘给孩子们唱他们的第一首歌,可能还教他们其他歌曲。成年人对某些社会群体和种族有偏见,儿童会领会并重复这些偏见。儿童模仿父母的誓言和辱骂。童年时期的许多歌曲和韵诗在成年时期依然得到使用。这同样适用于今天,但这并不能证明我们所理解的中世纪童年或儿童文化不存在。有专门供儿童唱的歌,有些可能是他们自己唱的。儿童在远离大人的地方唱歌,有时,毫无疑问,他们的理解力是不同的。他们的经历也与今天的大多数孩子截然不同。他们生活在一个更加暴力的世界:对动物残忍、对人残酷、有体罚和死刑。在那个时代,由于缺乏隐私,成年人的性行为可能变得更加明显,与今天的通常情况相比,人们可能会将性的某些方面更公开地与儿童分享。 161

一份附言

儿童文化的元素——幽默、幻想、胡言乱语、讽刺、性和色情——成为一首诗的宏大结尾,这首诗写在了 15 世纪末或 16 世纪初的一部印刷书籍中。[112]这部书叫"反对波希米亚人的对话"(*Dialogue against the Bohemians*),意思是反对波西米亚胡斯教徒(Bohemian Hussites),作者是埃涅阿斯·西尔维乌斯·反科洛米尼(Aeneas Sylvius Piccolomini),他曾是密探,后来成为教皇庇护二世(Pope Pius II)。1472 年之前,这部书在科隆印刷,这首诗写在它的结尾。首先是祷文,"愿基督的十字架助我成功并成为我的圣尼古拉斯",这表明说话的人是一个男学生,因为这些单词是学生在背诵字母表之前说的。[113]下一句可能是散文,也可能是粗糙的诗句:"基督的诅咒与你们同在,因为圣格里高利和圣尼古拉斯都打了我的屁股,我的日子更难过了。"很明显,我们看到的是一个男学生滑稽演讲的开头:这不是一篇原创或独特的演讲,因为它缺少了两句诗,表明它是从别的地方抄袭来的。这首歌是念给"你们"的,也就是观众,而且肯定是在某个节日场合朗诵,就像男学生的歌一样,不过要粗鄙得多。把它比喻为道德剧里的一个低贱人物的演讲,会很恰当。

这首诗是按字母顺序写的,也就是说,它由 23 首押韵对联体诗组成,每首对联体诗都以字母表中的一个字母开头,但缺少"e"和"z"的诗。每个对句都是关于一个虚构人物的轶事:

> A 是埃林·马利森(Alyn Mallson),用垫子武装自己,
> 骑到里士满和小虫子搏斗。

韵诗的字眼是我们已经碰到过的。

> B 是面包师巴腾(Bartem),他一定会爆裂;
> 他在颈手枷上要求继承遗产。

一个明显不诚实的面包师,因为他(或他的父亲)因使用假砝码或出售坏面包而被戴上颈手枷。所有的角色都是男人,除了

> M 代表咕哝者玛格丽特,这是一头英勇的阉牛;
> 她用一个肮脏的尿壶打破了她丈夫的头。

162 有幻想和胡言乱语,和童谣中的一样,也有一两次提到动物:

> H 是哈里·汉格曼(Harry Hangman),他把猪阉得很好;
> 因为狗吃了一个布丁,他把它挂了起来。

人们会侮辱工匠、燕麦制作者、梨贩、猎巫者[职业(且暗含腐败)的陪审员]、鞋匠、小偷、修补匠、五金匠,也许律师、面包师和刽子手也会遭到侮辱。

最后,还有一些粗俗和色情的词汇——"臭""放屁"以及"尿壶",一个关于长着双角戴绿帽的男人的笑话,还有一个关于泼辣的妻子的笑话。最后两对联体诗以 and 和 *con* 开头,这两种符号以人们后来学会的形式按字母表排列[114];其中第二个,

> "Con-"指所有没有过错的少女,
> 上帝赐予你们不幸的婚姻,因为你们的过去是耻辱。

可能是对观众说的。"Con-"在字母表中是一个拉丁语缩写,但它也是一个法语单词,表示女性身体最私密的部分,在这个意义上,它在英格兰是很出名的,至少在莎士比亚时代是这样的。[115]很难相信这句话不是双关语,而仍能引发更多的窃笑或哄堂大笑。

【注释】

[1] *Old English Homilies of the Twelfth Century*，ed. R. Morris，EETS, os, 53(1873)，pp.180—181；Owst，p.37.

[2] Brown，1939，p.294.

[3] Ibid.，pp.4—7；Greene，pp.89—90；*MED*，*OED*，参看"ba"。

[4] Richardson，1942，p.389.

[5] Bartholomaeus，book vi，chapter 10.

[6] *On the Properties of Things*，i，304.

[7] Elyot，fols. 19v—20r(book i，chapter 5).

[8] *MED*，参看"baba" "babe"；*OED*，参看"baban" "babe" "baby"。

[9] *MED*，*OED*，参看"pap"。

[10] *OED*，参看"dad" "daddy" "mam" "mamma"。

[11] Grosjean，pp.92—94.

[12] *The Chester Plays*，ed. Hermann Deimling，part i，EETS，es，62(1892)，pp.40，46.

[13] Thomas Wright，1884，i，752—753.

[14] Langland，A.iv.61；*MED*，参看"handi-dandi"；*OED*，参看"handy-dandy"。

[15] "Sibilis et cantilenis demulcet puerum dormientem"(Bartholomaeus，book vi，chapters 5，10)；translated in *On the Properties of Things*，i，299，304.

[16] *MED*，参看"lullai" "lullen" "lulling" "bissen"；*OED*，参看"lulla" "lullaby" "byss"。

[17] Greene，pp.85—104；比较 Brown，1957，p.70；Brown，1939，pp.3—8；Baker，p.163。

[18] *Index*，no. 3597；Greene，p.95.

[19] *Index*，no. 1352；Greene，p.87.

[20] *Index*，no. 1351；Greene，p.87.

[21] *Index*，no. 1264；Greene，p.90.

[22] J.T. Koch，*The Gododdin of Aneirin：Text and Context from Dark-Age. North Britain*(Cardiff，1997)，section A.87，pp.lxxxi，lxxxix，126—129，233—234.

[23] *Index*，no. 3859.5；BL，Cotton MS Faustina A.V，fol.10r；Robbins，p.xxxix.

[24] 关于这点和以下内容，参阅 Opie，1997a，pp.1—43。

[25] Ibid.，p.3.

[26] BL，C.59.a.20.

[27] *On the Properties of Things*，i，300.

[28] Opie，1997a，pp.6—7.

[29] London，1978.

[30] *Index*，no. 635.5.

[31] Eleanor Relle，"Some New Marginalia and poems by Gabriel Harvey"，*Review of English Studies*，new series，23(1972)，pp.401—416.

[32] *Index*，no. 3372.5；S. B. Meech，"A collection of Proverbs in Rawlinson MS D 328"，*Modern Philology*，38(1940—1941)，p.124.

[33] *Index*，no. 1185.

[34] Rachel Hands，"Horse-Dealing Lore, or a Fifteenth-Century 'Help to Discourse'?" *Medium Aevum*，41(1972)，p.237.

[35] Relle，*Review of English Studies*，23(1972)，pp.401—416.

[36] *Index*，no. 102.3；Greene，p.290.

[37] Magdalene College Cambridge，Old Library，Lect. 26；Relle，*Review of English Studies*，23(1972)，pp.401—416.

[38] STC 24935；W. Wager，*The Longer Thou Livest the More Fool Thou Art*（London，*c*.1569），sig. A.iii recto,对比 D.ii recto；ed. R. Mark Benbow(London，1968)，pp.6—8,对比 pp.39—40。

[39] 前文,pp.48—50。

[40] *Index*，no. 1314；Dyboski，p.104.

[41] *Index*，no. 1350；Dyboski，p.110.

[42] *Index*，no. 1350；Greene，p.504.

[43] *Index*，no. 1132；Dyboski，p.103；Cireene，pp.195—196.

[44] Greene，pp.423—427.

[45] 关于韵诗的历史,参阅 Opie，1997a，pp.73—75。

[46] Oxford，Balliol College，MS 230，fol. 153v；71. Mynors，p.242.

[47] Opie，1969，pp.124—126.

[48] Oxford，Bodleian Library，MS Wood donat. 4，p.384.

[49] Nicholas Orme，"From Exeter to London in 1562"，*Friends of Exeter Cathedral*，58th Annual Report(Exeter，1988)，pp.16—17.

[50] Wager，*The Longer Thou Livest*，sig. A.iii recto；ed. Benbow，pp.7—8.

[51] 印于 Joseph Ritson，*Ancient Songs and Ballads*，ed. W. Carew Hazlitt，3rd edn.(London，1877)，pp.207—208.

[52] W. Chappell and H. Ellis Wooldridge，*Old English Popular Music*，2 vols(London and New York，1893)，i，46—47.

[53] Child，1882—1888，i，390—399.

[54] *Early Tudor Songs and Carols*，ed. John Stevens，Musica Britannica，26(London，1975)，p.17.

[55] 关于这个主题,参阅 Orme，1973，pp.98—100；Thomson，1979，passim;以及 Orme，1989，pp.73—151。

[56] 关于这个主题,参阅 Vivien Law，*The Insular Latin Crammarians*(Woodbridge，1982)，pp.53—54，以及 idem，*Grammar and Grammarians in the Early Middle Ages*(London，1997)。

[57] *Law*，*Grammar and Grammarians*，pp.202—216.

[58] 手稿分别是：Bodleian Library，Lincoln College Oxford MS lat. 129(E)(Orme，1989，pp.87—112)；British Library，MS Harley 1002(Thomson，1979，pp.239—253)；Yale University，Beinecke Library MS 3(34)(Orme，1989，pp.74，82—85)；Aberystwyth，National Library of Wales，MS Peniarth 356B(Thomson，1979，pp.114—131)；British Library，Add. MS 60577(E. Wilson)；Cambridge，Gonville and Caius College，MS 417/447(Thomson，1979，pp.148—157)；以及 Bodleian Library，MS Rawlinson D 328 [Ibid.，pp.290—315；S.B. Meech，"A Collection of Proverbs in Rawlinson MS D 328"，*Modern Philology*，38(1940—1941)，pp.112—132]。

[59] Orme，1989，p.84.

[60] Ibid.

[61] Thomson，1979，pp.107，202，293.

[62] Meech，*Modern Philology*，38(1940—1941)，p.125.

[63] *Index*，no. 1354；Oxford，Bodleian Library，MS Eng. poet e. 1，fol. 26v.

[64] *Index*，no. 4169；Thomson，1979，p.309；Child，1882—1888，v，283—284.

[64] Opie，1959，pp.22—26.

[65] Orme，1989，p.102.这与喜剧歌曲《我看见一只狗在煮酱汁》的第四节没有什么不同,后者也有押韵 arrow-barrow-harrow(Greene，p.289)。

[66] 前文,note 32。

[67] Thomson，1979，p.146.

[68] *Index*，no. 3324；Robbins，p.104.

[69] Index，no. 35.5；E. Wilson，fol. 76v;比较 R.H. Robbins，"Middle English Lyrics：Handlist of New Texts"，*Anglia*，83(1965)，p.44.

［70］E. Wilson, fol. 76r.

［71］Orme，1989，pp.80—82.

［72］*The Brut or The Chronicles of England*，ed. E.W. D. Brie，part ii，EETS, es, 136(1908)，p.441；对比 *Chronicles of London*，ed. C.L. Kingsford(Oxford, 1905)，p.284。

［73］前文，p.77。

［74］Orme，1989，p.100.还是说这是个谜语？

［75］E. Wilson, fol. 76r.

［76］Furnivall, 1868a/1931, p.187.

［77］Thomson，1979，pp.202，204.

［78］Orme，1989，p.100.

［79］E. Wilson, fol. 76r.

［80］Ibid.，fol. 76v.

［81］Ibid.

［82］BL, Harley MS 1002, fols. 72v—75r；Thomson，1979，pp.239—253；C. E. Wright，"Late Middle English Parerga in a School Collection"，*Review of English Studies*，new series，2(1951)，pp.114—120.

［83］*Index*，no. 3788.5.

［84］*Index*，no. 430.8.

［85］*Index*，no. 1632.5.

［86］前文，p.230。

［87］Thomson，1979，p.292.

［88］Gerald of Wales,1861—1891, vi, 75—77；亦可参阅前文，p.340。

［89］*Index*，no. 1399；Oxford, Balliol College, MS 354, fol. 252r,有不同的文本在 Bodleian Library, MS Land misc. 601，fol. 115v,二者印于 Greene, pp.245—246。

［90］*Index*，no. 3895；林肯大教堂图书馆，MS 132, fol. 100v,印于 Robbins, p.105。

［91］*Index*，no. 2683；BL, Add. MS 60577, fol. 93r,印于 E. Wilson, fol. 93r。一份不同的文本(London, BL, Add. MS 14997, fol. 44v)印于 E. Hammerle, "Verstreute me. und frühne. Lyrik"，*Archiv für das Sludium der neuren Sprachen*，166(1934)，pp.203—234。

［92］*Index*，no. 320.5；BL, Sloane MS 1584, fol. 33r,印于 *Reliquiae Antiquae*，ed. T. Wright and J.O. Halliwell, 2 vols(London, 1841—1843)，i, 116—117。

［93］前文，pp.39，57。

［94］BL, Harley MS 2398, fol. 94v；Owst, p.466.

［95］Owst, pp.466—467.

［96］Ibid.，p.416.

［97］STC 1732；Thomas Becon, *An Invective against Swearing*(London, 1543), fols. 17r, 24v.

［98］Nelson, p.13；Elyot, fol. 17r(book i, chapter 4).

［99］Stanbridge, pp.17—18, 20, 22.

［100］Orme，1989，p.77.

［101］即,就呼吸系统而言的"小毛病"。

［102］Orme，1989，p.119.

［103］*The Poetical Works of John Skelton*，ed. Alexander Dyce, 2 vols(London, 1843, repr. New York, 1965) ii, 29；Skelton, *The Complete English Poems*，ed. John Scattergood(Harmondsworth, 1983)，p.281.

［104］Opie, 1997a, p.149.

［105］Ibid.

［106］Skelton, ed. Dyce, ii, 416；ed. Scattergood, p.351.

［107］Orme，1989，p.118.

［108］Stanbridge，p.23.

［109］Horman，fols. 64v—78v.

［110］Stanbridge，pp.14，17.

［111］Horman，fol. 171r.

［112］*Index*，no. 0.1；C.F. Bühler，"A Tudor 'Crosse Rewe'"，*Journal of English and Germanic Philology*，58(1959)，pp.248—250.

［113］前文，p.253。

［114］前文，p.248。

［115］Gordon Williams，*A Dictionary of Sexual Language and Imagery in Shakespearian and Stuart Literature*，2 vols(London，1994)，i，289—290. 与字母"con"相同的双关语发现于一首15世纪的法语诗歌中：Pierre Champion，"Pièces joyenses du xve siècle". *Revue de Philologie française et de littérature*，21(1907)，p.192。

第五章　玩　耍

玩耍

　　如果我们的嘴是我们最早依赖的器官,那么我们的手和脚很快就会努力赶上 164
它们。早在我们会说话之前,我们就把它们伸展开来,感受我们的婴儿床和婴儿
车。我们在无法进行对话或玩游戏时,就会得到一些简单的玩具,供我们触摸、让
我们开心。有些是硬的、明亮的、嘈杂的,以激发我们的兴趣并教我们东西。通过
使用它们,我们了解了颜色、声音和材质,并练习身体技能。另一些则是柔软的、让
人安心的,以使我们平静下来,给我们安慰。玩具是我们首先拥有和掌握的东西,
我们知道它们是属于我们的。我们爱护它们,当它们丢失或被带走时,我们会哭
泣。然后,随着年龄的增长,我们的活动有了新的方向。它们变得更加依赖身体,
所以我们会跑、会跳;更灵巧,所以我们会制作和建造;而且更社会化,所以我们能
和其他人一起玩游戏。简而言之,从婴儿期到整个童年,我们玩各种各样的物品,
导致了各种各样的结果。在中世纪和更早的时期都是如此。[1]
　　正如我们现在所理解的,玩耍对孩子的发展至关重要。它测试和发展他们的
心理和身体技能。像成年人一样,他们可能会专注而认真地玩,付出很多体力。然
而,英语中描述这一过程的历史性词汇显得盛气凌人。"play""game""sport"和
"toy"传达的意思是,这些活动主要是娱乐性的、有趣的,(最终)还可以是孩子气的。
这种对孩子游戏的态度与成年人想要控制儿童游戏的愿望密切相关,这种愿望可
以追溯到古希腊,甚至更早。几个世纪以来,成年人试图用玩耍来发展孩子的思想

和身体,并将他们的玩耍形式从婴儿阶段转移到儿童、青少年阶段,最后进入成年阶段。有时,他们甚至试图废除玩耍,以支持其他活动。这使得玩耍成为一个比儿童讲话更有争议的话题,并因此有了更好的记录。对玩耍的看法,引导着成年人去写关于玩耍的东西,这使得我们对中世纪玩耍的本质有了更清晰的了解,比我们对儿童生活的其他大多数方面的了解都更清晰。

英格兰中世纪玩耍的观察者可以分为以下几组。一组由统治当局、君主和议会组成,他们颁布关于玩耍的法律和命令,我们不久就会注意到他们。另一组是对人类生活及其不同阶段感兴趣的文学作家,所谓"人生阶段"就是本书开篇讲到的人的不同年龄段。[2]那些围绕该主题写作的作家将玩耍作为童年和青少年时期的基本形象或象征。[3]玩耍不仅被认为是年轻人的喜好,而且被视为人生最初阶段的一个决定性特征,使它们区别于成年期。这样的作家中的一个优秀的例子是诗人约翰·利德盖特。1426 年,他开始将纪尧姆·德·德吉维尔(Guillaume de Deguileville)写于 1355 年著名的法国诗歌《人生朝圣》(*The Pilgrimage of the Life of Man*)翻译成英文。这首诗写的是人生旅程,为《农夫皮尔斯》、《天路历程》(*The Pilgrim's Progress*)等作品作了铺垫。它把人类想象成一个在路上的朝圣者,遇到代表美德和邪恶的人物。其中一个是个女孩,她一边对着墙拍球,一边上蹿下跳。她有翅膀,她的腿上覆盖着像鸽子毛一样的羽毛。

165　　那位朝圣者问她的名字。"我是青春",她说,"狂野、无所畏惧、从不坚定。"她告诉他,她把所有的时间都花在玩耍上:跑步、跳远、唱歌、跳舞、摔跤、扔石头、爬树偷水果。她提到了其他游戏:"closh"(一种槌球戏)、"camping"(足球或曲棍球)、打猎、钓鱼、抓鸟、射击屁股、玩九人式莫里斯舞、两种骰子游戏、象棋、"tables"(西洋双陆棋)、"kayles"(撞柱戏)和"quek"(一种棋盘游戏)。德吉维尔不信任青春。她把朝圣者带到错误的方向,使他迷路了,并结交了坏朋友。对于一个道德家来说,她的玩乐热情往好里说是不成熟的,往坏里说是懒惰和罪恶的。利德盖特同意这点,但她激发了他的想象力,他把德吉维尔的游戏列表从原来的 7 个增加到 25 个左右。因此,他让我们很好地了解了他那个时代流行活动的范围。[4]

第三组描写玩耍的作家是教员。正如我们所看到的,他们习惯于与他们的学生产生共鸣,以促进他们学校的工作,这导致他们留心玩具和游戏,就像他们留心韵诗和谜语一样。这方面的先驱是神秘的隐士杰弗里,他生活在 15 世纪中期金斯林(诺福克郡)的多明我会修道院。有人猜测,杰弗里要么是以前做过教员,要么是将要做教员,因为在 1440 年,他为学校编纂了一本名为"儿童宝库"(*Promptorium*

Parvulorum）的词典，这是一部帮助小孩子记忆单词的书籍。这是一部非常杰出的著作，是第一本重要的英拉词典，也是第一本英语字典，因为它按照字母顺序排列了大量的英语单词，同样是第一本对儿童感兴趣的词典。杰弗里不仅收录了社会上常见的单词，还收录了许多玩具和游戏的名字，他将其中一些定义为"儿童游戏"（children's play）。这些显然是操场上的词语，因为它们很少或从来没有被记录在其他来源的资料中，这使他有资格被称为第一位收集"学童知识和语言"的人。[5]

其他教科书把玩耍作为一个主题，特别是那些包含从英语翻译成拉丁语的庸俗文学的教科书。牛津莫德林学院的两本这样的书在这里特别有用，第一本写于15世纪90年代，第二本写于1500—1520年间。它们提到了许多游戏，特别是那些由青春期男孩玩或喜欢的游戏，那些语句描写了这些男孩。[6]然而，这类作品中最杰出的是威廉·霍尔曼1519年出版的《庸俗集》。这是一本由英语和拉丁语句子写成的百科全书，其中有一部分专门描述"运动和游戏"，提到了一些玩具、许多游戏以及儿童对其中一些的参与。骰子、纸牌、打猎、钓鱼和游泳都有所描述，因为霍尔曼认为它们的词汇与学生相关，可能会让学生感兴趣。[7]

观察玩耍的人的名单是由艺术家完成的，特别是那些给手稿配插图的人，以及后来为书做版画的人。高质量的祈祷书和传奇故事通常包括日常生活的场景，以说明他们的故事、配对当年的日历或装饰页边。最好的这样的手稿有许多是在荷兰创作的，艺术家在广泛地寻找绘画对象时，常常为此目的而把注意力转向儿童。 166
一种策略是把他们和成年人一起描绘，在日历图片或叙事场景中提供多样感和真实感。这在15世纪晚期和16世纪早期精细绘制的佛兰德手稿中尤其突出，比如威尼斯马尔恰纳图书馆（Biblioteca Marciana）的《格里马尔迪祈祷书》（Grimaldi Breviary）。[8]另一种方法是描绘玩耍的儿童，这被认为是他们最典型的追求。玩耍的优点是形式多样，使艺术家能够将其运用于一系列的场景中，例如伯德雷恩图书馆（Bodleian Library）里著名的《亚历山大大大帝传奇》（*Romance of Alexander*）就采用了这种策略，1338年至1344年，吉安·德·格里斯（Jehan de Grise）可能曾在佛兰德斯（Flanders）为这部书绘制插图。[9]

这两种方法在16世纪中期佛兰德画家老彼得·勃鲁盖尔（Pieter Bruegel the Elder）的作品中达到了顶峰。不仅他的一些以儿童与成年人在一起为主题的最著名的作品采取了这些方法，如《狂欢节与四旬斋之间的斗争》（*Battle between Carnival and Lent*，1559），而且他的《儿童游戏》（*Children's Games*，1560）（图5）也是这样，这份画作目前珍藏在维也纳艺术史博物馆（Kunsthistorisches Museum），关注的完全是儿童。[10]这幅画描绘了 200 多名儿童和青少年,他们正在玩玩具或参加游戏,与早期艺术的不同之处不在于它展示的活动范围很大,而是在于它将所有的活动都集中在一个场景中。这些年轻人——男孩和女孩——被描绘在一个夏天的城镇中,单独、成对或分组玩耍。包括 75—78 项活动,为方便表现,主要描绘的是户外活动。有些游戏是模仿性的(如婚礼游行);另一些则是技巧性的,涉及玩具或设备。描绘的物品包括玩偶、骰子、铁环、陀螺、风车、面具和木马。此外,描绘了利用到人体或人造环境的体育活动。它们包括骑在栏杆上、骑在桶上、骑在别人背上、杂技、摔跤、游泳和爬树。这个场面并不现实,因为这个小镇几乎没有成年人,它已经被儿童接管了。更确切地说,出于游戏的数量与多样性,它是一本游戏百科全书,是对童年和它的创造力的颂扬——欧洲最伟大的艺术品之一。

所有这些资料来源都非常有用,但它们涉及一些问题。许多玩具和游戏对儿童、青少年和成年人来说都很常见,所以当提到这些玩具和游戏时,往往很难知道是谁玩的。插图和绘画,特别是在它们的早期历史中,并不总是能清楚地表现一个穿着长袍的小人物是儿童还是以小比例画出来的成年人。考古发现也是如此,这是开始增加我们知识的另一个资料来源。[11]在挖掘过程中发现一件物品并不一定能查出谁使用过它。一个球、骰子或跳棋棋子可能属于一个成年人、一个儿童,或属于两者;一个小罐子可能被用作儿童玩具,也可能被成年人单独使用。考古发现还受到环境的限制。大多数考古发现来自城镇,而非来自农村,并且是由能够保存的物品组成。金属或陶器物品比木制或织造物品更有可能被保存在地下。总的来说,我们对玩具和游戏作为名称与对象的认识是最丰富的;它们是如何被玩的、它们发展出的技能以及它们对玩家意味着什么,往往是我们无法理解的。

玩具

我们的第一个玩具是我们在婴儿时期得到的。它们的大小、形状和材质必须适合这么小的孩子,送这些玩具的习俗由来已久。约翰·特里维萨在 1398 年写道,贵族孩子在他们的早期生活中玩"儿童胸针",我们偶尔听说婴儿和蹒跚学步的孩子会收到胸针或扣环作为礼物。[12]有时,毫无疑问,这些是为以后的生活准备的礼物,但有些可能被用作玩具来处理,有坚硬的、光滑的、装饰性的以及大到可以手指触摸或用嘴咬而不会被吞下去的。摇铃存在于亚里士多德时代,他称赞摇铃是一种对儿童不造成伤害的情况下消耗其精力的方法。[13]在后来的撒克逊词汇表中，有一个词"thunung"，意思是吱吱作响的东西，《儿童宝库》提到一种"孩子的铃铛"，可能是一种类似的噪声制造器。[14]然而，"摇铃"这个词在英语中并没有记录，直到霍尔曼在《庸俗集》中写道："我要买一个摇铃让我的哭泣宝宝安静下买。"[15]购买摇铃意味着大量生产，而人造摇铃在约16世纪的伦敦考古发现中就出现了。它们由铅锡合金制成，包括一根约9厘米长的手柄，手柄末端是一个露在外面的球，球里有一颗珠子用来发出声音。这既降低了陷入危险的风险，又使发出响声的物体不易被接触。

当儿童长大后，可以给他们更复杂的玩具用来摇晃或旋转。其中一个是儿童风车，约翰·弗洛里奥（John Florio）在1598年对其进行了令人惊叹的描述："把一张卡片或纸剪成十字形，别在别针上，别针再插在一根棍子的末端，十字形的纸片在迎风时会旋转起来。我们英格兰的孩子称它为风车。"[16]这通常是安装在杆的末端，就像轮轴上的车轮（图1），而不是像今天通常的做法，与杆成直角。15—16世纪的欧洲绘画展示了一种更精巧的旋转玩具，而且很可能在英格兰已经很出名了。[17]它是一个小到可以拿在手里的球，球上钻了一个轴，轴从顶部伸出来，在水平面上支撑着一个风车。从球的侧面到球的中部钻第二个孔，使得一根线可以一端固定在轴上，另一端固定在一根手柄上；可以把绳子卷起来，然后拉动，使风车旋转起来。这样的玩具需要技术才能制造出来，而且很可能被当作商品出售。

更难操作并且因此只能给大一点的儿童玩的是陀螺（top），这个词在英语中第一次被提到是在《提尔的阿波罗尼乌斯》（*Apollonius of Tyre*，1060）中。[18]在温彻斯特的发掘工作中发现了一件用枫木制成的同一世纪的样品。温彻斯特的是一个小陀螺，有6.9厘米高，顶部和底部有尖的末端，并且有一条用于鞭打的凹槽。[19]在欧洲大陆发现的其他陀螺只有一个底部尖端。还有一种陀螺没有凹槽，因为它被设计成用手指旋转。陀螺不仅是个人的玩具，也是公共和社交性的玩具。比伯斯沃思的沃尔特（Walter of Bibbesworth）谈到了在街上玩陀螺，儿童有共同的词汇称呼这类物体。[20]《儿童宝库》列出了其中四种单词，据说都是在儿童的玩要中使用的："top"本身，"prill"（从动词"旋转"演变而来），"spilcock"（意思是"小玩具"），"whirligig"（旋转）。[21]另外还有三个用来表示旋转物体的单词出现在15世纪的其他学校文本中："scopperil"（源自意为"跳来跳去"的词根）、"spilquern"（"spilcock"的一个变体，源自它像手推石磨的形状），以及"whirlbone"（显然与可以旋转的动物骨头——膝骨或椎骨——有关）。[22]这些词很珍贵，因为它们很少被记录下来。其中

168

163

四种词是这些资料来源所独有的,这表明它们只在儿童中使用。在这方面,它们就像现代操场游戏中使用的不成文的单词,如弹珠。[23]

玩偶(dolls)代表了一种不同的玩具,适合想象、角色扮演和对成年人生活的模仿。"doll"本身是一个很晚才出现的词,是多萝西(Dorothy)的一种宠物形式,它最初的意思是情妇或宠儿,直到 17 世纪才用于玩偶。[24]早期的词是"poppet",还有其他变体如"popyn"和"puppet"——后者在 16 世纪成为常用形式。[25]"poppet"来自拉丁语单词 *pupa* 或 *puppa*,最初的意思是"女孩",但也用于小型人像,比如在圣祠供奉的一种人像。这个词后来传进法语、德语和意大利语,乔叟在《坎特伯雷故事集》中用这个词来描述自己,"a poppet in a arm t'embrace"(一个抱在怀里的宝贝),表明这个词在英格兰已经是一种时髦的词,指一些像玩偶一样精致的东西。第一次有这样的记载是在 15 世纪。[26]那时和现在一样,玩偶主要是女孩的玩具。实际上,早期都铎王朝的拉丁语词典《霍图斯词汇表》(*Hortus Vocabulorum*)将其定义为"一种小型人像,少女们习惯将其打扮成女孩的样子并裹在衣服里"[27]。

玩偶有好几个品种,并且制作的材料也超过一种。在法国东部和瑞士发现了一些陶制人物,有锥状的,有管状的,它们有面孔,有时还有残缺的四肢,这些陶人可能与儿童有关,不过有些同样可能是撞柱戏中的木柱。在都铎王朝和斯图亚特王朝时期的英格兰确实存在类似的木制物体,这是一种有一个头和简单的身体的木棍形状的物体。[28]它们被涂上了颜色,适合与各种服饰搭配。蜡制玩偶可能也存在过,因为人们在需要帮助或希望感谢别人帮助时,会制作这种材料的小型人像供奉在圣祠。1943 年,人们在埃克塞特大教堂发现了一批这样的人像,其中包括一名双手合十祈祷的女性模型,这是用模具制作的,并且可能被作为商品出售。[29]无疑,那些生产这些物品的人就是为儿童制作它们的。

第四种玩偶是由布制成的,大多数最早的书面参考文献都提到了这些。1396 年,法国巴黎的两名妇女为争夺一个亚麻玩偶而打架,据说导致了其中一名怀孕的妇女流产。[30]1413 年,英格兰的一篇宗教文章将无所事事的骑士和乡绅比作"儿童小时候制作用来玩耍的木偶时用的布制的支柱",不久之后,苏格兰的一篇文章提到儿童"用一块布制作一个标致的女士"。[31]《儿童宝库》将"popyn"定义为"布孩子",清教徒作家菲利普·斯塔布斯(Philip Stubbes)在 1583 年嘲笑妇女的时尚为"由抹布和破布紧密结合在一起的'mawmets'(玩偶的另一个词)"[32]。玩偶的材料根据各种不同的产品和类型来变换。儿童可能会自己做,正如苏格兰的原始资料提醒我们的,或者父母可能会做这些,父亲用他的木工技能或母亲用她的缝纫技能。较贫穷的家庭可能只能自制玩偶,但到了 16 世纪,玩偶被生产出来卖给那些买得起的人。蜡制玩偶可以用模具批量生产,而木制玩偶足够结实,可以被批量地运输。威廉·特纳(William Turner)的《草药》(*Herbal*,1562)将某些植物的根比作"在英格兰盒装出售的小木偶和偶像"[33]。1582 年,英格兰君主规定对进口的"供儿童玩的木偶和心爱物品"每 1 罗(gross)征收 6 先令 8 便士的税。[34] 这一税收相当于每个玩偶征收半便士多一点,意味着每个玩偶的售价约为 6 便士。

玩偶描绘的东西也各不相同。有些可能是婴儿或儿童,就像《儿童宝库》中所说的"布孩子"。其他的是成年人,通常(似乎)是女性,反映出玩偶与女孩的联系。一旦给玩偶穿上衣服,它的社会地位也就被决定了。有些玩偶被穿上相对简单和廉价的服装,也许是为了吸引底层的儿童。勃鲁盖尔的《儿童游戏》显示出两个女孩在玩穿着普通衣服的玩偶:黑色连衣裙外搭白色头巾和白色围裙。对于富人来说,玩偶的服装和身份会被精心设计。1502 年的一幅油画(现在陈列在维也纳),画的是 15 个月大的伊莎贝尔(Isabel),她是勃艮第公爵的女儿,手里拿着一个玩偶,玩偶本身就是一个戴着头饰、有衣领、穿着长袍、双手合十放在腰间的贵妇人。[35] 1585 年,当时有份记载理查德·格伦维尔爵士(Sir Richard Grenville)远征弗吉尼亚(Virginia)的资料,描述了美洲原住民女孩是如何"非常喜欢从英格兰带来的木偶和娃娃"的。书中有一幅版画,画的是一个七八岁的女孩,一只手拿着摇铃或风车之类的玩具,另一只手拿着一个玩偶。在插图画家的想象中,这个玩偶也是一个穿着高贵服装的成年妇女,戴着帽子,围着白色轮状皱领,穿着宽松的裙子,双手合拢放在胸前。[36]

今天的玩偶成为儿童和成年人共有的物品。成年人可能会保留他们童年时期的泰迪熊,或者收集毛绒玩具在家里展示。在中世纪也是这样,玩偶不再为年轻人独有。一个牵线木偶可能会被人操纵来赚钱。霍尔曼讲述"一块布后的变戏法者如何在布前表演木偶聊天、责骂、辩论和战斗"[37]。成年人可能会购买祭品,供奉在圣祠里,或购买基督或圣徒的小雕像放在家里。1414 年,金斯林的神秘主义者马格丽·肯普访问意大利时,遇到了一位带着婴儿时期的基督雕像四处旅行的妇女。其他女人为这个雕像穿上衣服以示尊敬,马格丽看到这一幕,为对婴儿耶稣的爱而潸然落泪。[38]据说在英格兰北部,妇女在基督降临节期间也会携带类似的基督和马利亚玩偶。[39]玩偶也被用于魔法,英语中"木偶"一词的最早记录之一出现在 14 世纪关于这样一个人物的资料中。[40]

1539 年至 1540 年,牧师罗杰·埃奇沃思(Roger Edgeworth)在布里斯托尔传

教,他揭示了儿童玩偶和成年人玩偶之间界限之狭窄。埃奇沃思,一个宗教保守主义者,不以为然地说:

> 现在,随着修道院和修士的住所的消失,许多人像被带到国外,给儿童玩。当儿童拿着它们,用他们幼稚的方式跳舞时,父亲或母亲来了,说:什么,阿格尼丝,你拿着什么?儿童回答(正如她被教的那样),我在这儿有我的圣像;父亲笑了,玩起了一场快乐的游戏。母亲对另一个人说,琼或托米,你从哪儿获得那可爱的圣像的?儿童回答,我们教区的执事约翰把它送给了我,为此应该感谢执事,而且他一定会感到高兴。[41]

这些不可能是巨大的木制雕像,它们更有可能接近埃克塞特的那些小型蜡制祭品,一直放在教堂里,直到 1538 年王室禁令禁止向圣徒或圣祠敬奉。这样的人像在形状和大小上完全适合作为儿童玩具。

玩玩偶可以帮助儿童满足他们模仿成年人的本能。其他玩具的存在也满足了同样的需求,尤其是模仿家庭物品的微型器具。在英格兰和欧洲大陆都有这些玩具。13 世纪斯特拉斯堡(Strasbourg)的一个小陶瓷壶保存下来,可能就是这样的玩具;在 14 世纪末,有人买了一口小铜锅给一位法国小王子,买了小碗和小银盘给一个 2 岁的公主。[42] 在伦敦的发掘中也发现了类似的玩具。[43] 它们是根据模具用铅锡合金制成的,而且明显可能是在英格兰批量生产的。由于它们在形式上与胸针和朝圣者徽章类似,所以它们很可能是由同一群工匠制造的,并在商店、集市或小贩那里出售。

最常见的是小水壶和大口水罐,高 2.5—3.5 厘米,装有手柄,有时还有盖子和出水口。它们可能会与其他小物品有联系,包括高脚杯(像圣餐杯)、盘子,大小都约 2.5 厘米,适合假装做饭或玩家务管理。大约在 16 世纪出现了用铜合金制成的小三脚鼎和长柄平底锅,它们非常坚固,可以注满水并在炉膛里加热。微型碗、餐具、火钳和烛台也保存了下来。在都铎王朝时期,人们发现的最有趣的玩具之一是一个装饰华丽的橱柜的一部分,它是用一块合金薄板冲压而成的。冲压出来的轮廓可以弯曲,从而重建立体的橱柜,这是现代自组装套件的"祖先"。

还能找到其他物品的模型。伦敦的考古发现包括两个金属士兵,从盔甲上判断,大约制造于爱德华一世统治时期。一个是完整的,大约 5 厘米高,另一个是形状相似的碎片,两个都是骑在马上、身着盔甲、手持剑的骑士。它们是用一个模具做的,而且肯定是批量生产的;它们很有可能被涂上了颜色。与此同时,还有一个更复杂的玩具,它是一只2.5厘米高的空心鸟,最初是装在架子上的。当鸟被旋转时,一个单独安装的舌头会从它的喙里进出。到都铎时代,人们开始制作高5—7.5厘米高的扁平人偶。它们被装饰得看起来像那个时代的绅士和贵妇,穿着可确定年代的服装,手臂像把手,能够用一根绳子或丝带把它们串起来。然后玩偶就可以像木偶一样跳舞了。像这样的玩具表明,曾发现大多数合金模型的城镇中的较富裕的孩子有机会获得商业制造的玩具,这些玩具在本质上与现代玩具没有区别。特别是铅锡模型,一直到工业革命时期,都在以相当相似的形式生产。

174

据记载,一种更精细的军事和机械玩具是与王室儿童有关的,并且可能会在其他重要的家族中流通。1273年到1274年,有人以7便士的价格给爱德华一世6岁的儿子亨利买了一辆玩具车,而且修理它又花了2便士。[44]数年后的1279年,人们花钱买木材,为亨利的弟弟阿方索(5岁)建造了一座"小城堡",并将其搬到温莎城堡。[45]阿方索也有一个攻城车和一艘上了色的船——要么是一个模型,要么是一艘大到足以容纳他的船。[46]再晚些时候,到1290年,爱德华最小的儿子——6岁的爱德华二世,他的厨师长约翰·布罗德耶(John Brodeye)为他建造了一座复杂的城堡。它还被上了色,人们还买了"其他东西"(可能是家具或士兵)与之相配,它是如此壮观,以至于在爱德华的妹妹玛格丽特的婚礼宴会上,它在威斯敏斯特大厅(Westminster Hall)被展示给女王(当然还有其他许多人)看。[47]1377年,10岁的理查二世收到了两门"小大炮",这两门大炮可能是模型或微型模型,用于玩耍或在监视下使用。[48]

动物玩具在今天很流行,问题是中世纪的儿童是否有用织物或木头做成的这样的玩具。有技术的父亲和母亲可以很容易地为儿童提供这些玩具。然而,我们听说的唯一的玩具是仿制马,它们在这样一个骑马的社会中受欢迎是意料之中的事。阿尔弗雷德国王注意到"儿童骑着棍棒,玩许多模仿大人的游戏",15世纪的一位苏格兰作家曾说过,儿童"能用一根棒子做出一匹白马"。[49]出生于14世纪中期的佛兰德历史学家傅华萨(Jean Froissart)回忆说,他把他的棍马叫做'Grisel'——一种对马的普通称呼。[50]在大约15世纪70年代或80年代的一则神迹故事中,有一个关于儿童马的英语参考文献,故事涉及住在泰晤士河附近一个名叫罗伯特·诺思(Robert North)的人的5岁儿子。这个男孩的嘴唇上长了一颗赘肉,深受其害,他看到了死去的国王亨利六世的幻象,国王告知他去亨利六世的圣祠朝圣。男孩把这个消息告诉了他的母亲,对她说国王希望他和"你一起骑马"旅行,"但不是骑我的木马"。故事作者表示,那是指小孩子在他们的游戏中使用的棍子。[51]有些

175

这样的"马"不过是些棍子。在 1495 年的木刻画上,一个孩子骑在一匹木马上(图 1)。[52]其他的可能更精致。沃灵顿教堂(Wallington church,赫特福德郡)的一幅涂鸦画显示,有根最简单的棍子装饰着头、耳朵、胸部和鬃毛,它可能是由父母制作的,也可能是由工匠出售的。[53]带有雕刻头像的木棍也出现在当时的欧洲大陆插图中。[54]

当然,儿童从来不会只玩专为他们做的玩具。无论贫富,他们都用手边的任何东西制作他们自己的玩具。威尔士的杰拉尔德描述了 12 世纪 50 年代他在马诺比尔城堡(Manorbier Castle,彭布罗克郡)的童年时光,回忆起他和他的兄弟们如何在沙土中玩耍(也许是在附近的海滩上)。他们建造了城镇和宫殿,而他建造了教堂和修道院。[55]然而,关于儿童自己制作玩具的最好描述来自 15 世纪的苏格兰诗歌《拉提斯狂言》(Ratis Raving)。作者雷特是一位绅士,他写信向他的儿子提出了关于人生七个年龄段的建议。他对童年有着不同寻常的观察力,认为童年涵盖了前三个年龄段。处于最初年龄段的孩子是 3 岁之前的孩子,只关心食物、饮料和睡眠。

176 在第二年龄段,从 3 岁到 7 岁,他们开始做东西:采花,用树枝盖房子,用面包、茎、莎草和破布做马、船、矛、剑或玩偶:

> 孩子将永远如此
> 带着花朵嬉闹玩耍;
> 用小木棍和小碎片
> 建造房间、储藏室和大厅;
> 用一根棍子做成一匹白马,
> 用碎面包做一艘帆船;
> 用一把狗舌草做一根结实的矛,
> 并且用一把莎草做一柄征战的剑;
> 用一块布制作一位标致的女士
> 而且在那儿忙得不可开交
> 用鲜花把它打扮得漂漂亮亮,
> 而且爱上了木偶情妇。[56]

这种情况肯定普遍存在,但很少有人把它记录下来。杰弗里的词典给了我们另一条线索。它包括一个单词"powpe",意思是"空心的棍子"。[57]这很可能是一根香脂树的茎或一根中空的接骨木枝,用作豌豆枪或玩具枪。

游戏

　　玩具是特别适合你自己使用的东西,游戏通常是和其他人一起玩的。有些游戏适合童年时期的各个阶段,在过去也是如此。"handy-dandy"是一个关于哪只手握着一个物体的简单猜测练习,前文已经提到过。[58]樱桃核是一种廉价且容易获得的东西,会被用于滚动、投掷或抽打。在 15 世纪 20 年代,盲人诗人约翰·奥德莱(John Audelay)首次提到樱桃核,当时他表达了儿童不贪心,只要有这样的石头玩就满足了。[59]他们用樱桃核玩要的一种游戏被称为"樱桃洞"(cherry-pit),玩法就是将樱桃核对准一个洞。[60]道德剧《世界与儿童》(*Mundus et Infans*,1522)中的坏孩子万顿(Wanton)喜欢樱桃核,同时霍尔曼以认可的语气提及这项普通的活动:"玩樱桃核对儿童有好处。"[61]

　　樱桃核提示我们儿童喜欢收集或玩无关紧要的东西。大榛子,也就是种植的大榛果,也有同样的用途:在约克的神秘剧组诗中,一个牧羊人给了婴儿耶稣两个大榛子。[62]它们可以在游戏中用作球或奖品;兰德尔·科特格雷夫(Randle Cotgrave)在他 1611 年的法语词典中,将"童年游戏大榛子"描述为"把球扔向一堆坚果,扔完后,扔的人会得到那些他击中的或打散的坚果"。[63]1532 年,托马斯·莫尔爵士想象一个坏学生不去上学,而是在玩游戏:"樱桃核、髓骨、搭扣凹槽、踢点、大榛子,或套环游戏。"[64]我们并不清楚这些游戏都包含哪些内容,但至少有四款游戏是围绕着很容易找到的食物或衣服废料。后来,伊丽莎白时代的一份资料提到,儿童玩小物品,如鞋带、别针、樱桃核、筹码。[65]就像大榛子一样,这些既可以作为游戏工具,也可以作为衡量输赢的货币。

　　这项主要的考古研究揭示了年轻人对这些琐事的重视,而这项研究是围绕着一个以儿童为主的遗址进行的。在考文垂(Coventry),1538 年解散的加尔默罗会修道院一度成为镇上的免费文法学校。修道院教堂变成了教室,唱诗班的座位(以一个不同的位置仍然存在)被用作学生们的课桌。在此期间,许多小物件掉进了座位下面的地基里,并在 20 世纪 70 年代被挖掘出来。许多是用铁或铜做的,如箭头、搭扣、纽扣、别针、刀片以及十字架、铃铛和犹太人的竖琴之类的小饰品。有约 400 个位于鞋带末端的小的铜标签,它们可能代表游戏中的货币,就像上面提到的那些。有玻璃珠、黏土、骨头、两颗儿童的牙齿、瓷砖和页岩做的圆盘和筹码,以及由

177

绿色与红色砂岩、砖和黏土做成的弹珠一样的小球。[66]这些球的现代名称——ally、marble 和 taw——直到 17 世纪末才开始使用,当时雪花石膏、大理石和玻璃等优质材料取代了更古老、更便宜的材料。更早的一个单词可能是简单的"stones";一幅 1659 年的版画,画的是一个男孩在玩弹珠一样的球,上面标着"bowling-stones"。[67]

178　　　　弹珠和樱桃核培养手部的灵活性;其他带有如骰子、赌桌(或西洋双陆棋)、西洋跳棋、象棋和纸牌等内容的游戏可以教玩家策略和记忆。所有的都是儿童玩的。1340 年,当黑太子爱德华 10 岁时,有人付钱不仅让他玩"ad bill"——一种使用棍子的体育游戏——还和他的女王母亲、约翰·钱多斯爵士(Sir John Chandos)以及家里的男孩们玩"ad talos"(掷骰子或掷距骨)。[68]另一种棋盘游戏叫"merels"或"nine men's morris",在利德盖特翻译德吉维尔的书中被提到过,《亚历山大大帝传奇》中的一幅插图显示,一个男孩和一个女孩正在玩这个游戏。[69]雷特把这样的游戏与 7 岁到 15 岁的人生阶段联系在一起,列举了它们中的三种,

> 现在在赌桌上,现在在下棋……
> 还有很多是在玩骰子。[70]

霍尔曼也提到骰子和象棋。他写过的一个句子讲述"男人如何玩三个骰子,孩子如何玩四个 dalies"——daly 是骰子或一些类似的立方体的方言词。他提到了骰子上的数字的法语单词:"一点(ace)是一次失败的抛掷;六点(sice-ace)赢下所有;三点(trey)是够好的抛掷了;四点(cater)是一次非常好的抛掷。"[71]他想象着购买一张一面是 12 个点、另一面是方格图案的游戏桌子,适合玩西洋双陆棋、跳棋或国际象棋。他按照正确的数字将棋子命名为国王、王后、"阿尔芬"(alfin)或法官(现代称主教)、骑士、车和兵,并将其中一种颜色描述为红色。[72]1496 年,亨利七世 10 岁的儿子亚瑟王子玩骰子赌钱,似乎输了 40 先令。两年后他 7 岁的弟弟亨利八世表现好多了,他和他的父亲玩游戏(象棋、骰子或纸牌),他赢了 6 先令 8 便士。[73]

象棋的地位高于其他棋类游戏,因为它被认为具有教育意义。它的棋子被视为社会的象征:国王、王后、骑士、主教、车(行政官员)和平民,每一个都有自己的功能,一起运作时所有人都会起作用。有书籍解释了玩法,并阐述了它与理解人类事务的相关性。其中最流行的是约 1300 年在意大利热那亚用拉丁语写成的一本书,作者是法国多明我会修士雅克·德·塞索里斯(Jacques de Cessoles),这本书很快被翻译成法语。后来,卡克斯顿把它译成英语,于 1474 年在布鲁日将其出版,名叫"象棋的游戏与玩法"(*The Game and Play of the Chess*),并于 1483 年在威斯敏斯

特再次发行并附有木刻画。这部作品的英文版在 16 世纪初受到了教育作家的赞扬,它可能有助于为儿童尤其是富裕家庭的儿童,创造一个鼓励下象棋的环境。[74]

然后是体育游戏。其中最简单的是跑步和追逐游戏,不需要装备。威廉·菲茨斯蒂芬(William FitzStephen)描述了 12 世纪晚期伦敦的年轻人在夏天跑跳,霍尔曼用了这句话,"我曾经摔跤和跑步,我在这两种游戏中都表现得很糟糕",这就将其设想成竞赛。[75]跑步游戏的一部分已经在 13 世纪的对话《到贝弗利汉姆有多少英里?》中得到了注意。[76]杰弗里在《儿童宝库》中提到类似的三个活动:"跑步"(被定义为"游戏")、玩"buck hide"和"base play"(被描述为一种"儿童游戏")。[77]"buck hide"是一种捉迷藏的形式,也许是因为隐藏者就是雄鹿,找的人就是猎人,而"base play"基本上和《到贝弗利汉姆有多少英里?》一样。儿童占据一个基地·主动提出只要跑出去就被抓起来。[78]雷特提到 7 岁到 15 岁的孩子"在栅栏里"(at bars)奔跑,这可能是一个类似的游戏,因为杰弗里用拉丁语"barrus"指代"base"。[79]

人们也会玩各种各样的投掷游戏。13 世纪时,投石(stone-casting)被提到在年轻人中很流行[80],利德盖特把它列入了德吉维尔的游戏列表中。霍尔曼有一句话:"我向房屋扔了块石头。"[81]雷特提到玩"接球"(at the catch),而霍尔曼称赞"绳圈投得很好"的人。[82]托马斯·莫尔在 1500 年左右写过男孩们是如何喜欢玩绳圈和公鸡石柱(cock-stele)的。[83]公鸡石柱是一种用来扔向公鸡的棍棒,在这种残酷的游戏中,人们将公鸡埋在地里面,然后用棍棒或箭瞄准它的头部。莫德林学院的一本教科书描述了玩法:

> 昨天我在田野里走的时候,看见一只母鸡立在那里,被人从九大步以外的距离射击,所以它只露出脑袋,身体的其余部分都藏在地下。[84]

在约翰·海伍德(John Heywood)的戏剧《天气的变化》(*The Play of the Weather*,1533)中,各种角色纠缠着朱庇特(Jupiter),要求得到他们想要的天气,结局是一个男孩为了扔雪球而要雪。[85]也有一些方法是投掷自己:跳跃、摆动和平衡。勃鲁盖尔展示了儿童在栏杆上荡秋千,杰弗里提到了特制的装置。他给它们起了两个名字,"摇摆或快乐的摇摆,儿童的游戏"[86]。这些词可能指任何移动的装置——秋千、跷跷板或跳板——人们可以在上面"飘扬""摆动"和"摇摆"。[87]

球类运动一直很受欢迎,无论是对狭小空间里的少数人,还是对开阔场地上的人群。利德盖特的游戏列表包含单词"closh"或槌球戏、"kayles"或撞柱戏,而杰弗里提到了"shuttle"(意为"毽子")和"网球"。他把毽子定义为"儿童游戏"[88]。"网

179

球"这个名字出现在 15 世纪,最初只是对着墙打。在韦克菲尔德的神迹剧的组诗中,一个牧羊人给了婴儿耶稣一个球,让他"去打网球"[89]。到 12 世纪晚期,开放式球类游戏发展得很好,当时的菲茨斯蒂芬对伦敦进行了著名的描述,包括对忏悔星期二举行的球类运动的一次记载。他告诉我们怎么做:

> 晚饭后,城里所有的年轻人都到田野里去参加一场经常进行的球赛。每个学校的学者都有他们自己的球,几乎每个行业的所有工人手里也都有他们自己的球。年长的人、父亲和富有的市民骑在马背上观看他们孩子们的比赛,之后他们的风格变得和年轻人一样年轻。[90]

180　杰弗里提到一个"玩球的人",并且他写了四种关于一个叫做"露营"的游戏的词目,其中的参与者被他称为"露营者或者玩球的人"。[91]"露营"的名称来自古英语动词 *campian*,意为"竞争",杰弗里在英语和拉丁语中都把它定义为一种用脚玩的游戏。另一方面,利德盖特把它与弯曲的棍子联系在一起,表明它与曲棍球有更多的联系。这个名称可能被用于不止一种游戏。它在诺福克郡很流行,农业作家托马斯·塔瑟(Thomas Tusser)在 1580 年关于畜牧业的畅销书中对它大加赞赏:

> 在草原或牧场(为了长得更好)
> 让露营者在你的任何一个地方露营;
> 若你们会因泉水不足而受苦,
> 就会获得一个宽敞的东西。[92]

很少有一项运动会被推荐为对草地有益!

　　水是另一种诱人的媒介,可用于游泳或钓鱼。在中世纪的英格兰,人们对游泳知之甚少。直到 12 世纪,它仍有一定的地位〔两位文学男主人公贝奥武夫(Beowulf)和特里斯坦(Tristan)都被描述做过这件事〕,但在 1200 年至 1500 年间,它在贵族和乡绅中不再流行。[93]然而,在这一时期,这项技能在不引人注目的情况下缓慢发展,在 16 世纪早期,由于人们对赞扬这项技能的古典拉丁语作品更感兴趣,这项技能的地位得到了提高。关于这个问题,霍尔曼有过两句话,他说:"孩子们靠在树皮或软木上学游泳",并呼吁"丢掉软木学游泳"。[94]到 1531 年,托马斯·埃利奥特爵士郑重地建议将其作为贵族教育的一部分。[95]但游泳也有局限性。似乎只有男孩和男人游泳时赤身裸体,而女孩和女人只能穿着衣服洗澡。此外,它只能在户外和天然水中进行,所以只能在夏季的几个月游泳。

　　另一方面,钓鱼的好处是一年四季都可以。就像今天一样,这种运动显然也是由男性主导的,莫德林学院的一本教科书中有两段话表达了男孩们很高兴做这项运动和他们渴望来到水边。[96]霍尔曼多次提到这个话题。他提到垂钓者、那些布置渔网的人、"渔网、罐子和其他东西",以及渔网的使用。他命名了触须白鱼、鳗鱼、七鳃鳗、梭子鱼、鲟鱼和蝌蚪,并说明了它们的一两个特征。鱼通过鳃呼吸,成群或单独游泳,而且(以鳗鱼为例)喜欢清洁的流水。[97]其中一些细节可能取自成年人的知识——在霍尔曼的时代,已经有关于钓鱼的论文了——但他的教科书中参考文献的数量表明,他认为这个话题也会使他的学生感兴趣。

探险和实验虽然没有游戏那么正式,但却同样有重要意义。许多儿童离开家去玩耍,有时会带来很糟的后果,正如我们在验尸官的记录和神迹故事中听到的那样。[98]1322 年在伦敦的凯伦巷(Kiron Lane),圣博图尔夫的约翰(John of St Botulph)7 岁的儿子罗伯特与其他男孩在木块上攀爬时受伤了,而在 15 世纪的威斯顿(Wiston,萨塞克斯郡),3 岁的比阿特丽斯·雪莉(Beatrice Shirley)和其他小孩在一堆木柴下玩耍时受伤了。[99]尤其是男孩们会在野外游荡,寻找鸟类和它们的巢穴。在同一个世纪,伯纳姆(Burnham,白金汉郡)的托马斯·斯科特(Thomas Scott)在一个星期天的早晨爬上了一棵树,为了恶作剧或者从鸟巢里取走小鸟,结果从 30 英尺高的地方摔了下来;在附近的女修道院里,他被悉心照料,恢复了健康,并有人为他向亨利六世国王祈祷,最终他活了下来。[100]海伍德《天气的变化》中的男孩忏悔:

> 我的全部乐趣就是捉鸟……
>
> 听到鸟儿如何在陷阱里振翅,
>
> 我说,它超越了一切。[101]

《世界与儿童》中的万顿肆意窥探"麻雀的巢穴"并折磨动物:

> 是的,先生们,我能把蜗牛阉了,
>
> 抓住母牛的尾巴——
>
> 这真是狡猾![102]

他并不是唯一一个有这种爱好的人。莫德林学院的教科书描述了射击公鸡和捕熊,我们很快就会看到儿童斗鸡的流行。[103]两首 15 世纪的诗歌力劝男孩们不要向鸟、狗、猪或马扔棍子或石头。[104]在那个食物难以获得、暴力泛滥、残害肢体是一种法定惩罚的时代,戏弄和追逐鸟类和动物肯定是再平常不过的事了。

战争游戏

中世纪英格兰的社会是一个军事社会。它的领袖们——国王、贵族和绅士们——把自己想象成骑士。他们拥有军事装备,将盾牌用作身份的徽章,并把他们的盔甲放在陵墓中。1285 年的《温彻斯特法令》(Statute of Winchester)是一项促进法律和秩序的重要立法,要求所有超过 15 岁的男性拥有与其等级相符的武器。即使是最穷的人也至少要有弓箭。[105]战争经常在英格兰人和他们的邻国之间发生,而且不时发生内乱。男孩们在很小的时候就开始意识到战斗,正如雷特所观察到的,它进入了他们的游戏中:用茎秆制成长矛以及用莎草制成剑。著名的战士、后来的彭布罗克(Pembroke)伯爵威廉·马歇尔(William Marshal)的传记,讲述了他在 1152 年 5 岁的时候,如何在纽伯里(Newbury)与英格兰国王斯蒂芬一起玩一种叫做 chevalers 或“骑士”的游戏。这个游戏包括拿两株车前草或类似的茎秆,顶部有一个球状物,然后以康克戏的方式互相打击,以敲掉对方武器顶部的球状物。[106]

成年人急于培养对战争游戏的兴趣。贵族家庭从小就鼓励这种做法。1274 年,有人买了两支箭给爱德华一世的儿子亨利供他使用,当时他还只有 5 岁;15 年后,他的亲戚布拉班特的约翰(John of Brabant)获得了一把木制弩和剑用于击剑。[107]1397 年,9 岁的亨利五世拥有一把剑;15 世纪 20 年代,他的儿子亨利六世得到了八把剑,“有大的有小的,用来在他幼小的时候学国王玩耍”。1430 年,7 岁的亨利六世去法国时,人们制作了一副小“甲胄”或一套盔甲给他用。[108]到 1475 年,儿童弓已成为一种独特的商品,当时制作弓的木材是从西班牙进口的。[109]1492 年,有人为亨利七世的儿子——5 岁的亚瑟王子买了一张弓;1503 年,他 14 岁的妹妹玛格丽特在阿尼克(Alnwick,诺森伯兰郡)射中了一头雄鹿,大概是用了类似的轻型弓。[110]并非只有贵族子弟才会这样玩。1271 年,家住蒂尔布鲁克(Tillbrook,贝德福德郡)的 5 岁的莫德·博伦(Maud Boylun)被 10 岁的约翰·弗赫(John Phuch)击中,当时后者正在用弓瞄准一个目标。15 世纪发生过一次类似的事故,家住马登(Marden,肯特郡)的 4 岁的托马斯·福尔(Thomas Fowle)被儿童用箭射中。[111]

狩猎常被认为是一种军事训练。[112]霍尔曼称其为“一种简单的战争记录”,埃利奥特则称其为“战争的完全模仿”。[113]约翰·哈丁(John Hardyng)在 1457 年撰文,敦促贵族男孩应该在 14 岁,也就是成年之初,学习打猎。这将使他们的身体变

182

坚硬,使他们习惯于流血,培养他们的狡诈。[114]到15世纪时,已经有文本教年轻人狩猎的术语和要遵循的程序。[115]在长辈的帮助下,出身高贵的小男孩也要参与。1254年,亨利三世的儿子兰开斯特的埃德蒙(Edmund of Lancaster)9岁时就被允许在温莎森林(Windsor Forest)狩猎;1525年,亨利八世的儿子亨利·菲茨罗伊(Henry Fitzroy)年仅六七岁,他的教员抱怨说,他的功课被追击野兔和鹿给扰乱了。[116]即使是在乡绅阶层,一个萨福克郡绅士的儿子约翰·霍普顿(John Hopton),在学生时代就和当地牧师一起打猎;在诺丁汉郡,托马斯·克兰默(Thomas Cranmer)的父亲也鼓励他这样做。[117]莫德林学院的一本教科书假设男学生对狩猎感兴趣。它想象着,当地面覆盖着积雪时,野兔被灰狗追逐,男人们牵着猎狗和獒犬在树林中猎杀野猪。[118]普通的孩子不太可能亲自参加狩猎活动,但很难相信有些孩子没有跟着去守住敞开的大门,或者去观察发生了什么。

男孩们也像往常一样组织自己的军事游戏。希罗多德曾讲过一个著名的故事:在波斯,年轻的居鲁士被发现扮演男孩子们的国王,这个故事在中世纪晚期的英格兰广为人知。[119]莫德林学院的第二本教科书重复了这个故事,假设学校的一个学生扮演领主,指定他的同伴们做一个雕刻师、一个管家和一个搬运工,并下令殴打一个男孩。[120]在理查二世被亨利四世推翻六个月后,也就是1400年的大斋节,伦敦的儿童们选出了国王。编年史家厄斯克的亚当告诉我们这件事,相信他们"数千人"聚集在一起,"互相之间发生战争并以他们最大的力量战斗,许多人因此战死、遭到殴打,或被踩在脚下,或蜷缩在狭窄的地方——人们很想知道这预示着什么"。最后,新国王不得不命令他们的父母和教师约束他们。[121]

1400年的战争没什么特别的。康沃尔的地形学家理查德·卡鲁(Richard Carew)记录了在1549年祷告书叛乱(Prayer Book Rebellion)的前一年,当时宗教动荡不安,博德明学校(Bodmin School,康沃尔郡)的男孩们是如何分成两个派别的,"一个被他们称为旧宗教,另一个称为新宗教"。每一派都有一个首领,并且这次分裂以"急切且粗暴"的态度影响了所有的活动。"最后,他们中的一个男孩把一个旧烛台的柄做成一支枪,装上火药和一块石头,(由于不幸或粗野)打死了一头小牛,随后是牛主人抱怨、教员鞭打(学生),这场分歧结束了。"[122]五年后,在1554年1月的怀亚特叛乱(Wyatt's rebellion)失败后,男孩们在3月聚集在伦敦郊外的芬斯伯里绿地(Finsbury Fields),"玩一种新的游戏:一些人扮演怀亚特的角色,一些人扮演女王的角色,在绿地上战斗"。西班牙大使雷纳德(Renard)估计有300人参与,并听说有几个人受伤了。"他们中的大多数人,"他写道,"已经被逮捕并关在了市

183

政厅。"[123]

至少从 14 世纪开始,君主就试图影响年轻人的游戏。尽管《温彻斯特法令》要求所有人至少拥有弓和箭,但在百年战争(Hundred Years War)的鼎盛时期,英格兰人的射箭技术似乎还不够好。1365 年,国王爱德华三世抱怨人们玩"不诚实和无用的"游戏,如掷石、球类游戏和斗鸡,并命令他的郡长让男性在节日期间练习弓箭或弩箭。[124]《剑桥法令》(Statute of Cambridge,1388)命令所有"仆人"(一个暗指年轻人的术语)放弃玩套圈、骰子、掷石和撞柱戏,并在星期日和节日使用弓箭。[125] 1410 年,该法令被重新发布并附有惩罚措施,随后在爱德华四世、理查三世和亨利七世的统治下,(在逃避指控的推动下)进一步重新颁布。[126]所有这些禁令可能都是针对 12 岁或 14 岁以上的男性,但在 1512 年,亨利八世的法令将立法扩展到年幼的儿童。它规定,所有的男人,只要家中有年龄在 7 岁到 17 岁之间的男孩,都必须给他们一张弓和两支箭,并带他们去射箭。治安法官要执行法令,每个城镇都要设立靶垛,以便男人们在假期练习。[127]

儿童日历

184   今天的儿童游戏在一年中变化很大,有些被经常练习,有些却不是。有时,这与季节有关,比如夏季的板球运动,但在其他情况下,变化成为一种时尚(比如玩弹珠或跳绳),并遵循一个既不可预测也与日历无关的周期。[128]中世纪的儿童可能在他们的一些游戏中遵循了这第二种模式——没有人足够留心他们的习惯以至于得出这个结论——但他们肯定会在其他方面注意到一年四季。毕竟,他们生活在一个深受自然年和教会时间与季节影响的社会。成年人全年都有特殊的习俗,包括圣诞节的室内游戏、复活节的彩蛋、5 月和 6 月的户外游戏和游行。儿童至少作为旁观者参与其中,但也有迹象表明他们有自己的日历:不是完全独立于而是半独立于成年人的日历。

早在 13 世纪晚期,方济会修士与传教士托马斯·多金(Thomas Docking)就注意到了儿童对一年周期的反应。他说,一个小男孩"一年中有他自己特别喜欢的时光。春天,他跟在耕犁者和播种者的后面;夏天和秋天,他陪着那些采葡萄的人"[129]。都铎王朝早期的诗人亚历山大·巴克利更进一步,他将注意力放在儿童活动日历上,这与成年人活动日历截然不同。大约在 1518 年,巴克利出版了意大利人文主义者曼图安[Mantuan,即巴蒂斯塔·曼托瓦诺·斯帕尼奥利(Battista Man-tovano Spagnuoli)]第六篇《牧歌》(*Eclogue*)的译文。曼图安观察到人生的每一个时间都有它的乐趣,例如,儿童喜欢玩有气囊的球。巴克利用这个来说明儿童的快乐是如何随着季节的变化而变化的。他加长了对玩球的描述,并添加了另外两项活动,一项在夏天,一项在早春:

> 看看街上;看那些小男孩
>
> 在果实成熟的季节,他们如何欢唱跳跃;
>
> 在大斋节,每个人都忙着转他的陀螺,
>
> 现在是严冬,严寒刺骨,
>
> 他们看到一个人衣衫褴褛。
>
> 他们非常高兴,以为可以饱餐一顿,
>
> 当人们忙着杀肥猪的时候。
>
> 他们把皮囊吹得又大又薄
>
> 里面放了许多豆子或豌豆;
>
> 它嘎嘎作响,声音响亮,光洁而美丽
>
> 当它被抛在空中。
>
> 他们彼此竞争,并且有莫大的喜悦
>
> 用脚用手击打皮囊。[130]

巴克利似乎偶然地或出于本能地确定了儿童活动的三个主要高峰期。他提到的时期——大斋节、果实成熟时节和杀猪的时候(通常在 11 月)——都在其他资料中占重要地位。大斋节是这些时节中的第一个,在它之前是在 2 月或 3 月初的忏悔星期二,忏悔星期二的日期取决于与之有关的复活节的日期。忏悔星期二在儿童的日历上特别重要。在为期六周的大斋节斋戒前的最后一天,这是一个公共假日,儿童有他们自己的活动:斗鸡。提到这一点时,完全是指男生,但不清楚这是否反映了与学校有关的记录保存得更好,或者是否有其他男孩和女孩参与。据最早的重要见证人威廉·菲茨对 12 世纪末伦敦的描述可知:

> 每年,在忏悔星期二这一天,学校里的男孩会把公鸡带给他们的老师,并且整个上午都在玩儿童游戏;因为他们在学校有一个假期,可以看他们的公鸡打架。[131]

这种习俗一直延续到中世纪后期。就像菲茨斯蒂芬断言的那样,它似乎发生在早

185

上,那些公鸡(死的或活的)被男学生的教员们占用了。1400 年,格洛斯特学校(Gloucester School)同意将 15 只公鸡送到圣奥斯瓦尔德(St Oswald)修道院,因为圣奥斯瓦尔德修道院对学校拥有所有权——这表明这些禽类是一种公认的额外收入。[132]甚至贵族家里的一个男孩在忏悔星期二可能会以他自己的名义花 7 便士买一只母鸡,为了让弗朗西斯还有其他儿童和他一起玩。[133]对这项运动的反感的第一个迹象出现在亨利八世统治时期。约翰·科利特在 1518 年他为伦敦圣保罗学校(St Paul's School)制定的章程中禁止这项运动。七年后,休·奥尔德姆(Hugh Oldham)创建的曼彻斯特文法学校(Manchester Grammar School)再次禁止这项运动。[134]但起初,这些都是孤独的声音。直到 18 世纪,男孩斗鸡和向鸟扔公鸡石柱都很常见。[135]

186 这样的一场搏斗记录在一首拉丁诗中,这首诗可能是圣奥尔本斯学校(St Albans School,赫特福德郡)的一个学生在约 15 世纪 30 年代写的。这首诗分为三部分,第二部分使用了像《圣母悼歌》(*Stabat Mater*)一样的赞美诗的韵律来赞美获胜的公鸡,用词与乔叟在《修女牧师的故事》(The Nun's Priest's Tale)中描写公鸡的用词没有太大的不同:[136]

> 小公鸡命名为
> "Kob",装饰着羽毛,
> 全身涂着黄色,
> 对他的喙,公鸡毫无防备
> 在毫无知觉的恐惧中颤抖,
> 伴随着可怕的喧闹声……
>
> 翅膀向每位来者展开
> 就像夏天的孔雀,
> 所有的羽毛都闪闪发光,
> 腿像柱子,确保生存,
> 努力地对每一个对手施压;
> 他在战斗中取得了胜利。
>
> 他的身体坚不可摧
> 就像建筑物里的一块石头,

> 他绝不会选择逃跑，
>
> 男孩们直接宣布
>
> 按照惯例正确地讲，
>
> 基林(Chelyng)获得了胜利。[137]

这就告诉了我们公鸡和它的主人的名字。"Kob"或"Cob"的意思是"雄天鹅"，暗示着一种凶猛的大鸟。基林(Chelyng 或 Keeling)指把它带到学校来的男孩，他的公鸡的胜利使他在同学中享有荣耀。

正如我们从菲茨斯蒂芬那里看到的，忏悔星期二是球类游戏的日子，不仅有学者参加，也有年轻人参加，包括那些工作的人。人们很容易将此类游戏视为年轻人在大斋节时期恢复体力活动的一部分。毕竟，大斋节通常是在 3 月或 4 月，那时天气正在好转，但对于积极的户外活动而言足够凉爽。1400 年的较量发生在大斋节，而 1554 年的较量发生在 3 月，几乎所有的较量都发生在那年的大斋节。巴克利将陀螺(另一项户外活动)与该时节联系在一起，其他观察人士也证实了这一点。[138]人们想知道，在大斋节鞭打陀螺是否与耶稣或忏悔罪人受到的鞭笞相似，并因此得到成年人的鼓励。1520 年，约克市议会下令对在濯足节(Maundy Thursday)、耶稣受难日(Good Friday)和复活节前夕敲锣打鼓扰乱治安的男孩采取措施。在这些日子里，按照惯例不敲教堂的钟，而是用响板召唤人们参加礼拜——约克的少年们显然将这种做法推向了极端！[139]

活动的第二次爆发发生在夏天。初夏——5 月和 6 月——是公共假期的时间， 187特别是在祈祷日周(Rogation Week)、十天后的圣灵降临节或圣灵降临周，以及仲夏节(Midsummer Day, 6 月 24 日)。从 6 月到 9 月的夏末是收获和采摘水果的季节，儿童可能正当或违法地参与其中。英格兰的《勒特雷尔诗篇》(Luttrell Psalter, 1335—1340)中有一幅页边画：一个男孩爬到树上，显然是在摘樱桃，下面是一个愤怒的男人。[140]利德盖特笔下的青春(Youth)曾偷过水果，利德盖特自己年轻时也偷过苹果。[141]夏天结束时，采拾坚果很流行。在 15 世纪时，莱斯特郡 9 岁的琼·巴顿(Joan Barton)在和同龄的儿童在花园里寻找榛子时意外受伤。[142]到 1560 年至 1561 年，伊顿公学的男生们在 9 月的某个固定的日子采拾坚果，那一天可能是 9 月 14 日的圣十字架日。[143]伊顿公学的采拾坚果节是公认的假日，男孩们把他们的一些战利品送给教员和同学们。[144]还有一种习俗是烤豆子，出现在 15 世纪晚期与亨利六世神迹有关的一份独特的参考文献中。在圣马太节(St Matthew's Day, 9 月 21 日)之前的一个星期天，伯克汉姆斯特德(Berkhamsted, 赫特福德郡)的一所房子差点被附近的篝火烧毁，直到已故国王的干预才得以挽救。这位神迹收集者说，这场大火是"一场儿童游戏"的结果，"因为儿童习惯于在秋天把豆子或豌豆放在它们的茎秆上烤，这样他们就可以吃到半焦的豆子"[145]。

随着冬天的临近，第三次兴奋开始了。11 月 1 日的万圣节，对许多人来说标志着冬天的开始，从这一天开始，人们就会宰杀动物来获取冬季的食物（并节约稀缺的饲料）。[146]特别是通过屠宰猪来提供球类游戏用的皮囊，这可能是足球季节的开始。现在，家家户户都储备了充足的秋季水果和麦芽酒，在黑夜的刺激下，年轻188 人（尤其是男孩）开始打扮起来、唱歌、乞讨钱或食物。霍尔曼在一句话中暗示了这样的行为，"他把煤灰抹在脸上以吓唬孩子"[147]。对这些习俗最早的综合描述是1541 年的王室公告，该公告试图废除这些习俗，作为宗教改革对迷信、仪式和圣徒崇拜的攻击的一部分。该公告控诉，在圣尼古拉斯节（12 月 6 日）、儿童节或悼婴节（12 月 28 日）以及圣克莱门特和圣凯瑟琳的节日（11 月 23 日和 25 日），"儿童用奇装异服装扮成假冒的牧师、主教和妇女，并在歌舞声中被引导着挨家挨户串门，为人们祈福、向人们讨钱"[148]。16 世纪的改革派成功地禁止了教堂内的仪式，但他们的命令在教堂外就没那么奏效了。至少在维多利亚时代，男孩们还会在圣克莱门特节这天四处乞讨苹果、梨、钱或饮料，在圣凯瑟琳节这天，男孩们（有时是女孩们）也会这样做。19 世纪白金汉郡的一份记录甚至谈到了女孩穿男装。[149]

中世纪关于冬季庆祝活动最好的记录是圣尼古拉斯节和儿童节。至少从 13 世纪早期开始，男孩们会加入教堂，担任唱诗班成员或侍从，以纪念圣徒圣尼古拉斯，他是男孩和学者的守护神，学校里的男孩有时会在他的节日去教堂做礼拜。[150]这一天以允许"角色互换"为标志。每个唱诗班成员或学者选择其中一人担任主教，其余的人则担任他的神职人员或仆人。他们穿上牧师的衣服在附近走动，给人们送上祝福并索要礼物。这些活动主要发生在室外，但在 12 月 28 日，这位小主教（boy-bishop）会再次出现在教堂里面，并在礼拜仪式中发挥主导作用。在索尔兹伯里，在 27 日下午晚祷时，他被正式任命为唱诗班成员。他主持仪式，并为人们祈福，直到第二天下午的晚祷。[151]14 世纪时，他在伦敦的圣保罗大教堂布道，其中两篇样本保存在都铎时代的圣保罗大教堂和格洛斯特大教堂，是由成年人写给男孩们诵读的。[152]

在教堂之外，悼婴节还有其他习俗。在埃克塞特，大教堂唱诗班成员吃了一顿特别的早餐，小主教和六个同伴吃了一顿特别的晚餐。当天，他们花了一部分时间游览城市和郊区，首先拜访了当地的圣尼古拉斯修道院，并向当地的显要人物分发手套,显然是为了换取金钱。事实上,"圣尼古拉斯的教士"成为"强盗"的一种常见的全国性表达方式,这表明,无论在这里还是在其他地方,男孩们的乞讨都有些强硬! 他们的收入全部归小主教本人所有。[153]埃克塞特是个小城市,当局把儿童的活动严格限制在节日当天的 24 小时之内。在圣保罗大教堂(伦敦),庆祝活动更为盛大。儿童不仅选了一个主教,还选了一个教长、执事长和其他人物。还有儿童组成一队由两个牧师、两个拿蜡烛的人和五个事务员组成的随从人员,跟在主教的游行队伍中,主教前面是两个拿着法杖的教堂侍从。男孩们在教长和教士的家里受到款待,在节日当天的午宴之后,他们聚集在教堂的门廊上,骑上由成年牧师提供的马匹。然后他们陪着主教绕城,为百姓祈福。[154]

悼婴节的习俗在约克大教堂最为盛行。在那里,涉及的资金如此之多,以至于 189 出现了记录这些资金的金融账簿,其中一笔保存的是 1396 年至 1397 年冬天的款项。上面显示收集到 8 镑 15 先令 5 便士。大教堂的每一位高级神职人员都用现金做礼物。宴会以盛大的规模举行;菜单上有鸭、鸡、山鹑、田鹬和珩鸟;也食用酒、蜂蜜和梨。约克郡的男孩们并非只去城里走动。1 月 4 日,他们到 6 英里外的凯克斯比(Kexby)去拜访一位当地的骑士,当天就回来了。在 1 月 7 日星期二,他们骑马出发,开始了一段漫长的旅程,一直持续到下个星期六。20 日回来,22 日星期一又出发,最终在 27 日星期六回到家。在这段时期,他们游览了巡区(Ridings)的东部以及北部与西部的部分地区,北部最远到达诺斯阿勒顿(Northallerton)、南部最远到达唐克斯特(Doncaster)附近的蒙克布雷顿(Monk Bretton)。他们拜访了 15 所修道院与小修道院,七位平信徒领主和夫人(包括诺森伯兰郡伯爵夫人)和一位教区牧师。在这些地方,每到一处他们都收到一笔付款,这显然是一种惯例。他们总共花费了 6 镑 14 先令 10.5 便士,小主教拿走了余下的 2 镑 6.5 便士。[155]

学校有它们自己的校历,影响的儿童人数较少——主要是男孩。当时的学校和现在一样,似乎采用的是三个学期的制度,从米迦勒节(Michaelmas)开始,接着是圣诞节和复活节,教科书里会有这些学期开始与结束的参照信息。这种节奏可能有它自己的历法习俗。基思·托马斯(Keith Thomas)把注意力放到了学生们的行为上,在宗教改革之后,在庆祝像忏悔星期二这样的特殊节日时,他们会真正或假装驱逐老师,也就是所谓的"禁止入内"(barring out)。[156]这种习俗在宗教改革之前没有被记载过,最接近它的是前一章讨论过的一首歌曲:现在学期快结束了,我们要拿一根棍子。但正如我们所见,这是一件相当低调的事情。尽管这首歌一开始威胁要制造混乱,但很快就变成了一种祈求允许"停课放假"的祷告,并承诺圣诞节结束后回来。[157]

　　断言"禁止入内"在中世纪不存在是不明智的,因为我们对学校生活的细节所知甚少。但是,如果没有提及它反映了真实情况,那么可能是不太需要"禁止入内",因为宗教改革之前的学校在时间表上更加多样化。一年当中经常有节日;大多数教员都是自雇者,可能在给予假期方面很宽容。宗教改革之后,节日减少了。越来越多的学校成为捐赠基金会,受法律监管,学年也变得更加统一。"禁止入内"可能是对这一变化的回应。

音乐和戏剧

　　还有另外两种游戏需要考虑:音乐和戏剧。童年自然存在这两种游戏。儿童一旦离开婴儿期,就开始模仿他们听到的歌曲或音乐,并模仿长辈的行为。过去也190 是这样。诚然,中世纪儿童的音乐是一个晦涩的主题,很少被观察者注意到,但它的一些可能形式是可以推测的。他们必定自然且天真烂漫地唱着前一章的童谣和儿歌。他们一定会吹口哨、用手指吹口哨,或者制作简单的管子和打击乐器来吹或敲打。即使在社会的大众阶层,也会有父母为了娱乐或奖励而演奏乐器,他们有一个动机是将这些技能传授给他们的孩子。在 1295 年至 1296 年,剑桥附近的巴恩韦尔(Barnwell)被描述为这样一个地方,在那里,儿童和青少年在仲夏节前夕会面,用歌曲和乐器互相娱乐。[158]约翰·斯托(John Stow)讲述在伊丽莎白时代的伦敦,一个少女如何在她的朋友跳舞的时候在街上敲手鼓,15 世纪有一个著名的故事,讲的是一个牧童吹笛子,给听众带来了巨大的影响。[159]

　　音乐也是正规教育的一部分。在学校里,男孩们似乎经常学习素歌,为成为教区教士和成年神职人员做好准备。到 12 世纪时,大型教堂仍有唱诗班成员,他们接受过唱素歌与高音的训练,(到 15 世纪中期)他们还接受过演唱复杂的复调乐曲的训练。[160]富人家的男孩和女孩被教育演奏器乐,作为他们教育的一部分。小男孩可能有鼓,比如 1306 年爱德华一世两个最小的儿子托马斯和埃德蒙,当时他们大约为 4 岁和 5 岁。[161]年纪大一点的孩子学习用手指弹奏弦乐器,比如竖琴和鲁特琴。在 1397 年,有人买了竖琴弦给亨利五世,当时他 10 岁,而亨利七世所有幸存的孩191 子,无论男孩女孩,似乎都学过鲁特琴。[162]乔叟说他的侍从会吹长笛,而亨利四世拥有一支竖琴。音乐成为贵族教育的一部分,因为唱歌和演奏的能力是那个等级

成年男性和女性的一项社会技能，他们中的一些人留下了可识别的作品，包括某个
"罗伊·亨利"（Roy Henry），他可能是亨利四世或亨利五世，当然还可能是亨利
八世。[163]

表演与音乐的不同之处在于，表演被视为男性主导的活动。这在教育方案中
没有提到，但成年人经常鼓励男孩表演，因为他们重视在登台表演中男孩子的帮
助。教员与那群聪明的儿童接触得最多，似乎从早期开始就把他们当作演员。在
英格兰，关于戏剧的最古老的提法之一与一位名叫缅因州的杰弗里（Geoffrey of
Maine）的老师有关，在约 1100 年他在邓斯特布尔（Dunstable，贝德福德郡）教书时，
筹备了一部关于圣凯瑟琳生活的戏剧。他从圣奥尔本斯修道院借了去衣来做装
饰，而且他的学生可能表演过这部戏剧。这出戏被人记住是因为法衣意外被烧了，
杰弗里加入修道院成为修士，以此赔罪。[164]在 1316 年，林肯地区的教员威廉·惠
特利（William Wheatley）写了两首拉丁赞美诗供圣诞节"演奏"，可能是通过戏剧的
形式展示的。[165]到 15 世纪，提到戏剧时，就会提到儿童参与其中。在 1430 年的圣
烛节（Candlemas Day），麦克斯托克修道院（Maxstoke Priory，沃里克郡）的男孩们在
麦克斯托克城堡演出，1487 年，亨利七世在温彻斯特城堡观看了来自海德修道院和
温彻斯特大教堂的相似男孩们演奏的《基督降临地狱》（Christ's Descent into
Hell）。[166]

到这个时期，戏剧被提及的次数激增，很明显，这些戏剧在英格兰各地都有上
演。有些演出是在贵族、乡绅、高级神职人员和宗教团体的家庭中进行的。其他的
则在乡村和城镇的公共场所上演。演员有时是家庭成员或当地社区人员，这些人
可以为这些场合表演；有时是这样一群人：他们即便不是职业人士，也会是能在好
几个地方展示他们工作的专家。这些戏剧可分为以下几类：有些是像罗宾汉（Robin
Hood）这样的世俗故事；有些是道德剧，其中的寓言人物——好的和坏的——互动
传递一种道德或教育信息；有些是宗教戏剧，描绘圣经中的情节、圣徒的生活或神
迹故事；还有一些是完整的循环剧，概述从创世到末日，上帝与世界的关系。这些
循环剧需要大量的舞台资源和演员，活动中心设在较大的城镇，其中四种以书面形
式保存下来：切斯特剧、来自东益格鲁（可能是诺里奇）的"新镇"剧，来自韦克菲尔
德（约克郡）的"汤利"剧（Towneley plays），以及约克剧。[167]

关于儿童和剧情的主要证据与城镇循环剧和大家庭有关。循环剧，甚至是在
小城镇和村庄上演的个别宗教戏剧，为男孩和年轻人的参与提供了很大的空间。
其中一个原因是存在女性角色，在英格兰，女性角色似乎通常由男性而非女性扮

演。[168]15世纪早期的《什鲁斯伯里碎片》(*Shrewsbury Fragments*)是英格兰北部某个地方的一组城镇循环剧，该剧显示同一个演员在耶稣诞生的故事中扮演一个牧羊人，在耶稣复活的故事中扮演三个马利亚之一。[169]在考文垂，扮演圣安妮和彼拉多(Pilate)妻子的男孩或男人会得到报酬。[170]像安妮这样的老女人，或者像诺亚的妻子这样滑稽的女人，都可以由成年男性扮演，但是夏娃或年轻的圣母马利亚这样的角色，需要那些肤色柔和、没有胡须的青春期前的男孩来扮演。扮演天使的人可能也是如此。城镇循环剧中不仅没有减少女性角色，而且准备了很多越过圣经历史严格规定的女性角色。德天使是女性角色，出现在新镇系列剧的其中一个天国场景中。一位女先知西比拉(Sibilla)加入了《旧约》先知的行列，并且在其中两组循环剧中，耶稣的诞生需要接生婆在场。

男孩和青年也被招募过来扮演他们自己。城镇剧中的圣经故事有三种场景需要他们：以撒献祭；年轻的耶稣和律法大师在一起；耶稣在进入耶路撒冷时，儿童唱歌迎接他。然而，其他角色，比如女性角色，通常根据故事需要而被添加进来。在耶稣诞生的场景中，切斯特循环剧有四个牧童，一个是侍奉希律王的男孩，一个是引导被耶稣治愈的盲人的男孩，还有一个是在圣灵降临节演讲的"小上帝"——大概是一个被安置在阁楼上的小男孩。[171]新镇剧安排一个青少年去引导盲人拉麦(Lamech)，并安排几个处女去陪伴作为女孩在神殿服务时的马利亚。[172]汤利剧和约克剧指导亚伯拉罕带上两个小男仆去献祭以撒，而且约克剧在其他场景中安排了儿童角色。在那里，"以色列的儿童"在摩西剧目中真的是以儿童的形象呈现的，年轻的圣母马利亚有一个小女伴，希律和彼拉多都有一个健谈的儿子，国王希律·安提帕有三个儿子。[173]所有的组诗都包括信使和马夫，他们似乎是青少年或年轻男子，并被赋予幽默、戏谑的角色。总而言之，儿童和青少年一定演过各种各样的角色，有大的、小的、庄严的、悲情的、滑稽的。

其他有记录的重要戏剧中心是大家庭，包括国王、贵族、主教和乡绅集团，以及教堂、修道院和社团等宗教团体。学校也可以归为这一类，特别是那些与教堂或社团有联系的大一点的学校，如伊顿公学、莫德林学院、圣保罗公学(伦敦)和温彻斯特学院。这些地方的生活很适合戏剧。领主和夫人、主教或修道院院长以及他们的访客都必须受到款待，在举行的宴会上表演戏剧。有许多人是会写会演的文化人，也有许多人是合适的演员。成年仆人或神职人员可以被招募担任男性角色，唱诗班成员、学生、守卫、青年侍从担任儿童或女性的角色。在学校里，男孩们可以自己表演，而在家里，如果他们不表演，他们可能会成为观众。

男孩们在这些地方扮演什么样的角色？最简单的情况是，他们可能发表了滑稽的演讲或唱歌。英语中留存的一些最早的戏剧材料作品出现在可能与15世纪20年代左右的布里斯托尔有关的一本文法杂集中。拉丁文本构成了其中大部分内容，除此以外，手稿还包含了三个英语演讲与宣言的片段。一个是一篇祈祷诗，开头是"我们将为罗马教皇祈祷"，并提到"整个大厅的主"以及他的夫人和孩子。它一开始很虔诚，但当它谈到召唤者、高利贷者、妓女、妻子与他人私通者和假陪审员时就变得很讽刺，最后以祝愿他们得到"基督的诅咒和我的诅咒"结束。第二个是一段开场白，要求听众听"我们的戏剧"。第三个是另一段开场白，是对那些"在这个大厅里"的人说的。接下来是两段三行字的演讲，其中包括罗宾·霍格斯（Robin Hoggys）和霍金·温内格雷特（Hawkyn Wynnegrett）这两个流浪汉角色之间的对话。该材料似乎讲的是一个世俗家庭，尽管演员身份不明，但从文法语境上看，很可能包含一位教员或学者。[174]

道德剧值得研究，尤其是其中年轻演员的痕迹。这些是更复杂的戏剧，专门在家庭内或由家庭成员表演。道德剧中的几乎任何角色都可以由男孩或年轻人扮演，而年轻女性角色的存在是他们参与其中的有力线索。舞台指导有时也会提到儿童。15世纪早期和中期在东益格鲁或附近地区创作的三部"马克罗"（Macro）剧就是很好的例子。所有这些都是关于人类在生命的诱惑中走向最终救赎的过程。《坚固的城堡》（*The Castle of Perseverance*）包含11个女性角色：7个德天使和4个"上帝的女儿"。[175]《智慧》（*Wisdom*）把阿尼玛（Anima，灵魂）描绘成一个少女，还写了五个唱圣歌的处女——很有可能是唱诗班成员。[176]它规定，当魔鬼路西法（Lucifer）离开舞台时，"他带着一个淘气的男孩哭着走了"[177]。后来，它把灵魂描绘成一个恶魔，并命令说："从灵魂可怕的斗篷下，窜出七个魔鬼模样的小男孩，然后再恢复回去。"[178]

第三部马克罗剧是《人类》，其中儿童的存在是由文字而不是舞台指示或人物角色暗示的。这部剧的演员只有七人，全是男性，尚不清楚他们的年龄。然而，对话中包含了大量的拉丁语，这表明听众中有神职人员、学者或受过良好教育的人，其中一个喜剧人物——当今（Nowadays）——不仅引用了拉丁语，而且在他的一次演讲中提到了学校的拉丁语教科书：

> 我衷心地向你祈祷，可敬的教士，
>
> 把这个英语写成拉丁语：
>
> "我吃了一碟凝乳，

> 我会拉得你满嘴都是屎。"
>
> 现在打开你的书包说拉丁语
>
> 并且用牧师的方式对我说![179]

第二行呼应当时最著名的基础教科书之一《信息》(*Informacio*),由 15 世纪的牛津教员约翰·利兰(John Leland)所著。"当你用拉丁语造一个英语句子时,你该怎么办?"[180]第五行可能指的是另一种著名的学校课本,被称为"*Bursa Latini*"(意思是拉丁人的手提包或书包)的拉丁诗歌词汇表[181],第三行和第四行是对学校练习的拙劣模仿。它们组成一个英语句子,用来转换成拉丁语,遵循一个喜剧式的套路,结合了我们在前一章中注意到的好和坏的东西。[182]很难不得出这样的结论,即"当今"作为一个学生或一种角色,代指的就是这样的男孩。

从 15 世纪后期到 16 世纪早期,许多类似的戏剧都有儿童参与的迹象。15 世纪 90 年代一个重要的戏剧中心是坎特伯雷红衣主教莫顿(Cardinal Morton)在兰贝斯宫(Lambeth Palace)的家。根据他的女婿威廉·罗珀(William Roper)后来的描述,14 岁的托马斯·莫尔就是在这里,

> 虽然他年纪还小,可是在圣诞节的时候,他有时会突然走到表演者们的中间去,而且从来没有研究过这件事,立刻就和他们打成一片,这使旁边的表演者更能让观众感到快乐。[183]

莫顿的公证人之一亨利·梅德沃尔(Henry Medwall)留下两出戏剧,可能是在这个十年中在家中上演的。一部是《富尔根斯与卢克雷斯》(*Fulgens and Lucres*),它包含了像卢克雷斯和她的女仆这样的重要的女性角色,也包含了仆人 A 和仆人 B 的角色,适合青少年或青壮年扮演。另一部是《自然》(*Nature*),其中至少有一个名叫"天真无邪"(Innocency)的女性角色。[184]当我们把目光转到 16 世纪早期,会发现儿童在戏剧中出现的迹象仍在继续。如前所述,《世界与儿童》以儿童为主,代表生命的前七年,而万顿则代表接下来的七年。[185]海伍德的《天气的变化》需要一个"会玩且年龄最小的"男孩,大约在 1562 年,戏剧《杰克·贾格勒》发表了,声称适合"孩子们表演"。[186]

因此,道德剧表明,年轻人扮演的角色和城镇循环剧里的角色一样多种多样。此外,这些戏剧不仅在它们发源的家庭演出。如我们所见,麦克斯托克小修道院和温彻斯特修道院的男孩们为其他地方的重要平信徒上演了他们的作品。16 世纪 20 年代,伦敦圣保罗学校的校长约翰·里特怀斯(John Ritwise)带领他的学生在红

衣主教沃尔西(Cardinal Wolsey)面前表演了悲剧《狄多》(*Dido*),并在格林尼治(Greenwich)的亨利八世面前表演了一出反对路德(Luther)的拉丁戏剧。[187]在16世纪后期,皇家礼拜堂(Chapel Royal)和圣保罗大教堂的唱诗班经常在伦敦上演与专业剧院不相上下的戏剧,并为莎士比亚提供了在《哈姆雷特》(*Hamlet*)中讨论的一个话题。[188]但所依据的这个传统可以追溯到中世纪后期。

玩家和旁观者

儿童和青少年的玩耍像一条大河一样在社会中奔流。当时有大量的玩具和游戏,静坐的和活跃的,室内的和室外的,独自完成的和社交的。它们的玩家年龄、财富和性别各不相同。年幼的孩子可能会在玩耍中模仿年长的孩子,但他们缺乏力量、技能,通常也缺乏产生同样效果的设备。家境较差的孩子拥有的制作精良的玩具和专门的游戏设备肯定更少,但他们可以制作自己的样式,而且在纯体力技艺方面,与家境较好的孩子不相上下。一些游戏,如象棋和狩猎,是专门与富人和贵族联系在一起的,但其他年轻人可能会模仿它们,比如1253年伦敦有一群年轻人,因为试图举办一次比武大会而引发骚乱。[189]女孩们被期待有更多的久坐不动的行为,这在某种程度上阻碍了她们参与游戏,而儿童集会可能经常将她们排除在外,但现代的类比表明,她们在青春期之前会参与很多游戏。她们也有自己的玩具和活动,包括玩偶、唱歌和跳舞。

年轻人的玩耍是成年人文化的一部分,还是与之相分离的呢?就像韵诗和歌曲一样,答案无疑是"两者都有"。虽然道德家认为玩耍是童年和青少年时期的典型特征,但年轻人玩的大多数游戏也为成年人所共享。"玩耍"(play)被广泛用于成年人的休闲和娱乐活动。成年人为儿童提供玩具,在制造和购买它们的意义上是这样。他们帮助组织小主教仪式,招募并指导了戏剧中的儿童。他们试图影响儿童的玩耍方式,并引导他们的玩耍达到成年人的目的。同样,玩耍对于儿童和青少年而言显得很特别,是在成年人的生活之外进行的。

约翰·特里维萨在1398年翻译巴塞洛缪的百科全书时,注意到年轻人是如何 196 "喜欢像他们这样的儿童的谈吐和忠告,放弃和回避成年人的陪伴"的。[190]儿童花了很多时间在街上和田野里玩耍,是和他们的同龄人一起,而不是和他们的父母。他们自己制作玩具,也制作别人给他们的玩具,并给他们玩的东西起特殊的名字。

正如我们在本章开始时所看到的那样，大河也有它的观众。一些站在河岸上的成年人带着疑虑，常常是不满，看着它前进。他们希望把它的能量转移到有用的地方，或者全然阻止它。玩耍可能是反社会的，或者看起来是这样的。《世界与儿童》中的儿童万顿不仅用鞭子使他的陀螺旋转，还用鞭子打他的玩伴。[191]在埃克塞特大教堂，主持牧师和教士会对 1448 年左右"年轻人"侵犯他们的教堂回廊颇有怨言，这些年轻人"玩陀螺、魁克（quek）、射钱（penny prick），大部分玩网球，因为玩网球，教堂回廊的墙壁都被弄脏了，玻璃窗也都震碎了"。[192]"魁克"是棋盘游戏，虽然不适合小孩子玩，但它是一种安静的游戏，而网球和射钱游戏对于财产和人身都很危险，后者显然需要向 1 便士硬币射箭。

197　　　玩耍在道德层面似乎也是危险的。纪尧姆·德·德吉维尔和他的英语译者认为，它诱使年轻人逃学、偷窃、任性和无视父母。年轻人真的把露营的钩子勾在十字架上。[193]雷特对儿童的玩耍的某些方面很纵容，尤其是对那些比较温和和有创意的游戏，但他批评了其他游戏，并警告他的儿子不要玩那些。象棋和西洋双陆棋让儿童无法去教堂做礼拜；玩骰子会变得愚蠢。[194]《世界与儿童》持类似观点。玩耍会把婴儿培养成为非常任性的儿童，在接下来的七年里，他们玩游戏、逃避功课，当他们长大后，更是放纵自我。直到故事的结尾，他才得救并恢复美德。这部剧隐含的教训是，如果在童年时期多些管教少些玩耍，他可能会过得更好。[195]莫德林学院的一本教科书中有这样一段话，即儿童享受安逸和快乐的自然倾向应该与他们接受纪律和教育的必要性相结合。[196]禁止游戏和支持射箭的法律也证明了类似的观点。

　　　　即使在既非不道德也非反社会的情况下，儿童的玩耍也似乎是一种不如其他人类行为的活动。宗教作家和道德家不仅喜欢用它来描绘儿童的不成熟，也喜欢用它来描绘成年人的愚蠢。毕竟，正是对人们宗教信仰反复无常的攻击，才导致13 世纪的传教士提到《到贝弗利汉姆还有多少英里？》，伊丽莎白时期的《布道书》（*Book of Homilies*，1562）希望人们嘲笑圣像崇拜，它引用早期基督教作家拉克坦提乌斯（Lactantius）的名言："就像小女孩玩小木偶一样，让这些装饰过的圣像成为老傻瓜玩的大木偶。"[197]莫德林学院的一本教科书讽刺时髦的母亲们希望把她们的孩子当作玩偶，而没有正确地抚养他们[198]，并且还提到了菲利普·斯塔布斯对玩偶和女性服装嘲弄性的比较。这些观点在文学作品对玩耍的讨论上留下了印记，想必也影响到了个别父母和儿童，但它们的影响不应被高估。玩耍在神职人员、教员、工匠和父母中有太多的支持者。最重要的是，儿童继续玩耍，尽管他们的长辈试图控制他们的行为。毕竟,男孩终究是男孩,女孩终究是女孩。

【注释】

[1] 关于英格兰的玩具和游戏的先驱作品出自斯特拉特(Strutt)的研究,至今仍值得参考,尤其是第485—513 页。更晚近的文献,参阅 W. Endrei and L. Zolnay, *Fun and Games in Old Europe*(Budapest, 1986); Riché and Alexandre-Bidon;以及 Alexandre-Bidon, 1997, pp.141—150。

[2] 前文,pp.6—7。

[3] 例如,参阅 *The Parlement of the Thre Ages*, ed. M.Y. Offord, EETS, os, 246(1969), pp.4, 6—9; More, i, 3—7;以及 STC 25982: *Mundus et Infans*(London, 1522), pp.4—5,印于 Lester, p.116。

[4] John Lydgate, *The Pilgrimage of the Life of Man*, ed. F.J. Furnivall and Katherine B. Locock, 3 vols, EETS, es, 77, 83, 92(1899—1904), ii, lines 11068—11229.

[5] *Promptorium Parvulorum*, p.555.亦可参阅 *Catholicon Anglicum*,一部 15 世纪后期的英拉词典,有类似但较少的关于游戏的条目,例如第 62、192、324、390 页。

[6] Nelson; Orme, 1989, pp.134—149.

[7] Horman, fols. 276v—283v.

[8] Cod. Marc. Lat. I. 99(2138);比较 Bodleian, MS Douce 135 和 Douce 276。

[9] Bodleian, MS Bodley 264; James, 1933.

[10] Pieter Bruegel, *Complete Edition of the Paintings*, ed. F. Grossmann, 3rd edn.(London, 1973), plate 51, p.191; Jeannette Hills, *Das Kinderspielbild von Pieter Bruegel d. Ä (1560)*(Vienna, 1998).

[11] 例如,参阅 Egan。

[12] *Polychronicon Ranulphi Higden*, ed. C. Babington, 9 vols(RS. 1865—1886), ii, 159; *CIPM*, vi, 476; Johnstone, pp.396—397.

[13] Aristotle, "Politics", book 8, chapter 6, section 1340b.

[14] J. Bosworth and T. Northcote Toller, *An Anglo-Saxon Dictionary*(Oxford, 1898). p. 1076; *Promptorium Parvulorum*, p.75.

[15] Horman, fol. 147r.

[16] STC 11098; John Florio, *A Worlde of Wordes*(London, 1598), p.443.

[17] Riché and Alexandre-Bidon, pp.69, 72.

[18] *The Anglo-Saxon Version of Apollonius of Tyre*, ed. Benjamin Thorpe(London, 1834), p.13.

[19] Martin Biddle, *Object and Economy in Medieval Winchester*, 2 vols, Winchester Studies, 7(Oxford, 1990), ii, 706.

[20] Walter of Bibbesworth, p.4, line 36.

[21] *Promptorium Parvulorum*, pp.413, 469, 496, 525; *MED*,参看"prille" "spilcock"。

[22] *Catholicon Anglicum*, pp.192, 324; *MED*,参看"scopperil" "spilcock"; *OED*,参看"whirlbone"。后者并不认为这个词适用于儿童的玩具,但天主教引用了一段拉丁语诗句来说明这一点。

[23] Opie, 1997b, passim.

[24] *OED*,参看"doll"。

[25] *MED*,参看"popet"; *OED*,参看"poppet" "puppet"; Nelson, p.13。

[26] *MED*,参看"popet"。

［27］STC 13830；*Hortus Vocabulorum*（London，1509），参看"pupa"。

［28］在伦敦贝斯纳尔格林童年博物馆里就有这样的例子。

［29］Ursula M. Radford，"The Wax Images Found in Exeter Cathedral"，*The Auliquaries Journal*，29(1949)，pp.164—168。

［30］Claude Gauvard，*"De Grace Especial"：Crime，Etat et Société en France à la fin du Moyen Age*，2 vols(Paris，1991)，i，309。

［31］Guillaume de Deguileville，*The Booke of the Pylgrimage of the Sowle*，ed. K. I. Cust(London，1859)，pp.iv，xxxvi，84；*Ratis Raving*，p.58。

［32］*Promptorium Parvulorum*，p.409；Philip Stubbes，*Anatomy of the Abuses in England*，ed. F. J. Furnivall，2 vols(London，1877—1882)，i，75。

［33］STC 24366；Willliam Turner，*Herball*(London，1562)，part 2，fol. 46r。

［34］STC 7689；*The Rates of the Custome House*(London，1582)，sig. D.viii。

［35］Vienna，Kunsthistorisches Museum，no. 4452。

［36］STC 12786；Thomas Hariot，*A Briefe and True Report of the New Found Land of Virginia*(Frankfurt，1590)，plate VIII。

［37］Horman，fol. 282v；对比 fol. 281r。

［38］Kempe，pp.77，297。

［39］A.R. Wright，iii，192。

［40］*MED*，参看"popet"。

［41］Roger Edgeworth，*Sermons Very Fruitfull，Godly and Learned：Preaching in the Reformation*，c.*1535*—c.*1553*，ed. Janet Wilson(Cambridge，1993)，pp.143，388。

［42］Alexandre-Bidon，1997b，p.148。

［43］关于以下内容，参阅 Egan。

［44］Johnstone，pp.400，403。

［45］PRO，E 372/123，m. 21。

［46］H.M. Colvin et al.，*The History of the King's Works*，vol. i：*The Middle Ages*(London，1963)，p.202；PRO，E 101/467/7(3)，(7)。

［47］PRO，C 47/4/5，fol. 53r。

［48］PRO，E 101/396/15；T.E. Tout，"Firearms in England in the Fourteenth Century"，*English Historical Review*，26(1911)，p.695。

［49］*King Alfred's Old English Version of Boethius*，De Consolatione Philosophiae，ed. W.J. Sedgefield(Oxford，1899，repr. Darmstadt，1968)，p.108；*Ratis Raving*，p.57.然而，直到 16 世纪中期，"木马"这个词才出现在文学作品中(*OED*，参看"hobby-horse")。

［50］*Oeuvres de Froissart：Poésies*，ed. A. Scheler，3 vols(Brussels，1870—1872)，i，93，lines 213—214。

［51］Grosjean，pp.284—286。

［52］STC 1536；Bartholomaeus Anglicus，*De Proprietatibus Rerum*(London，1495)，sig. M.ii recto。

［53］N.J.G. Pounds，*A History of the English Parish Church*(Cambridge，2000)，p.353。

［54］Bodleian，MS Douce 12，fol. 16；MS Douce 276，fol. 124v。

［55］Gerald of Wales，1937，p.35。

［56］*Ratis Raving*，pp.57—58。

［57］*Promptorium Parvulorum*，p.411；*MED*，参看"poupe"。

［58］前文，p.132。

［59］*The Poems of John Audelay*，ed. Ella K. Whiting，EETS，os，184(1931)，p.197。

［60］*OED*，参看"cherry-pit" "cherry-stone"。

［61］*Mundus et Infans*，p.5；Lester，p.116；Horman，fol. 281v。

［62］*The York Plays*，p.132。

［63］STC 5830；Randle Cotgrave，*A Dictionarie of the French and English Tongues*（London，1611），参看"chastelet"。

［64］More，viii part i，492.

［65］Byrne，p.6.

［66］Woodfield，pp.81—159.

［67］Comenius，pp.276—277.

［68］Bodleian，MS Bodley 264，fol. 112r.

［69］PRO，E 101/386/6.

［70］*Ratis Raving*，p.61.

［71］Horman，fol. 280v；对比 fol. 281v；*MED*，参看"dali"。

［72］Horman，fol. 282v.

［73］Anglo，pp.30，33.

［74］STC 4920—4921；Jacques de Cessoles，*The Game of Chess*，trans. W. Caxton（Bruges，*c*.1475；Westminster，*c*.1483）；facsimile，ed. Norman Blake（London，1976）；Grente，pp.728—731.

［75］J. C. Robertson，iii，11，translated by H.E. Butler in F.M. Stenton，*Norman London*（London，1934），p.30；Horman，fol. 279v.

［76］前文，p.141。

［77］*Promptorium Parvulorum*，pp.20，404，430.

［78］*MED*，参看"bas"；*OED*，参看"base"。

［79］*Ratis Raving*，p.61.

［80］前文，p.331。

［81］Horman，fol. 282r.

［82］*Ratis Raving*，p.61；Horman，fol. 281v.

［83］More，i，3—7.

［84］Orme，1989，p.136.

［85］John Heywood，*The Play of the Weather*（Malone Society，Oxford，1977），sig. D. iii，lines 1032—1042.

［86］*Promptorium Parvulorum*，pp.498，518.

［87］*MED*，参看"totir"；*OED*，参看"totter" "merry-totter"。

［88］*Promptorium Parvulorum*，pp.447，488；*MED*，参看"shitel"。

［89］*The Wakefield Pageants*，p.62，line 736.

［90］J. C. Robertson，iii，9；Stenton，*Norman London*，p.30.

［91］*Promptorium Parvulorum*，pp.60，269，404.

［92］STC 24380；Thomas Tusser，*Five Hundred Pointes of Good Husbandrie*（London，1580），fols 25v，27v.

［93］关于以下内容，参阅 Orme，1983a。

［94］Horman，fol. 278r.

［95］Orme，1983a，pp.52—54；Elyot，fols. 64v—68r（book i，chapter 17）.

［96］Nelson，pp.23—24.

［97］Horman，fols. 277v，283r.

［98］关于验尸官的记录里的儿童，参阅 Hanawalt，1986，尤其 pp.171—187。

［99］Sharpe，pp.63—64；Grosjean，pp.35—37.

［100］Grosjean，pp.101—103.

［101］Heywood，*The Play of the Weather*，sig. D.iii，lines 1032—1042.

［102］*Mundus et Infans*，p.5；Lester，p.116.

［103］Nelson，p.27；前文，pp.185—186。

[104] Furnivall 1868a/1931，p.382；Furnivall，1868b，pp.8—9.

[105] *Statutes of the Realm*，i，97—98.

[106] *L'Histoire de Guillaume le Maréchal*，ed. P. Meyer，3 vols，Société de I'Histoire de France (Paris，1891—1901)，i，lines 602—619.

[107] Johnstone，p.408；PRO，E 301/352/6；*Records of the Wardrobe and Household 1286—1289*，ed. Benjamin F. Byerly and Catherine R，Byerly(London，1986)，pp.411—412.

[108] Orme，1984，pp.183—184.

[109] *Rotuli Parliamentorum*，vi，156；*Statutes of the Realm*，ii，432.

[110] Orme，1984，pp.201，204.

[111] Hunnisett，pp.33—34；Grosjean，pp.37—38.

[112] 关于以下内容，亦可参阅 Orme，1981，pp.191—198。

[113] Horman，fol. 277r；Elyot，fol. 69v(book i，chapter 18).

[114] *The Chronicle of John Hardyng*，ed. H. Ellis(London，1812)，pp.i—ii.

[115] 前文，p.280。

[116] *Close Rolls*，1253—1254，p.41；*LPFD*，iv part iii，pp.2593—2594(no. 5806).

[117] Colin Richmond，*John Hopton：a Fifteenth Century Suffolk Gentleman*(Cambridge，1981)，p.133；J. G. Nichols，*Narratives of the Days of the Reformation*，Camden Society，77(1859)，pp.238—240.

[118] Nelson，pp.23—25.

[119] Herodotus，*Histories*，book 1，chapter 14，讲述见于 Ranulph Higden，*Polychronicon*，vol. iii，ed. J.R. Lumby(RS，1871)，pp.140—143。

[120] Orme，1989，pp.142—143，150.

[121] Adam of Usk，pp.94—97.

[122] R. Carew，*The Survey of Cornwall*(London，1602)，fol. 124v.

[123] *The Chronicle of Queen Jane*，ed. J.G. Nichols，Camden Society，48(1850)，p.67；*Calendar of State Papers Spanish*，*1554*(London，1949)，p.146.

[124] CCR *1364—1368*，pp.101—102；T. Rymer，*Foedera*，*Conventiones*，*Literae*，20 vols(London，1704—1735)，vi，468.

[125] *Statutes of the Realm*，ii，57.

[126] Ibid.，pp.163，432，462—463，472—473，494，569，649—650.

[127] Ibid.，iii，2—3.

[128] 关于这个主题，参阅 Opie，1997b，pp.1—8。

[129] Jenny Swanson，p.327.

[130] Barclay，1928，p.184.

[131] J.C. Robertson，iii，9；Stenton，*Norman London*，p.30.

[132] Orme，1976，p.62.

[133] *LPED*，iii part i，p.503.

[134] Lupton，p.278；*VCH Lancashire*，ii，584.

[135] Hutton，1996，pp.153—158.

[136] Chaucer，"Canterbury Tales"，VII 2859—2864(B^2 * 4049—4054).

[137] Cambridge，St John's College，MS F.26，fols. 28v—29r；Thomson，1979，p.150.还有一首不那么具体的校园斗鸡诗，见 Bodleian，MS Rawlinson D 328，fol. 72r。

[138] Opie，1979b，pp.7—8；Bruegel，"The Battle between Carnival and Lent"(1559).

[139] *York Civic Records*，ed. Angelo Raine，vol. iii，Yorkshire Archaeological Society，Record Series，106(1942)，p.70.

[140] British Library，Add. MS 42130，fol. 196v；Millar，fol. 196v.

[141] Lydgate, 1911, pp.352—354.亦可参阅 *Mundus et Infans*，p.5；Lester，p.116。

[142] Grosjean，pp.61—62.

[143] 关于 9 月 14 日的采拾坚果，参阅 *Grim the Collier of Croyden*，II.i, in Robert Dodsley，*A Select Collection of Old English Plays*，ed. W. Carew Hazlitt, 4th edn.，15 vols(London，1874—1876)，viii，418。

[144] H.C. Maxwell-Lyte，*History of Eton College*，*1440—1910*，4th edn.(London，1911)，p.152.

[145] Grosjean，p.54.

[146] Tusser，*Five Hundred Points of Good Husbandrie*. fol. 23v.

[147] Horman. fol. 280r.

[148] Wilkins，iii，859—860；Hughes and Larkin，i，301—302.还有一天，圣埃蒙德日（St Edmund's），可能是 11 月 20 日，参阅 Chambers，i，367。

[149] A.R. Wright，iii，167—186.

[150] 关于以下内容，参阅 Chambers，i，336—371，以及 Shahar，1994，pp.243—260。

[151] 前文，pp.232—233。

[152] Rickert，p.121；Nichols and Rimbault.

[153] G. Oliver，*Lives of the Bishops of Exeter and a History of the Cathedral*（Exeter，1861)，pp.228—229.

[154] *Registrum Statutorum et Consuetudinum Ecclesiae Cathedralis Sancti Pauli Londinensis*，ed. W. Sparrow-Simpson(London，1873)，pp.91—94.

[155] Chambers，ii，287—289.

[156] Keith Thomas，1976.

[157] 前文，p.157。

[158] *Liber Memorandorum Ecclesie de Bernewelle*，ed. J.W. Clark(Cambridge，1907)，pp.41—42.

[159] John Stow，*A Survey of London*，ed. C.L. Kingsford, 2 vols(Oxford，1908)，i，95；前文，p.319。

[160] 前文，pp.227—228。

[161] PRO，E 101/368/12，fol. 3.

[162] PRO，DL 28/1/6，fol. 36r；Anglo，pp.29—40.

[163] 关于这个主题，参阅 Orme，1984，pp.163—170。

[164] Walsingham，1867—1869，i，73.

[165] Oxford，New College，MS 264, fols 262r—265v.

[166] Thomas Warton，*History of English Poetry*，ed. W. Carew Hazlitt, 4 vols(London，1871)，iii. 310，312.

[167] *The Chester Mystery Cycle*；*The N-Town Play*；*The Towneley Plays*；*The York Plays*.

[168] 关于这个话题，参阅 Rastall. pp.308—327。

[169] *Non-Cycle Plays and Fragments*，ed. Norman Davis，EETS, ss, 1(1970)，pp.xvi，1—7.

[170] *Records of Early English Drama：Coventry*，ed. R.W. Ingram（Toronto and Buffalo, NY，1981)，pp.86，168，186.

[171] *The Chester Mystery Cycle*，i，132，151，173，231—233，259，385.

[172] *The N-Town Play*，i，45，90—91.

[173] *The Towneley Plays*，i，52—53；*The York Plays*，pp.93，105. 119，135—140，257，278—280.

[174] Bodleian，Lincoln College MS lat. 130, fols 1—2；Cynthia R. Bland，*The Teaching of Grammar in Late Medieval England*(East Lansing, Mich.，1991)，p.115.

[175] *The Macro Plays*，p.2.

[176] Ibid.，pp.114，119.

[177] Ibid.，p.132.

[178] Ibid.，p.144.

［179］Ibid., p.158.

［180］Thomson，1984，p.111.

［181］Thomson，1979，p.125.

［182］Orme，1989，pp.77，119；前文，p.··。

［183］Roper，p.5.

［184］*The Plays of Henry Medwall*，ed. Alan H. Nelson（Cambridge，1980），尤其 pp. 32，42—43，102。

［185］*Mundus et Infans*，pp.3—5；Lester，pp.112—117.

［186］Heywood，*Play of the Weather*，sig. D.ii verso；STC 14837，*Jake Jugeler*，sig. A.i recto.

［187］M.E.J. McDonnell，*A History of St Paul's School*（London，1909），p.94.

［188］*Hamlet*，Ⅱ.ii；Norman Sanders et al.，*The Revels History of Drama in English*，vol. ii：*1500—1576*（London and New York，1980），pp.117—129.

［189］前文，p.321。

［190］*On the Properties of Things*. i，301.

［191］*Mundus et Infans*，p.4；Lester，p.115.

［192］*Letters and Papers of John Shillingford*，*Mayor of Exeter 1447—1450*，ed. Stuart A. Moore，Camden Society，new series，2(1871)，p.101.

［193］*The Pilgrimage of the Life of Man*，ed. Furnivall，ii，304—306.

［194］*Ratis Raving*，p.61

［195］*Mundus et Infans*，passim；Lester，pp.111—156.

［196］前文，p.306。

［197］*Certain Sermons or Homilies Appointed to be Read in Churches*，repr.(London，1843)，p.275.

［198］Nelson，p.13.

第六章　教　会

教会和儿童

朗兰的伟大诗篇《农夫皮尔斯》开篇就讲述了作者如何在莫尔文丘陵（Malvern Hills）睡着，然后看到天堂的美景、地狱和它们之间的世界。他来到世上，遇见的第一个人是一位身穿纯亚麻衣、面容姣好的女子。他不认识她，她轻轻地责备他。"我是圣教会（Holy Church）。你应该了解我。我起初接待了你，教你信仰。你向我发誓谨遵我的命令，并在你的有生之年忠实地爱我。"[1] 这些话语以理想的形式阐述了中世纪英格兰教会和儿童之间的关系。教会在他们出生的第一天就通过洗礼接纳他们为新成员。随着他们的成长，教会给他们提供教育，由教会的神职人员、（尽管朗兰没有这么说）教父母和父母具体实施。作为回报，每个孩子在受洗时都通过教父母，承诺在自己的余生中遵行教会的命令。这个承诺影响了儿童的行为方式和他们的信仰。

神职人员通过教会服务、教牧工作和教学影响儿童，这成为他们对整个社会的服务的一部分。人们需要知道如何祈祷，而神职人员要让他们记住教会的基本祈祷文。在盎格鲁-撒克逊晚期有两种祈祷文：《主祷文》和《使徒信经》，到 13 世纪又增加了第三种——《圣母经》。[2] 人们也被期望对上帝有一个基本的理解，包括他的行为准则以及他们应该避免的世界上的邪恶。1281 年兰贝斯委员会的一份有影响力的法令，以它的开场白"牧师的无知"（*Ignorantia sacerdotum*）著称，规定神职人员应该教导人们《使徒信经》的十四点、十诫、七大圣礼、七件善事、七大美德、七宗罪。[3]

中世纪神职人员关于教学的大多数指导书针对的是所有人，而非特别针对儿童。教会领袖似乎通常希望年轻人从他们的父母和教父母那里得到教导，而不是直接从牧师那里。然而，在 13 世纪，一些教区大会强调鼓励教区神职人员面对面地教导孩子。1217 年至 1219 年，索尔兹伯里教区举行了一次宗教会议，命令神职人员召集儿童，指导他们或使他们接受三种基本祈祷文中的一两种的指导。[4]大约在 1239 年，林肯教区举行了另一次宗教会议，也让神职人员教儿童这些祈祷文，其他教区的一些宗教会议也向自己教区的牧师转述索尔兹伯里或林肯的法令。[5]尚不清楚神职人员是否通过定期上课来执行这些命令。有些人可能是主动这样做的，但没有证据表明这种情况是正常或经常发生的。在 1250 年至 1530 年间，关于牧师的职责（和过失）有很多著述，但并没有拓展到讨论他们在儿童方面的工作。

宗教改革标志着这方面的变化。1537 年至 1538 年，我们发现一些英格兰主教——伍斯特的拉蒂默（Latimer of Worcester）、考文垂和利奇菲尔德的李（Lee of Coventry and Lichfield）、索尔兹伯里的沙克斯顿（Shaxton of Salisbury）和埃克塞特的维齐（Veysey of Exeter）——命令他们教区的神职人员和礼拜堂牧师尤其要用英语教授儿童和"年轻人"《主祷文》《圣母经》《使徒信经》和十诫。[6]这似乎是一项新的倡议，反映出都铎改革派对福音主义的普遍关注，尤其是对"年轻人"教育的关注。[7]当克兰默的第一本《公祷书》(Book of Common Prayer)在 1549 年发表时，书中包含了教义问答，教导儿童《使徒信经》《主祷文》和十诫的形式和意义，以代替《圣母经》。[8]这本书要求每个教区的牧师为了这个目的要在星期日下午的礼拜前在教堂里待上半个小时，至少每六个星期一次——1552 年这项义务增加到所有的星期日和宗教节日。在这里，牧师要指导和检查他们的教义问答，以便每个孩子在接受主教的坚信礼之前都能背熟经文。[9]洗礼仪式继续指导教父母，以确保儿童学习这三种基本经文，但当时，神职人员比以前更大程度地参与了这一过程。

正如我们所看到的，教父母在儿童通过受洗进入教会的过程中起了重要的作用，但教会并不认为他们的作用随着受洗仪式而结束。[10]在随后的岁月里，人们估计他们在孩子的成长过程中提供了精神和身体上的实际帮助。朗兰在《农夫皮尔斯》中对此提出警告：

> 教父和教母如果看到他们的孩子
>
> 处于困境和灾难之中，但愿他们能有所补救，
>
> 他们将在炼狱中苦修，除非他们伸出援手，

因为有更多的东西属于这个小孩,在他知道法律之前,

比起取一个名字,并且他仍然一无所知。[11]

到中世纪末期,索尔兹伯里或"塞勒姆"(Sarum)礼拜仪式书在英格兰南部得到使用,其中包括在婴儿洗礼后由牧师派给教父母的一份指示。这是用英语写的,不像礼拜仪式本身是用拉丁语进行,这样大家就能清楚地理解:

这个孩子的教父和教母,我们责成你们,你们责成父亲和母亲在孩子7岁之前让他(或她)远离火、水和其他危险,并且按照任何圣教会法律,你们要教或确保他(或她)被教导《主祷文》《圣母经》和《使徒信经》,并且他(或她)要赶紧接受教区我主或他的代理人的坚信礼。[12]

另外一个规则是,他们应该教他(或她)如何画十字。[13]然后,教父母应该监督孩子的身体护理,确保孩子学会基本的祈祷词,并检查他(或她)是否继续进行了坚信礼。[14]即使当他(或她)长大成人,也应该继续警告他(或她)要保持贞洁、热爱正义、遵守慈善。[15]

这些任务执行了多少？任何当过教父母的人都知道,在受洗仪式上履行自己的职责比在受洗之后让这个角色变得有意义要容易得多,除非父母致力于孩子的精神教育,那么教父母几乎没有机会施加影响,他们往往只是名誉上的叔叔或阿姨,在生日和圣诞节送去问候和礼物。中世纪的教父母可能比这更有影响力。首先,前面已经提到过有一个习俗,讲的是三个教父母中的首席人物经常给孩子取自己的名字。[16]这在他们之间建立了一种联系,很容易记住。其次,教会的婚姻法认为教父母养育是建立一种精神上的家庭关系。你的教父母和他们的孩子是你精神上的兄弟姐妹,你不能和他们结婚。[17]这可能有助于使这种联系永久化,不仅在有关各方之间,而且在他们的神职人员和邻居之间。最后,过去的死亡率更高,教父母需要代替缺席的父亲或母亲的几率也更大。

然而,中世纪的父母选择教父母不太可能仅仅或主要是基于精神上的原因。世俗动机也很重要,比如身边的友谊和亲密关系。选择朋友和邻居作为"godsibs"或"gossips"(两者都指教父母)的做法,似乎解释了为何"gossip"一词厎来指代密友以及密友之间所谈的内容。[18]在16世纪30年代中期,拉尔夫·萨德勒对儿子出生后的安排可能很有代表性。洗礼仪式将于第二天在伦敦郊外的哈克尼(Hackney)举行,他的妻子就是在那里分娩的,他必须尽快找到教父母。因此,萨德勒写信给国王的国务大臣托马斯·克伦威尔(Thomas Cromwell),请求他担任首席教父,并用

203　他的名字为孩子取名,他设想克伦威尔可以从威斯敏斯特或其他地方的王宫骑马赶来。信中提到萨德勒打算请理查兹夫人(Mrs Richards)或韦斯顿夫人(Lady Weston)做教母,因为她们也住在哈克尼附近。克伦威尔曾是萨德勒另一个儿子的教父,但那个儿子已经去世了;父亲希望这一个带来的更多是欢乐。[19]

　　选择教父母并不是一件简单的事。许多父母似乎都利用这个机会获得重要人物的光顾,就像萨德勒对克伦威尔所期望的那样。有地位和影响力的男子和妇女似乎经常被人找去提供服务。伊尔纳姆(Irnham,林肯郡)的杰弗里·勒特雷尔爵士(Sir Geoffrey Luttrell,1345年去世)是著名的《勒特雷尔诗篇》的赞助人,他在遗嘱中提到五个教子,都叫杰弗里。一个是骑士的儿子,其余的都是底层人——其中两个是杰弗里爵士的厨房职员——的孩子。[20]西蒙·格伦登(Simon Grendon,1411年去世)是埃克塞特市市长,在他死后给九个教子留下了遗产,每个教子都用他的名字。[21]沃勒顿(Wollaton,诺丁汉郡)的亨利·威洛比爵士(Sir Henry Willoughby)是都铎王朝早期的骑士和朝臣,他也有类似的行为。他的家庭账簿显示,1522年他被邀请做了三次教父,1524年两次,1526年一次。他的女儿玛丽在1524年做了两次教母,两年后她的妹妹艾丽斯也做了两次。[22]他们的施洗礼物按等级渐变,表明他们也曾被邻近的乡绅和佃户或以前的仆人之类的小人物找过。勒特雷尔夫妇和威洛比夫妇将来可能给予的恩惠以及作为回报而得到的忠诚与好感,可能与精神上的照管一样重要,甚至更重要。[23]

　　但并非所有的教父母都拥有优越的社会地位。其他一些教父母与儿童及其家
204　庭的等级相同或较低。一项对中世纪后期约克郡封建贵族施洗仪式的分析表明,在50位身份已知的教父中,可能只有4位地位高级,而地位相同(15位)和地位低级(31位)的教父数量更多。[24]在13世纪晚期,我们确实听说管家、管家的儿子和扈从在他们雇主的儿子的洗礼中履行职责,他们不只是一个辅助的角色,而是作为首席教父,用自己的名字给孩子取名。[25]有时,向下级求助可能是迫于环境。孩子的出生是不可预测的,一个生病的孩子的到来要求立即接受洗礼。还有其他情况,比如首选的教父母未能及时到达[26],然后就得找一个替代人选,比如主持仪式的牧师或家庭佣人。也有可能找一个地位较低的人,如果他或她的名字是父母希望给他们孩子取的名字。如果不让上层人士用自己的名字命名,这就可能冒犯到他们。

　　无论尊卑,我们都很难概括中世纪教父母教育的效果。从逻辑上讲,它肯定因人而异。在宗教改革前,1556年诺福克郡的一些请愿者声称:

　　　许多 40 岁的好人，当了 30 个孩子的教父，对教父的职责一无所知，只知道
　　在离开教堂前洗手。[27]

另一些人与他们的教子至少保持着一种以礼物为表现形式的伯父般的关系。最早
的这样的例子之一是撒克逊权贵伍尔弗里克·斯波特（Wulfric Spot），他在 1002 年
至 1004 年的遗嘱中将土地和珠宝留给他的教女。[28]在中世纪后期的遗嘱中出现
了较小的金钱或财产礼物，其规模与洗礼礼物类似。[29]例如，1521 年约维尔
（Yeovil，萨默塞特郡）的自耕农贾尔斯·贝尼特（Giles Benet）给贾尔斯·贝尼特、贾
尔斯·霍西（Giles Horsey）和贾尔斯·温特（Giles Wynter）每人 20 先令，他们都是
他指定的教子。[30]有时，这样的遗赠更加明显是精神上的遗产。1446 年，约克郡的
一个牧师威廉·雷韦图尔（William Revetour）给他的教女留下了"一本很大的启蒙
书，里面有以佛兰德人的风格创作的图片"[31]。在 1520 年玛格丽特受洗到
1524 年伊丽莎白去世之间，迈林（Mailing，肯特郡）的女修道院院长伊丽莎白·赫尔
（Elizabeth Hull）送给她的教女玛格丽特·内维尔（Margaret Neville，肯特郡骑士的
女儿）的一本类似的祈祷书"圣母'时刻'"（the "hours" of the Virgin）仍然存在。玛
格丽特一生都保存着这本书，她或别人在书里塞了一张关于这份礼物的纸条。[32]
至少这最后两个例子表明，并不是所有的教父母都忘记了他们的宗教职能。

家里的宗教信仰

　　大多数儿童早年住在家里。这使得他们的父母成为影响他们宗教教养的第三
大也是最主要的因素。至少从 11 世纪初开始，教会领袖强调父亲和母亲以及神职
人员有责任教导他们的孩子基本的基督教祈祷文。[33]到了中世纪后期，他们主张
这应该拓展到其他的基本知识和行为。约克大主教约翰·托尔斯比（John Thoresby，
1372 年去世）在他的《平民教义问答》（Lay Folk's Catechism）中告诉父母，要把从神
职人员那里获得的知识传给他们的孩子。[34]奇切斯特的主教雷金纳德·皮科克
（Reginald Pecock）在《多尼特》（*The Donet*，1443—1449）中写道，他们应该告诉孩子
"我们的信仰和上帝的律法"[35]。另一方面，社会评论家认为太多的父母在这方面
做得不好。他们把社会问题归咎于这样的事实，即儿童从小没有被教育要尊重上
帝，并要遵守他和他的教会为生活制定的法律。[36]

　　在宗教的框架下，父母们在多大程度上努力抚养他们的孩子？在有文化的家

205

庭中,一些人这样做的一个迹象是启蒙书的存在——这是一种平民祈祷书,首次提到是在 13 世纪末。[37]这些书不仅包括通常是用拉丁语写的基本的祈祷文和其他简短的宗教文章,而且有时以字母开头,这表明启蒙书是供家长或老师与儿童一起使用的。有证据表明,学习阅读的儿童在学习了基本字母后,就被要求解读《主祷文》作为他们的第一篇散文。[38]然而,大多数家庭缺乏书籍,父母口头教导祈祷的做法也没有什么记录。有一个人还记得自己在家里以这种方式学习,他是巴金(Barking,艾塞克斯郡)的休·巴克(Hugh Buck),大约在 1538 年,他问他的教区牧师约翰·阿德里安(John Adrian):"一个人怎样才能获得精神生活的知识?"阿德里安回答说:"你的父母教过你。"巴克承认"我的父亲和母亲用拉丁语教我《主祷文》《圣母经》和《使徒信经》",但由于受到宗教改革思想的影响,他又加上"和部分偶像崇拜"。[39]在中世纪后期,对于基本的祈祷文应该用拉丁语还是英语来学习,存在着不同的观点。这两种语言都有支持者,但拉丁语似乎被广泛使用,甚至在普通人和文盲中。[40]

休·巴克说他学到"部分偶像崇拜",这无疑反映这样一个事实,即家庭教育以及贯穿其中的祈祷、信仰和行为包括了在中世纪宗教中扮演重要角色的外部仪式。阿宾登的圣埃德蒙(生于约 1175 年)被他虔诚的母亲"虔诚地滋养"到这样一个程度,即在他还是个孩子的时候,他就祈祷和禁食。当他在巴黎上学时,她寄给他一件刚毛衬衣。[41]在乔叟的《女修道士的故事》(Prioress's Tale)中,一位守寡的母亲不仅教她 7 岁的儿子一种基本的祈祷文(《圣母经》),还教一种基本的仪式:在他经过的每一个圣母画像前,跪下来重复这篇祈祷文。[42]至少从 13 世纪 30 年代开始,教会领袖就敦促儿童不仅要能祈祷,还要能正确地画十字架——这是祈祷前或抵御危险的仪式。[43]1431 年,在一个被指控为异端邪说的案例中,画出这个符号的正确方法出现了,当时艾伊(Eye,萨福克郡)的教士尼古拉斯被指控画得不正确。他的母亲告诉他要用右手画十字对抗魔鬼,当他拒绝时,她拉起他的手,画着十字说:"*In nomine Patris*,*Filii*,*et Spiritus Sancti. Amen.*"("以圣父、圣子和圣灵的名义。阿门。")这里,我们看到母亲的教导在起作用,尽管在这个例子中它没有效果,因为儿子(那时已经是成年人了)拒绝服从。[44]

到 15 世纪,公众手册出现了,可为孩子的教育提供建议。一种是写给男孩的——《智者如何教导他的儿子》(*How the Wise Man Taught his Son*),劝诫他们以祈祷开始每一天,尽管手册的其他内容是关于智者的行为,而不是宗教实践。[45]另一种是卡克斯顿的《礼仪之书》(*Book of Courtesy*),讲了很多关于教堂里的祈祷和行为的内容,我们稍后会讲到。有些类似的作品是针对女孩的。在《贤妻会朝圣》(*The Good Wife Would a Pilgrimage*)中,一位即将启程旅行的母亲告诉她的女儿要虔诚地祈祷。[46]《贤妻如何教育女儿》(*How The Good Wife Taught Her Daughter*)包括教导孩子要爱上帝、尽可能去教堂、在那里坐着的时候拨串珠、遵守神圣的日子、(成年后)缴纳什一税并施舍穷人。[47]"拨串珠"(bidding beads)可能仅仅意味着祈祷,但"串珠"是"念珠"的同义词,后者通常用于重复念《主祷文》《圣母经》和《使徒信经》。伊普斯威奇(Ipswich)的商人托马斯·庞德(Thomas Pownder,1525年去世)的纪念铜像上不仅有他的妻子,还有他的长女,她们的腰带上挂着念珠。[48]

家庭的教育能力一定各不相同,从一端是贫穷和冷漠的家庭到另一端是虔诚和富有的家庭。如果严肃对待宗教,家庭可能会变成上帝的圣地,在家具和仪式方面与教堂没有什么不同。房子和水井可能会受到牧师的祝福,赋予它们神圣的地位。[49]房间里可能有宗教图片和偶像:壁画和圣徒的雕像或小雕像。随着印刷术的发展,廉价的木刻画也开始出现,用来展示和崇拜,显示耶稣被钉在十字架上或悲伤的圣母怜悯他的尸体。在英格兰,1547年爱德华六世的政府提到过存在家庭圣像。[50]家庭可能有正式的赎罪券,有文化的人可能有宗教书籍。罗拉德派家庭可能会阅读圣经,批判同时代的教会,对罗拉德派教徒的起诉有时会提到他们的孩子。[51]父母可能承担神职人员的职责,比如引导家庭祈祷。他们当然会像圣经的先祖们所做的那样,对跪着的孩子们给予庄严的祝福。[52]中世纪的作家们讲述了亨利一世和阿宾顿的埃德蒙是如何被这样祝福的,《莱弗莱因》小说中的母亲也是这样对待她遗弃在女修道院外的婴儿的。[53]

在文明的家庭里,吃饭是家庭宗教信仰的重点。餐前和餐后祷告最初是一种修道院仪式,至少从14世纪开始就被世俗贵族模仿了。[54]到了15世纪,这一习俗进一步传播到社会的下层,并且似乎发展很快,根据这一习俗,儿童(至少是男孩们)做祷告或引导祷告。祷告,像基本的祈祷一样,通常是用拉丁语写的,以短诗、问句应答和散文的形式出现。这些文本有时出现在启蒙书中,可能由神职人员或教员用作学习阅读过程的一部分来教授。1423年,萨弗伦瓦尔登(Saffron Walden,埃塞克斯郡)修道院院长禁止两名当地牧师教小孩子们字母表和祷告,但同意了镇民的要求,即任何牧师可以教单个孩子这些内容。[55]在1454年的赫尔,人们按照字母表教小学阶段的学生祷告。[56]非拉丁语家庭也有可能用英语念这样的祈祷,但这种做法直到宗教改革之前都没有得到官方的鼓励。《拉丁语和英语字母表》

207

(*The ABC both in Latin and English*,伦敦,1538 年)包含九页用英语写的用于晚餐之前的祷告,包括用于吃鱼日和复活节时期的变体形式。[57]

在其他方面,吃饭也有教育意义。教会有饮食戒律,遵守这些戒律是基督徒的主要职责。成年人不应该在周五或主要节日的前几天吃肉,在大斋节期间不得吃肉和奶制品。儿童会熟悉这些规则,尽管他们不完全服从。[58]他们会带上他们的馅饼和美味的鱼去参加圣诞节和复活节的盛宴,以及 5 月或 6 月的祈祷日(Roga-tiontide)期间的庆祝活动。[59]高尚或虔诚的家庭可能会遵循宗教家庭的另一种习俗:在吃饭时阅读有益的文学作品。15 世纪早期有一套显然是为富有的已婚平信徒制定的拉丁语指导书,建议通过大声朗读来优化家庭进餐,以免人们的舌头说出虚荣或有害的东西。阅读应该"一会儿一个人,一会儿另一个人,一旦你的孩子(*filiis*)会阅读,就由他们完成"[60]。1473 年,当爱德华四世为他还不到 3 岁的儿子爱德华五世做教育计划时,他也加进了在餐桌上阅读"贵族故事"的规定。[61]

最雄心勃勃的家庭遵循日常祈祷和礼拜的模式,与神职人员的模式相似。阿尔弗雷德国王(899 年去世)试图把他一半的时间夜以继日地献给上帝,大概用于祈祷和学习。[62]在后来的几个世纪里,王室和贵族每天花一部分时间祈祷,这已经变得很普遍。有时,普通民众在起床和睡觉前,会在自己的卧室里独自祈祷。其他时候,他们在小教堂里这样做;到中世纪后期,小教堂成为贵族或绅士家庭的一个基本特征,如果财力允许,会请一个牧师。到了 15 世纪,个人的宗教仪式计划开始流传下来。上面提到的拉丁语指导书建议他们的受训者尽快从床上起来、画十字开始新的一天。然后他应该去教堂,做简短的有关圣母晨祷的虔诚仪式,这可能是从为纪念圣母而写的祈祷书"时辰书"中摘录的。接下来是听弥撒和重复 50 次《圣母圣咏》《玫瑰经》的 1/3)。晚祷应该在下午进行,而当天的主餐——正餐和晚餐——之后和之前应有祷告。[63]在那个世纪的后期,随着时钟变得普遍,虔诚的人们根据时钟时间安排他们的日子。爱德华四世的母亲约克公爵夫人塞西莉(1495 年去世)和亨利七世的母亲玛格丽特·博福特夫人(1509 年去世),都有为她们制定的每天的时间表:以一刻钟为单位安排祈祷、事务和用餐。[64]

富裕家庭的儿童和青少年也是在类似的模式下长大的。杰弗里·德·拉·图尔·兰德里在 14 世纪 70 年代的一篇文章中告诉他的女儿们,一起床就开始说"晨祷"(即圣母的祷词),要在吃早饭之前。他们必须虔诚地读经,在读经的时候不要想别的。在睡觉前,他们应该代表死者向圣母马利亚和圣徒祈祷。[65]大约在 1435 年,20 岁左右的诺福克公爵约翰·莫布雷(John Mowbray)的一份生活计划建议他早晚都要祈祷。早上 6 点到 7 点之间,他要起床,念晨祷、晨经,尹花较少的时间和他的牧师一起读时辰书,然后去做弥撒。下午,他要念圣母的晚祷。[66]爱德华五世的安排也有类似的规定。他起床后,要听他的牧师在他的房间里念晨祷(大概是圣母的晨祷),然后到他的小教堂或私人祈祷室里去做弥撒。和公爵一样,他也要参加一天中晚些时候的晚祷。[67]

相对而言,很少有人居住在有小教堂和牧师的家庭中,但在中世纪后期的乡绅和商人阶层中,念时辰书中的圣母时辰似乎是一种普遍做法。这可以从属于这些人的大量启蒙书和时辰书中得到暗示,这些启蒙书和时辰书在文献中被提及,或从 13 世纪中期一直延续到宗教改革时期。这样的书偶尔可以与儿童联系起来。1430 年,9 岁的亨利六世从他的叔叔和婶婶那里得到了精美的《贝德福德时光》(*Bedford Hours*)。[68]1535 年,当莱尔子爵(Viscount Lisle)10 岁的女儿布里奇特·普朗塔热内(Bridget Plantagenet)在温彻斯顿的圣玛丽女修道院寄宿时,有人买了两本晚祷书给她。[69]对这类祈祷者的教诲在卡克斯顿 1477 年出版的《礼仪之书》中有所提及,这本书是一位早期不知名的作家写的,是以诗的形式写的,用来给"小孩子"或"小约翰"提出忠告。它似乎针对的是地位相对较高的男孩,他们要么正在贵族家庭接受教育,要么在城镇文法学校接受教育。当孩子从床上起来时,他被告知在自己身上画三次十字,并重复《主祷文》《圣母经》和《使徒信经》。然后他应该穿好衣服,同时和同住一个房间的学生讲圣母时辰。[70]这里没有提到晚祷,但晚祷可能很常见:要么来自祈祷书,要么以传统诗歌的形式出现,比如《马太、马可、路加和约翰》,我们在前面的章节中遇到过这些。[71]

209

去教堂

作为一个基督徒也意味着去教堂并遵守那里的惯例。在卡克斯顿的《礼仪之书》中,男孩读者被告知,当他进入教堂时,要从教堂提供的碗中向自己泼圣水,并跪在中殿和圣坛之间屏风上的十字架前。在那儿,他又要念一遍《主祷文》《圣母经》和《使徒信经》。[72]贵族子女随父母或监护人从一个庄园到另一个庄园,或从宫廷到故乡,可能会体验各种教堂,包括家庭小教堂和修道院。作为贵族,他们应该花钱大方。爱德华三世的女儿伊莎贝尔和琼的一卷花费记录显示,1341 年至 1342 年,她们和仆人们在伦敦郊区旅行,并捐款给她们到访的教堂。1341 年

12 月 30 日,她们在伦敦塔参加弥撒,献上了价值 6 先令的祭品,并给在仪式中唱歌的四名修士 3 先令 4 便士。在接下来的 2 月 17 日,她们拜访了基尔伯恩修道院(Kilburn Priory,米德尔塞克斯地区)的修女。4 月 1 日,她们听了一名修士布道,可能是在斯特拉特福德朗索恩(Stratford Langthorn,埃塞克斯郡)的熙笃会修道院,并给了他 3 先令 4 便士小费。那个星期的晚些时候,当她们还在斯特拉特福德的时候,他们把濯足节救济金发给 24 个穷人,并在耶稣受难日为每个十字架奉献了 6 便士。[73]

大多数孩子都不是贵族,对他们来说教堂就是教区教堂。一旦受洗,对他们的进入便没有正式的限制,即使是婴儿也这样,而且在某些方面,中世纪教区教堂的礼拜活动并非不适合很小的人。仪式在十字梁后面的圣坛上举行,而信徒们则在中殿进行各自的祈祷,有时会大声祈祷或朗读。这些安排不像宗教改革后的礼拜那样容易受到婴儿的干扰,在宗教改革后的礼拜中,神职人员和人们一起在中殿活动。然而,实际上,人们对教堂里婴儿噪音的容忍度各不相同,就像今天的情况一样。圣西普里安(St Cyprian)认为它是一种祈祷,后来一些道德家认为它是对人类状况的悲叹。[74]朗兰用"像教堂里哭泣的孩子一样纯洁"这个比喻,肯定了哭泣的孩子的纯洁性,而不是责备他们。[75]相反,其他人发现婴儿的存在会分散注意力。16 世纪早期访问林肯教区的人被告知,在金普顿(Kimpton,赫特福德郡)教堂,"大多数婴儿在做礼拜时会笑,会哭,还会大喊大叫"。在戈斯伯顿(Gosberton,林肯郡),一个叫托马斯·莱克(Thomas Leyk)的人被指控带着一个婴儿妨碍仪式,显然这是一种惯常的方式。[76]

因为他们不可预测的行为,或者因为一些父母利用教堂逃离家庭,很小的孩子并不总是被带到那里。1268 年,贝德福德郡的莫查德(Muchard)一家——父亲、母亲和一家人——都去了教堂,留下一个 2 岁的男孩,显然由姐姐照顾;他走到屋外,掉到了井里。[77]1377 年,莱科克(Lacock,威尔特郡)的伊迪丝·勒·泰勒(Edith le Taylour)在黄金时间(早上 8 点左右)参加弥撒时,把她襁褓中的女儿放在壁炉边的摇篮里——当时她没有考虑到鸡会进入屋子,把火撒播在摇篮上,造成致命的后果。[78]15 世纪末,当父母去教堂做晚祷时,凯顿(Ketton,拉特兰郡)的 15 个月大的幼儿约翰·哈格雷夫(John Hargrave)被留在家里。这个孩子爬进火里烧伤了自己,虽然后来通过向死去的亨利六世国王祈祷,他痊愈了,但记录这一神迹的人觉得有必要说,这一疏忽的原因是不能原谅的。[79]

大一点的孩子也去教堂。有些人是出于好奇或找乐子而自己这么做的。在

12 世纪晚期，一个名叫伊美洛斯（Emeloth）的小女孩在和同龄人玩耍的时候违反了规定进入了达勒姆大教堂。对她而言不幸的是，教堂禁止女性入内，她失去了理智，直到去芬切尔的圣戈德里克朝圣后才恢复。[80] 其他的孩子被大人带到教堂，有时是当他们生病时，就像我们在神迹故事中听到的那样，但有时是出于其他原因。[81] 伯里圣埃德蒙兹修道院院长萨姆森（Abbot Samson of Bury St Edmunds）还记得，大约 1144 年，他 9 岁时，母亲带他到镇上的修道院教堂祈祷。[82] 当女人去教堂做礼拜时，孩子可能是一个有用的伴侣，因为女人出门旅行时需要有人陪伴。高塔骑士（the Knight of the Tower）力劝他的女儿们绝不要单独和一个男人在一起，除了和她们的父亲、丈夫和儿子；一首来自北方或来自苏格兰的 15 世纪的诗歌《好女人的力量》（The Thews of Good Women），建议女性在没有儿童或少女陪同的情况下不要出门办事。[83] 去教堂的人可能就属于这一类。当金斯林的市议员妻子马格丽·肯普在两位牧师的陪同下参观附近的明特林（Mintling）教堂时，他们"带着一两个孩子一起去了上述的地方"[84]。一个女人和不相关的男人出云，甚至是去教堂，甚至是和牧师，都会招致绯闻；事实上，那个骑士讲述了一个警示故事，一个女人在教堂里与教堂司事做爱。[85]

有一些虔诚的孩子，或者如圣徒传记作者声称，对祈祷和自律有一种早熟的兴趣，部分表现为他们会参加教堂的仪式。据说，诺里奇的圣威廉在 12 世纪中期就喜欢这样做，阿宾顿的埃德蒙在他还是个孩子的时候就禁食和祈祷。[86] 马修·帕里斯的《埃德蒙的一生》（Life of Edmund）讲述了他 12 岁时，如何经常去忏悔，向圣母像发誓保持贞洁，并送给圣像一枚戒指作为信物。在青少年时期，他离开了一些在田野里玩耍的同学，在一棵盛开的石南前祈祷，他在那里看到婴儿基督。[87] 布里德灵顿的圣约翰[St John of Bridlington，14 世纪早期出生在约克郡的特翁（Thweng）]是另一个虔诚的孩子。他 5 岁上学，出学校后，他拒绝参与儿童游戏，而是去教堂全身心地祈祷和敬拜。他也在 12 岁时许下诺言要保持贞洁。[88]

成年人在周日和重大节日都要来教堂，这一习俗可能已经扩展到贵族家庭的 212 孩子。亨利王子 1273 年至 1274 年的家庭账簿显示，仅在 1273 年 9 月 24 日到 12 月 31 日之间，他和他的兄弟姐妹去了 37 次。他们（或他们的监护人）忠诚且一致地在星期天敬奉 4 便士，在圣徒日敬奉 3 便士，在重大节日敬奉更多的钱。[89] 相比之下，大多数年轻人去教堂的习惯仍然鲜为人知。有些儿童可能是由尽职尽责的父母带来的，或者是那些希望家里安静的人送来的。其他人可能逃学去，或者，在宽容或漠不关心的家庭里,可能没有被要求去。在教堂里,他们必须按照长辈的安排做礼拜。一个人站着或坐着的地方反映了身份和性别。圣坛容纳神职人员,可能还有任何选择参加的贵族和乡绅。其他主要的教区居民可能占据了中殿的前面部分。男人和女人有时被隔离在教堂的两边。据推测,地位高的孩子可能以从属的姿态加入与他们同性别的家长一边,就像墓碑上显示的那样。我们将会看到,在某些教区,青年男女组成了团体,他们可能也会在教堂里这样做。普通的孩子可能会被安置在建筑的后面(一个较差的位置),就好像 16 世纪 40 年代大马洛(Great Marlow,白金汉郡)的做法。[90] 15 世纪,当教堂安装一排排的长凳时,这种安排方式肯定变得更加严格。

儿童和年轻人在这个建筑里做什么?有人猜想,应该和他们的父母差不多。富人和有文化的人可能会阅读宗教类书籍:启蒙书和时辰书,或者更复杂的赞美诗、祈祷书和布道书。不那么重要的人可以用念珠重复三种基本的祷告,如果他们有念珠的话。然而,并不是所有去教堂的人都与仪式有关。普通人可能会独自进入教堂祈祷,或者为某个圣像点一支蜡烛;儿童可能和他们一起去做这些事。1531 年,托马斯·埃利奥特爵士观察到他们在游戏中是如何再现正式和非正式的教堂活动的。"我们看到一些孩子如何在游戏中跪在画像前,举起纤白的手,动着漂亮的嘴,好像在祈祷,又好像在游行一样地唱歌。"[91] 在春天和初夏,牧师和平信徒在教堂周围或整个教区举行游行,儿童没有理由不参加。

年轻人也会模仿长辈在教堂里的不良行为。在 1218 年至 1236 年,布里斯托尔的一个工会警告其成年成员在仪式期间不要在教堂里走来走去,而要站着或跪着作为其他平信徒的榜样,《高文爵士与绿衣骑士》(*Sir Gawain and the Green Knight*)的作者觉得值得一提的是,在圣诞夜前夕的整个晚祷过程中,他的英雄都"冷静地坐着"。[92] 在 15 世纪,至少有两首写给男孩的礼貌诗提醒他们,教堂是祈祷的场所,人们应该避免在里面吵闹或玩耍。[93] 在这些问题上,年轻人和老年人之间有时会出现紧张关系,就像今天发生的那样。在 16 世纪早期的莱斯特郡,怀蒙德姆(Wymondham)的教区牧师抱怨说,儿童和年纪较长的人制造了太多的噪音,以至于没有人能听到礼拜。在柯比贝拉斯(Kirby Bellars)也有类似的报道,称"那里的孩子发出不雅的噪音"[94]。有时,他们可能会搞破坏。埃克塞特的主任牧师和教士经常抗议"年轻人"破坏他们教堂的回廊墙壁并打碎窗户,而且这样的抗议不可能少见。[95]

成人仪式

　　基督教从一开始就寻求接纳年轻人和老年人。当人们带孩子来见耶稣祈求祝福时,耶稣告诉他的门徒不要禁止他们,并谈到成年人要像孩子一样才能进入天国。[96]然而,一旦教会形成了有组织的形式,它就必须学会以适当的方式与儿童和成年人打交道。儿童不需要像他们长辈那样的教导或纪律,也不能指望他们在经济上支持教会。没经过太久,出现一种倾向,认为教会的一些仪式要么适合儿童,要么适合成年人,而不是两者都适合。其中两种圣礼(洗礼和坚信礼)与儿童有关, 214 而其他五种圣礼(圣餐、忏悔、婚姻、授予圣职和病人的涂油礼)在本质上被认为是成年人的。这种区别在 12 世纪及其之后更为明显,因为那时教会领袖开始重视人们的思想。似乎只有成年人才能充分理解圣餐并接受它,或者充分理解婚姻的义务而结婚。只有成年人才会犯如此严重的罪,以至于需要忏悔和涂圣油。儿童知道得没那么多,需要区别对待。

　　除了洗礼,圣餐是圣礼的主要部分,因为它被认为是得救的必要条件。从大约 10 世纪开始,教堂和神职人员在整个英格兰变得很常见,圣餐成为最常进行的仪式。它以拉丁弥撒的形式,在星期日和节日在所有教堂举行。在一些三要的教堂,它是每天进行的,有时一天好几次。它的仪式至少需要一名牧师和一名执事,通常更多。主持仪式的牧师献上一片圣饼和酒,然后自己吃了;他的助手和任何平信徒旁观者都没有参与。星期日在教区教堂里,人们可以得到代替品。一个是"圣像牌(pax)"或"平安器"(paxbred)——一种由象牙或金属制成的小圆盘,在献祭仪式结束后由牧师亲吻,然后将它环绕教堂由所有人亲吻。另一个是一条圣餐面包(不要和奉献的圣饼混在一起),弥撒结束后分给信徒。成年人每年领受一次圣餐,作为复活节的特殊虔诚,或在生命面临危险的时候(如分娩、朝圣和卧病)领受圣餐。在 12 世纪之后,他们以先吃一块圣饼再喝一杯不神圣的葡萄酒的形式领受。

　　在盎格鲁-撒克逊和诺曼时代晚期,儿童可领受圣餐。11—12 世纪的礼拜经文规定主教或牧师把它提供给新受洗的婴儿,用拉丁语说"我们主耶稣基督的身体使你永生"[97]。到 12 世纪末,这种做法逐渐消失。现在有了对圣体实在(Real Presence)的信仰,认为神圣的面包和酒不仅仅是耶稣的纪念或象征,而且改变了它们的性质,成为耶稣的身体和血。这就要求更大的敬意。人们必须防止溢出或反刍。

教会领袖们越来越坚信,你需要相信神的存在才能正确地领受圣餐。儿童看起来太小了,不明白他们得到的是什么。神学家罗伯特·普莱恩(Robert Pulleyn,1146 年去世)仍然建议,牧师将手指浸入圣餐杯,然后放进婴儿的嘴里,这样就可以与受洗的婴儿进行交流。他谴责了一种新的做法,即在圣餐仪式上给儿童不神圣的酒——这一礼仪后来也扩展到成年人。[98]但他的观点并没有得到认可。1215 年,在罗马召开的第四次拉特兰会议(Fourth Lateran Council of the Catholic Church)规定,每个人每年至少要去忏悔一次,并在复活节接受圣餐,前提是他们已经"到了有洞察力的年龄"[99]。这并没有明确地排除儿童,但它暗示了很多。

215 　　1200 年后来自英格兰的证据证实圣餐排除了儿童。弗兰伯勒的罗伯特(Robert of Flamborough)于 1208 年至 1215 年在巴黎写道,圣餐不能给予那些理解力有缺陷的人,他把儿童归为这一类。[100]帕古拉的威廉(William of Pagula)是 14 世纪颇有影响力的牧师手册《牧师的眼睛》(Oculus Sacerdotis)的作者,他说"任何人在死亡之前都不应该被允许参加基督的身体和血的圣礼,除非他已经被施坚信礼"——威廉认为这一仪式应该发生在 12 岁(女孩)和 14 岁(男孩)的时候。[101]他的继任者约翰·德·伯格在其规模更大也更成功的著作《瞳孔》中也持类似观点。"出于对面包和酒的形式的崇敬,判断力和理性的缺陷被排除在外,就像儿童和精神病患者一样。"约翰把年轻人可以够格的年龄稍微压低了一点。"孩子们在接近成年时,也就是说在他们 10 岁或 11 岁时,当他们对圣礼表现出谨慎和敬畏的迹象时,可以领受圣餐。"即使是这样,也只有在他们被施坚信礼的情况下才被允许,尽管约翰和威廉都为那些即将死亡的人破例。[102]这些有影响力的书可能是实践中发生的事情的指南,但地位高的儿童可能是个例外。

　　另外两种圣礼也有类似的历史。在早期的几个世纪里,儿童被允许与牧师一起忏悔,盎格鲁-撒克逊时期的忏悔指南设想,忏悔者可能必须处理儿童的性行为。[103]但到了 1215 年,当第四次拉特兰会议将忏悔与多年的判断力联系起来时,似乎儿童不再被要求忏悔。后来帕古拉的威廉和约翰·德·伯格也认同这一观点。[104]年轻人也被禁止参加临终涂油的圣礼。这是一种仪式,在这个仪式中,牧师陪伴那些病重的人,听取他们的忏悔,并在他们的脸和身体部分涂上圣油。原则上,它适用于任何人,但到 1200 年左右,教会领袖也认为它需要成年人水平的理解力。1217 年至 1219 年,索尔兹伯里主教普尔(Bishop Poore of Salisbury)限定 14 岁及以上的人参加临终涂油礼,他的裁决在 13 世纪逐渐被英格兰其他地方采用。[105]

　　到 14 世纪,不给孩子施涂油礼大概已经是普遍现象。1322 年左右,坎特伯雷大主教雷诺兹（Archbishop Reynolds of Canterbury）立法，规定涂油礼的最小年龄为14 岁，这在 15 世纪威廉·林德伍德对教会法的重要评论《省法典》（*Provinciale*）中适时地重新出现。[106] 大约在 14 世纪 20 年代，肖勒姆的威廉（William of Shoreham）在肯特郡写过关于这个主题的文章，他以事实解释了这个限制，"他必须虔诚，能正确地接受圣礼。所以孩童和疯人都不能行涂油礼，因为他们不明白它的圣善"[107]。约翰·德·伯格同意肖勒姆的观点。"这圣礼只授予有死亡危险的成年病人……不要把它施与儿童，因为他们没有因实际的罪而造成属灵上的软弱，也没有献身于这圣事的倾向。"[108] 林德伍德同意约翰的第一个解释。祯圣的涂油礼是用来处理成年人的罪孽的，因此与儿童无关。[109]

12 世纪对个人理解力的强调可以在其他宗教事务中看到。儿童被认为只有当 216 他们达到有判断力的年龄，即 12 岁、14 岁或 15 岁时，才能够进行正式宣誓。[110] 直到 14 岁到 18 岁之间不等的一个年龄，他们才被允许进行修道院的宣誓。[111] 如果他们希望成为教区神职人员，他们可以在 7 岁时接受削发，并被任命为看门人、读书人和驱魔人等次要职务，使他们能够成为教士或唱诗班歌手，但这样的任命不会将成年后的他们束缚在牧师生活中。下一级神职，即助理神职，只能在 13 岁或 14 岁时授予，而下一级最高的神职，即副执事神职，要求必须遵守独身誓言，必须在 17 岁时授予。[112] 婚姻是另一个涉及终身誓言的过程，也同样被修改了。世俗社会，特别是贵族和乡绅，容忍童婚的做法，一些儿童订婚仪式发生在中世纪。然而，教会越来越相信，直到伴侣到了青春期能够理解并履行他们的誓言，这些婚姻才有约束力。[113] 简而言之，在 12 世纪，神职人员对儿童的看法似乎有了很大的转变。1200 年后，儿童更有可能被视为一种独特的亚成人状态，需要单独对待。

如果教会开始更强烈地强调童年和成年之间的区别，它是否用成人礼来标志 217 这两个阶段之间的过渡？在英格兰宗教改革后的教会，坚信礼仪式已经开始扮演这样的角色，而天主教会更倾向于强调儿童的第一次圣餐。在中世纪，这两种仪式似乎都没有在很大程度上履行这一角色。坚信礼是作为洗礼的一部分开始的，它的基本要素是将双手放在受洗者的头上，并在前额涂上圣油（油和香膏）。大约在公元 4 世纪，一场分离发生了。洗礼由牧师负责，其他的仪式则成为坚信礼的圣礼，在洗礼完成后由主教执行。从神学上讲，坚信礼强化了圣灵的恩赐。从法律上讲，这是教会对一个人的基督徒身份的正式认可。从历史上看，双手的放置形成了一种可以追溯到耶稣使徒的联系。在社会方面，这个仪式包括教会领袖单独会见他们的信徒。这通常是唯一发生这种情况的时候。

在盎格鲁-撒克逊英格兰，主教通常是传教士，并且教区牧师很少，洗礼和坚信
218 礼在很多情况下继续同时发生。林迪斯法恩（Lindisfarne）的主教圣卡斯伯特（St
Cuthbert）将手放在最近受洗的人身上。[114]盎格鲁-撒克逊时代晚期的英语"主教
仪典书"（pontificals）认为这两种仪式通常相继发生。它们规定，如果有主教在场，
受洗的婴儿将立即接受圣礼。[115]其中之一[剑桥大学悉尼·萨塞克斯学院
（Sidney Sussex College Cambridge）的主教仪典书，可能是 11 世纪早期温彻斯特的
一本书]将接受坚信礼的人定义为"婴儿"。[116]在下一个世纪，莫德林学院的主教
仪典书声明，当洗礼完成时，"如果有主教在场，（这个儿童）应该立即被用圣油施
坚信礼"[117]。

在中世纪的其余时间里，新受洗者的坚信礼仍然是合法的。该圣礼的图片显
示主教和婴儿在一起，大小上通常与受洗的婴儿难以区分。[118]在贵族和王室家
庭，主教很容易找到，坚信礼可能接在洗礼之后进行，这种情况一直持续到宗教改
革。诺森伯兰郡珀西伯爵保存有都铎王朝早期的小教堂手册，里面提到过这种做
法，亨利八世的孩子们——1533 年伊丽莎白一世和四年后爱德华六世出生时遵循
了这种做法。[119]但是，在盎格鲁-撒克逊时代之后，这样的孩子是例外。随着基督
徒人数的增加和主教获得非牧师的职务，当大多数婴儿受洗时，他们很少在身边。
诺曼征服后，主教通常居住在伦敦，从事王室或教会事务。即使是那些来到他们教
区的主教，也倾向于主要在他们的领地之间旅行，他们认为通过任命一个副主教来
代表他们旅行并施坚信礼，可以做些弥补。

毫不奇怪的是，没有主教来实施坚信礼时，人们也就不能领受它，二者是相对
应的。到 13 世纪，忽视领受坚信礼已成为公认的问题，主教们有义务为进行该仪式
设定时间段。在奇切斯特和伍斯特的主教区，受洗礼后一年内必须行坚信礼；在埃
克塞特、韦尔斯（Wells）和温彻斯特，是三年；在达勒姆和索尔兹伯里，是五年。教会
领袖命令通过禁食或逐出教会来惩罚失职的父母，但由于教区通常很大，主教也不
在，这样的命令很难执行。[120]1213 年至 1214 年，索尔兹伯里的主教设想在青春期
未接受坚信礼的儿童，而 1281 年，兰贝斯议会抱怨说，许多人忽视了该圣礼，同时
"无数人"因为没有接受它而以邪恶的方式变老。[121]议会试图纠正这一问题，坚持
不允许未接受坚信礼的人参加圣餐，除非他们奄奄一息，但教区神职人员是否执行
了这一政策尚不清楚。大约在 1322 年，大主教雷诺兹期望"成年人"（14 岁以上的
人）会参加坚信礼，并告诉他们来之前禁食并且已经向牧师忏悔。[122]

帕古拉的威廉是一位作家，他赞成推迟到儿童到达有判断力的年龄再进行坚

信礼。虽然他一开始持中立的主张,即所有的信徒都应该在受洗后接受坚信礼,但他补充了以下这点以限定该主张:

> 他们应当在禁食的时候以及在理想的年龄(也就是 12 岁或 14 岁),按照法 219
> 律由主教准他们受坚信礼,也应当被劝诫先忏悔,这样,他们就会洁净,才配得
> 上接受这特别恩赐的礼物。所有人都应该这样,除了病人和有死亡危险的人。
> 为安全起见,他们最好在成年之前接受坚信礼。[123]

威廉的观点为宗教改革时期新教徒的观点作了铺垫,但在当时似乎并没有得到多少支持。他更有影响力的继任者约翰·德·伯格则沿袭了传统。他建议儿童应该在成年之前接受坚信礼,因为如果他们早死,在天堂会有更多的荣耀。[124]他赞同威廉的观点,即所有的申请人都应该斋戒,但只有那些在接受坚信礼时已经 12 岁或 14 岁的人才要事先进行忏悔。[125]其他作家赞同幼年就该如此。约翰·米尔克在他的《给教区教士的指示》中说,儿童应该在受洗后五年内接受坚信礼。[126]林德伍德收集了早期的立法,建议只要主教来到"附近","小孩子"就应该接受坚信礼,并解释说"附近"是"在 7 英里之内,正如通常的用法一样"。[127]然而,在很长一段时间内,英格兰的大部分地区在 7 英里以内都见不到主教。许多人可能是在成年时接受坚信礼的,有些人甚至在成年后都没有接受坚信礼。

宗教改革以其对教育的重视,试图改变这些习惯。[128]16 世纪 30 年代,罗切斯特主教约翰·希尔西(John Hilsey)提出了帕古拉之后的第一个建议,即坚信礼应该推迟到青春期("有判断力的年龄"),并在此之前进行考察。[129]1549 年,克兰默在《爱德华六世第一祈祷书》(*The First Prayer Book of Edward VI*)中采取了类似的政策,指出儿童在接受它之前应该达到有判断力的年龄并学习教义问答。他说,"过去"的教会规定"坚信礼应该是对理想年龄的人实施的",尽管克兰默理解人们对未经坚信礼而死的孩子可能会在精神上有危险的担忧,但他努力在这一点上打消人们的疑虑。[130]到 1562 年,坎特伯雷会议提议对任何有不知道教义问答的 8 岁以上儿童或 14 岁以上学徒(除非丧失行为能力)的人处以 10 先令的罚款,这意味着要确保他们在这段时间内接受坚信礼。[131]但是改革者们总是在提议改革方面比实现改革方面更成功。主教的巡视和申请人的出席仍然是不可预测的。1577 年,达勒姆主教试图对 30 岁以下领受圣餐的每个人实施坚信礼,结果却承认,超过那个年龄的未受坚信礼的人,如果他们知道《主祷文》《使徒信经》和诫命,就可以领受圣餐。[132]直到 17—18 世纪,坚信礼仍然涉及范围广泛的申请人,从 5 岁的儿童到

50 多岁的成年人。[133]只有铁路的出现才使主教们能够像羔羊(lamb)而不是绵羊(sheep)一样定期接待他们的羊群。①

220　　对于接受坚信礼的儿童及其家庭来说,圣礼需要一些准备。首先,他们必须追踪主教的行踪,或者对他进入他们的附近一带做出反应。尽管一些主教安排专门的旅行来实施坚信礼,但他们经常是为其他事务出行时这样做。《林肯的圣休的一生》(圣休于 1200 年去世)的作者回忆起他见过的一位在马背上实施坚信礼的主教,他身边围着一群骑马的侍从,儿童们有被马蹄踢到的危险。相比之下,休总是为了这个目的而下马,即使他上了年纪。[134]接下来,儿童的家庭必须提供一名成年赞助人来介绍申请人,或者用罗伯特·曼宁的话来说,"举着"孩子——这适用于小孩子。[135]赞助人必须是与孩子同性别的人,不是父母或教父母,赞助建立了一种像和教父母一样的精神关系。最后,每个接受坚信礼的人都要带一条麻布绷带。

　　这个仪式一开始就很短。[136]主教分别会见每个申请人,询问他(或她)的名字。在这时有可能改变你的洗礼名,虽然不清楚是否这样做或多久这样做一次。[137]主教在他的大拇指上涂上圣油,并用它在申请人的额头上画了一个十字。他一边做,一边用拉丁语说:

　　　　我为你们画了十字架,又以救赎的圣油为你们施坚信礼。以圣父、圣子、圣灵之名。阿门。[138]

当所有的申请人都被涂上圣油时,他们在额头缠绕上他们带来的绷带,以保持圣油的位置。绷带必须得缠上,至少要缠在脖子上,直到受信者们回到家,然后在之后的 3—8 天内要去教区教堂见他们的牧师。到时候,牧师将受信者的额头浸在洗礼盆里,以除去圣油的痕迹,然后绷带被取下并烧掉。[139]

　　这些仪式给人一种视觉上的冲击,即使仅仅是因为新受坚信礼者在一两天内绑着绷带四处走动。但对整个社会来说,坚信礼并不是一种成人仪式。它在太大的年龄范围内进行,而且没有改变一个人的实际地位。受坚信礼的婴儿或儿童在 1200 年后仍然没有资格领受圣餐或接受涂油礼。相反,从童年到成年的精神转变的证据表明,它是一个相对不引人注目的过程,并与年龄有关。教会对成长的看法是,女孩 12 岁、男孩 14 岁时在身体和智力上开始成年。[140]根据第四次拉特兰会议的法令,大约在这些年龄,教区牧师可能会告诉他的年轻教区居民来教堂忏悔。第

---

① "羔羊"和"绵羊"分别象征耶稣和普通信徒。——译者注

一次忏悔会在大斋节期间在教堂里进行,这是每个成年人都要为此目的过来的整个过程的一部分。在接下来的复活节星期天,这个年轻人会再次和社区的其他人一起接受他(或她)的第一次圣餐。

当时,年轻的基督徒会被视为成年人。他(或她)可以宣誓,立下修道誓言,婚姻永久,接受临终涂油礼。一个人有义务缴纳教会会费。1315 年,约克大主教规定,所有住在父母家中并在复活节接受圣餐的莫尔特比(Maltby,约克郡)教区的儿童,必须在教堂捐出半便士。[141] 1536 年,亨利八世对伦敦的儿童规定了类似的义务;如果他们是圣餐接受者,他们必须每年供奉四次会费,每次 2 便士。[142] 12 岁或 14 岁过渡到成年状态对一个儿童和及其家庭来说可能是很重要的。但是这种变化并没有以非常特别的方式表现出来。相反,它作为教会年周期的一部分不声不响地发生了。在教会中成长就像在世界中成长。在世俗生活中,孩子在成年之前经历了许多转变,包括上学、当学徒、进入法律和秩序体系以及成年(如果是继承人)。[143] 所有这些对有关的人都很重要,但没有一个引起广泛关注的成人仪式。

公会

至少从 10 世纪到宗教改革,公会是平信徒参与教会生活的一种普遍形式。公会的目的是支持一个圣徒或教堂,并为其成员提供社会和宗教福利,这些成员主要但不完全是成年人。12 世纪,以《生命之书》(*libri vitae*)著称的一些修道院记录列出了赞助人,他们组成了一种支持者公会,这些人有时也会列出他们的孩子。[144] 埃克塞特的历法行会(Guild of Kalendars)的记录可以追溯到 12—15 世纪,考文垂的三一公会(Trinity Guild)保存了 1340 年到 1450 年之间的记录,包括各种各样的被描述为儿子和女儿的人,但没有给出他们的年龄。[145] 年轻人也可能会成立自己的公会,模仿长辈,但又把他们排除在外。这种本能早在 1264 年就出现了,当时在贝里圣埃德蒙兹成立了一个年轻人公会(*gilda iuvenum*),不过在这个例子中,成员也被描述为年轻的成人(*bachelarii*),并组成了一个反对当地修道院及其特权的政治团体。[146]

第一个被提到有宗教目的的年轻人组织出现在 1389 年理查二世政府对宗教公会进行的调查中。这是金斯林的圣威廉公会,成立于 1383 年,由"年轻学者"组成,旨在维护和保持挂在林恩的圣玛格丽特(St Margaret of Lynn)教堂的会堂中的圣

221

威廉像,并在节日期间提供六支蜡烛在教堂里燃烧。相称的是,守护神是圣婴诺里奇的威廉,他在 12 岁时被杀。在形式和目标上,这个公会与成年人团体没有什么区别。它每年集会三次,每年在圣物节(Feast of Relics)举行一次纪念活动,为死去的兄弟提供葬礼弥撒,并帮助有需要的成员。通过招募学者,它可能依赖于当地的学校或学界给它一个身份,因为学者可能是 18 岁,领导可能来自即将成年的年轻人。或许也可能不是,因为该公会对国王调查的回应强调了它的成员"年轻",它依赖于智者的帮助和建议,它的收入依赖于其他人的礼物。[147] 在其他地方可能也有由儿

222 童组成的公会,或者至少是虔诚的组织。1489 年,在约克的圣约翰教区教堂里提到一盏"男孩灯";1519 年,附近的圣迈克尔·斯普瑞盖特教堂(St Michael Spurriergate)也提到一盏"儿童灯"。[148]

然而,最常见的年轻人群体是指少女和少男——他们不使用"公会"这个词,也不提及对圣徒的供奉。这种群体在 15 世纪中期就存在了。萨瑟克的圣玛格丽特教堂在 1445 年至 1455 年收到 3 先令 9 便士的"少女跳舞的钱"(dancing money of the maidens),而伦敦圣玛丽山(St Mary at Hill London)教堂在 1512 年至 1513 年收到 6 先令 8 便士的"圣巴纳巴斯节少女聚会的钱"(the gathering of the maidens of St Barnabas day)。[149] 在肯特郡,我们听说 1463 年到 1533 年间教堂里有烛光,由单身汉或年轻男子、少女或年轻女子维持,这意味着这些人联合起来提供照明。[150] 在

223 同一时期的康沃尔,博德明、坎伯恩(Camborne)、大圣科勒姆(St Columb Major)、圣尼奥特和北佩瑟温(North Petherwin)出现少男团体,安东尼(Antony)、西卢(West Looe)和博德明出现少女团体,圣尼奥特出现姐妹团体。博德明的两个主要街道都有女孩社团。[151] 在德文郡,查格福德(Chagford)和莫尔巴斯(Morebath)有少男社团和少女社团,在莫德伯里(Modbury)有少男社团(又被称为"男仆社团"),在阿什伯顿有两个少男群体。阿什伯顿的一个群体被描述为"陆地上"的年轻人,意思是教区的农村部分,而另一个群体没有指定的成员,可能是由城镇本地的年轻人组成。[152] 萨默塞特也有类似的团体:克罗斯科姆(Croscombe)的少女团体以及那里的少男团体(也被称为"飞虎队"),皮尔顿(Pilton)也有少男团体。[153]

虽然这些社团没有会员和年龄的记录,但看起来就像"男仆"和"单身汉"这两个词所暗示的那样,它们的服务对象都是十几岁和二十出头的年轻人。14 岁左右的成年身份可能是加入社团的门槛,而 25 岁左右结婚则引发一个人退出社团。这些组织的活动,就其记录而言,都与教区教堂有关,教区教会执事的资料留存了这些记录。似乎少女少男都在筹集资金,在教堂里提供照明,有时还为教区的财政捐

款。他们也可能举行社交活动,比如一年一度的盛宴或麦芽酒集会,并参加其他活动。正如我们将看到,15 世纪的歌曲提到男人在新年和仲夏节的集体舞会上引诱女孩,在圣井守夜的时候也发生过这样的事。[154]在埃克斯穆尔(Exmoor)的莫尔巴斯,我们对这些组织了解最多,每个组织每年选择两名官员来处理它的事务,这些官员的名字在 1526 年后依然存在。1527 年,少女团体请了两个男人当管理员,但这样的情况是例外;后来,直到 1541 年该组织明显解散之前,管理员一直由女性担任。她们的同行,即少男团体,在 1548 年也消失之前有两个男性管理员——这些团体成为宗教改革的受害者。[155]

儿童作为神职人员

除了照顾儿童,教会还招募他们在教堂工作并成为神职人员。这主要是针对男孩。女孩只能在女修道院工作,整个英格兰和威尔士的女修道院从来没有超过 146 个,而男孩则适合在大教堂、社团、修道院、托钵修院或教区教堂工作。雇用儿童的成本比成人低,而且儿童更听话。阿塞尔(Asser)注意到,9 世纪晚期,阿尔弗雷德国王试图在英格兰复兴修道主义时,发现除了别无选择的男孩之外,几乎不可能招募到修士。[156]"同样地,在教堂服务也会得到回报。"它教会人们阅读、唱歌,并作为唱诗班成员或教堂教士进行礼拜仪式。这并不一定意味着要成为一名牧师,许多这样的男孩继续从事世俗职业,有时还会得到他们的牧师雇主的帮助。另一方面,如果想在教会工作,那里有很多空缺职位。在 1300 年左右,全英格兰人口峰值达到 500 万或 600 万,大约有 14 000 名"正规"神职人员以修士和会士的身份共同生活,可能有多达 30 000 名"世俗"神职人员单独生活在教区、社团和大教堂。

一个人需要被授予圣职,才能成为一名世俗的牧师,这一过程包括数个阶段。有各种各样"较小的圣职",侍从是其中主要的圣职,所有圣职都与世俗的工作和婚姻结合在一起。另一方面,三个"主要的圣职"将一个人完全束缚在神职人员的生活中,包括独身誓言,这些圣职要到成年后才能授予。成为副执事的年龄必须是 17 岁,成为执事的年龄必须是 19 岁,成为牧师的年龄必须是 24 岁。[157]事实上,许多想成为牧师的人似乎都要等到 24 岁,并且到那时他们似乎一下子接受了所有主要的圣职。这是一种谨慎的做法,因为让自己独身是不明智的,除非你确定能受雇于教会(而且作为一个平信徒没有更好的机会)。有些人依靠家庭资源度过了漫长

224

的等待期,上了学,有时上了大学,掌握了牧师生活所需的拉丁语。对另一些人来说,当他们还是男孩或少年时,就去教堂服务,这提供了一种支撑方式,直到他们24岁成为牧师,并获得有薪的成人职位。

在宗教秩序中,另一种神职人员的职业最初并不需要授予圣职,而是建立在宗教誓言的基础上。在早些时候,这可以在任何年龄进行。基督教的历史为把孩子和教会的事业捆绑在一起提供了榜样。当先知撒母耳还是个婴儿时,他的父母就让他在圣殿服务,在传说中,圣母马利亚也是如此。[158]6世纪中叶,圣贝内迪克特制定了著名的修道条例,他允许贵族父母在他们的儿子达到法定年龄之前让他们当修士。父母必须代表儿子写一份书面承诺,即他将改变他的生活方式,并服从修道院的规定。他们还必须承诺永远不给他任何领地或财产,以防他受到诱惑放弃修道院生活。事实上,也许有人曾就男孩的未来征求过他的意见,而且男孩对此表示同意,但接受他的仪式并没有强调这一点,而是把他当作父母送给修道院的礼物。仪式在教堂里进行,与此同时会在圣坛上供奉弥撒用的面包和酒。儿童被带到供奉仪式上,在他完成该仪式后,他的父母用圣坛布把他的手包起来,表示他也被献祭以为教堂服务。到了11世纪,他在成年后就以修士为个人职业,只是没人想到他未能这样做。[159]

225　　这种包括男孩和女孩的儿童供奉,在12世纪之前一直在英格兰盛行,特别是在贵族阶层。[160]它反映了这样一个世界:除了修道院之外,教堂和学校相对较少,修士或修女通常必须从小在修道院的围墙内接受训练。这种供奉的缺点是,儿童可能缺乏意愿或能力去过修道院的生活,这在将来会引起麻烦。在12世纪,舆论开始反对这种做法。造成这种变化的原因之一是出现了改革宗修会,比如熙笃会,他们对新招的成员要求很高。另一个原因是公立学校的增多,使年轻人更容易在尘世接受教育,并在成熟的年龄带着一份成熟的职业进入修道院。1134年,熙笃会禁止接受15岁以下的男孩作为实习修士,1175年又将这一年龄提高到18岁。[161]1186年,坎特伯雷圣奥古斯丁大教堂的本笃会修道士们也紧随其后,获得了一项教皇法令,要求他们的新成员必须至少年满18岁。[162]1234年,教会的教规法律批准早期教皇的声明,即在正常情况下,任何人在14岁之前都不可以自称为宗教团体的永久成员。[163]中世纪后期的年轻人在15岁时就可以穿修士法衣,但正式的修道士职业通常要推迟到19岁。[164]

在某些地方,招募儿童的工作持续到较晚时候。一些贵族阶级的女孩在13世纪后继续被家人安排为修女。[165]1285年,爱德华一世7岁的女儿玛丽在埃姆斯伯里修道院（Amesbury Abbey，威尔特郡）被蒙上面纱成为修女，并在那里度过余生。[166]1359年，盖伊·德·博尚爵士（Sir Guy de Beauchamp）的女儿凯瑟琳在差不多同龄的时候，加入肖尔德姆修道院（Shouldham Priory，诺福克郡）[167]，而格洛斯特公爵托马斯的女儿伊莎贝尔据说在她幼年时就被安置进阿尔德盖特的米诺里斯修道院（Minoresses of Aldgate，伦敦）。以伊莎贝尔为例，她的加入似乎是有条件的。在1401年之前，她没有立誓，仍然可以选择离开，但她选择了留下，并成为了女修道院院长。[168]另一种允许年轻人进入的神职人员是修士，在13世纪发展起来。起初，两个最大的修会——多明我会和方济各会，紧随修士的有关做法，规定了正常的入会年龄为18岁，但后来，两个修会和其他团体都招收十几岁的男孩做修士。[169]通常情况下，父母都会同意这点，男孩们也只是有条件地穿上修士的衣服，而不是无条件地表示完全服从。然而，这种做法让修士们受到批评，认为他们招募的孩子太不成熟，还不懂事。[170]

他们还被指控无视父母的同意。1357年，阿马（Armagh）大主教理查德·菲茨拉尔夫（Richard FitzRalph）在阿维尼翁（Avignon）告诉教皇，他在那天早上才见过一位英格兰父亲，希望把他的儿子从修士手中解救出来。这位父亲声称，男孩还不到13岁，是在牛津读书期间在复活节时被拐走的，他去看望儿子时，只能在修士在场时跟他说话。[171]1392年，伦敦的拐杖修士（Crutched Friars）受到更严重的指控。在他们的案例中，据称他们引诱一个10岁的男学生把下面这句话翻译成拉丁语："我须成为一个十字架修士。"其中一个修士吻了吻他，说英格兰所有的主教都不能免除他的修士资格，于是他们把他带走，给他穿上了他们的修士服。第二天，男孩的老师向市政当局投诉，市政当局命令立即将男孩归还给他的监护人——当地一家医院的院长。[172]

1402年，国会对招募年轻修士提出抗议，下议院请求国王禁止任何人在21岁之前进入四大修会。国王——无疑是在他的高级神职人员的建议下——拒绝这么做，但他同意了一项法令，禁止四个修会在没有父母或监护人同意的情况下接收14岁以下的男孩。这一条款仍然允许年幼者在家人同意的情况下进入。在男孩加入的修道院里，一年内，他不得被带走，如果他的父母或监护人请求的话，他可以被解除职务，并且如果相关修士违反法律，就要受到刑事指控。[173]尽管如此，绑架儿童的指控仍在继续流传。"修士，"15世纪罗拉德派的一位作家嘲弄道，"你们为什么要偷人家的孩子，让他们加入你们的教派？"他说，有些人因为偷窃不值钱的东西而被绞死。一个修士回答说，把人带到上帝面前是一种美德，但另一个罗拉德派教徒反驳说，这种偷窃行为比偷牛还严重，而这是十诫中禁止的。他声称，接受修士训令的孩子变得比世俗的人更世俗，甚至沦为乞丐和鸡奸者。[174]

儿童供奉在 12 世纪的衰落可能受到另一个趋势的影响：明斯特（minster）供奉。明斯特作为教士群体居住地，存在于盎格鲁-撒克逊时代晚期，其神职人员比修士更接近日常生活。[175]它们的教堂通常是教区教堂，它们的神职人员可能有自己的房子、收入和财产。这些机构中最重要的是"世俗"大教堂，之所以这么叫，是因为它们的工作人员都是"世俗"教士，而后者有一部分是以明斯特的规矩生活在尘世中。在诺曼征服之后有九个这样的教堂：奇切斯特大教堂、埃克塞特大教堂、赫里福德大教堂、利奇菲尔德大教堂、林肯大教堂、圣保罗大教堂（伦敦）、索尔兹伯里大教堂、威尔士大教堂和约克大教堂。到 12 世纪，这九座教堂都支持年轻人团体，其他一些大型明斯特同样如此。唱诗班歌手年龄在 7 岁到 14 岁或 15 岁之间，占据了唱诗班三个层次中最低的"第一种类型"。"助手"、"牧师"、"圣坛侍从"（altarists）占据了中层或"第二种类型"，他们通常都是十几岁或二十岁出头。有些唱诗班歌手在嗓音变粗后升为第二类人，然后在适当的时候升为第三类（顶层）人，成为大教堂里的传教牧师或附属小教堂牧师。但并没有要求强迫人们这样做，正如对修道院里的世俗教士也不作要求。男孩们也可能在青春期或更晚的时候离开唱诗班，从事教区牧师工作或世俗职业。[176]

教堂唱诗班歌手很早就被完全认可为他们基金会的成员，并且法令被颁布出来以规范他们的生活。他们住在一所特殊的房子里，不过，正如我们在埃克塞特看到的，他们有时会单独和教士一起吃饭。[177]他们去了一所圣歌学校，掌握了日常仪式中使用的素歌。他们参加了一些（但不是全部）大教堂唱诗班的服务，从而以227实际的方式学习唱诗班的工作。他们在做弥撒时做些琐碎的杂活，如取食、搬运和上菜。有时，他们会在唱诗班里唱一些特别的素歌片段，或者即兴创作一些素歌。然而，他们的声音在很大程度上是不被需要的，他们是学习者而不是普通的熟练实践者。他们当今的角色是在 15 世纪中叶发展起来的，使他们在唱诗班中占据主导地位，这是复调音乐发展的结果。[178]复调尤其与对圣母马利亚的崇拜以及以她命名的圣母堂联系在一起，这些圣母堂从 13 世纪起开始出现在大型教堂中。大教堂的神职人员被委任在这些小礼拜堂里举行纪念她的仪式，到 14 世纪中期，这些仪式用复调音乐来点缀：由几个对比鲜明的部分组成的音乐。

起初，这种教堂复调通常由四个人组成的团体演唱，分三四个声部。然而，在15 世纪 50 年代，声部的数量增加了。之后加了成人低音和男孩高音，后来又加了男孩中音。歌手的人数从一个小团体增加到多达二十几人的大合唱队。男孩成为复调演奏的关键,并在英格兰大教堂唱诗班中占据中心地位,一直延续到今天。教堂增加了唱诗班的工作,有时还为此增加了男孩的数量。一名专门的高级职员开始被雇用来编排音乐,这个人通常被称为"小礼拜堂牧师",小礼拜堂是指"圣母堂"。他接管了男孩们的音乐教育,包括复调,并领导了教堂的音乐制作。在 15 世纪下半叶,这种时尚传播到其他大型教堂:明斯特、学院式教堂、国王和贵族的家庭礼拜堂,以及(我们将会看到的)许多较大的修道院。

这个话题把我们带回修道院,以及 12 世纪后修道院与男孩的关系。这种关系并没有随着供奉的减少而停止,而是转向了世俗大教堂的模式。男孩们不是被当作供奉,而是被当作削发的牧师,他们的地位与修士不同,也不受修士生活的束缚。最早提到他们的文献来自伯蒙德塞(Bermondsey,萨里郡)、圣埃德蒙宏伯里、达勒姆,时间是在 1200 年左右。[179]类似的组织出现在很多其他的大型机构里,直到 16 世纪 30 年代修道院解散。这些男孩住在修道院施赈所里——一幢立于修道院区域外的建筑,可以向旅行者和穷人提供施舍和招待。他们在某种程度上与大修道院或小修道院有关:修道士的亲戚、当地被提名的重要人物,或佃户的儿子。他们可能是在 7 岁以上的任何年龄进入施赈所的,但在 10 岁出头或接近 20 岁时,他们可能人数最多也最有用。他们有膳宿和学校教育——后者有时由施赈所的一位特设的所长提供,有时由当地的文法学校提供。作为回报,他们像唱诗班歌手一样,在教堂里做一些有益的工作,特别是通过帮助那些担任牧师的修士,在教堂里的祭坛上做弥撒。

中世纪晚期的英格兰有很多施赈所男孩。其中最大的一个群体是在威斯敏斯特教堂,它的人数从 14 世纪 80 年代的 22—28 人增加到 1405 年的 40 人左右。另 228 一个大型施赈所位于格拉斯顿伯里(Glastonbury),14 世纪 70 年代的人数可能已经达到 40 人。[180]第三个位于达勒姆,在宗教改革前的一个世纪保持在 30 人左右。小一点的施赈所的人数就少一些,从 4 人到 24 人不等,但是全国的人数总量一定达到了两三千。制度随着时间的推移而改变。在 13 世纪以及 14 世纪的大部分时间里,施赈所男孩与唱诗班歌手的不同之处在于他们没有重要的音乐职责。修道院唱诗班的音乐是由修士独自演唱的,男孩的角色很大程度上与在弥撒中提供服务和讲解教义问答有关。这种情况在 14 世纪 70 年代左右开始改变,当时一些较大的修道院开始模仿世俗大教堂,让男孩们在圣母堂帮助唱圣母马利亚的日常弥撒,此前这是由修士完成的。为此,一群施赈所男孩被召集起来,四人、六人或八人,有时还会从外面雇用一名专业音乐家来训练他们。1373 年,威斯敏斯特教堂就这样使唤它的男孩,1378 年的诺里奇,还有 1383 年的伊利(Ely),都是如此。

从音乐上讲,对这些男孩的技能要求起初并不高。圣母弥撒的形式简单,以素歌为基础,有时还有即兴的高音。这只花了一天中的一小部分时间,即使每个人每天晚上都要在圣母堂里为圣母唱一首还愿的赞美诗。然而,在 15 世纪晚期,像其他地方的神职人员一样,修士用复调进一步提升了圣母弥撒,让男孩们分声部唱歌,因而这种歌唱方式也更费力。1480 年,威斯敏斯特成为这方面的另一个领导者,其他大型机构如坎特伯雷的、温彻斯特的和伍斯特的修道院大教堂也紧随其后。一旦男孩们参与了复调,在那些表演复调的男孩和施赈所其他的男孩之间就会出现隔阂。修道院开始把施赈所的一些地方提供给专门的男孩歌手使用,这些男孩一天中大部分时间都在接受音乐训练。然而,他们通常继续和施赈所的男孩住在一起,虽然他们的音乐职责现在更大了,但仍然比大教堂唱诗班歌手的少。事实上,"唱诗班歌手"这个词在修道院中并不常用;那些年轻的歌手仅仅被描述为"男孩们"。

有些施赈所男孩,不管是不是歌手,后来都当了修士。他们可能确实被视为潜在的新成员,他们的修道院生活能力可能会被观察和评估。在坎特伯雷大教堂,四个施赈所男孩在 1486 年被接纳为修士,在弗内斯修道院(Furness Abbey,兰开夏郡)也有类似做法的记录。[181]在那里,1537 年修道院被解散后,它原来的佃户声称它曾经接纳过他们的孩子,给孩子们提供学校教育,把他们擢升为修士或修道院仆人。[182]这第二种职业,作为修道院仆人或修道院外的平信徒,一定更普遍一些。1538 年在萨默塞特,在一场关于财产的诉讼中,三个证人回忆起约 20 年前他们成为格拉斯顿伯里修道院男孩时的岁月。一个如今是农夫(小农),一个是自耕农,还有一个是绅士。诉讼集中在第四个男孩理查德·比尔(Richard Beere)身上,他是修道院院长的侄子,从小作为平信徒在修道院里长大,后来被送往牛津和律师学院(Inns of Court)学习。然而,理查德成为了一名加尔都西会(Carthusian)修士。这些格拉斯顿伯里男孩中,有些可能生活在施赈所,而有些则在修道院院长的家庭中接受更古典的教育,但这场诉讼证明了他们后来不同的职业生涯。[183]1200 年后,修道院在教育男孩方面发挥了重要作用,这不仅使它们本身受益,还促进它们墙外的文化发展。

教区教堂也有男孩或年轻助手。每个牧师都需要一个帮手,因为教堂仪式至少是两个人的对话,到 11 世纪时,英格兰教会鼓励牧师教男孩在教堂里帮助他们。[184]教区教堂对这类帮助的需求很大,甚至比大教堂、修道院和家庭小礼拜堂的需求还要大。在中世纪后期的英格兰,大约有8 500座或更多的教区教堂,加上便利的小礼拜堂——供养三到四倍于此数量的牧师,所有牧师每周至少参加一次公共礼拜,并且大多是每天都参加。[185]到13世纪,教区教堂和小礼拜堂的助手被称为圣水执事(aquebaiuli),到14世纪则被称为教区执事。[186]1271年,贝德福德郡的一个执事遭到谋杀,据说只有18岁。[187]根据林德伍德的说法,他们的职责有三:在圣坛上为牧师服务,和他一起歌唱仪式,在弥撒时宣读使徒书信。[188]作为回报,他们从敲钟和为仪式或祝福提供圣水中获得一小笔收入。宗教改革之后,当这些费用被取消时,教区开始为他们的执事提供固定收入,例如,在阿什伯顿(位于德文郡)是3镑。[189]

到13世纪,人们期望执事能成为教区牧师。主教们下令,学者们应该在大教堂城和城堡镇附近的教堂任职,因为这些地方有学校。[190]这种做法可能一直持续到中世纪末期。在德文郡,埃克塞特高中1450年左右的拉丁语练习中有一句话是说"这个城市的我们三个教区执事",表明这些执事曾就读于这所学校。[191]在德文郡乡村的威瑟里奇(Witheridge)附近,一场法律纠纷使我们得以追溯15世纪早期它的三个教区执事的职业生涯。第一个是詹姆斯·爱德华(James Edward),生于大约1405年,似乎是在16岁时被任命为教区执事。他一直待在这个职位,直到八年后被任命为牧师。他和他之后的两个执事都成了附近教区领圣奉的牧师。[192]这种职业发展在宗教改革运动前是如此普遍,以至于出现了一句谚语:"教区牧师忘记了他曾是执事。"[193]

不像唱诗班歌手对公众舆论影响不大,执事深谙要在人们的脑海中塑造出牧师、修士和托钵修士的形象。从乔叟对牛津教区执事阿布索隆(Absolon)的描述可看出,他是一个快乐的"孩子",会唱歌、跳舞、写作,还会和教区的女人调情。[194]没错,阿布索隆的男子气概显得模棱两可,他因为亲吻了他试图勾引的人妻的错经而遭到羞辱,但这可能是乔叟对刻板印象的巧妙扭转。执事的平常形象出现在15世纪的歌曲中,比如带有叠词"Kyrieleyson"的一首歌。它讲述了他如何为仪式唱歌、读使徒书信,以及如何处理《圣哉经》(Sanctus)中复杂的音符。在《羔羊颂》(Agnus Dei)的吟唱中,他拿着平安器,在路上引诱一个女孩:

> 扬金在阿格纳斯(Agnus)带着平安器;
> 他眨眨眼,什么也没说,踩着我的脚。

230

结果是，

> 让我们称颂主（*Benedicamus domino*）！基督使我免受羞辱！
>
> 还要感谢神（*Deo gracias*）！唉！我带着孩子去！[195]

另一首歌讲述了一个类似的故事。在仲夏节那天，这个女孩带领着教区的人们跳舞，"年轻"的执事杰克（Jack）亲吻了她。他许诺给她手套把她引诱到他的房间，她留下过夜，很快她怀孕了。每一节都以哀怨的诗句结尾，"我想这不是诡计"（"我没有想要耍什么花招"）。[196]

"迪格比"（Digby）戏剧《抹大拉的马利亚》保存在 16 世纪早期的手稿中，借鉴了同样的传统。它有一个场景：一个异教徒牧师在霍克恩的帮助下领导一场仪式，霍克恩被称为他的"执事"和他的"男孩"。牧师命令执事做好一切准备，就像做弥撒一样：

> 现在，我的执事霍克恩，看在我的分上。
>
> 看哪，我的圣坛已经摆好了！
>
> 去摇铃，两次或三次！
>
> 快点，孩子，别耽误了。
>
> 因为在这里必有一个非常庄严的仪式。

霍克恩问牧师是否愿意让他的情妇陪在他的床边，并取笑他的肥胖。他说正是他，一个执事，在女人来布道的时候勾引她们，包括基尔坎（Kyrchon）和马里恩（Maryon）。在进一步的交流之后，牧师要了他的书，走到祭坛前，穿上了法衣。小男孩用假拉丁语读着取自《穆罕默德经》（Book of Mahomet）的使徒书信：

> *Leccyo Mahowndys, viri fortissimi Sarasenorum,*
>
> *Glabriosum ad glumandun glumandinorum...*

后来，牧师和男孩开始歌唱弥撒仪式，但男孩扭曲了他的声音，使牧师失去节奏。这场景是一种拙劣的模仿，但它试图传达一个执事的三项主要职责——侍奉圣坛、朗诵使徒书信和唱歌应答——是完全准确的。[197]

231 到中世纪末期，教区执事并不是唯一受雇于教区教堂的年轻人。有时会有男孩侍从，帮助牧师或其他教士。卡克斯顿的《礼仪之书》设想男孩读者为弥撒服务的场景。他们应该虔诚地跪着或站着，不要离牧师太近也不要太远，用温和的声音唱和。[198]1538 年的《拉丁语和英语字母表》包含有拉丁《忏悔邀请书》（*Confitemini*）和

《悔罪经》(*Confiteor*)，置于"为了帮助牧师歌唱"的标题之下。[199]在詹姆斯一世统治时期，沃顿-安德埃奇(Wotton-under-Edge，格洛斯特郡)的一位老人记得如何做，大约在16世纪40年代，有两个这样的男孩穿着法衣，跪在教区教堂的靠垫上，聆听附属小教堂牧师讲弥撒，他就是其中之一。[200]一些较大的教区教堂试图通过建立由牧师和男孩组成的唱诗班和表演更精致的音乐来与修道院竞争。在英格兰西部，阿什伯顿(德文郡)到1481年有四个男人和四个男孩。1518年，赛伦塞斯特(格洛斯特郡)获得一笔捐款用于让四个男孩学习素歌和复调。1548年，莱姆里吉斯(Lyme Regis，多塞特郡)供养了一名执事和儿童。[201]

在16世纪，年轻执事和唱诗班歌手的人数并不是特别多。早在那之前，林德伍德就承认，如果没有未婚牧师，可能会任命已婚牧师，大约在1465年，纳特菲尔德(萨里郡)的牧师就有了妻子和儿子。[202]在阿什伯顿，执事显然在16世纪早期继续短期任职，这意味着他们越年轻，到后来任职时间反而越长。一个人从1519年到1537年担任这个职位，另一个人从1537年至少到1576年。[203]宗教改革取消了大多数教堂的男孩助祭和唱诗班，教区执事成为教区牧师的职业道路也随着牧师人数的减少和学历的提高而减少。1604年，教会规定教区执事必须至少20岁，而斯图亚特王朝、乔治王朝和维多利亚王朝的典型教区执事都比中世纪的前辈年长，学识也不如前辈。[204]

礼拜仪式中的儿童

到了中世纪后期，在一年中的某些日子里，男孩们不仅支援礼拜仪式，而且还帮助领导它。就像盛装打扮和讨钱的时代一样，这些日子特别集中在11月和12月：圣诞节之前和圣诞节左右。11月开始于万圣节，这是教会的一个重要节日。在这一天，"塞勒姆"或索尔兹伯里大教堂的仪式(后来流传到整个英格兰南部)为大教堂唱诗班歌手提供在晨祷(该仪式据说在午夜)的八次日课之后可供歌唱和表演的文本。这一陈述让人想起基督关于聪明的处女的寓言。五个男孩穿着法衣，"像处女一样"用白色披巾或头巾蒙住他们的头，手里拿着燃烧的蜡烛。他们来到教堂的高祭坛前，站在它前面唱着一段以"*Audivi vocem*"开头的歌词："我听到来自天堂的声音：'所有聪明的处女都来吧。你们要把油收在器皿里，等新郎来。'"[205]这出戏很有趣，因为它用男孩来代表女人；这与也发生在这个季节的变装风俗

232

趋近。[206]

万圣节过后八周,大教堂里的男孩们会参加另一个夜间礼拜。这是在平安夜晚些时候举行的晨祷,是在午夜时分第一个圣诞弥撒之前。塞勒姆仪式规定,在第一次日课之后,第二类的两个执事要在高祭坛前唱一段歌词,"今天天堂之王为我们而生"(Hodie nobis celorum rex)。五个男孩穿着法衣,头上戴着白色披巾,手里拿着蜡烛,然后在圣坛后面唱了一首赞歌:《荣耀归至高的上帝》(Gloria in excelsis Deo)。[207]这一习俗的戏剧性效果在埃克塞特大教堂得到了提升,它发展出自己的版本。在这里,第一次日课快结束的时候,从高祭坛后面出现的不是年纪较大的执事,而是一个没有戴帽子的男孩,他因为嗓音清亮而被选中,身穿白袍,脖子上围着一圈白色披巾。[208]他站在最高的祭坛台阶上,面朝东方,左手拿着点燃的火把。第一次日课结束后,他转向唱诗班,开始唱"Hodie nobis celorum rex de virgine nasci dignatus est":"天堂之王同意在这一天为我们生下一个处女。"[209]他的歌声伴随着戏剧性的手势。在唱到"celorum rex"时,他朝天举起右手;在唱到"de virgine"时,他将右手伸向圣坛北侧的圣母马利亚的圣像;在唱到"dignatus est"时,他屈膝半跪。唱诗班歌手附和道"Ut hominem perditum ad celestia regna revocaret"("他应该把流浪的人召唤到天国")。与此同时,唱诗班南面的另外三个男孩和北面的三个男孩穿着和第一个男孩一样的衣服,来到圣坛的最低一级台阶。第一个男孩走到他们跟前,七个人面对着唱诗班,一起唱起了《荣归主颂》(Gloria in excelsis Deo)。

男孩们在教堂里进行重要活动的另外两天是圣尼古拉斯节(12月6日)、悼婴节或儿童节(12月28日),这也是以前提到过的小主教的日子。[210]根据索尔兹伯里的习俗,他在后来的日子里扮演了主要角色,这可能在其他地方被广泛仿效。在塞勒姆仪式中,小主教仪式在12月27日下午晚祷后开始,这天是圣约翰福音传道日(St John the Evangelist's Day)。男孩们和他们的主教身穿绸衣,手拿点燃的蜡烛,同时后者戴着法冠,拿着教牧杖,他们走到圣婴圣坛前。在那里,他们唱了《启示录》中的一段拉丁语歌词,这段歌词被认为是指希律王所杀的儿童们:

> 他们是从地上被救赎出来的,共有十四万四千人,他们没有被女人玷污,他们仍是童男。所以他们与上帝一同做王,上帝的羔羊也与他们同在。

男孩们继续歌唱,之后小主教走进他在唱诗班的座位——大概是真正主教的宝座——主持接下来24小时的礼拜。他的主要职责是引导部分歌唱、给予祝福,有时

也布道。[211]持十字架的人好像是主教副手,他拿起主教的权杖,在他面前唱着一 233
首赞歌,如是翻译:

> 教会的王子,羊群的牧羊人,愿你屈尊为你所有的子民祝福。用温柔和慈
> 悲,谦卑地给予你的祝福。

他把权杖还了回去,小主教开始祝福,依此对唱诗班、在场的平信徒和圣坛说:

> 我给你们画个十字。你们的保护神是他,愿他以肉体买你们、赎你们。

在悼婴节这天,男孩们来到唱诗班参加晨祷,可能还有其他仪式,尽管参加宴会和
募捐肯定占用了他们很多时间。最后,他们回来做晚祷,小主教再次为他们祝福。
然后——仪式书固定地说——"男孩们今天的仪式就先告一段落吧!"[212]

一座适合儿童的教堂?

　　活跃的现代教会承认儿童是它们会众里的一个群体。它们寻求以适当的方式
为他们服务,它们的服务对它们的建筑产生了影响。中世纪的教区教堂也并非没
有关心儿童的迹象。进入这样的教堂,人们通常首先看到(现在仍然能看到)的是
西门旁边的洗礼器:它在形式和功能上都是适合儿童使用的,其大小和高度适合将
婴儿浸泡在水中。在宗教改革之前,洗礼器的地位比现在要高。这是一件更加神
圣的物品,永远装满圣水,有时会被放在台阶上以突出它的神圣,顶部通常有一个
精心制作的盖子,紧盖着以保证圣水的安全。

　　许多教堂都有儿童的形象。常见有圣母马利亚抱着年幼基督的雕像,以及圣
克里斯托弗肩扛基督的画作。有一些儿童圣徒,不是教会最著名的人物,但其日历
会纪念他们,有时其艺术也会描绘他们。[213]有两位早期的罗马殉道者——西尔
(Cyr)和潘克拉斯(Pancras),据说都是男孩,在英格兰有几座为他们而建的教堂。
盎格鲁-撒克逊的圣徒凯内尔姆和鲁姆沃尔德(Rumwold)也是如此,他们在英格兰
中部很受欢迎,在极度渲染的传奇中备受推崇。凯内尔姆实际上死于20多岁,但有
人传他是在7岁时被杀的,这个消息是通过飞鸽传书传达给教皇的。鲁姆沃尔德只
活了三天,据称他曾反复呼喊"我是基督徒",要求受洗和圣餐,甚至布道。一些所
谓的犹太人受害者,尤其是林肯的小圣休和诺里奇的威廉,在他们的街区备受尊 235
崇。如果这些都是男孩,那么还有很多年轻的可能受到女孩们认同的处女圣徒:马

利亚或玛格丽特、凯瑟琳或芭芭拉，等等。

我们也不应该像通常那样，只从成年人的角度来看待教堂。教堂里的神龛和圣像不仅是成年人的崇拜中心，而且是把儿童带去疗伤的地方，他们会按照自己的尺寸献上蜡烛，为表希望或感激康复，他们也会留下祈祷物品。儿童的坟墓在教堂里并不常见，但窗户、讲道坛或纪念性铜像上经常描绘富有的父母和他们的孩子一起成群地跪着。[214]有些教堂为年轻人在更深远的意图上进行服务，比如为学校提供场所，特别是小学性质的学校，会将它们设在角落里、塔楼里或门廊上方的房间里。早在12世纪，有人提到在诺勒姆（Norham，诺森伯兰郡）存在这样的学校，到了16世纪末，这种学校已经到处可见，以至于莎士比亚拿"迂腐学究把学校设在教堂里"的素材打趣。[215]

中世纪教区教堂的仪式很难被称为现代礼拜所追求的适合儿童。它们的语言是拉丁语，它们着手用成年人的语言和观念来敬奉上帝。布道是用英语进行的，但布道的方式差不多。只有小主教仪式才让儿童在教堂中扮演中心角色，但女孩被排除在外。然而，礼拜在实践中并不像在理论上那样完全面向成年人。到15世纪，大一点的教堂里可能会有男孩唱诗班歌手，帮助做弥撒或唱圣母赞美诗，这需要可以坐在上面的小长板凳，以及一处可以接受圣言的地方。其他儿童，虽然不一定要去教堂，但可以作为会众的一部分出席。有时，他们的数量足够多，会导致混乱，以大马洛为例，他们似乎占据建筑的一个明显部分。中世纪的礼拜仪式对成年人会众也并不比对儿童友好。它是由神职人员用拉丁语进行的，对老年人和年轻人都不太有利。仪式所需的祈祷——诵读三篇基本祷文——儿童可以像他们的长辈一样轻松完成。

许多教区教堂的仪式也是为儿童准备或者由儿童发起的。婴儿的出生不仅需要洗礼，还需要母亲的涤罪。[216]坚信礼有时在教堂举行，且一直要求人们去教堂清洗额头和焚烧绷带。圣职授予仪式可能包括儿童，因为男孩通常是第一个削发的，而这种仪式可能由路过的主教在教堂里举行。[217]一些绅士或贵族的孩子在教堂举行婚礼，更多的孩子在那里举行葬礼。有时，儿童会在成年人的葬礼上提供帮助，他们的祈祷因为他们的纯真而受到重视。例如，在1471年，一位名叫约翰·盖伍德（John Gaywood）的布里斯托商人要求聪明勤奋的学生参加他的葬礼，并诵读《主祷文》《圣母经》和《使徒信经》。[218]1524年，伦敦的莫德·高塞尔（Maud Gowsell）立下遗嘱，即花一笔钱买15支蜡烛，由儿童在她的葬礼上举着。[219]诚然，儿童在教堂里不能参加圣餐，似乎也不要求他们参加忏悔。但这些排除他们的行为不应被高估。即使是成年人,也不一定要去忏悔,除非是在大斋节,并且大多数 236 人只在复活节才接受圣餐。

总之,教堂对儿童一定意义重大,随着他们的成长,某些特别的教堂会扎根在他们的记忆中。他们在那里受洗、学习仪式的形式、唱歌,或在还是男孩时为教堂提供服务,并帮助埋葬他们的兄弟姐妹或父母。在那里,他们进行第一次忏悔和圣餐,这标志着他们步入成年。后来,他们与其他年轻男子或少女聚集在那里,共享他们筹集到的资金,并(如果布道词和歌曲可以信赖的话)进行求爱。朗兰认为教堂是儿童学习信仰的地方,这是正确的;除此以外,它还在其他许多方面影响他们的生活。

【注释】

[1] Langland, A i.73—76; B i.75—78; C i.72—75.

[2] *Councils and Synods I*, i, 321; ii, 1070—1071; *Councils and Synods II*, i, 61, passim.

[3] *Councils and Synods II*, ii, 900—905.

[4] Ibid., i, 61.

[5] Ibid., i. 228, 269, 346, 405, 439, 518, 648.

[6] *Visitation Articles*, ii, 17, 21, 56, 63, 85, 105—106, 129.

[7] 一些教会和公会牧师从14世纪80年代起法定担任学校教师,还有一些人可能在学校私下授课,但在16世纪30年代立法之前并没有要求所有牧师都要授课(Orme, 1973, pp.6—7, 196—197, 274—282.)。

[8] Brightman, ii, 778—790.

[9] Ibid., pp.796—798.

[10] 除了以下内容,另请参阅Lynch, 1986,以及Coster, pp.301—311。

[11] Langland, B.ix 74—78.

[12] *Manuale*, p.32;对比Mirk, 1974, lines 151—158。关于洗礼和教导,亦可参阅Duffy, pp.53—87。

[13] *Manuale*, p.42.

[14] 比较STC 4115; Burgo, fols 9v—10r。

[15] *Manuale*, p.42.

[16] 前文,p.37。

[17] *Councils and Synods I*, i, 465, 474; ii, 1067; *Councils and Synods II*, i, 88, 644.

[18] *OED*,参看"gossip"。

[19] *Original Letters Illustrative of English History*, *Third Series*, ed. Henry Ellis, 4 vols(London, 1846), ii, 225—226;亦可参阅前文,p.24。

[20] Millar, pp.53, 55.

[21] *The Register of Edmund Stafford*, 1395—1419, ed. F. C. Hingeston-Randolph (London and Exeter, 1886), pp.397—398.

[22] HMC, *Report on the Manuscripts of Lord Middleton*(London, 1911), pp.338, 343—344, 365, 367—368, 376, 381—382.

［23］亦可参阅前文，pp.30—31。

［24］Haas, p.11.

［25］*CIPM*, iii, 379; v, 37, vi, 78;对比 vii, 480。

［26］例如 *CIPM*, iii, 128—129; vii, 340;前文，p.34。

［27］Foxe, viii, 126.

［28］*Anglo-Saxon Wills*, ed. Dorothy Whitelock(Cambridge, 1930), pp.50—51.

［29］例如，参阅 *Notes or Abstracts of the Wills contained in...the Great Orphan Book*(Bristol), ed. T.P. Wadley(Bristol, 1886), pp.19, 25, 27, 38—39, 43, 143; *Somerset Medieval Wills*(*1383—1500*), ed. F.W. Weaver, Somerset Record Society, 16(1901), pp.107, 128, 161, 320, 355, 357, 405; idem, *1501—1530*, Ibid., 19(1903), pp.213—214。

［30］*Somerset Medieval Wills 1501—1530*, ed. Weaver, pp.213—214.

［31］*Testamenta Eboracensia*, vol. ii, ed. J. Raine, Surtees Society, 30(1855), p.117.

［32］N.R. Ker, *Medieval Manuscripts in British Libraries*, 4 vols(Oxford, 1969—1992), ii, 109—111; F.J. Furnivall, "The Nevile and Southwell Families of Mereworth in Kent", Notes and Queries, 4th series, 2(1868), pp.577—578.

［33］*Councils and Synods I*, i, 321; *Councils and Synods II*, i, 61, 228, 423—424.

［34］*The Lay Folk's Catechism*, ed. T.F. Simmons and H.E. Nolloth, EETS, os, 118(1901), pp.21—23; *Religious Pieces in Prose and Verse*, ed. G.G. Perry, EETS, os, 26(1867), p.2.

［35］Reginald Pecock, *The Donet*, ed. Elsie Vaughan Hitchcock, EETS, os, 156(1921), p.70.

［36］前文，pp.84—85。

［37］前文，p.264。

［38］前文，p.262。

［39］*LPFD*, xiii part ii. p.223.

［40］前文，pp.267—268。

［41］Lawrence, pp.203, 223.

［42］Chaucer, "Canterbury Tales", B² * 1695—1705.

［43］*Councils and Synods II*, i, 269, 346, 405, 518, 648.

［44］Foxe, iii, 599.

［45］*Index*, no. 1891; Furnivall, 1868a/1931, pp.48—52.

［46］Mustanoja, pp.173—175.

［47］Ibid., pp.159—160.

［48］Clayton, plate 44.

［49］*Liber Pontificalis of Edmund Lacy*, *Bishop of Exeter*, ed. Ralph Barnes(Exeter, 1847), 212—213, 235—236.

［50］*Visitation Articles*, ii, 126.

［51］例如 Foxe, iv, 123, 177, 182。

［52］Keith Thomas, *Religion and the Decline of Magic*(London, 1971), pp.505—506.

［53］*The Metrical Chronicle of Robert of Gloucester*, ed. W. A. Wright, vol. ii(RS, 1887), p.621, line 8704; *The Early South-English Legendary*, ed. C. Horstmann, vol. i. EETS, os, 87(1887), p.435, line 129; *The Middle English Lai le Freine*, lines 135—230.

［54］*MLD*, p.1099; Stone. 1977—1992, p.339; *MED*, *OED*,参看"grace"。

［55］*HMC*, *8th Report*, Appendix(London, 1908), part i, section ii. no 281b.

［56］Moran. p.41, quoting Hull Corporation Archives, Bench Book, IIIa, fol. 58.

［57］STC 19; *The ABC*, ed. Shuckburgh.

［58］前文，p.71。

［59］关于祈祷日期间的食物，参阅 Orme, 1995, pp.273—274, 290。

［60］Pantin，p.399.

［61］Orme，1989，p.185.

［62］Asser，pp.89—90；Keynes and Lapidge，pp.107—108.

［63］Pantin，pp.398—422.

［64］C.A. J. Armstrong，"The Piety of Cecily，Duchess of York"，*For Hilaire Belloc*，ed. D. Woodruff
     (London，1942)，pp.79—80；John Fisher，pp.294—295.

［65］Caxton，1971，pp.14，16—17.

［66］Orme，1989，p.183.

［67］Ibid.，p.185；亦可参阅 Roper，p.25。

［68］BL，Add. MS 18850，fol. 256r；Janet Backhouse，*The Bedford Hours*(London，1990)，pp.59—61。

［69］*The Lisle letters*，ed. Muriel St Clair Byrne，6 vols(Chicago and London，1981)，ii，93.

［70］Furnivall，1868b，pp.4—5.

［71］前文，pp.77—78。

［72］Furnivall，1868b，pp.8—9.

［73］PRO，E 101/389/11.

［74］Cramer，p.118；Owst，p.37.

［75］Langland. B.I.178.

［76］*Visitations in the Diocese of Lincoln*，*1517—1531*，ed. A. Hamilton Thompson，vol. i，Lincoln Re-
     cord Society，33(1940)，pp.69，112.

［77］Hunnisett，p.9.

［78］PRO，JUST 2/200，m. 6.

［79］Grosjean，pp.156—159.

［80］Reginald of Durham，*Libellus de Vita et Miraculis S. Godrici*，Surtees Society，20(1845)，p.403.

［81］前文，pp.98，110—111；Finucane，passim。

［82］*The Chronicle of Jocelin of Brakelond*，ed. H.E. Butler(London，1949)，p.37.

［83］Caxton，1971，p.87；Mustanoja，p.187.

［84］Kempe，p.200.

［85］Caxton，1971，p.59.

［86］Thomas of Monmouth，pp.12—14.

［87］Lawrence，pp.203. 224—226.

［88］*Acta Sanctorum*，October，v. 137—138.

［89］Johnstone，pp.417—420.

［90］Foxe，v，454.

［91］Elyot，fol. 17r—v(book i，chapter 4).

［92］Orme，1978，p.35；*Sir Gawain and the Green Knight*，line 940.

［93］Furnivall，1868a/1931，p.382；idem，1868b，pp.10—11.

［94］*Visitations in the Diocese of Lincoln*，ed. Hamilton Thompson，i，23，26.对于宗教改革后的儿童扰
     乱秩序的例子，参阅 Hale，pp.268，276，278。

［95］前文，p.196—197。

［96］Matthew，xviii.5，xix.13—14；Mark，ix.36，x.13—14；Luke，ix.47，xviii.15—17.

［97］*The Leofric Missal*，ed. F.E. Warren(Oxford，1883)，p.238；*Manuale et. Processionale ad Usum
     Insignis Ecclesie Ehoracensis*，ed. W.G. Henderson，Surtees Society，63(1875)，part ii，pp.136，
     147，150；H.A. Wilson，p.178.

［98］Robert Pulleyn，"De Officiis Ecclesiasticis"，book i，chapter 20，in Patrologia Latina，ed. J.P. Mi-
     gne，vol. 177(Paris，1879)，cols 392—293.

［99］Norman P. Tanner，1990，i，245.

［100］Robert of Flamborough，p.268.

［101］Bodleian，MS Bodley 828，fols 121v—122r.

［102］Burgo，fols 10v，19v—20r；亦可比较 Aquinas，vol. xvii(part iii，question 80，article 9)；vol. xviii (supplement，question 32，article 4).

［103］例如 Councils and Ecclesiastical Documents，iii，328—329。亦可参阅 Meens，pp.53—65。

［104］Norman P. Tanner，i，245；比较 Aquinas，vol. xix(supplement，question 39，article 2)。

［105］Councils and Synods II，i，90；对比 pp.146，444，645；但似乎 i，305，372—373，457，596，706—707,以及 ii，995—996 没有暗示年龄。

［106］Wilkins，ii，512；Lyndwood，p.36.

［107］The Poems of William of Shoreham，ed. M. Konrath，vol i，EETS，es，86(1902)，p.41.

［108］Burgo，fol. 70r.

［109］Lyndwood，pp.35—36；比较 Aquinas，vol. xviii(supplement，question 32，article 4)。

［110］Morey，p.244；Kirby，pp.464—465；Dives and Pauper，i part i，250.

［111］前文，p.225。

［112］Friedberg，ii，cols 570—571，1140；Aquinas，vol. xix(supplement，question 39，article 2)；Bodleian，MS Bodley 828，fol. 178r；Burgo，fol. 81r.

［113］前文，pp.335—336。

［114］Colgrave，pp.252—253.

［115］Manuale...Eboracensis，ed. Henderson，part ii，pp.136，147，150.

［116］Banting，pp.168—169.

［117］H.A. Wilson，p.178.

［118］Alfred C. Fryer，"On Fonts with Representations of the Seven Sacraments"，The Archaeological Journal，59(1902)，pp.46—47；G. McN. Rushforth，"Seven Sacraments Compositions in English Medieval Art"，The Antiquaries Journal，9(1929)，pp.83—100.

［119］Bodleian，MS Eng. hist. b 208，fol. 20；Hall，pp.806，825.

［120］Councils and Synods II，i，32. 71，298，369，441，453，591，703；ii，989.

［121］Ibid.，i，32；ii，897.

［122］Wilkins，ii，512.

［123］Bodleian，MS Bodley 828，fols 121v—122r.

［124］比较 Aquinas，vol. xvii(part iii，question 72，article 8)。

［125］Burgo，fol. 10r—v.

［126］Lyndwood，p.34；Mirk，1974，lines 157—158.

［127］Lyndwood，p.34.

［128］关于以下内容，参阅 J.D.C. Fisher，1970。

［129］Strype，i part ii，344—347.

［130］Brightman，ii，776—778.

［131］E. Cardwell，Synodalia，2 vols(Oxford，1842)，ii，510.

［132］The Injunctions and Ecclesiastical Proceedings of Richard Barnes，Bishop of Durham［ed. J. Raine,］Surtees Society，22(1850)，pp.14—15.

［133］Susan J. Wright，pp.203—228.

［134］Douie and Farmer，i，126—127.

［135］Mannyng，lines 9870—9888.

［136］英格兰关于这种仪式的文字可以追溯到 10 世纪,参阅 Banting，pp.14—15，167—169。之后的例子包括 H.A. Wilson，p.221,以及 Liber Pontificalis of Edmund Lacy，ed. Barnes，pp.9—10。

［137］Councils and Synods II，i，636；ii，897.

［138］这种程式在各教宗中略有不同。这则例子来自 Liber Pontificalis of Edmund Lacy，ed. Barnes， pp.9—10。

[139] Wilkins, ii, 512; Burgo, fol. 10v; Mirk, 1974, lines 661—670; Lyndwood, p.34.

[140] Lyndwood, p.34.

[141] *The Register of William Greenfield, Lord Archbishop of York, 1306—1315*, vol. ii, ed. W Brown and A. Hamilton Thompson, Surtees Society, 149(1934), pp.220—221.对比一下 1571 年在伦敦圣玛格丽特·洛斯伯里(St Margaret Lothbury)葬礼的资费：14 岁及以下的儿童是 10 便士，超过这一年龄是 16 便士(Legg, p.73)。

[142] Hughes and Larkin, i, 216, 225.

[143] Pollock and Maitland, i, 568; ii, 438—439.

[144] Moore, pp.168—180.

[145] Orme, 1977, pp.161—169; *The Register of the Guild of the Holy Trinity, Coventry*, ed. Mary Dormer Harris, Dugdale Society, 13(1935), passim.

[146] H.W.C. Davis, "The Commune of Bury St. Edmunds, 1264", *English Historical Review*, 24 (1909), pp.313—317.

[147] *English Gilds*, ed. Toulmin Smith, 2nd edn., EETS, os, 40(1892), pp.51—53.

[148] Angelo Raine, *Mediaeval York* (London, 1955), pp.160—161, 250.

[149] J.C. Cox, *Churchwardens' Accounts from the Fourteenth Century to the Close of the Seventeenth Century* (London, 1913), p.22; *The Medieval Records of a London City Church* (*St Mary at Hill*), ed. Henry Littlehales, part i, EETS, os, 125(1904), p.283.

[150] Arthur Hussey, *Testamenta Cantiana*, part ii (London, 1907), pp. 18—19, 136, 181, 255, 260, 380.

[151] Joanna Mattingly, "The Medieval Parish Guilds of Cornwall", *Journal of the Royal Institution of Cornwall*, new series, 10 part 5(1989), pp.311, 320—322.

[152] Robert Whiting, *The Blind Devotion of the People: Popular Religion and the English Reformation* (Cambridge, 1989), pp. 105, 107, 110—112; Exeter, Devon Record Office, 296A/PW4—5(on Modbury); Hanham，条目被编为索引，见于 p.216。

[153] *Church-wardens' Accounts of Croscombe, &c.*, ed. E. Hobhouse, Somerset Record Society, 4(1890), pp.9—40, 67—68.

[154] 前文，p.331。

[155] *The Accounts of the Wardens of the Parish of Morebath, Devon, 1520—1573*, ed. J. Erskine Binney (Exeter, 1904), passim.

[156] Asser, p.93; Keynes and Lapidge, p.103.

[157] 教规规定，申请者必须年满 18 岁、20 岁和 25 岁(Friedberg, ii, col. 1140; Bodleian, MS Bodley 828, fol. 178r; Burgo, fol. 81r)。

[158] I Samuel, i.24—ii. 11; James, 1953, pp.41—42.

[159] *The Rule of St. Benedict*, ed. D.O. Hunter Blair, 5th edn. (Fort Augustus, 1948), pp.150—151; Knowles, 1951, pp.110—111.

[160] 关于这个主题，参阅 Crawford, pp.135—138。

[161] *Statuta Capitulorum Generalium Ordinis Cisterciensis, ab anno 1116 ad annum 1786*, ed. Joseph Canivez, 8 vols(Louvain, 1933—1941), i, 31, 84.

[162] *Historiae Anglicanae Scriptores X* [ed. Roger Twysden,] (London, 1652), col. 1815.

[163] Friedberg, ii, cols. 571—572.

[164] *Chapters of the English Black Monks*, ed. W.A. Pantin, 3 vols, Royal Historical Society, Camden third series, 45, 47, 54(1931—1937), i, 10, 99; Knowles, 1948—1959, ii, 230—231.

[165] 关于这个主题，参阅 Power，尤其 pp.4—14。

[166] *VCH Wiltshire*, iii, 247, 249.

［167］Power，p.26.

［168］*CPL*，*1396—1404*，p.385；*VCH London*，i，518—519.

［169］关于修道院里的男孩，参阅 Orme，1973，pp.227—228。

［170］例如 *The Major Latin Works of John Gower*，trans. E.W. Stockton(Seattle，1962)，p.189。

［171］J.R.H. Moorman，*The Grey Friars in Cambridge*，*1225—1538*(Cambridge，1952)，pp.107—108；Katherine Walsh，*A Fourteenth-Century Scholar and Primate：Richard FitzRalph*(Oxford，1981)，pp.424—425.

［172］*Calendar of Select Pleas and Memoranda of the City of London*，*1381—1412*，ed. A. H. Thomas and P.E. Jones(Cambridge，1932)，p.182.

［173］*Rotuli Parliamentorum*. iii，502；*Statutes of the Realm*，ii，138.

［174］*Jack Upland*，ed. P.L. Heyworth(Oxford，1968)，pp.63，89，109.

［175］*Minsters and Parish Churches：The Local Church in Transition*，*950—1200*，ed. W. John Blair(Oxford，1988).

［176］关于这个主题，参阅 Kathleen Edwards，*The English Secular Cathedrals in the Middle Ages*，2nd edn.(Manchester，1967)，pp.303—317,以及 Orme，1983b，pp.85—100。

［177］前文，p.116。

［178］关于以下内容，参阅 Roger Bowers，"The Vocal Scoring, Choral Balance and Performing Pitch of Latin Church Polyphony in England, *c*.1500—1558"，*Journal of the Royal Musical Association*，112(1987)，pp.38—76 at p.48；idem，1995，pp.1—47 at 17—35；idem，"The Musicians and the Music of St George's，*c*.1400—1500" in *Saint George's Chapel*，*Windsor*，*in the Fifteenth Century*，ed. Eileen Scarff(Stroud，forthcoming)；A. F. Leach，*English Schools at the Reformation 1546—1548*(Westminster，1896)，pp.31，219。

［179］关于以下内容，参阅 Bowers，1999，pp.177—222。

［180］Orme. 1991，pp.292—293.

［181］W.G. Searle，*Christ Church*，*Canterbury*，Cambridge Antiquarian Society，34(1902)，p.106.

［182］T. West，*The Antiquities of Furness*，3rd edn.(Ulverston，1822)，p.195.

［183］Orme，1991，pp.291—295.

［184］*Councils and Synods*，I，i，331.

［185］关于神职人员的数目，参阅 J.R.H. Moorman，*Church Life in England in the Thirteenth Century* (Cambridge，1955)，pp.53—56,以及 R.N. Swanson，pp.30—31。

［186］*MLD*，参看"aquaebajulus"；*MED*，*OED*，参看"parish clerk"。关于教职人员的职务，参阅 Legg。

［187］Hunnisett，pp.37—38.

［188］Lyndwood，p.142.

［189］Hanham，p.xvii.

［190］关于这个主题，参阅 Orme，1973，pp.180—181。

［191］Orme，1995，pp.281—282.

［192］*The Register of Edmund Lacy*，*Bishop of Exeter*，*1420—1455*：Registrum Commune, ed. G. R. Dunstan，5 vols，Devon and Cornwall Record Society，new series，7，10，13，16，18(1963—1972)，ii，214.

［193］*The Oxford Dictionary of English Proverbs*，ed. F.P. Wilson，3rd edn.(Oxford，1970)，p.609.

［194］Chaucer，"Canterbury Tales"，A 3，310—338.

［195］Robbins，pp.21—22.

［196］Ibid.，pp.23—24;对比 pp.18—19，24—45。

［197］*The Late Medieval Religious Plays of Bodleian MS Digby 133*，ed. D.C. Baker et al.，EETS，os，283(1982)，pp.62—65.

［198］Furnivall，1868b，pp.10—11.

［199］*The ABC*，ed. Shuckburgh fol. 2v.

［200］Orme，1976，p.198.

［201］Ibid.，pp.111，130，150.

［202］Lyndwood，p.142；Stephenson，p.493.

［203］Hanham，p.xvii.

［204］*Constitutions and Canons Ecclesiastical 1604*，ed. J. V. Bullard(London，1934)，p.94.关于执事的
历史资料收藏在 Legg，pp.xvii—lxii，其中出现一种趋势，即由成年人担任执事。

［205］*Breviarium ad Usum Insignis Ecclesiae Sarum*，ed. F. Procter and C. Wordsworth，3 vols(Cam-
bridge，1879—1886)，iii，col. 975；对比 *The Hereford Breviary*，ed. W. H. Frere and L. E. G.
Brown，3 vols，Henry Bradshaw Society，26，40，46(1904—1915)，ii，389。

［206］前文，p.188。

［207］*Breviarium ad Usum Sarum*，ed. Procter and Wordsworth，i，col. clxxiv.

［208］*Ordinale Exon*，ed. J.N. Dalton，vol i，Henry Bradshaw Society，37(1909)，p.64.

［209］*Breviarium Sarum*，ed. Procter and Wordsworth，i，col. clxxiv.

［210］前文，pp.188—189。关于无辜者的盛宴，亦可参见 Dudley，pp.233—242。

［211］关于布道，参阅前文，p.188。

［212］*Breviarium ad Usum Sarum*，ed. Procter and Wordsworth，i，cols，ccxxix—ccxlv；对比 *The Here-
ford Breviary*，ed. Frere and Brown，i，161—163。更全面的记录，见于 *Ordinale Exon*，ed. Dal-
ton，i，74—76，但是这里的一些细节可能代表的是埃克塞特的做法。

［213］David Farmer，*The Oxford Dictionary of Saints*，3rd edn.(Oxford，1992)，pp.120—121，151—
152，279—280，377，424—425，496.

［214］关于这个主题，参阅 Page-Phillips。

［215］Reginald of Durham，*Libellus*，p.149；*Twelfth Night*，III.ii.72—73.

［216］Wilkins，ii，553.

［217］例如，参阅 *The Register of Edmund Lacy，Bishop of Exeter*，ed. Dunstan，iv，71，79，80，82，
84，92，等等。

［218］*Notes or Abstracts of Wills*，ed. Wadley p.145.

［219］Susan Brigden，*London and the Reformation*(Oxford，1898)，p.33.

第七章　学习阅读

读写能力与学校

　　现在的每个儿童大约在 5 岁的时候，必须开始学习读和写。在这方面，"必须"是近代的动词。英格兰直到 1880 年才实行义务教育，美国大部分地区也差不多是在同一时期。在那之前，人们生活在一个附带条件的时代，儿童"可能"也会在 5 岁左右开始掌握这些技能。现在流行的假设是，越是回到过去，学习阅读的儿童就越少。当然，这种做法从来都不是一成不变的。在前维多利亚时代，一些能阅读的人在晚年而不是童年掌握了该技能。尽管如此，在中世纪的英格兰总有一些儿童，并且在 1200 年之后变成成千上万的儿童，在学校或家里学习阅读。对许多人来说，这段经历是成长的一部分。

　　英格兰的读写能力至少可以追溯到 597 年第一批基督教传教士的到来。他们来自意大利，讲和读都用拉丁语。他们带来的圣经和举行的仪式用的都是拉丁语，当他们招募英格兰男孩和男人成为神职人员时，这些人也必须学会阅读和讲拉丁语。然而，在 597 年之后很短的时间内，这种神职人员的拉丁文化扩大了。首先，因为拉丁语是一种很难学的语言，所以写作（并因而阅读）开始用英语进行。这发生得出人意料地早，肯特国王埃塞尔伯特（Æthelberht）接收了第一批传教士，他在 616 年去世时用自己的母语发布了一份成文法典。[1]其次，阅读不仅仅局限于神职人员。比德（Bede）在他的《英吉利教会史》（*Ecclesiastical History*）中告诉我们，685 年成为诺森布里亚国王的奥尔德弗里斯（Aldfrith）之前曾与神职人员有过接触,并能读懂拉丁语。[2]奥尔德弗里斯是英格兰第一个有读写能力的平信徒。在597年圣奥古斯丁来到坎特伯雷后的一百年内,英格兰人就教育和学习而言进入了现代。神职人员和平信徒都能阅读,阅读和写作既用拉丁语也用英语。

当然,受过教育的人的比例在很长一段时间里都比今天小得多——这并不是说我们有任何方法来衡量。在中世纪的英格兰谁能阅读或写作,关于这方面的信息零零碎碎。[3]神职人员应该能够阅读和理解拉丁语,但在这方面有很多人被谴责做得不够。关于平信徒的证据很分散,也很难收集。到了9世纪末,历史学家阿塞尔称赞阿尔弗雷德大帝是一位有读写能力的国王,他鼓励他的家族和手下的贵族阶层读书认字。[4]到12世纪,当大量的文本和文件保存下来的时候,有许多资料提及不同国王、王后、贵族和贵族妇女的阅读能力。到13世纪早期,城镇显然也是读写能力的中心。镇议会保存了记录,每个镇民都会阅读或写字。到那个世纪中叶,如果不是更早的话,农村已经有了拥有类似技能的干事和执行官。

最晚到1250年,所有人都能接触到文字和有读写能力的人,无论他们个人是否有读写能力。即使是农奴也会去教堂,在那里,牧师会用到书籍,还有保存有书面记录的领主法庭,其中一些记录与农奴的租约和义务有关。即使是这样的农奴也可以有他们的财产特许状,他们可以在受过教育的人的帮助下查阅这些特许状,并可以通过加盖他们自己印章的进一步特许状取得或转让财产。[5]我们认为读写能力是一种个人技能,因为我们生活在一个强调个人的社会。在中世纪,社区同样重要:家族、家庭、城镇、庄园和村庄,所有这些都有一部分有读写能力的人。英格兰社会在13世纪,甚至更早的时候就已经具备了集体读写能力。每个人都认识会阅读的人,每个人的生活在某种程度上都依赖于阅读和书写。

人们,尤其是儿童,是如何学会阅读的?就神职人员、学者和行政人员所需要的拉丁语而言,这是一个困难的过程。它需要一位能接触到书籍的拉丁语学者进行正规的教学:语法、词汇和阅读文本。从被重新引入英格兰的那一刻起,拉丁语通常是在一种特殊的环境中被学习的,比如学校。[6]在盎格鲁-撒克逊时代,学校主要依附于宗教机构,在那里,新成员需要接受培训,有读写能力的牧师可以成为教师。许多宗教机构——大教堂、修道院和学院教堂——一直到宗教改革时期都有学校,尽管这些学校主要是为少部分男孩或依附于这些机构的年轻男子提供服务,如辅祭、唱诗班歌手或初学教士,而不是为普通大众提供服务。大户人家也是教育的中心。据说早在9世纪晚期,国王阿尔弗雷德就抚养过儿童,并对他们进行文字和良好习惯方面的训练。到中世纪末期,王室、大贵族和神职人员的家庭通常包括

239

240

241

一个或多个教师，以教导领主的孩子、被监护人和在教堂唱歌的男孩。

像我们今天这样的学校——由专业教师授课的独立公共机构——在诺曼征服后不久首次出现在记录中，并普遍存在于随后的几个世纪中，它们在城镇里尤其多见。有些是官方认可的机构，由当地主教、大教堂、修道院或平信徒赞助人控制，有自己的建筑和地方教学的垄断权。其他的则是私人性质，由主人在自己的家里为少数学生经营。几乎所有学校都要收费，直到 14 世纪晚期发起一场要求提供免费学校的运动。1382 年成立的温彻斯特学院就是这样一所学校；这是一所大型寄宿学校，为从创始人家族和学院拥有土地的地方选出的 70 名学生提供免费教育和住宿。另一所是沃顿-安德埃奇（格洛斯特郡）文法学校，由凯瑟琳·伯克利夫人（Lady Katherine Berkeley）于 1384 年捐赠，为任何想在那里学习的男孩提供免费教育。虽然温彻斯特学院更著名，但沃顿-安德埃奇文法学校更典型；在 15—16 世纪，英格兰建立了许多类似的小型自由走读学校。

242　　　大多数学校只招收男孩和青少年。男孩需要懂拉丁语才能从事神职人员、商人和行政人员的职业，或过上绅士和贵族的生活。女孩无法成为神职人员或行政人员，但富裕阶层的女孩学会阅读足够多的拉丁语，以便看祈祷书；还有法语或英语，以便阅读传奇小说或教学著作。我们对女孩的教育了解较少，但她们可能上过初等学校，有时和小男孩一起上，有时不一起。[7] 13 世纪的专著《安克雷尼·维斯》（Ancrene Wisse）禁止一个被封为女修士的女人教育儿童，但允许她的女仆教育小女孩，前提是不能有小男孩在场。[8] 女修道院经常收容少数乡绅或商人阶层的女孩，这些女孩也可能被教读基本的拉丁语、法语或英语。都铎王朝早期诺里奇的一位牧师在遗嘱中向一位修女致敬，说这位修女"是第一个教会我认识书中字母的人"；如果她教了他，她可能也教了女孩。[9] 1404 年，一位名叫玛蒂尔达·马雷斯弗利特（Matilda Maresflete）的女性在波士顿（Boston，林肯郡）担任女教师（magistra scolarum）[10]，伦敦至少有两名女性以这个词为姓氏，可能是因为从事类似的工作。一个叫斯科拉梅斯特雷斯（E. Scolemaysteresse）的人在 1408 年的一份遗嘱中被提及；另一个叫伊丽莎白·斯科拉梅斯特雷斯（Elizabeth Scolemaystres）的人，在 1441 年缴纳了一种专门对外国人征的税收。[11] 这些女教师很可能教过小女孩，一些男教师也可能做过同样的事。据说在 1505 年到 1515 年间，伦敦一位名叫威廉·巴伯（William Barbour）的老牧师照顾了 30 个年幼的孩子，当时他被指控虐待其中一个 8 岁大的女孩。[12]

家里的教学

今天，学校为我们提供了如此多的教育，以至于人们倾向于认为，过去学校一定也是这样做的。但在中世纪就不一定了。学好拉丁语最好的地方是学校，学校（至少在中世纪末期之前）通常会有一个初级班，让小男孩们学习字母表以及如何阅读简单的拉丁语或英语祈祷文（图 7）。然而，初级学习并不需要在学校里进行。它只需要一本字母书和一本祈祷书，任何有读写能力的成年人都可以教儿童去学习。一旦儿童学会了阅读字母和单词，他（或她）就可以放弃拉丁语这门学科，专注于阅读英语这一更容易的任务。这并不涉及复杂的语法，奇怪的词汇也很少。这一过程可能发生在孩子自己的家里，可能发生在雇主（如商人）的家里，也可能发生在国王和贵族家庭，在国王和贵族家庭中，贵族的孩子被作为受监护人或小侍童抚养长大。[13]我们有理由假定贵族侍从、神职人员（修士、牧师或修女）、商人或他们的职员都教儿童或年轻人读书，尽管很难找到事实的证据。一些教区神职人员肯定是用这种方式授课的。大约在公元 1000 年，有人建议他们应该教男孩在教堂里帮助他们，这种建议从来没有发展成一种强制性的制度，但这种做法还是时有发生的。[14]奥德里克·维塔利斯（Orderic Vitalis）告诉我们，他在 11 世纪 80 年代与蒙哥马利（Montgomery，威尔士）的西沃德（Siward）牧师一起学习[15]，大约 1500 年，布里奇沃特（萨默塞特郡）的牧师家里有一个男孩，由副牧师教他"学习阅读和唱歌"。[16]

家长也可能成为老师。"智者教他的孩子高兴地读书，并且很好地理解它们。"戈德斯托修道院（Godstow Abbey，牛津郡）的登记簿开头是这样写的，该登记簿编纂于 1450 年左右，用来教修道院的修女们读英语特许状。[17]这句话可能已经成为谚语。有一个古老的传统，是说父亲教导他们的儿子，有时通过写文本让他们阅读。[18]圣经中的《箴言》《传道书》和《便西拉智训》都声称是针对儿子的，罗马作家也抱着类似的意图写作，如马库斯·波提乌斯·加图（Marcus Portius Cato）、西塞罗（Cicero）和李维（Livy）。据说奥古斯都皇帝（Emperor Augustus）亲自教他的孙子们读书写字。[19]许多父亲写给儿子的作品都是在中世纪的英格兰写成的，这些作品可能在某种程度上借鉴了圣经和古典模式。这些作品包括 13 世纪亨利的沃尔特（Walter of Henley）的著作《畜牧业》（*Husbandry*），14 世纪末乔叟的《星盘》（*Astro-*

labe)，以及 15 世纪彼得·艾德利的《教导》(Instructions)。在法国，杰弗里·德·拉·图尔·兰德里于 1371 年开始为他的女儿们写《高塔骑士之书》，这本书后来传到了英格兰；他还为他的儿子们写过另一本。[20] 到了 16 世纪早期，托马斯·埃利奥特爵士在《统治者》这本关于贵族和绅士教育的颇有影响力的书中提出，"对于一个贵族来说，以戏弄或安慰的方式教育自己的孩子，或至少说审视他们"，这不算责备。他引用奥古斯都作为先例。[21]

一些由父亲写给孩子的作品充满雄心壮志。大一点的孩子确实可以读到《高塔骑士之书》，而乔叟的《星盘》可能被用来教小一点的孩子阅读。[22] 另一方面，亨利的沃尔特的《畜牧业》是一本技术手册，托马斯·利特尔顿爵士(Sir Thomas Littleton)写于 15 世纪的关于法国法律的伟大法学著作《论占有》(Tenures)也是写给他儿子的。这种作品只适合青春期的男孩或年轻的成年人。在生命的早期阶段，学习阅读的孩子与母亲的关系可能比与父亲的关系更近。在英格兰历史上，关于男孩阅读的最早的故事之一出现在阿塞尔的《国王阿尔弗雷德的生活》(Life of King Alfred)中，讲述了阿尔弗雷德的母亲如何给他和他的兄弟们看一本英语诗集，并承诺将其作为礼物给第一个学会它的人。阿尔弗雷德拿着书走到他的"老师"(master)那里，学会了它，然后背诵给他的母亲听。[23] 书中并没有说他的母亲教过他，也没有说他不是凭记忆学会这本书，但书中描述了母亲对他的良好和积极的影响。在不那么有声望的家庭中，没有专业教师，母亲在这方面的作用可能大得多。

后来确实有迹象表明，母亲们对她们孩子的教育产生了兴趣。一个很好的例子就是 13 世纪埃塞克斯的一个贵妇人丹尼斯·德·蒙琴西(Denise de Montchensey)。她希望教她的孩子们法语——一种在英格兰已经很难学会的语言，比伯斯沃思的沃尔特被迫在 1250 年左右为她创作《语言特雷蒂兹》(Tretiz de Langage)。[24] 到 1300 年左右，女人与儿童阅读的联系已经很常见，以至于在一首比较男人和女人的诗中包含了"女人用书本教孩子"的语句。[25] 1391 年，伦敦的一位母亲显然根据弥撒书教她的女儿做弥撒，虽然就她的教学性质而言这是极不寻常的，但仅仅帮助孩子读祈祷书的母亲一定是很普遍的。[26] 大约在 1506 年，当约克郡骑士罗伯特·普拉普顿(Robert Plumpton)爵士离开家时，是他的妻子伊莎贝尔写信提醒他："先生，记得你孩子的读物。"[27] 母亲为孩子创作的文学作品比父亲为孩子创作的文学作品要少，但 15 世纪就有一本：《特利斯特拉姆》(Tristram)，这是一本关于狩猎的英文诗，据说是一位妇女为她的儿子创作的。[28] 无论如何，母亲们都不被认为可能成为老师，这种说法是不可能成立的。

另一个能说明她们在这方面作用的迹象是人们对圣安妮作为她女儿圣母马利亚的老师的日渐关注。公元 2 世纪,有人写了一部名为"雅各书"(Book of James)的著作,填补了福音书中关于马利亚、约瑟和耶稣诞生的空白。据称,马利亚是长期不育的父母约阿希姆(Joachim)和安妮的独生女。出于感激,她的父母把她献给了上帝,并在她 3 岁的时候把她送到耶路撒冷的圣殿里生活和服务。她就住在那里,直到 12 岁到了青春期,祭司才给她安排了婚姻。当地的鳏夫都被召来了,一只鸽子出现并停在约瑟的头上,约瑟就被选中了。[29] 在这个故事或以它为基础的中世纪著作中,没有提及阅读或教学。其中流传久远的是圣徒传记集《黄金传说》(The Golden Legend),由弗拉金的雅各(Jacopo da Varazze)于 1260 年左右写成,其中的描述与《雅各书》类似。马利亚 3 岁时被供奉在圣殿里,一直待到 14 岁,每天都在祈祷和织布。[30]

相比之下,艺术家们发展了一种不同的传统。到 14 世纪早期,他们描绘了安妮和马利亚在教育方面的关系,在关于马利亚童年的更古老的叙述中没有这方面的记载。马利亚被描绘成一个发育良好的儿童或少女,在母亲的指导下阅读书籍。[31] 这一场景出现在欧洲大陆的资料中,但在英格兰尤其流行,在那里的手稿、壁画和彩绘玻璃窗中都能找到它。[32] 一个例子显示,马利亚的阅读似乎包括一块用来教儿童字母表的写字板或一本启蒙书。[33] 另一个例子是一卷手稿,包含基本字母,但如今已遭破坏。[34] 最常见的是,她拿着一本包含经文的书。该场景最早的描绘之一是英格兰埃文河畔斯坦福(Stanford-on-Avon,北安普敦郡)教堂里的一处玻璃窗画,代表了书中的话:*Domine*, *labia mea aperies*, *et os* ...("耶和华啊,求你使我开口,我的口就传扬赞美你的话")。

有两种方式来解释这样的场景。一是它们具有象征意义。马利亚的阅读可能是为了强调她在孕育和创造神的话语中所扮演的角色,因此艺术家们喜欢在她的书中加入赞美神的文字。[35] "耶和华啊,求你使我开口"是中世纪纪念圣母的"时辰书"或礼拜仪式的开场白,每天都有成千上万的礼拜者这么说。同样,她的阅读行为也可能是真实的。马利亚和安妮的场景出现在艺术中,就像我们在文学中得知"女人用书本教孩子",当时的艺术家们将马利亚和耶稣画在逼真的房子和风景中。这些画像倾向于想象神圣家族过着中世纪晚期富人的生活,很自然地把马利亚受到的教育和这些人的教育联系在一起。反过来,这个场景也肯定了这种教育,鼓励母亲教孩子读书。

无论是谁进行这样的教育——父亲、母亲或家庭教师——似乎都从儿童很小

245

的时候就开始了,至少在富裕和开明的家庭中是这样。玛格丽特·普拉普顿是一位约克郡绅士的女儿、一位骑士的孙女,在 1463 年只有 4 岁的时候,就几乎学会了阅读一篇赞美诗。[36]几年后,爱德华四世的长子——命运多舛的爱德华五世在 1473 年获得了为他的教育而制定的条例,其中包括他的"学习",当时他还差两个月满 3 岁。[37]亨利七世的儿子亚瑟和亨利八世在四五岁的时候就有教师了。[38]托马斯·埃利奥特爵士认为,贵族孩子应该在 7 岁之前就学会阅读,尽管某些古代作家对此持相反的观点,而且这种早点开始的观点在后来的时代继续得到支持。[39]查尔斯·胡尔(Charles Hoole)在他的《小学校》(*The Petty Schoole*,1659)一书中指出,在城镇,四五岁是开始上学的通常年龄,而在乡村,上学历程漫长得多,一般是六七岁。他想越早越好,并认为一个三四岁的孩子已经具备看书的能力。[40]当然,社会底层接受教育就不那么容易了:找一所学校、支付学费,或者(最重要的是)认为上学是有用的。贫穷的儿童,即使他们或他们的父母支持读书,也可能不得不把学业推迟到青春期或成年,甚至可能根本就不会开始。

字母表

学习阅读包括学习字母表:字母表中的字符、它们的名称和它们的发音。[41]你学习的时候可以按顺序记住这 26 个字母,然后结合理解拼写单词。或者,你可以从单词开始,不按顺序学习字母,最后掌握顺序。有人认为,盎格鲁-撒克逊时代英格兰的孩子可能是通过单词方法来学习的[42],而在中世纪后期,一些在家中进行非正式学习的孩子也可能是这样。然而,最迟在乔叟的时代,首先学习字母表已成为普遍做法,尤其是在学校,在许多家庭中可能也是这样。这是两个过程中记录较好的,并且更容易重建和想象。第一次学习字母表对孩子来说是新鲜的经历,既有趣又刺激,也有困难和困惑。这在中世纪和在今天一样真实,但在另一方面,中世纪的经历与我们的非常不同。我们祖先的字母表包含的字母不止 26 个。它给出一些不同形式的字母,包含额外的符号,并且它被套上宗教框架。它就像一座有机生长的历史建筑,并浸润着一种神秘的气氛。老师,更不用说学生,可能都不是非常清楚字母表为什么是这样的。

中世纪英格兰使用的字母表,就像一般的书写一样,来自拉丁语。它以罗马人的字母表为基础,与西欧其他国家使用的字母表相似。罗马字母共有 22 个——除

246

了"j""v""w"和"y"——在中世纪,通过添加"y",它变成了一个包含 23 个字母的字母表,"y"最初是一个希腊字母,在法国被称为"i-grec",在德国和意大利被称为"yp-silon"。然而,这 23 个字母在中世纪的英格兰并不完全适用。一个缺点是它们没有顾及英语的发音,尤其是"th"和"w"。为此,盎格鲁-撒克逊人从独立的北欧字母中借用了两个符号,分别是"thorn"[þ](代表"th")和"wyn"[ƿ](代表"w")。他们还开发了另外两个符号:[ð]是"d"的一种形式,现代学者称之为"eth",也用于表示"th",以及"yogh"[ʒ]是"g"的一种形式,用于表示"gh"和"y"。"wyn"和"eth"在 1300 年左右消失了,"wyn"被"w"取代,但"thorn"和"yogh"一直保留到 15 世纪晚期。的确,当时的"thorn"在形状上和"y"没有什么区别,后来仍被保留在一两个缩写词中,如"ye"和"yt",分别代表"the"和"that",这是现代诙谐的误解"ye olde inne"的基础。 247

罗马字母表的另一个问题是书写并不统一。在那个什么都是手写的时代,人们使用不同形式的字母,尤其是像字母"f"一样的著名的长字母"s",在英格兰一直使用到 18 世纪。现代的"s"只用于单词的结尾(有时也用于开头)。为了节省时间,常常使用缩略语——"n""per""pre""pro""que"等代表直线和弯曲——并且也会用整体的字符代表一两种行为,比如拉丁语中的*et*(and,和)和*est*(is,是),以及英语中的"and"(和)。因此,学习阅读是一项复杂的任务,尽管不一定比今天更复杂。你需要了解古典字母、变体形式和缩写,就像现代的孩子学习一种形式的印刷字母,然后接触其他形式的字母,再练习用更多的形式书写它们。

在盎格鲁-撒克逊时代晚期,阅读老师们就已经在努力解决这些难题。虽然我们没有这一时期的字母书,但我们有 10 世纪和 11 世纪时人们在书上潦草书写的字母表副本。如今,大英图书馆(Harley MS 208)里一份手稿的页边空白处有一个特别好的副本,即阿尔昆字母(*Letters of Alcuin*)副本。[43]这就给出从"a"到"z"的字母表,拉丁语"*et*"和英语"and"的符号,以及四个盎格鲁-撒克逊字母:

a d [*sic*] c d e f g h i k l m n o p q r ſ t u x y z & ⁊ ƿ þ æ ð

紧随其后的是:

pater noster qui es in celis sanctificetur nomen tuum adveniat reg

换句话说就是拉丁语主祷文的开场白。[44]其他一些盎格鲁-撒克逊字母表包含额外的符号和字母,并且略有变化,所以"æ"可能出现在"eth"之后,"eth"会以它的大写和小写形式出现。字母表正开始成熟,形成其特有的中世纪晚期形式。它的正规字母队伍已经获得一组有趣的"追随者"——如尼文(runes)和缩写,一群不总是保持相同顺序的更混乱的符号。字母和符号的布局已经设计好,一个人可以同时阅读拉丁语和英语。一旦掌握了字母,首先要学习的文本就是《主祷文》。

这些发展在 12 世纪继续着。在这里,有价值的信息来自另一份大英图书馆的手稿(Stowe MS 57),这是一份包含一首拉丁诗的杂集,在这首诗中,一位父亲着手教导他的儿子。[45]这首诗后面有五个字母表,包括一个拉丁语字母表。它的字母以大写形式出现,在某些情况下也以小写形式出现,它们被赋予了自己的发音名称,类似于我们自己的名称。然后,像以前一样,后面带着有趣的"追随者":

A B C D E F G H I K L M N O P Q R S T V X Y Z & ÷ Amen

248 最后,作者列出"英语字母"(*Anglice littere*),包括"wyn"、"eth"(仅本书称其为"thet",但可能是正确的)、"thorn"和英语中"and"的符号。这里可以看到两个重要的变化,两个对未来也很重要的变化。首先,在拉丁语中,代表"*est*"的符号"÷"是在 *et* 之后出现的。字母表赋予它一个名称——"titel",来自拉丁语"*titulus*",意思是"一个符号"。其次,"Amen"这个词出现在最后。"Amen"是结束祈祷的词。字母表不再是一串字母,它已经成为你奉献给上帝的东西,就像你祈祷时所做的一样。

字母表在 14 世纪末变得越来越普遍,开始出现在一些世俗祈祷书的最初几页,这些祈祷书被称为"primers"(启蒙书),或"primmers"(正如这个词的发音)。[46]从 14 世纪晚期到 16 世纪中期,从英格兰到欧洲大陆,启蒙书字母表大致相似,尽管在细节上有细微的变化。[47]在那些最古老的含有字母表的启蒙书中,其中一种是格拉斯哥大学图书馆(Glasgow University Library,MS Hunter 472)的一份手稿,可以追溯到乔叟时代,如下所示(图 6):

+ a.a.b.c.d.e.f.g.h.i.k.l.
m.n.o.p.q.r.ʒ.ſ.s.t.u.v.
x.y.z.&. est ⋮ amen.[48]

在一段时间后,1538 年出版的启蒙书《拉丁语和英语字母表》给出如下内容:

+ A a b c d e f g h j k l m n o p
q r ʒ ſ s t v u x y z & ꝛ ÷ est Amen.[49]

因此,启蒙书字母表以十字开头,并通常以小写形式呈现字母,有时被点号分割,有时没有。"a"现在出现了两次,另外三个字母以其他形式出现:"r""s"和"u/v"。"z"后面的传统的"&"后面跟的是拉丁语"*con-*"的缩写,并且还有一组圆点。"*est*"被插在"amen"的前面。欧洲大陆字母表的排列方式类似,只是在缩写上有所不同,并且没有"*est*"和"amen"这两个词。

这个模式的一些特征需要解释。先不考虑这个十字,第一个问题是开头的两个"a"。有些字母表,比如亨特(Hunter)手稿中的那个,每个"a"都用小写表示。另一些会大写第一个"a"——这种做法大约在 1400 年的意大利出现,到 15 世纪晚期才在英格兰出现。[50]第二种用法在都铎时代变得非常普遍,最终,我们将看到,大写字母 A 的三笔被解释为三位一体的象征。然而,考虑到字母 a 在中世纪晚期的一些字母表中的小写形式,这不大可能是第一个字母 a 的原始功能。亨特启蒙书和另一本来自 15 世纪的启蒙书给每个小写的"a"赋予略微不同的形状。[51]因此,一个更好的解释可能是,把这两个字母放在一起,是因为学生可能会遇到不同形式的"a",就像他们遇到"r"和"s"一样。

还有第三种可能,第一个"a"代表的意思不同于第二个"a"。在整个欧洲的字母 249 表中,双"a"很常见,这可能是双词根源于一种教学传统。中世纪欧洲所有的拉丁语教学都要追溯到罗马帝国的文法学家,如果我们请教其中最著名的两位——普里西安(Priscian)和多纳图斯(Donatus),我们会发现,在试图识别语言最基本的元素时,他们以 *vox*,即"嗓音"或"声音"开头,然后继续讨论书面字母。[52]试图遵循这一方案的教师们可能会在第一节课上让学生们清晰地发音。15 世纪法国的《字母表联韵诗》(*Ballade de ABC*)支撑这一观点,它告诉我们一个学生如何上学,在他的第一节课上,学习"a""a""a",然后在第二节课上学习"a""b""c"。[53]"a"被认为是基本音,是新生儿发出的第一个音。[54]让儿童从发出一个声音开始,这样做的价值在于,能让那些年轻、害羞、结结巴巴的儿童说得足够清楚,以便教师能够检查他们是否都在说话。这是确保他们学会字母的关键步骤,因为这一过程需要他们大声读 250 出字母。

除了"r""s"和"u/v"的其他形式外,启蒙书中一直到"z"的其他字母都很简单,部分是因为学生们会在手稿中遇到这些字母。人们可能会认为,在表中也会出现独立的"i"和"j",因为它们最初是同一个字母的变体,在欧洲大陆上是这样,但在英格兰不是这样,那里只出现了两个字母中的一个,通常是"i"。通过采用这种双重形式,启蒙书字母表遵循盎格鲁-撒克逊人的做法,即把字母表作为古文书学(阅读手稿的艺术)的指南。出于同样的原因,在"z"后面至少有几个书写中常用的缩写:"&."和"*con-*"。con-后面的圆点显然是 12 世纪字母表中 *est* 符号的衍生物。它们也被称为"小变音符号"或"小点",就像 *est* 符号表示的一样。它们的形式不同:一个冒号似的两点、三个这样的点、两个点之间的一条线（像一个除号）、四个点排成一个菱形，还有三条线。这似乎是由于符号 est 在 13 世纪就不再使用。在这个过程中，小点后面加单词"est"作为解释。小点的意义最终被遗忘，它们仅仅成为装饰，但"est"保留了下来。其他欧洲国家把"&"和"con-"符号放在字母表后面，但小点和 est 似乎是英格兰独有的。[55]

关于启蒙书字母表，还可以作一两个进一步的观察。除了字母的顺序，没有公认的排列方式。书的作者并没有在每行上写那么多字母，他们只是把它们写在可用的空间里。大多数字母都是拉丁字母，但偶尔也会发现带有英语字母的版本，就像在更早的时候一样。15 世纪末约克郡有个例子，在最后面有个"thorn"，在大约同一个时期温彻斯特的另一个例子中，在"x"前面有个"w"，"y"后面有个"thorn"，并且可能有字母"yogh"（表示"gh"和"z"），除非它是另一个形式的"z"。[56] 在这个时候，"yogh"已经不再被使用，"thorn"和"y"已经无法区分，所以 1500 年后，人们不会再指望在字母表中找到它们，但"w"得到普遍认可是很久以后的事。事实上，在宗教改革之前情况并不总是如此。

251　　在中世纪晚期和都铎王朝的启蒙书中，通常呈现给儿童的字母表在很大程度上由其古典形式演变而来。它被基督教化了，开头是一个十字架，最后是"阿门"（amen）。它已经被调整以适应中世纪的书写习惯。由于小点的原始功能已不复存在，它已成为一份关于过去和现在的冗长废话。都铎王朝的老师和学生们明白小点和单词"est"的意思吗？有可能他们不明白，当他们说"est"这个词时，他们觉得自己是在做一个肯定。他们背诵了字母表，并且"就是这样！"

基督十字行列

中世纪晚期字母表的另一个显著特征是十字。它像一个扛着十字架的人一样领着字母，字母则像十字军或教区游行队伍一样在它后面行进。在适当的时候，十字也赋予它后面的字母以名称。"字母表"这个词直到 16 世纪晚期才在英语口语或书写中普遍使用。中世纪的人更喜欢说"ABC"或"abece"，意思和"字母表"差不多[57]，但到了 16 世纪 20 年代，第三个名字开始流行起来："基督十字行列"（Christ-cross row）或简称为"十字行列"，这个名字在都铎和斯图亚特时代被广泛使用。[58] 字母表中的十字也不仅仅是一个符号。它是一个提示：指示读者在念接下来的字母之前先念一段简短的祷告。诵读这些字母也变成了一种祈祷，这个过程的最后会说"阿门"这个词，就像在祈祷的最后一样。

像在中世纪英格兰这样的基督教社会和文化中，字母表会被作为基督教文本或图标呈现，并另外加上"阿门"，这并不奇怪。事实上，文字和宗教发生联系的时间比中世纪要早得多。基督徒没有关于字母表发明的故事，但圣经几乎给了它一个神圣的起源。《旧约》中第一次提到书写，是在《出埃及记》(Exodus)和《申命记》(Deuteronomy)的典籍中关于上帝向摩西传达十诫的记载。"耶和华对摩西说：'你上山到我这里来，住在这里，我要将石版并我所写的律法和诫命赐给你，使你可以教训百姓。'"然后他给了先知两块"上帝用手指写的"石版。摩西在以色列人敬拜金牛犊时愤怒地打破了这些最初的石版，取而代之的是新写的石版。根据《申命记》，那是由上帝自己写的，但在《出埃及记》中，却是由摩西根据上帝的指示写的。[59]

摩西是如何学会写字的不得而知，记载也没有明确地把书写的天赋归于上帝。但是上帝肯定会书写，他和他子民的新关系就是通过这种方式表达出来的。诫命不仅被保存在石版上，而且它们被人复制，并保存在他们身体上的护身符上。上帝后来与他先知的交流也被记录下来。以色列的宗教变成"书的宗教"，它依靠书面文本来理解和实践。基督教也是如此。"我是阿尔法，我是欧米伽"，基督在《启示录》中说，"我是初，我是终"——这一形象将他与希腊字母表的首字母和末字母联系起来。[60]基督教也以典籍为基础：圣经、罗马和教士的法律文本以及礼拜的祈祷书。教会领袖及礼拜人员——神职人员——必须能够阅读这些及其他相关的属灵著作。

当然，大多数基督徒并不使用以色列的字母表和语言；他们在东方用希腊语书写，在西方用拉丁语书写，并使用相应的字母。希腊人有一位传奇英雄，名叫卡德摩斯(Cadmus)，据说是他引入了他们的字母表，而拉丁人有一位女传奇英雄，叫做卡门提斯(Carmentis)。当塞维亚的伊西多尔(636年去世)编写他著名的词典《词源学》(Etymologies)时，他对书写的起源有一个概括的看法。他认为叙利亚字母和迦勒底字母源于亚伯拉罕，希伯来字母源于摩西，希腊字母和拉丁字母源于卡德摩斯和卡门提斯——这种观点并不认为字母本身特别神圣。[61]然而，后来在中世纪，拉丁语及其著作在西欧文化中占据主导地位，以至于人们对其他字母及其手稿的认识越来越少。由22个字母组成的拉丁字母表被认为是上帝计划的一部分，就像希伯来字母表对《出埃及记》和《申命记》的作者所做的一样，尽管实际上拉丁语版本

252

发展得相对较晚。

这一观点的一个很好的例子是一份 9 世纪的关于字母表的小册子,保存在瑞士伯尔尼(Berne)的一份手稿中。小册子的作者试图表明拉丁字母具有基督教的特征。他问:"为什么第一个字母是'a'?"他解释说,这是因为它是天使(angel)、"生命"(anima)和亚当(Adam)的第一个字母——这些都是上帝早期创造的。大写字母"A"的三笔代表三位一体,而整个字母代表上帝作为一个整体。他试图赋予其他字母类似的价值:"c"代表教会,"e"代表三位一体,"s"代表《旧约》和《新约》,"x"当然代表十字架。[62]类似的方法可以在巴塞洛缪 13 世纪的百科全书《物之属性》中看到。巴塞洛缪说,上帝在创世的第一周做了 22 件事。从亚当到雅各共有 22 代人,《旧约》共有 22 卷,以及"字母表中有 22 个字母,上帝律法的一切学问都由字母表写成"[63]。同样,中世纪法国的一位图书插图画家可以想象摩西带着石版从西奈山(Mount Sinai)下来,上面写着 ABCD。[64]

到 10 世纪,每当一座新的教堂建筑被祝圣时,就能明显地看出教会是建立在文字基础上的。在祝圣仪式上,主持仪式的牧师——主教——在教堂的地板上书写字母。这种情况的书写方向应该是,"主教应该从教堂东端左手(角落)的地面上开始,用他的牧杖书写字母,一直到西端的右手角落,同理再从右端的左手角落写到东端的右手角落"[65]。于是,教堂的地板上画了巨大的圣安德鲁十字字母:一个拉丁文字母表,一个希腊文字母表。在《黄金传说》中,弗拉金的雅各试图给这个十字字母赋予意义。它代表异教徒和犹太人在基督的领导下联合起来,以及圣经的两种圣约(彼此相连)。第三,它代表基督教信仰。"教会的地面,好像我们信仰的根基,其上所写的字,就是信仰的条文。"[66]这或许是学术推断,但祝圣用的字母是基督教以书面文字为基础的一种恰当的象征,而这些字母也因此获得了宗教意义。

中世纪的儿童以基督教的形式学习字母表,并把它作为一项基督教任务,这一切都与之相符。它不仅可以被观看,还可以被大声朗读,像读一种祈祷文一样朗读。开始的十字架不仅仅是基督教的一种视觉提醒,它还激发你在开始念字母之前说一句话。约翰·特里维萨在他 1398 年开始翻译的巴塞洛缪的百科全书中,有一段开场白,回顾了他在学生时代如何

> 画一个十字,全红
> 在我书的开头,
> 那被称为"愿上帝助我成功",

> 在我上的第一节课。
>
> 然后我学了"a"和"b"，
>
> 和其他字母的名称。[67]

据伊利的主教约翰·阿尔科克(John Alcock)说，在 15 世纪 90 年代，儿童在学校学到的第一件事是"'基督的十字架助我成功'，接着开始学字母表"[68]。你念出这个短句，画十字，准备念字母表。事实上，尽管这些都是最常见的单词，但这个短句有好几个版本。我们在与儿童有关或暗指儿童的文本中发现过它，如：

> 愿上帝助我成功(或者，愿上帝赐成功予我)。[69]
>
> *Du gveras*(康沃尔语，意为"上帝保佑")。[70]
>
> 十字架基督助我成功。[71]
>
> 耶稣基督的十字架永远助我们成功。[72]
>
> 基督十字架助我成功。[73]
>
> 十字架和谦恭的基督赐这开始的成功。[74]
>
> 基督和圣尼古拉斯助我成功。[75]
>
> 基督十字架保佑我们成功，恩典、怜悯能满足我们所有的需要。[76]
>
> 基督十字架助我成功，带着所有美德前进。[77]

这句话并不归儿童独有，大人们在画十字符号的时候也会这么说。因此，《高文爵士与绿衣骑士》这首诗的主人公在踏上一段冒险之旅时高呼"十字架基督助我成功"，并祈祷上帝在圣诞节期间赐他地方住。[78]学校可能从日常使用中借用这个短句，但它被特别地与学校挂钩。在 15 世纪早期，故事中的一个人物会问另一人物，他是多久以前说的"基督十字架助我成功"，因为他知道读者会把这句话与一个学生联系在一起。[79]

在你背诵字母之前先念经文意味着你把自己托付给上帝，进入一种精神模式。254当你背诵完后，你说"阿门"，就像在祈祷。事实上，在一本启蒙书的第一页，带有"阿门"的字母表放在其他也带"阿门"的简短祷文的上方，其本身看起来非常像一篇祷文。[80]我们所看到的始于 12 世纪的进程已经得到充分发展。一旦字母表被视为宗教文本或图标，人们就很容易从它身上编出宗教意义。巴塞洛缪的 22 个字母就是一个例子，我们还会遇到其他例子，甚至字母书和它的规则都可以被比作基督的十字架和创伤。

学习字母表

在确定字母表的形式之后，我们需要知道它是如何进入儿童的手中和头脑里的。现代学校有黑板、白板或投影仪向班级学生展示材料。中世纪的学校可能会展示大字母，北卡德伯里（North Cadbury，萨默塞特郡）教堂的法衣室墙上还悬挂着三个都铎王朝时期的字母表，显然是因为它被用作教室。但当时的学生和现在的一样，需要自己的字母表副本，这在那些一次只能教一个孩子阅读的家庭中尤其如此。到13世纪时，小木板的使用普及开来，它的一面或两面都有羊皮纸封皮。那个世纪早期的切里顿（Cheriton）的布道作家奥多（Odo），用这样一块写字板作为耶稣受难的插图。"就像教孩子识字的那张纸（*carta*）是用四颗钉子钉在写字板上一样，基督的肉体或皮肤也伸展在十字架上。"十字架上的基督是字母表的形象，"用他自己的鲜血染成红色"[81]。在1326年到1349年间，罗伯特·霍尔科特修士（Friar Robert Holcote）再次提到字母板。"你知道，"他说，"孩子们刚开始接受教育时，不是让他们学习任何复杂的东西，而是让他们学习简单的东西。因此，他们首先从一本带有很大的字母的书中学习，这本书贴在一块木头上，然后，逐渐从一本更复杂的书中学习字母。"[82]

关于写字板最完整的描述出现在一首关于耶稣受难的英文诗中，这首诗写于14世纪末或15世纪初。这首诗现存有两个版本，一个在大英博物馆的一份哈雷手稿中，另一个在一份伯德雷恩手稿中，这两个版本在细节上略有不同。[83]哈雷文本可能较早，是这样开头的：

> 在人们可以看到的每一个地方，
> 当一个孩子要上学的时候，
> 给他带来一本书，
> 钉在一块写字板上，
> 人们称之为一份字母表，
> 做工精美。

255   书的侧面镌刻着，

> 五个段落标记粗壮且结实，

用玫瑰红装饰；

这是毫无疑问的

（字母都是关于）

在表示耶稣之死。

羊皮纸上的红色字母

会使孩子变得善良和优秀

为了看且理解字母。

借着这本书，人们可以推断

基督的身体充满痛苦

死在十字架上。

在十字架上，他被画得很愉快

用伟大的段落，那是第五处伤口，

正如你能理解的。

看看他的身体、女仆和妻子，

当他们开始把钉子钉在

脚和手上。

这首诗接着讨论耶稣受难，用字母板表示十字架。基督的身体上有红色的伤痕，就像段落上的记号，还有他被殴打后留下的青紫色伤痕。诗人说，他的伤痕可以像一份字母表一样读出来，然后他或她继续按照字母的顺序讨论基督受难的几个方面，如他的束缚、虚弱、爱、怜悯和苦难。哈雷字母表以缩写词"&"结尾，但伯德雷恩版本包含另外两节，其中就有三个小点、"est"和"阿门"。

这些文学资料至少教会我们关于中世纪字母板的三件事。首先，人们称它为一本"abece"和一本"书"，尽管它不是通常意义上的一本书。其次，写字板上覆盖一张羊皮纸（无疑是为了耐用），用钉子钉住，上面写着字。哈雷文本谈到板上的红色字母；伯德雷恩版本提到红色和黑色字母。为了便宜和耐用，大多数写字板可能展示黑色字母，不过也可能是红字或用红色装饰的。提到五个段落标记可能意味着书写分为五个部分或包含五个项目（字母、《主祷文》和其他基本的祈祷文）。最后，强调写字板的宗教意义。奥多和字母表诗人不满足于字母十字作为基督的提醒，还试图使用整块写字板和它的红色墨水来描绘十字架、基督的伤口以及他为我们所做的牺牲的形象。在他们看来,不仅字母表是一种宗教文本,而且写字板本身也是一种象征,你可以崇拜它,正如你在教堂里崇拜被钉死在十字架上的基督一样。"单词铸就身体"变成"身体铸就单词"。

256　　　遗憾的是,到目前为止提到的作家并没有告诉我们,人们在这块写字板上写了什么。为此,我们必须从欧洲大陆和英格兰后期的历史中寻找资料,因为在中世纪晚期和现代早期,字母板在西欧得到广泛使用。欧洲大陆的字母板上的插图显示,它们是长方形的,最初通常是横向的,但后来更多是竖直的,特别是在 16 世纪。它们有一个或多个把手或一根抓绳,可能在顶部、侧面或底部,后者尤其与后来的竖直外形有关。装饰着字母表图像的横向写字板出现在 15 世纪意大利的绘画中,其中有一幅描绘年轻的耶稣,两幅描绘希波的圣奥古斯丁(St Augustine of Hippo)的学生时代。耶稣字母表以大写字母"A"开头,后面是"a",其余的字母都用小写表示。[84]其他两幅都是先画个十字,然后画个"a",之后都用小写。[85]第四个例子来自格雷戈尔·赖施(Gregor Reisch)1508 年在斯特拉斯堡印刷的《哲学珠玑》(*Mar-*

257　*garita Philosophica Nova*)中的木刻画,画中,文法女士将一块写字板送给一名学生。这是一块竖直的写字板,包含一个由 23 个小写字母组成的字母表。这些字母表似乎都不包含字母或缩写词的替代形式。

　　　真正的板书(tablet-books)在宗教改革之后从英格兰流传下来,主要是在 17 世纪和 18 世纪。到 16 世纪 80 年代,这些被称为"角帖书"(horn-books),因为那时它们通常包着薄而透明的角片以起保护作用,但不清楚这种材料是否在早期就被使用。[86]典型的角帖书是竖直的长方形写字板,大约 3 英寸宽、6 英寸高,底部有一个把手。[87]写字板上贴有一张印好的纸,上面有两份字母表,一份是小写字母,一份是大写字母。接下来是一串元音字母,一份双字母音节表,"以圣父、圣子和圣灵的名义"的祷告,以及用英语写的主祷文。

　　　在英格兰,中世纪写字板上确实有字母表。但是,这是一个简单的字母表,就像在欧洲大陆图画中那样,还是一个有其他字母、缩写词、"*est*"以及"阿门"的更复杂的启蒙书字母表呢?很难确定是否有其他的字母。根据我们对儿童背诵字母的了解,他们只是简单地说出基本的 23 个字母的名字,当他们念到"s"时,他们不会说"长 s"和"短 s"。如果副本中有其他字母,儿童可能会被告知为了背诵而忽略它们。然而,有几项证据表明,缩写词、"*est*"和"阿门"会被说到,而且它们很可能曾出现在写字板字母表中。但是,在讨论这一点之前,我们需要确定儿童在说字母表的时候是如何发音的。毕竟,大声说出字母的名称是理解它们的基础。当我们是熟练的读者时，我们会目视而读，且通常是默读，很少注意发音。对于正在学习阅读的孩子来说，需要一种不同的方法。他们不仅要看字母，识别它们的形状和用途，还要 259 读出它们的名称，理解它们的发音。只有通过说出这些字母的名称，他们才能了解这些字母的性质，并将它们与他们迄今为止只知道是声音的单词联系起来。只有儿童大声朗读，成年人才能确定他们做得是否正确。

　　希腊字母表拥有带名称的字母，这些名称曾经有意义。"Alpha"本身来自闪米特语单词 *aleph*，意为"一头牛"，大写字母"A"是一个倒置的牛头。我们自己字母的名称，"a""be""ce"，仅仅念名称就能告诉你字母的声音，除了来自希腊单词 *zeta* 的"zed"。这些名称，就像字母表一样，可以追溯到罗马人。中世纪教师从罗马文法学家那里采纳过来，它们出现在这样一些文本中，如前面提到的斯托（Stowe）手稿。有大量的参考资料表明，它们在中世纪后期的英格兰得到使用，无论是在通俗用语中还是在学校里，正如一直到今天它们被使用的那样。[88] 它们在法国的名称——a, bé, cé, dé, e, ef, gé, ah, i, ka, el, em, en, o, pe, qu, er, es, té, u, iquece, i-grec, zed——几乎一模一样。[89] 英格兰人与他们的欧洲大陆邻居的主要区别在于他们有自己的"y"的名称。在 12 世纪的字母表中，它以"fix"的形式出现，到 1200 年左右，以"wy"的形式出现。[90]

　　在英格兰最早的关于一个学生念字母表的文献中，有一份不是英语文本，而是 15 世纪康沃尔语文本《比乌南・梅里亚塞克》（*Beunans Meriasek*）。[91] 这是一部关于布列塔尼圣梅里亚德克（Breton saint Meriadec）生平的戏剧，是为在坎伯恩演出而写的，坎伯恩的教区教堂就是献给他的。它讲述了梅里亚德克如何被送到学校，以及他到达那里时的情景。一个男学生开始背诵字母表：

　　　　Du gveras ! *A* , *b* , *c* ,
　　　　An pen can henna yv d ,
　　　　Ny won na moy yn lyver.

　　　　（上帝保佑！A，b，c；
　　　　这首歌的结尾是"d"。
　　　　我对这本书一窍不通。）

他大概是初学者，正在学习前四个字母。另一个男孩说：

　　　　E , *s* , *t* , *henna yv* "*est*".

> *Pandryv nessa ny won fest；*
>
>   *Mur na reugh ov cronkye；*
>
> *Rag my ny veʒaf the well ….*

（e，s，t，即"est"。

我实在不知道下一个是什么。

不要把我打得太厉害，因为我不会好起来。）

260　这个学生已经到字母表的末尾，但戏剧却开玩笑说，他已经到"*est*"，可他却没有意识到只需要说"阿门"就可以结束了。

我们从这个场景中了解到了一些其他的东西：随着在"z"后面增加其他内容，背诵字母表可以继续往下进行。英格兰都铎王朝的作家们记录说，这种内容被读成"and per se, con per se, tittle est amen"；事实上，"tittle est amen"成为演讲中结尾或结论的一种修辞。[92]*per se* 在拉丁语中是"本身"的意思，意即"and"和"*con-*"的符号本身是完整的。托马斯·莫利（Thomas Morley）在 1597 年创作的音乐背景对背诵字母表有进一步的启发，这种背景不一定是为儿童设计的，但旨在使用熟悉的（并且或许有趣的）文本进行音乐教学。他的版本如是：

> 基督十字架助我成功，带着所有美德前进，A．b．c．d．e．f g．h．
>
> i．k．l．m．n．o．p．q．r．s and t. double-u．v．x. with y. ezod, and per se, con per se.
>
> tittle tittle est amen. 当你完成后再重新开始，再重新开始。[93]

可能有一种吟唱字母表的方法与这种音乐编曲类似，在这种编曲中，字母被大致地安排在重音或格律行中。除非他的最后一句话是自己补充的，它可能代表学校用这句话来让儿童无休止地咏唱的指令。胡尔说，在他那个时代，儿童通常被要求"把字母表里的所有字母从头到尾通读一遍"，直到他们能够说出任何一个字母。[94]这种做法在 19 世纪仍然存在。弗洛拉·汤普森（Flora Thompson）回忆说，19 世纪 80 年代，牛津郡一所乡村学校的初学者们一遍又一遍地用格律的形式顺着再逆着吟诵字母表。"一旦开始，它们就像上了发条的手表，独自走好几个小时。"[95]

儿童是否有一个建立字母表知识的计划？他们每节课学一个字母，还是不止一个？字母表中使用的单词可能会让我们对此有所了解。当然，"alphabet"本身来自希腊语，与前两个希腊字母有关，但另外两个单词在中世纪欧洲很常见。一个是

abecede，用拉丁语写成，可以追溯到罗马时代；另一个是 abece，在英语中特别流行。它们说明可能运用到两种学习计划：一种是以"a""b""c"开头，三个一组来教字母；另一种是把"d"包含在内，四个一组来教字母。法国的《字母表联韵诗》表示，第一节课老师教"a""a""a"，之后学生每节课学三个字母，从"a""b""c"开始，一直到第九节课把"y"和"z"包含在内。[96]1560 年在巴黎发表的一篇名为"儿童的诚实礼貌"（*Civilité honeste pour les Enfans*）的法国论文建议，第一天学习从"a"到"d"的四个字母，接下来的四天每天再学习四个，以便第六天掌握最后三个字母。[97]1633 年，另一位法国作家雅克·科萨尔（Jacques Cossard）附和推荐每节课学三个字母的方法。[98]格雷戈尔·赖施书中的字母板提出第三种计划。这个写字板把字母分成每行四个的两行和每行五个的三行，可能表明一个五天的计划。

在英格兰，康沃尔的戏剧为每天学四个字母的方法提供了迄今为止发现的最好的证据。在关于字母板的诗中提到的五个段落标记可能表明了与赖施的书类似的东西，但不清楚这些标记是指字母表的划分，还是指字母表和其他祈祷文。完全可以想象，中世纪教师会喜欢一份四个字母的计划，因为这样一来，字母表就可以从周一教到周六，使周日成为一个神圣的日子。这将是对上帝在一周内创造世界的优雅模仿，并与巴塞洛缪将上帝在一周内的 22 件事与字母表中的字母进行比较相一致。但在这件事上我们需要谨慎。由"abece"暗示的三个字母的方法可能也在使用中，并且还需要学习缩写词。可能不是所有老师都以同样的方式教学，启蒙书中缺乏标准的字母表布局便暗示了这点。此外，字母学习计划更适合学校环境，因为学生在教室里课程任务一致。在父母和孩子之间的家庭关系中不需要遵循这些原则。

如果学生们遵循上面提到的其中一个计划，他们可能会在短短一周内学会说字母表。理解这些字母的意思，并将它们与符号联系起来，通常需要更长的时间。有一个关于爱德华四世家的弄臣斯科金（Scoggin）的喜剧故事，记录于 1626 年，讲述斯科金如何教一个农夫（或农民）的乡下儿子学字母表的前九个字母。男孩花了九天的时间来学习它们，然后他用方言问："我现在过了最糟糕的时期了吗？"[99]胡尔是个细心的观察者，他注意到他那个时代有很大的变化。他知道有个孩子在 11 天内学会了字母表，包括名称和符号，这多亏一种带轮子的玩具盒一次显示一个字母。另一方面，迟钝的孩子即使挨打，可能也要花整整一年的时间才能学会。[100]

261

学习音节

　　"一个孩子,"约翰·威克利夫在 1378 年左右观察到,"首先学习字母表,其次学习音节形式,再次学习如何阅读,最后学习如何理解。"[101]掌握字母表之后,下一个阶段就是根据音节识别和念出字母。在中世纪,儿童遇到的第一组字母是祈祷文,写字板上可能有,启蒙书里肯定有:《主祷文》《圣母经》和《使徒信经》。我们马上就会看到,直到 16 世纪 30 年代,这些词都是用拉丁语写的,所以音节(以及后来的单词)的学习经常是用一种儿童听不懂的语言进行的。要弄清这一阶段的学习在中世纪是如何进行的并不容易,但在 16 世纪,剧作家们对这一阶段给予一些启示,他们展示了一些愚钝或粗俗的人努力去阅读或被教导去阅读。在约翰·拉斯特尔(John Rastell)1520 年创作的戏剧《四种元素》(*The Four Elements*)中,一个喜剧角色嘲笑另一个人的学识,并提出教他:

262

　　　　瞧,你看,他忘记了

　　　　他字母表的第一个字。

　　　　听,傻瓜,听! 我来教你:

　　　　P, a, pa；t, e, r, ter.[102]

在克里斯托弗·马洛(Christopher Marlowe)的《浮士德博士的悲剧》(*Doctor Faustus*, 1593—1594)中,小丑罗宾偷了博士的一本魔术表演书,并试图念出一个咒语:

　　　　A per se, a；t, h, e, the；o per se, o；deny orgon, gorgon.[103]

这些例子表明,儿童被要求单独读出每个音节的字母,然后念它,最后把音节放在一起组成整个单词。"P, a, pa；t, e, r, ter；pater"。如果这个单词只有一个字母,比如在"a"中,他们就被教用拉丁语说 *a per se a*,意思是"a 本身就是 a"。当你拼出它们的时候,需要你说出四个词,其中包括 *per se*,其他的还有"I""O"和"&"。用现代单词"ampersand"表示"&"源自让儿童遇到"&"时说"and per se and"的做法。[104]拉斯特尔的证据表明,"Pater"是大多数儿童学会拼写和发音的第一个完整的单词;毕竟,在启蒙书中,祈祷文的开场白通常排在字母表之后。[105]正如阿尔昆的哈雷手稿所暗示的那样,这一习俗可以追溯到盎格鲁-撒克逊时代,而且将适用于基督教社会。就像儿童学会说的第一个完整的单词是他们世俗父亲的名字一样，他们学会读的第一个完整的单词是他们天父的名字。

到 15 世纪，教育家（至少在意大利）在儿童尝试说完整的单词之前，先让他们练习说音节。1400 年左右在卢卡（Lucca）的一幅画中，儿童耶稣手持一块字母板，其上有两行字母，并接着两行音节：

Ba. be. bi. bo. bu.

Ca. ce. ci. co. cu.[106]

约 1478 年至 1480 年，格拉尔杜斯・德・莉萨（Gerardus de Lisa）出版了意大利语的《字母表和音节表》（*Alphabet and Syllabary*），印有字母表，然后是元音，最后是音节表，有些以一个元音开头（"ab eb ib ob ub"），有些以一个辅音开头（"ba be bi bo bu"）。[107] 有可能中世纪英格兰儿童被训练以这种方式念出音节，但这种方法直到在 16 世纪 30 年代中后期印刷的拉丁语启蒙书中才有记录。[108] 这些书在提供字母、元音和缩短的音节列表（直到字母"g"）方面类似于一些意大利语资料：

＋ A a b c d e f g h i k l m n o p

q r ꝛ ſ s t v u x y z & ꝗ est Amen.

a e i o u　　　　a e i o u

ab eb ib ob ub　　ba be bi bo bu

ac ec ic oc uc　　ca ce ci co cu

ad ed id od ud　　da de di do du

af ef if of uf　　fa fe fi fo fu

ag eg ig og ug　　ga ge gi go gu

尽管在英语文本中没有明确说明，但儿童可能是通过这种方式学习整个字母表的。这种方法见效缓慢，但会使学生的基础更加牢固。学生们要花更长的时间才能到达"Pater"，但当他们这么做时，才更有可能正确地读出它。

学习单词和文本

学完音节后，学生可以练习读完整的单词和句子。哪些单词和句子？阅读老师不一定是神职人员，尤其是当他们是父母的时候，教会也没有正式规定他们应该

263

如何教学。然而,基督教对这一过程有着强大的影响。我们已经看到,盎格鲁-撒克逊时代以降的教会领袖,强调所有儿童和成年人学习《主祷文》《使徒信经》和(到1200年左右)《圣母经》的必要性。[109]人们应该掌握这些"至少是母语的"基本祈祷文,意思是英语或法语,但"至少"意味着对不那么聪明的人的让步。在教堂里,神职人员讲的这些祷文是用拉丁语写的,而学校和教科书更倾向于用那种语言来教它们。哈雷手稿中的盎格鲁-撒克逊字母表(后面接的拉丁语《主祷文》的开篇词)表明了这一点。

字母板可能包括像《主祷文》这样的基本祈祷文,就像后来几个世纪的角帖书那样。但一块写字板的文本空间有限,读者迟早会转而阅读一本多页的书。直到13世纪,拉丁教会的仪式书可能被用于这一目的,特别是赞美诗和对歌。赞美诗包括150首诗歌,由神职人员在他们的日常祈祷中说或唱,每周按顺序阅读全部诗歌。对歌包括交替唱的圣歌,即圣经中在诗歌前后说或唱的简短文本。这种材料特别适合用作培训男孩或女孩成为神职人员或修女,盎格鲁-撒克逊时代以降,神职人员中最初级的成员被称为"诗人"(psalmists),这意味着一个人在进入更高的学业和职务之前学习了诗篇。[110]但不光宗教学员学习它们。阿尔弗雷德国王的孩子——爱德华和埃尔弗斯瑞斯(Ælfthryth),都在年轻时学过,但长大后都是平信徒。[111]后来,在12—13世纪,许多主要的教堂和城镇都有一所"圣歌"学校,其业务显然集中在学习阅读和唱赞美诗。这些学校可能不仅为未来的神职人员服务,也为那些将留在世俗世界的儿童服务。[112]

264　　　在13世纪,新的祈祷书随着旧的教会仪式书的发展而发展。[113]一种是一类基本祈祷书,有时用拉丁语写,有时用英语写。其中包括《主祷文》、《圣母经》、《使徒信经》、忏悔、祷告和其他文本,有时以一个字母表开头,我们已经看到了。另一种是"时辰书""圣母马利亚时辰""圣母时辰",或者简称"时辰"。[114]这包含由神职人员说的更简短、更简单、特别献于圣母马利亚的日常教堂仪式版本。基本祈祷书和时辰书通常是用拉丁语写的,尽管在14世纪晚期也有一些是用英语写的。除了正常的日常仪式,牧师有时还会在教堂诵读时辰书,但它们和基本祈祷书特别适合有读写能力的平信徒使用。它们可以在家里作为一种私人祈祷被诵读,或者在教堂参加礼拜时被诵读。在大约1500年,威尼斯人对英格兰的著名描述中提到人们如何带着"圣母时辰"去教堂,并与一个同伴一节一节地诵读它。[115]时辰书有时以精美且昂贵的副本形式成为富人的普通财产,它们经常在遗嘱和书籍清单中被提及。

"primer"是一个专门用来描述平信徒祈祷书的词——这个词显然是英格兰独

有的。到 1297 年，它已在拉丁语中出现，到乔叟时代，已在英语中出现。[116]相当令人困惑的是，它似乎既适用于基本祈祷书，也适用于时辰书。这个词很有趣，因为它的意思是"第一本（书）"，并且可能已经开始使用，正如约翰·希尔西在 1539 年所相信的那样，因为一本祈祷书或时辰书是"稚嫩的年轻人受教的第一本书"[117]。在中世纪后期，有很多关于儿童阅读基本祈祷书和时辰书的参考资料。1343 年，欣顿（Hinton，萨默塞特郡）的加尔都西会小修道院拥有两本书，名为"儿童启蒙书"。[118]埃克塞特主教格兰迪森（Grandisson）在 1357 年写道，在学生们继续学习拉丁语文法之前，他们学习读写基本祈祷文和"圣母马利亚时辰"。[119]在 15 世纪 90 年代，伊利的阿尔科克主教提到儿童在学校学习祷告和时辰书。[120]我们已经注意到，富贵的男孩和女孩被鼓励在早晨起床时说出时辰书。[121]但是祈祷书和时辰书似乎并没有完全排除用赞美诗和对歌来教导年轻人。圣歌学校会继续使用这些书，一些贵族家庭的儿童也会这样做。1284 年，当爱德华一世的儿子阿方索王子 11 岁时，他开始使用一部美丽且装饰华丽的赞美诗集。在他那一年去世后，这部赞美诗集显然传给了他的妹妹伊丽莎白。[122]迪内多的沃尔特（Walter of Dinedor）是赫里福德主教监护的年轻贵族，他在 1290 年至 1291 年买了一集赞美诗集供自己使用，而玛格丽特·普拉普顿，正如我们已经看到的，迟至 1463 年才开始学习这个。[123]

因为大多数时辰书都是用拉丁语写的，赞美诗和对歌也是如此，所以学习阅读必须有一个稳固的拉丁语知识框架，即使是那些私下在家阅读的人也是如此。启蒙书字母表通常是拉丁字母，尽管有些（如我们所见）有额外的英语字母。它们包含一个拉丁词"est"，而在拼写中使用的短语"per se"也是拉丁语，这意味着你在进行一个使用拉丁语的过程。因此，大多数读者一开始都是拉丁语学者，而且似乎他们读的最早的文本是用拉丁语写的。15 世纪一本写给男孩的礼仪书的作者说，当你的老师教你时，他会教你《主祷文》、《圣母经》、《使徒信经》、《三一祷词》（In nomine Patris）、《悔罪经》、《怜悯颂》（Misereatur）——换句话说，是用拉丁语写的基本祈祷文。[124]这使得许多儿童学习阅读的过程与现在不同，因为他们使用的是一种不熟悉的语言。学生们将学会识别单词并发音，但如果不告诉他们，他们就无法理解其含义。

乔叟的《女修道士的故事》中有幅关于学校的图片，描绘了两个处于这一学习阶段的学生。故事中 7 岁的男主人公坐在学校里读启蒙书，不管它意味着什么：字母板、基本祈祷书或时辰书。另一个大一点的男孩参加一个学习对歌的小组。它的成员正在唱赞美圣母马利亚的歌词。小男孩通过聆听,把第一节背下来了。他问那个大一点的学生这是什么意思,但是这个男孩不确定。他只听说这是一首献给圣母的赞美诗,赞颂她并求她保佑。他这样解释他知识上的缺陷:

> 我学歌;我只懂一点文法。[125]

目前,他正在掌握视读和发音。除非他学会拉丁语文法,否则他不会理解单词和句子的意思。

这使得我们很难说清楚从开始阅读字母表到理解整个句子花了多长时间。我们很快会讨论都铎时期估计1561年的时候,乐观地预测人们可以在六周内做到,可能设想的是一个敏捷的成年人或一个上进的儿童。但是这样一个人,当然只能在这么短的时间内理解一篇英语文章。除了单词识别和发音,他或她在阅读拉丁语方面不会有更大的进步。有些儿童一定很努力地理解拉丁语单词,并正确地发音,做这些事可能花费数月的时间。约翰·帕尔斯格雷夫1530年的法语文法书中有句话这样描述一个迟钝的学生:"他上了半年学,却还不会拼写他的《主祷文》。"[126]即使是聪明的男孩,也要在文法学校里花上几个月甚至几年的时间来掌握拉丁语文法和词汇,以充分理解它的意思。

一些读者(主要是男孩)继续学习这些东西。其他许多人可能没有,但所有的儿童,不管他们的下一个学习阶段是什么,迟早都会遇到他们自己的母语材料:法语或英语。儿童,尤其是家中的女孩,可能在学习字母表后不久就从拉丁语转向阅读英语。据说阿尔弗雷德的孩子们不仅学过拉丁语赞美诗,还读过"英语书,尤其是英语诗歌"[127]。如我们所见,一份盎格鲁-撒克逊字母表可能包括英语所特有的字母。一些14世纪早期的启蒙书可能包含法语基本祈祷文,而像亨特手稿这样的英语启蒙书肯定在那个世纪末就已存在。[128]我们在上一章中看到,在文法学校,英语韵诗和歌曲是如何悄悄出现在笔记本上的,这表明学生们显然习惯于用英语书写(因此也就习惯于用英语阅读)。我们在下一章将探索范围广泛、可供儿童在约1400年以后阅读的英语文学。有些是实用的,有些是娱乐性的,有些是为儿童制作的,有些是为成年人制作的,但所有这些都显示出年轻人使用的迹象。

然而,在阅读的某个领域,拉丁语却顽强地坚持了下来。这就是阅读和背诵祈祷书中的祷词,包括基本祈祷文。人们可能会认为,在乔叟时代,这些已经从拉丁语变成英语,当时英语开始被用于许多官方和文学目的,但这种情况只在有限的范围内发生。在14世纪晚期和15世纪,一些基本祈祷书和时辰书是用英语书写的,

267

使用时也是说英语,一些为平信徒准备的正统祈祷作品也包括用英语写的基本祈祷文。14 世纪晚期的一部名为"惩罚上帝的孩子"(*The Chastising of God's Children*)的专著指出,有些人"用英语朗诵圣母赞美诗和晨祷、七首圣歌以及连祷"[129]。在同一时期出现的罗拉德派强调,用人们能理解的语言祈祷,这样做很有价值。约翰·米尔克是一位正统作家,也支持这种做法。他写于 14 世纪晚期的《给教区教士的指示》提供押韵版的英语基本祈祷文,他的模范布道书《节日》(*Festial*)也力劝使用英语。他对他的世俗读者说:"你用英语念《主祷文》要优于用拉丁语念。因为当你用英语说时,你就会很好地知道并理解你所说的内容,因此,通过你的理解,你就会喜欢并愿意去说它。"[130]

但米尔克的话表明,他试图改变根深蒂固的祈祷习惯。毫无疑问,人们可以使用英语进行个人或临时祈祷,但在基本祈祷和其他正式祈祷方面,大多数人的观点是,无论是在乔叟时代及之后还是在神职人员和平信徒之间,似乎都应该使用拉丁语。这既适用于阅读书中祷词的有读写能力的人,也适用于那些(有读写能力或没读写能力的)凭记忆诵读这些祷词的人。当朗兰于 14 世纪 70 年代编写《农夫皮尔斯》的"B"版本以及数年后的"C"版本时,他怀着对语言的深厚感情用英语写作。然而,他批评懒惰的教区居民不完全理解"牧师唱的《主祷文》",换言之即拉丁语主祷文。[131]直到宗教改革时期,英语祈祷书和时辰书为数尚少。15 世纪晚期开始占据一席之地的大多数启蒙书和时辰书手稿以及印刷本,全部或大部分都是用拉丁语写的。即使是那些带字母、暗示是给年轻人用的手稿和印刷本,也仅仅可能包含用拉丁语和英语写的基本祷词和其他祈祷。[132]因此,直到宗教改革时期,大多数阅读时辰书的人都是用拉丁语,就像图画中圣母马利亚那样。事实上,在中世纪后期,一些虔诚的平信徒拥有神职人员使用的相同的祈祷书和布道书的副本;这些也是用拉丁语写的。

拉丁语作为祈祷媒介经久不衰,原因不止一个。它是神职人员和教堂仪式的语言。相比之下,英语似乎只是一种次等的替代品。《惩罚上帝的孩子》的作者指出,一些权威人士不赞成将宗教文本翻译成英语,因为这样做不够准确。他本人愿意让这样的翻译帮助人们理解他们的拉丁语祈祷文,但不是替代它们。[133]当约翰·威克利夫的激进追随者罗拉德派在 14 世纪 80 年代出现时,在宗教文本中使用英语变得更具争议性。罗拉德派把圣经翻译成英语,用英语编写布道词和小册子,但他们被指控持有对教会的异端观点,这往往使为宗教目的而使用英语的行为受到质疑。1409 年,罗拉德派翻译的圣经被禁,15 世纪的一些人被怀疑是罗拉德派教徒,部分原因是他们有英语启蒙书——尽管不一定完全是这个原因。[134]相比之下,用拉丁语祈祷则得到官方的认可,表明一个人的正统性。它帮助儿童适应这门语言,这是一门如果他们想上文法学校就必须学习的语言。它赋予成年人——不管他们的社会地位如何——一种优越感,一种像牧师一样的优越感。

拉丁语的吸引力也不局限于社会上层。它的影响波及社会下层。在托马斯·英格伦(Thomas Ingelend)1553年写的戏剧《不听话的孩子》(*The Disobedient Child*)中,关于这点有个迟来但很有说服力的例子。[135]一名厨娘说,尽管她现在在厨房工作,但她曾经去学校学习过拉丁语启蒙书。有人问她这个文本的开头是怎样的,她回答道,"*Domine,labia aperies*",即少一个词的"圣母时辰"的开篇语。即使是那些几乎不阅读——或根本不会阅读——的人,也仍然坚持凭记忆使用拉丁语。尼古拉斯·卡农(Nicholas Canon)的母亲知道如何在自己身上画十字、用拉丁语召唤三位一体,并试图教他做同样的事。[136]大约在1510年,印刷商温金·德·沃德出版了一个幽默故事,叫做"一个小笑话:农夫如何学习他的天主经"(*A Little Jest how the Ploughman Learned his Pater Noster*)。[137]它讲述一个教区牧师如何哄骗一个富有但无知的农民背诵祷文,而且用的也是拉丁语而不是英语。

事实上,直到宗教改革,拉丁语在人们正式祈祷中的首要地位似乎都未曾改变。只有在16世纪30年代,英语才开始从大众祈祷书和祈祷文集中广泛取代拉丁语,直到1549年,随着《公祷书》的引入,英语才立于绝对统治地位。第一本《英语启蒙书》(*Primer in English*),"对不懂拉丁语的人来说非常必要",于1534年在伦敦出版。[138]1536年,亨利八世颁布王室敕令,要求神职人员、父母和主人用英语教导他们的子女和仆人《主祷文》《使徒信经》和十诫——如今十诫取代了《圣母经》。[139]约翰·莫尔曼(John Moreman)——当时门赫尼厄特(Menheniot,康沃尔郡)的教区牧师,据说是"那个时候第一个教他的教区居民和人民用英语说祷文、教义和诫命的人"[140]。已知最早的带英语和拉丁语祈祷文的字母表出现在1538年,到1545年,又出现了一部完全用英语写成的类似作品——《遵王命而行》(set forth at the king's commandment)。[141]

在16世纪中期的一段时间里,仍然有一些带拉丁语和英语基本祈祷文的字母表被印刷出来。在玛丽·都铎统治时期(1553—1558年),拉丁语可能确实有过复兴。《一部写给儿童的字母书》(*An A.B.C. for Children*)大约于1561年出版并且可能是16世纪50年代版本的再版,仍然提供拉丁语和英语《主祷文》《圣母经》和

269

《使徒信经》(尽管拉丁语字体较小),且显然是针对成年人和儿童的。它声称:"通过这本书,一个不认识书上任何字母的人可以在六周时间内学会阅读拉丁语和英语。"这就意味着要按照乔叟的理解来阅读拉丁语,正确地辨认和发音,而不是理解其含义。[142]实际上,最后一种已知的双语字母书在约 1570 年问世,当时它的副本只包含英语材料,在此之后,它们的内容和布局大致保持传统风格。[143]在 17 世纪,新教的英语角帖书的字母表继续以一个十字为首,然后是三位一体祷词和主祷文。[144]晚至 1630 年,托马斯·约翰逊(Thomas Johnson)创作了一本英语趣闻书,以完全中世纪的方式解释儿童学习的字母表:

> A 被认为是这一行中第一个字母,因为通过它我们可以理解三位一体与 270 合一性:三位一体是指它有三个笔画,但不过是一个字母。并且因为这个原因,在过去的时代,他们用三个点刺在十字符号一横的后面,类似"十...",这可以使儿童喊"点、点、点",这代表虽然有三个点,但三个停在一处,即虽然有三人,但只有一个上帝。[145]

在 9 世纪评论家出现 800 年后,字母表仍然可以被视为一种宗教文本。

糖衣药丸①

从资源角度讲,中世纪的学校教育似乎很原始,但从本质上讲,它是严厉且顽固的。这是因为我们对它知之甚少,尤其是对它不那么正式的方面。1500 年以后,更多关于教育的著作流传下来,它们显示出比以前更明显的创造性和人性化的迹象。例如,托马斯·埃利奥特爵士建议,儿童最初的字母应该"以一种令人愉快的方式绘制",换句话说,应该写在一本装饰性的书中。[146]17 世纪中期的胡尔提到用来教年轻人阅读的玩具。其中包括表面有字母的象牙骰子、背面有字母的扑克牌,以及装有一个轮子或卷轴的盒子(当转动时就会显示字母)。[147]这样的证据可能会让我们认为,教育哲学在 1500 年后发生了显著的变化;然而,这样推论存在危险。

尽管中世纪教幼儿阅读的方法难以捉摸,但已经有足够的证据表明,一些教师

---

① 原文为"sweetening the pill",指"使不愉快的事情变得较易接受""缓和"。此处为直译,具体可理解为:"药丸"指学习过程,而"糖衣"指使"药丸"变得不那么苦涩的事物。结合该小节内容,此小标题传达出的含义是通过易被儿童接受的方式趣味化学习过程。——译者注

投入了时间和智慧,令这一过程具有吸引力。[148]在 15 世纪的意大利,我们听说字母"出现在水果、蛋糕、糖和其他儿童食品中"。陶器碗在同一时期出现在法国、西班牙和荷兰,上面有《圣母经》的经文,很可能对儿童有作用。一些时辰书带有装饰与插图,虽然这些通常是写给成年人的,但也可能给儿童看,或者是受委托写给那些有地位的儿童,比如阿方索的赞美诗。1255 年,有份属于亨利三世的珠宝清单——戒指、胸针和王冠——包括一份字母表,可能是一块由贵重金属制成的字母板,或者是一件装饰有字母表的物品。[149]1415 年,人们为法国奥尔良公爵查尔斯的女儿——5 岁的珍妮(Jeanne)买了一个带有金色字母的字母表。[150]在 1431 年左右,约克郡的一位名叫约翰·莫顿(John Morton)的绅士将"一个表面写有字母表的银碗"遗赠给他的一位男性亲戚。[151]

在伦敦的维多利亚和艾尔伯特博物馆(Victoria and Albert Museum),还保存着一个与莫顿碗相似的真碗。众所周知,它叫"斯塔德利碗"(Studley Bowl),由一个底座和一个相称的盖子组成。它是银镀金的,高 14.5 厘米,直径 14.3 厘米,大约在14 世纪晚期制造于英格兰(图 8)。[152]它最初的主人并不为人所知,也没有任何关
271　于它的记录,直到 19 世纪晚期它出现在约克郡一个乡绅家庭中。它可能就是莫顿碗,也可能是同类型的另一个碗。碗的盖子顶部有一个把手,上面装饰着一个小写的"a",盖子和碗上都刻有一个字母表,并都用树叶美化。将把手计算在内,就能产生两个"a"。每个字母表都以相同的方式排列,但与启蒙书里的字母表有些不同:

＋ a b c d e f g h i k l m n o p q r s t u x y z & est: ꝝ

十字是存在的,但没有替代的字母;"est"放在点和"con-"的前面,没有"阿门"。人们
272　很容易把碗理解为一个正在学习阅读的儿童的器皿,这样一个功能看似合理,但并不确定。字母表可能带有一种装饰性的动机,也可能反映出字母表与上帝的创造相协调并根植于所有知识之下的观点。这样一个碗很可能是同时为成年人和儿童制作的,或者是为一组人准备也为另一组人使用的。

在制作可视字母方面的独创性是否延伸至以其他书面或图形形式呈现它们?有许多中世纪晚期的诗歌,每行开头都是以字母表顺序排列的字母。它们涉及的话题有基督受难、圣母马利亚、鲜花、道德和礼仪、对神职人员的讽刺,以及下流诗《A 代表埃林·马利森》(A for Alyn Malison)。[153]然而,这些似乎都不是针对年幼的孩子的。现存最早有此目的的诗似乎出自西翁修道院教友理查德·惠特福德(Richard Whitford)之手,写于他为平信徒撰写的宗教专著《为房主工作》(The

Work for Householders)中,这本专著出版于 1531 年左右。[154]这首读本身是写给一个"儿童"的,在大英图书馆的抄本里,有人在它旁边潦草地写了一份字母表。这篇诗的开头是:

> 永远热爱贫穷,对卑贱的事物感到满足。
>
> 也要在良好的工作中忙碌与勤奋。

其余的文字则是关于行为(不要说太多话,要仁慈,宽恕你的敌人)和宗教仪式(禁食、经常领受圣餐、记住主的受难)的建议。最后是缩写词,这首诗设法把"*con-*"、点和其他最后的元素放在最末两行:

> 在此再构思两个点,为十诫添加两条戒律:
>
> 爱上帝和你的邻居,如此总结 *est*,阿门。

惠特福德是教儿童字母表的先驱吗,在未来的岁月里,其他人将达不到像他这样重视儿童的字母表教学? 或者,他是在尝试使一种已经存在于更有趣的形式中的教学方法变得严肃吗? 到了 17 世纪,儿童已经学会著名的组诗"A 是一个苹果派(apple-pie),B 打了(beat)它,C 切了(cut)它",等等。到了乔治王朝时期,字母表韵诗发行出版。[155]考虑到教师和学生的多样性,甚至是文法学校无聊的课程,在中世纪英格兰禁止类似方法的存在,是有风险的。

【注释】

[1] Bede, pp.150—151(book ii, chapter 5).

[2] Ibid., pp.430—431(book iv, chapter 26); Colgrave, p.237.

[3] 关于英格兰中世纪人的读写能力,参阅 Clanchy,结合参考文献,以及 Orme, 1996, pp.35—56。

[4] Asser, pp.21, 58—60, 67, 73, 75; Keynes and Lapidge, pp.75, 90—91, 96—97, 99—100.

[5] *Carte Nativorum: a Peterborough Cartulary of the Fourteenth Century*, ed. C. N. L. Brooke and M. M. Postan, Northamptonshire Record Society, 20(1960).

[6] 关于中世纪英格兰的学校,参阅 Orme, 1973, 1976, 1989。

[7] 参阅传奇小说《弗洛里斯与布朗歇弗洛》(*Floris and Blancheflur*),前文,p.286。

[8] *Ancrene Wisse*, pp.216—217.

[9] J. C. Dickinson, *An Ecclesiastical History of England: the Later Middle Ages*(London, 1979), p.387.

[10] *VCH Lincolnshire*, ii, 451.

[11] Sylvia Thrupp, *The Merchant Class of Medieval London*, p.171; idem, "Aliens in and around London in the fifteenth century", *Studies in London History presented to P. E. Jones*, ed. A. E. Hol-

laender and W. Kellaway(London, 1969), p.269.

［12］PRO, C 1/290/78.

［13］关于以下内容，参阅 Orme, 1984, pp.16—28, 55—60。

［14］前文, p.229。

［15］Orderic Vitalis, v, 6—9.

［16］Orme, 1976, p.95.

［17］Clark, 1905, p.25.

［18］关于以下内容，参阅 Orme, 1984, pp.103—106。

［19］Suetonius, *The Twelve Caesars*, book ii, chapter 64.

［20］Caxton, 1971, p.192.

［21］Elyot. fol. 19r(book i, chapter 5).

［22］前文, p.278。

［23］Asser, p.20; Keynes and Lapidge, p.75.

［24］Tony Hunt, *Teaching and Learning Latin in Thirteenth-Century England*, 3 vols(Cambridge, 1991), i, 11—12.

［25］W. W. Skeat, "Nominale sive Verbale", *Transactions of the Philological Society*(1903—1906), p.7.

［26］Knighton, pp.540—541.

［27］*Plumpton Letters*, p.181.

［28］前文, p.280。

［29］James, 1953, pp.38—49.

［30］Jacobus de Voragine, *The Golden Legend*, trans. William Granger Ryan, 2 vols(Princeton, NJ, 1993), ii, 152—153;亦可比较 *The Middle English Stanzaic Versions of the Life of Saint Anne*, ed. Roscoe E. Parker, EETS, os, 174(1928), pp.9—11。

［31］关于这个话题，参阅 Wendy Scase, "St Anne and the Education of the Virgin", in *England in the Fourteenth Century*, ed. Nicholas Rogers(Stamford, 1993), pp.81—96, 以及 Pamela Sheingorn, "'The Wise Mother': the Image of St Anne Teaching the Virgin Mary", *Gesta*, 32(1993), pp.69—80。

［32］对于讨论和例子，参阅 Christopher Norton, David Park, and Paul Binski, *Dominican Painting in East Anglia*(Woodbridge, 1987), pp.51—53, 以及 Richard Marks, *Stained Glass in England during the Middle Ages*(London, 1993), p.75; Figs. 13, 43, 45, 56, 142。

［33］Bodleian, MS Douce 231, fol. 3r.

［34］Norton et al., *Dominican Painting*, p.53 note 110.

［35］Dr Michael Clanchy, private communication.

［36］*Plumpton Letters*, p.30.

［37］Orme, 1989, pp.184—185.

［38］Orme, 1973, p.28.

［39］Elyot, fol. 18r(book i, chapter 5).

［40］Hoole, pp.1—2.

［41］关于以下内容，Alexandre-Bidon, 1989, pp.953—992 是一项有价值且相关的调查，欧洲大陆的材料尤其如此，亦可参阅 B. L. Wolpe, "Florilegium Alphabeticum: Alphabets in Medieval Manuscripts", in *Calligraphy and Palaeography: Essays Presented to Alfred Fairbank*, ed. A. S. Osley(London, 1965), pp.69—74。

［42］Parkes, 1997, p.8.

［43］关于盎格鲁-撒克逊的字母表，参阅 Robinson, pp.443—475。

［44］BL, Harley MS 208, fols. 87v—88r.

［45］BL，Stowe MS 57，fol. 3r；Robinson，p.450.

［46］关于启蒙书，参阅前文，p.264。

［47］关于欧洲大陆字母表，参阅 Paul F. Grendler，*Schooling in Renaissance Italy：Literacy and Learning 1300—1600*（Baltimore and London，1989），pp.142—161。

［48］Young and Aitken，pp.392—393.

［49］STC 19；*ABC*，ed. Shuckburgh，fol. Ir.

［50］Schreiner，plate 19，no 32.

［51］Bodleian，MS Rawlinson C 209.

［52］*Grammatici Latini*，ed. H. Keil，8 vols（Leipzig，1855—1880），ii，5—6；iv，367.

［53］Pierre Champion，"Pièces joyeuses du xve siècle"，*Revue de Philologie française et de littérature*，21(1907)，pp.191—192；Alexandre-Bidon，1989，p.968.

［54］*The Dance of Death*，pp.68—69.

［55］例如，参阅 Alexandre-Bidon，1989，p.986。

［56］Bodleian，MS Wood empt. 20，fol. 97v；E. Wilson，fol. 120r.

［57］例如 *Pierce the Ploughmans Crede*，p.1。

［58］*OED*，参看"christ-cross-row""cross-row"。

［59］Exodus，xxiv.12. xxxi.18，xxxii.16—19，xxxiv. 1, 28；Deuteronomy，ix.9—17，x.4.

［60］Revelation，i.8，xxi.6，xxii. 13.

［61］*Isidori Hispalensis Episcopi Etymologiarum sive Originum*，ed. W. M. Lindsay，2 vols（Oxford，1911），i，I.iii.4—5，I.iv.1，V.xxxix.10—11.

［62］*Grammatici Latini*，ed. Keil，viii，302—305.

［63］*On the Properties of Things*，ii，1373—1374. 然而，对比巴塞洛缪同时代的博韦的樊尚，Vincent of Beauvais，*Speculum Doctrinale*（Venice，1591），book ii，chapters 6—8，以伊西多尔的方式对希伯来语、希腊语和拉丁语字母表作了更公正、更有历史意义的描述。

［64］Alexandre-Bidon，1989，pp.957—958.

［65］Banting，p.38；对比 *The Claudius Pontificals*，ed. D. A. Turner，Henry Bradshaw Society，97（1971），p.44；*Pontificale Lanaletense*，ed. G. H. Doble，Henry Bradshaw Society，74（1937），p.7；H. A. Wilson，p.105。

［66］Jacobus de Voragine，*The Golden Legend*，ed. Ryan，ii，182.

［67］*On the Properties of Things*，i，40.

［68］Nichols and Rimbault，p.2.

［69］*Index*，no. 33；*On the Properties of Things*，i，40.

［70］Orme，1993，p.9.

［71］Furnivall，1868a/1931，p.181.

［72］Clark，1905，p.4.

［73］STC 14546.5；J. Ames，*Typographical Antiquities*，ed. T. F. Dibdin，4 vols（London，1810—1819），ii，367—369.

［74］*Pierce the Ploughmans Crede*，p.1.

［75］*Index*，no. 604；Cambridge，Caius College，MS 174/95，p. 482；*Cambridge Middle English Lyrics*，ed. W. R. Person（Seattle，1953）. pp.5—6.

［76］E. Wilson，fol. 56v.

［77］STC 18133；Thomas Morley，*A Plaine and Easie Introduction to Practicall Musicke*（London，1597），p.36.

［78］*Sir Gawain and the Green Knight*，lines 761—762.

［79］*A Selection from the Minor Poems of Dan John Lydgate*，ed. J. O. Halliwell，Percy Society，2（1840），p.42. 这篇文章现在不再被认为是利德盖特写的了。

［80］例如，参阅 Plimpton, p.19。

［81］H. Leith Spencer, *English Preaching in the Late Middle Ages*(Oxford, 1993)，pp.140, 417.

［82］Beryl Smalley, *English Friars and Antiquity in the Early Fourteenth Century*(Oxford, 1960)，p.192.

［83］*Index*，nos. 1523(BL, Harley MS 3954, fol. 87r;亦可参阅 Edinburgh, National Library of Scotland, MS Advocates 18.7.21 fol. 122v) and 1483(Bodleian, MS Bodley 789, fol. 152r)。其中第一份印于 *Political*, *Religious and Love Poems*, ed. F. J. Furnivall, 2nd ed., EETS, os 15(1903)，pp.271—278。

［84］重印于 Schreiner plate 19, no 32。

［85］重印于 Grendler, *Schooling in Renaissance Italy*, pp.145—146。

［86］*OED*，参看"horn-hook"。

［87］关于角帖书，参阅蒂尔(Tuer)的详细且叙事诗式的描述，以及大量的插图。

［88］参阅 *OED*，在字母表的字母之下。

［89］Alexandre-Bidon, 1989, p.968.

［90］Rohinson, p.450；*OED*，参看"Y"。

［91］Orme, 1993, pp.9—10.

［92］*OED*，参看"tittle"。

［93］Morley, *A Plaine and Easie Introduction*, p.36.

［94］Hoole, p.4.

［95］Flora Thompson. *Lark Rise*(Oxford, 1939), chapter 11.

［96］Alexandre-Bidon, 1989, p.968.

［97］Ibid., p.967.

［98］Ibid., p.968.

［99］STC 21850.7；*The First and Best Part of Scoggins Jest*(London, 1626), pp.10—11.

［100］Hoole, pp.4, 8—9.

［101］John Wyclilfe, *De Veritate Sacrae Scripturae*, ed. Rudolf Buddensieg, 3 vols, Wyclif Society, 29—31(1905—1907), i, 44.

［102］Rastell, p.55.

［103］Christopher Marlowe, *Doctor Faustus*, ed. John D. Jump(London, 1962), scene vii, lines 7—8.

［104］*OED*，参看"T""O""ampersand"。

［105］对比亨特启蒙书，后者在字母表后面以及英文版《主祷文》之前放置红色的拉丁字母 *Pater noster*(Young and Aitken, pp.392—393)。

［106］Schreiner, plate 19, no 32.

［107］Alexandre-Bidon, 1989, pp.986—987.

［108］STC 19, dated 1538；*ABC*, ed. Shuckburgh, fol. Ir;比较 STC 17.7, dated *c*.1535；*ABC*, ed. Allnutt.

［109］*Councils and Synods I*, i, 321, 483；*Councils and Synods II*, i, 61, 134, 465；ii, 1076.

［110］Banting, pp.17, 157；Lyndwood, p.117.

［111］Asser, p.59；Keynes and Lapidge, pp.90—91.

［112］Orme, 1973, pp.63—66.

［113］克兰奇(Clanchy, p.111)提出时辰书起源于大约 1240 年。

［114］关于启蒙书的本质和历史，参阅 Littlehales, 1895—1897；Clark, 1905, pp.4—12；*ABC*, ed. Allnutt；E. Birchenough, "The Prymer in English", *The Library*, 4th series, xviii(1937—1938), pp.177—194；Plimpton, pp.18—34；Wolpe, "Florilegium Alphabeticum", pp.69—74。

［115］Sneyd, p.23.

［116］*Visitations of Churches Belonging to St. Paul's Cathedral in 1297 and in 1458*, ed. W. Sparrow Simpson, Camden Society, new series 55(1895), pp.49—50.

［117］STC 16010：*The Manuall of Prayers，or the Prymer in Englyshe*（London，1539），sig. C.i verso.

［118］E. Margaret Thompson，*The Carthusian Order in England*（London，1930），p.323.

［119］*The Register of John de Grandisson，Bishop of Exeter*，ed. F. C. Hingeston-Randolph，3 vols（London and Exeter，1894—1899），ii，1192—1193.

［120］Nichols and Rimbault，p.10.

［121］前文，pp.69—70，208。

［122］Alexander and Binski，p.355.

［123］Webb，i，132，135；*Plumpton Letters*，p.30.

［124］Furnivall，1868a/1931，p.181.

［125］Chaucer，"Canterbury Tales"，VII 495—538（B^2 * 1685—1726）.

［126］Palsgrave，fol. 368v.

［127］Asser，p.59；Keynes and Lapidge，pp.90—91.

［128］例子包括 the Hunter MS；the MS featured in Plimpton，pp.19—33（14 世纪晚期或 15 世纪早期）；Bodleian，MS Rawlinson C 209（15th century）；启蒙书材料见于 BL，Add. MS 60577［E. Wilson，fols. 120r—180r（15 世纪晚期）］.

［129］Margaret Deanesly，*The Lollard Bible*（Cambridge，1920，repr. 1966），p.337.

［130］Mirk，1974，lines 410—453；Mirk，1905，p.282.

［131］Langland，B.v.401；C.viii.10.

［132］例如 *ABC*，ed. Allnutt。

［133］Deanesly，*The Lollard Bible*，p.338.

［134］Ibid.，pp.357，368.

［135］STC 14085；*The Dramatic Writings of Richard Wever and Thomas Ingelend*，ed. John S. Farmer（London，1905），p.59.

［136］前文，p.206。

［137］STC 20034.

［138］STC 15986.

［139］*Visitation Articles*，ii，6—7.

［140］Frances Rose Troup，*The Western Rebellion of 1549*（London，1915），p.108.

［141］STC 19，19.6.

［142］STC 19.4.

［143］STC 17.7—19.5.

［144］Tuer，passim.

［145］STC 14708.5；Thomas Johnson，*A New Booke of New Conceits*（London，1630），sig. A.v recto.

［146］Elyot，fol. 18v（book i，chapter 5）.

［147］Hoole，pp.6—9.

［148］关于以下内容，参阅 Alexandre-Bidon，1989，pp.971—979。

［149］*CPR* 1247—1258，p.400.

［150］Alexandre-Bidon，1989，p.973.

［151］*Testamenta Eboracensia*，vol.ii，ed. J. Raine，Surtees Society，30（1855），p.15.

［152］对于描述和参考文献，参阅 Alexander and Binski，pp.525—526。

［153］*Index*，nos 0.1，160，239，312.5，455.8，604，607，1378.5，1483，1523，2201，4155.

［154］STC 25412，sigs. K.viiirecto—L.i. verso.

［155］Opie，1997a，pp.53—54，57.

第八章　快乐阅读

儿童文学作品

274　　今天学会阅读的儿童可以进入（如果他们愿意的话）整个文学世界。他们不仅能读成年人所读的书，而且有大量的材料是专门为他们制作和出版的。虚构的作品很多，从漫画到小说都有，有的可以扔掉，有的可以作为经典保存。还有一些非虚构的作品——关于爱好、动物、历史、地理和技术的书籍，从入门书到百科全书都有。这种文学作品中，有些是儿童在父母的鼓励下在学校或在家里阅读的，有些是儿童根据自己的喜好自由阅读的。中世纪的英格兰远没有这样的读物，但我们可以看到，中世纪的儿童与现代的后继者们有着同样的品位和倾向。识字的儿童应付的不仅仅是祈祷书和课本。到1400年，他们可以接触到越来越多的英语作品，既有直接针对他们的作品，也有主要为成年人服务的作品。英格兰的儿童文学，无论是在内容上还是在读者群上，都始于中世纪。

　　现在的年轻人读多少书很大程度上取决于他们的家庭环境。是否存在居家阅读的文化？这在过去肯定也是如此。一个来自不喜欢读书的家庭的孩子被送去上学，也许是这个家庭改善自身的一种尝试，除了课本，他可能不会接触到其他书籍。一个在牧师家里长大的男孩可能只接触祈祷书，除非牧师有消遣类书籍。在为儿童的阅读提供支持方面，与现代家庭最接近的中世纪家庭是那些较富有且有读写能力的人的家庭。他们包括贵族、乡绅、商人，可能还有农村的自耕农以及城镇中较富裕的工匠和店主。当然，这些家庭拥有或能借到的书的数量差异很大。那些地位高的人也许能接触到几十本书,其他人至多只有一两本。作为历史学家,我们很难找出事实真相。关于家庭书籍,没有很好的记录。书卷的库存仅限于少数重要人物的家庭;通常我们只听说过列在遗嘱里或信件中的个人藏书。这种偶然的文献并不能揭示一个家庭的全部资源,一本书的名字也很难告诉我们谁读过这本书,或者这本书究竟是否被读过。

然而,有迹象表明,有文化的父母会和他们的孩子分享书籍。在凵世纪,能够自己阅读的人很喜欢聚在一起分组大声朗读。至少从 8 世纪《贝奥武夫》(Beo-wulf)——流传下来的第一部用英语写的伟大小说——问世以来,富人就喜欢拥有这样的书,并听别人读它们(正如《贝奥武夫》是注定要被阅读的)。在整个中世纪,一直到简·奥斯汀(Jane Austen)的时代,甚至是《故园风雨后》(Brideshead Revisited)的时代,有钱人互相读故事取乐。在遥远的过去,这在一定程度上是因为书籍的稀缺性和文化程度的差异,但它也因其自身的原因而流行。贵族、乡绅、商人和其他富人都住在比我们大的房子里,他们有亲戚、仆人或访客陪伴。大声朗读是一种娱乐方式。[1]大多数这样的家庭有儿童或青少年:儿子、女儿、侍从、被监护人或仆人。在这样的地方生活,年轻人一定经常有机会听到或无意中听到他们的长辈读到的东西。　275

作家们还建议,父母应该鼓励他们的孩子阅读,或者示范给孩子看。阿塞尔告诉我们阿尔弗雷德国王如何安排他的孩子接受教育,以及他们如何熟悉英语书籍,包括诗歌。[2]在约 12 世纪 70 年代,克雷蒂安·德·特鲁亚(Chrétien de Troyes)在法国创作了《伊万》(Yvain),书中描绘了一个 16 岁的女孩给她的骑士父亲读传奇小说——这一场景让她的父亲对她的能力表示赞赏。[3]差不多整整两百年后,另一位法国作家杰弗里·德·拉·图尔·兰德里编写《高塔骑士之书》以供他的女儿们阅读,以故事的形式教她们智慧和优良行为。他的这部书是以自己拥有的其他书籍为基础的:《圣经》,国王的事迹,以及法国、希腊、英格兰和其他国家的编年史,这些 276 书籍使她们了解到一系列宗教和历史文学。[4]此后不久,大约在 1400 年,一位可能是约翰·威克利夫的追随者之一的英格兰作家提到,有父母为孩子引读过类似作品。这位作者意在强调教儿童《主祷文》《使徒信经》和十诫的重要性,但他以反对的口吻补充说:"有些人让他们的孩子学习战争和编年史的事迹,以及激发他们欢乐和淫乱的新奇歌曲。"[5]像后来的一些新教作家一样,他对成年人应该教他们的后代什么是有趣的而非什么是神圣的感到恼火。

富裕家庭的文学活动可以在乡绅和商人阶层的成员或其他人编写的杂记或普

通书籍中一窥究竟,这类书籍的一些例子从13世纪晚期开始流传下来,其中最古老的是伯德雷恩图书馆里所谓的迪格比手稿。[6]它是伍斯特郡的一个小地主写的,可能是格里姆希尔的理查德(Richard of Grimhill),大约写于1272年到1282年之间,而且该手稿似乎传给了理查德的女儿阿米丝(Amice)。她嫁给了安德比尔的西蒙(Simon of Underbill),这本书传给了他们的儿子威廉。它的内容包含大量的拉丁语、法语和英语短篇文学作品。当然,它们不一定代表主人阅读过所有这些内容,因为书中没有连载传奇小说或圣徒的生活,这些可能已经被分在不同的卷中。

迪格比手稿的内容主要分为三类。首先是宗教方面的内容:一份教会日历,拉丁语祷文和赞美诗,以及用法语写的关于"七宗罪"、"十诫"、《使徒信经》(Twelve Articles of Faith)、"七圣事"和忏悔范本的简短记录。接下来是各种各样的实用作品,同样是用拉丁语或法语写的:如何解梦、从圣诞节那天开始预言年份、医疗建议和处方、化学实验、阿拉伯数字以及对鹰的照料。其中有祭司王约翰(Prester John,传说中亚洲基督教统治者)写给教皇的著名的信,还有一首名为"耶路撒冷的控诉"(The Complaint of Jerusalem)的诗,二者都为英格兰的这个角落带来了异国他乡的风格。最后,还有法语诗和英语诗:宗教类、道德类和叙事类。其中包括圣尤斯塔斯(St Eustace)的短暂一生、圣尼古拉斯的神迹、井里的狐狸和狼的寓言,以及名为"锡里斯夫人"(*Dame Sirith*)的寓言诗或喜剧故事。最后一个故事讲的是一个老鸨为一个牧师引诱一个商人的妻子,她让那个商人的妻子相信一个拒绝了牧师的挑逗的女人变成了一条狗。

你可以想象这部书的主人对所有这些事情都很感兴趣,在很多情况下会翻阅这本书(就像翻阅百科全书一样)寻求信息或娱乐。但他们并不一定要单独阅读它:《锡里斯夫人》被标记有一人或多人大声表演的声部。可以想象,书中的一些事项是用来教育儿童或青少年的。祈祷文和宗教小册子在本质上与一本启蒙书很接近。彼得·阿方西(Peter Alfonsi)写于12世纪的《训诫者》(*Disciplina Clericalis*)有一部法译本,阿方西的这本书摘录了阿拉伯文献中许多智慧和道德故事,旨在教育神职人员和高级平信徒。[7]有一部法语版的马克西米安(Maximian)的《挽歌》(*Elegies*),这是一部晚期古典作品,在当时的文法学校里广泛流传,还有一部名叫"野蛮教义"(*Le Doctrinal Sauvage*)的法语作品。最后这部是提出明智建议的作品,不是专门针对儿童,但在形式上接近礼仪文学,这对教导出身高贵的英格兰青年非常重要。[8]

其他一些中世纪后期的杂集也给人以类似的关注年轻人的感觉。[9]其中一份

277

手稿是在 15 世纪下半叶编写的，保存在阿伯里斯特威斯的威尔士国家图书馆（National Library of Wales at Aberystwyth, MS Porkington 10）：这是一本为西米德兰兹郡（west Midlands，可能是什罗浦郡）的乡绅家庭编写的书。[10]我们在书中发现诗歌《贤妻会朝圣》（一位母亲给女儿的教诲）、《早起》（Arise Early，一份流行的日常生活准则清单）、《联合术语》（terms of association，动物的名称集合），以及狩猎和烹饪的专有词汇。虽然这些主题的专业术语对成年人来说很有趣，但它们适合年轻人学习，并适宜出现在（正如我们将看到的）针对他们的作品中。[11]《修士与男孩》对年轻人特别有启发意义，这是一则关于农夫儿子的喜剧故事，随后会提及。[12]如果我们认可波金顿（Porkington）手稿与儿童和年轻人有关，那么它的其他部分的内容可以被设想为属于他们的范围。其中包括爱情小说《高文爵士和卡莱尔的卡尔》（*Sir Gawain and the Carl of Carlisle*）、《骑士和他的妻子》（一个涉及圣母马利亚的神迹故事）、《圣凯瑟琳的一生》，以及一份围攻耶路撒冷的叙述。

最明显用于儿童的杂集收藏在牛津大学贝利奥尔学院（MS 354），这卷手稿上文已经提到过，是由伦敦商人和杂货商理查德·希尔（生卒年不详，约 1490—1540 年）整理的。[13]他的书是一部包含歌曲、诗歌和短小实用作品的庞大选集，主要用英语写成，在成年人当中流行。但理查德和他的妻子也有七个孩子，出生在 1518 年至 1526 年间，其中三个男孩和两个女孩都活过了婴儿期。他收集的一些作品似乎更适合他们，或适合与他们一起阅读，而不是只适合他或他的妻子。其中包括在童谣部分讨论过的歌词，"我有十二头牛"和"我看见一只狗在煮酱汁"，以及一个学生抱怨的歌曲之一。[14]《修士与男孩》也包括在内，还包括卡克斯顿为儿童印制的一本小册子里的一些短小作品，其中包括约翰·利德盖特有关礼貌的诗《站在桌旁的男孩》（*Stans Puer ad Mensam*）。[15]另外还有两首关于得体行为的诗，其中一首是关于"智者如何教导他的儿子"，一组 55 条用英语写的格言和谚语，带有拉丁译文，另一组仅用拉丁语写的谚语——这类材料出现在文法学校的笔记本上。[16]看来希尔收集这些作品不太可能是为了他的个人利益；相反，他的书似乎也是为家人设计的。

278

说教文学

在约 1390 年之后，来自个别文学作品的证据强化了我们从杂集中荻得的见解。

14世纪晚期和15世纪是一个用英语写作的时期,保存下来的作品比以前更多,既有实用性的,也有娱乐性的,包括那些自称与儿童有关的作品。最早的此类作品之一是乔叟的散文专著《星盘》,他于1391年开始写这本书,但一直没有完成。它是一项对一种重要的天文和航海仪器的技术研究,但它是以一段写给诗人的儿子刘易斯(Lewis)的序言开始的,当时刘易斯大约10岁。乔叟说,刘易斯曾问过他如何使用星盘,而他,刘易斯的父亲,用简单的英语给他写了一份说明,并没用到迄今为止这类作品一直在使用的拉丁语。

刘易斯可能是一个特别好学的孩子,而他肯定也有一个特别有文化的父亲。然而,《星盘》也有可能被除刘易斯以外的其他男孩阅读。这本书现存的四份手稿没有取名为"星盘",而是取名为"儿童的面包和牛奶"。[17]这是否意味着它不仅适用于天文学教学,也适用于阅读本身的教学? 在这方面,四份手稿中有三份看起来没有价值,因为它们包含天文图,并与其他成人文本共存。另一方面,第四份手稿可以追溯到1425—1450年,很可能是给儿童用的。它的纸页小得像一本课本,里面没有图表,并且在它的现代状态下,它与任何其他作品都没有联系。[18]如今,虽然我们不会使用技术专著来教育儿童,但当合适的作品很少时,人们会求助于任何可用的东西。这让人想起1773年约翰逊博士(Dr Johnson)在苏格兰高地旅行的情景。他想送一本书给他遇到的一个女孩,他给了她《卡克尔的算术学》(Cocker's Arithmetick),当他的朋友后来取笑他时,他反驳说,"在这件事上我没得选",没有更好的礼物给她。[19]

279   从15世纪以来,还有其他许多儿童类非虚构作品可被识别出来。[20]一类是智慧与道德方面的著作,父母、神职人员和教师希望年轻人学习这些著作,作为管理和改变他们生活的基础。文法学校的男孩们很久以前就读过著名的后期拉丁语(late-Latin)诗歌《加图对句诗》(Distichs of Cato)——以对句或对联的形式对人类生活进行清醒的观察。在15世纪中叶,这篇文本被贝尼迪克特·伯格(Benedict Burgh)翻译成英语诗歌,送给一个名叫威廉的贵族青年,他是鲍彻子爵(Viscount Bourchier)的儿子,他也许还不能轻松地阅读拉丁文。[21]15世纪50—60年代,乔治·阿什比(George Ashby)为威尔士亲王爱德华(1453—1471年)写了一部类似的著作,爱德华是亨利六世与安茹的玛格丽特(Margaret of Anjou)的儿子,从小命运多舛。书中有拉丁文引文、"各种哲学家的语录和观点",还有英文诗译文。[22]该书仅存一份原稿,但有部类似的法语著作《哲学家的词典和语录》(Dicts and Sayings of the Philosophers)在那个世纪后期广泛流传,并在1473年至1474年由里弗斯勋爵安东尼・怀德威尔（Anthony Wydeville，Lord Rivers）翻译成英语散文。里弗斯是另一位不幸的威尔士亲王——爱德华四世的儿子爱德华（后来的爱德华五世）的监护人。当时亲王 4 岁，里弗斯说翻译是为了他的教育；最终威廉・卡克斯顿将它印刷出版。[23]

也有人针对年轻人创作有关以下两种技术主题的作品：礼仪和狩猎。关于礼仪的文学作品——尤其是（但不限于）宫廷和朝臣在餐桌上的行为——最早写于 12 世纪的中世纪欧洲，使用的是拉丁语，主要针对成年人。[24]但是在任何社会中，得体的行为举止都是抚养孩子的一个非常大的目标。到 13 世纪中期，出现了一篇关于男孩礼仪的文章。这就是罗伯特・格罗斯泰特（Robert Grosseteste，1253 年去世）的《站在桌旁的男孩》，格罗斯泰特是林肯的主教，素来以举止得体闻名。[25]它成为文法学校的一个标准文本，并在 15 世纪早期由约翰・利德盖特译成英语诗歌，这个译本广为人知的是它的手稿副本以及 1476 年卡克斯顿的印刷版。[26]在这方面，利德盖特开创了一种风尚，或者是追随了一种风尚；后来在那个世纪，至少还有六首关于儿童得体行为和餐桌礼仪的诗问世。[27]

关于英格兰狩猎的最早作品是在 14 世纪早期用盎格鲁-诺曼法语和英语写成，可能也是为成年人写的，尽管它们对读者群体没有明确规定。[28]然而，大约在 1400 年左右，有人以英语诗歌的形式创作了一部著作，即后来为人所知的《特里斯特拉姆》，它以一位以狩猎技巧闻名的骑士英雄命名。据称它是一位"母亲"写给她的"儿子"或"儿子们"的，似乎被设想为一部针对男孩或青少年的教育作品。[29]这首诗讲述狩猎的一些基本规则：禁猎期、如何对猎犬说话，以及如何屠宰动物尸体。最重要的是，它教授术语，因为狩猎是一项学究式的运动，对动物的身体部位、不同年龄的动物和不同的动物群体都有精确的词语表示。15 世纪的两部较短的作品与年轻人有着类似的联系。《绅士的一本教义小书》（A Little Book of Doctrine for Young Gentle Men)列出了各种动物和人的名称，并给出切肉时使用的正确动词（例如"过滤"腌制的野猪肉）。[30]有篇类似的文本，包含种群的名称（"一群鹿"）以及用来描述动物如何坐或躺（"一只野兔正在用它的方式以肩膀顶并前俯"）的正确的动词，这篇文本被卡克斯顿用来填补利德盖特于 1476 年出版的寓言故事《马、鹅和羊》（The Horse，the Goose，and the Sheep）中的空白。[31]两者的并置表明也认为它们都适合儿童。

到目前为止提到的所有文本都是写给男孩们的，或者最初是写给他们的。为女孩创作的作品就少得多了。在 15 世纪的手稿——《贤妻如何教育女儿》以及类似

280

的作品中,留存了三首针对她们的礼仪诗。它们建议女孩们要虔诚、谦虚和谨慎,尤其要对男人这样;这些作品似乎针对的是城里的富裕母亲和女儿,而非乡绅与贵族家的。[32]针对后者,有一部更大、更雄心勃勃的作品,即杰弗里的《高塔骑士之书》。它有至少一份法语副本传到英格兰,并在亨利六世统治期间(1422—1461年)被译成英语,尽管该版本也仅限于单独的一篇已知文本。[33]当卡克斯顿在1484年重新翻译并印刷这本书时,它流通得更广泛了——出于请求,他如此宣称,它是为"一位高贵的女士"准备的,她有"许多高贵美丽的女儿",可能包括爱德华四世的遗孀伊丽莎白·怀德维尔(Elizabeth Wydeville)。[34]就连他的版本也不是畅销书,因为它从未再版,但它在英格兰被人记住,直到1534年。[35]

那时,女孩们没有那么多关于道德和礼仪的书籍,但可以想象,她们(或她们的母亲)使用了为男孩编写的书籍。毕竟,高贵而温文尔雅的女孩需要像她们的兄弟们一样学习餐桌礼仪,她们中的一些人会参加不怎么费力的狩猎活动。有趣的是,利德盖特在翻译《站在桌边的男孩》时,把"男孩"翻译成"儿童",把儿童的上帝(*dominus*)翻译成"君主"——中性词。也许他是想把这首诗推广到对两性都有吸引力。[36]

故事:"菜单"

今天"儿童文学"的核心由故事构成,同样地,早在故事被创作出来的时候,没有理由说儿童和青少年就不应该读它们。克雷蒂安的《伊万》描写的是一个浪漫的少女,但大多数关于儿童阅读故事或被鼓励阅读它们的证据都是在14世纪晚期之后才流传下来的,就像在非虚构作品中一样。我们已经遇到高塔骑士强调圣经和编年史对年轻人的价值,罗拉德派提到的"虚假编年史"可能指的是关于虚构的骑士事迹的故事。据我所知,声称专门为一个年轻人写过一个故事的最早的英格兰作家是托马斯·霍克利夫(Thomas Hoccleve)。在15世纪早期,他翻译了《乔纳森的故事》(Tale of Jonathas),这篇作品来自名为"罗马人的事迹"(*Gesta Romanorum*)的拉丁语故事集,他说他是为一个15岁的男孩翻译的,这是他一个朋友的孩子,而他朋友担心他的儿子缺乏纪律。[37]

还有一些人在15世纪下半叶为年轻人提供故事阅读方面的建议。乔治·阿什比建议爱德华王子读圣经(尤其是关于正义和邪恶的人的故事)和编年史——与高

281

塔骑士提到的内容相似的资料。[38]大约在同一时间,一位不知名的作者以利德盖特的方式创作了一首关于礼仪的诗,诗的开头是"小孩子",这首诗可以追溯到1449年至1450年之后(因为它提到利德盖特的去世)以及1477年(那一年由卡克斯顿出版)之前。[39]这个孩子显然是一个男孩,而不是一个青年,诗人告诉他应该把时间花在阅读上,因为阅读可以使学习与乐趣结合起来,使人不再无所事事。我们介绍了四位作家的名字,他们是语言规范与智慧的大师:乔叟、高尔、霍克利夫和利德盖特。在高尔的例子中,儿童被专门引导去读《情人的忏悔》(Confessio Amantis);在霍克利夫的例子中,儿童被专门引导去读《王子摄政》(Regement of Princes);在乔叟和利德盖特的例子中,儿童被鼓励读任何东西。

与被推荐阅读的内容相比,儿童实际阅读什么,这个问题更加棘手。对于男孩来说,有时可以从手稿杂集的内容中猜测出来,比如波金顿文集中的高文传奇故事、理查德·希尔书中的《情人的忏悔》里的故事以及《罗马七贤》。更明显的是,有些例子显示男孩们会从成年人那里收到书,或者被建议读什么书。1472年,约翰·帕斯顿二世爵士(Sir John Paston II)将《罗马七贤》送给他的弟弟沃尔特,当时沃尔特大约15岁。[40]五年后,诺里奇的市民杰弗里·斯普尔伦(Geoffrey Spurleng)在他16岁左右的儿子托马斯的帮助下,制作了一本《坎特伯雷故事集》的副本。[41]《杰森》(Jason)的故事有拉乌尔·勒·费弗(Raoul Le Fèvre)的法语散文版,于同年,即1477年,由卡克斯顿翻译并献给爱德华四世的儿子爱德华王子,当时他7岁。他说,他这样做"是为了小王子可以开始学习阅读英语",这句话表明这部作品适合男孩。[42]卡克斯顿的另一部译作是《埃尼多斯》(Eneydos)——埃涅阿斯的故事,于1490年出版,同样是献给亚瑟王子的,他是亨利七世的儿子,当时4岁。在这种情况下,人们不建议王子去读它,但《埃尼多斯》是一部骑士故事,就像《杰森》,卡克斯顿很可能希望把它置于针对贵族男孩的"菜单"里,至少当他们大点时是这样。[43]

这里也有一些女孩阅读的线索。其中一本是14世纪早期用法语写的亚瑟王传奇故事集,里面有后来的爱德华四世的王后伊丽莎白·怀德维尔和她的女儿伊丽莎白(亨利七世的妻子)和塞西莉的签名。每个签名上都有女人的娘家姓,这表明她们都是在十几岁结婚前读的这本书。[44]1472年,约翰爵士的妹妹安妮·帕斯顿(Anne Paston)把一本《围攻底比斯》(the Siege of Thebes,可能是利德盖特的译作)借给当时住在伦敦的苏格兰阿伦(Arran)伯爵。当时她可能正处于青春期晚期,因为人们认为她出生在1455年之前不久。[45]卡克斯顿为我们提供了两个更深

282

入的见解,涉及由他出版的以此希望吸引年轻女性的两本书。一本是他自己翻译的《高塔骑士之书》(1484 年),他宣称这本书适合所有读者,"尤其适合贵妇和女士,即领主和绅士们的女儿",并劝诫"每一位有孩子的绅士或妇女"去买一本。[46]另一本是爱情小说《布朗沙丹和埃格朗蒂纳》(*Blanchardyn and Eglantine*,1489),他声称这与"温柔的年轻女士和少女们学习如何坚定与忠诚"有关。[47]某种程度上这是真的,因为故事的大部分都是关于骑士男主人公的事迹,女主人公的角色比较顺从。

关于女孩阅读的最完整的描述可能是约翰·斯凯尔顿在他的诗《菲利普·斯帕罗》(*Philip Sparrow*)中提到的书单,众所周知这首诗是写给一个骑士的孤女琼·斯克罗普(Joan Scrope)的,她作为一名寄宿生,于 1502 年住进诺里奇郊外的卡罗修道院(Carrow Priory)里。[48]这首诗的创作日期大约是在那一年到 1509 年之间,不能再准确了,琼当时的年龄也无法确定,但她出生的时间不晚于 1485 年,斯凯尔顿写这首诗时她大约 20 岁。[49]她广泛阅读英语作品,尤其是传奇小说,对此他称赞不已。在诗歌方面,这些包括乔叟的《坎特伯雷故事集》(详细描述了骑士、巴思的妻子和修女的牧师的故事)、高文爵士的一篇传奇故事、高尔(大概是《情人的忏悔》)、《沃里克的盖伊》(*Guy of Warwick*)和《利博·德科尼斯》(*Lybeaus Desconus*)。在散文中,斯凯尔顿提到《埃蒙四子传》(*The Four Sons of Aymon*)、《杰森》、关于特洛伊的一本书[可能是卡克斯顿翻译自勒·费弗的《特洛伊历史记录》(*Recueil of The Histories of Troy*)]、亚瑟王与特里斯特拉姆的故事[可能是马洛里的《亚瑟之死》(*Le Morte d'Arthur*)],以及《巴黎与维埃纳》(*Paris and Vienne*)。此外,琼被认为了解诗人利德盖特以及圣经与古典历史中的人物,她可能在利德盖特翻译自薄伽丘的《王子的沦陷》(*Falls of Princes*)或雷纳夫·希格登(Ranulf Higden)的世界史著作《编年史》(*Polychronicon*)中遇到过这些人物。

琼的阅读清单令人印象深刻,但这是真的吗?斯凯尔顿是想讨好她,还是想展示自己的文学修养?[50]都有可能;但是,在都铎王朝早期的英格兰,对一个富裕的平信徒来说是有可能读过这些书的。所有的书都有英文版,且大部分已经由卡克斯顿出版,除了《沃里克的盖伊》,它直到 1500 年才有出版记录,此外高文的作品和《利博·德科尼斯》也许只有手稿可获得。[51]从数量上来说,这个书单很长,即使是对有文学品位的女性,除非她们很富有或住在一座大城市。另一方面,从质量上讲,这些书看起来似乎很有可能引起青春期女孩的兴趣。它们与其他资料中提到的适合年轻人阅读的作品相同或相似。

283

故事:"原料"

　　编写儿童故事的"菜单"使我们能够衡量它提供的"食物"种类。它的"菜肴"属于数种文学流派。有纯粹的故事,分为以骑士事迹为中心的武功歌(如《沃里克的盖伊》)和以骑士与淑女之间的爱情为主题的传奇故事[如乔叟的《特洛伊罗斯与克丽西达》(*Troilus and Criseyde*)],也有蕴含某种寓意或启示的故事(通常表现为文集的格式)。乔叟的《坎特伯雷故事集》中的某些就属于这一类,利德盖特最雄心勃勃的作品《王子的沦陷》也属于这一类。有人可能会加上《高塔骑士之书》,理由是虽然它是教育类书籍,但它通过一系列故事阐述了自己的观点。编年史可以被认为是把故事串联起来,圣经也是如此。除了预言性和启发性的书籍,编年史还包含许多叙事类书籍:《旧约编年史》、《福音书》、《以斯帖记》(books of "Esther")、《友弟德传》(Judith)、《路得记》(Ruth)和《多比传》(Tobit),这些书的形式特别像故事。

　　另外两种受欢迎的故事文学并没有出现在前面提到的书中,但也可能影响到儿童。一种是关于圣徒的生活,有文化的人已经广泛地阅读过它的法语版或英语版。另一种是寓言——通常以动物为主角的短篇故事,带有明确的信息或寓意。早期在西欧流传着由伊索[Aesop,用中世纪法语写的寓言集(*Isopet*)]或由阿维阿努斯(Avianus)或罗慕路斯(Romulus)创作的拉丁散文与诗歌形式的寓言。[52]在12世纪出现用法语写成的本地寓言,而在中世纪后期,有三本著名的文集是用英语写成的,都声称是在《伊索寓言》的基础上创作的。其中包括约翰·利德盖特于15世纪早期创作的七部诗体寓言、卡克斯顿翻译自法语并于1484年出版的一部大型散文选集,以及罗伯特·亨利森(Robert Henryson)创作的13部诗体寓言,后者在那个世纪末或下个世纪初出版于苏格兰。[53]利德盖特写了两部较长的类似寓言的作品,分别是《农民与鸟》(*The Churl and the Bird*)和《马、鹅和羊》。这些都有动物角色,但都是论述而不是故事:第一部关于智慧和幸福,第二部关于谁最好,并警告不要轻视其他人。[54]

　　然而,寓言与儿童的关系并不直截了当。学生们当然是用拉丁语卖它们。大约在1300年以前,学校里经常学到阿维阿努斯的诗体寓言,并在后来的一两本学校笔记本中流传。[55]另一本拉丁语文集《新伊索寓言》(*Novus Esopus*)使用于中世纪晚期的一些学校中,在欧洲大陆使用得比在英格兰更普遍。[56]另一方面,英语寓言

284

集似乎既适合成年人,也适合儿童。利德盖特认为伊索最初"在罗马写作是为了取
285 悦元老院",亨利森把他的寓言讲给"我的主人""值得尊敬的人""谨慎的领主"和
"各个阶层的"人。他最后说,他把剩下的材料留给修士。[57]卡克斯顿版的《伊索寓
言》包含木刻画,这可能会吸引儿童,但他的文本是 142 页的大书,起初不太可能被
当作儿童读物购买。它不仅包括动物寓言,也包括关于性道德和死刑的人类故事。
儿童最有可能读到的英语寓言是利德盖特的《农民与鸟》和《马、鹅和羊》,如果我们
把它们称为寓言的话。这两本书都是由卡克斯顿在 1476 年以一种简约的版式发行
的,这表明他考虑的是年轻人。[58]但是,没有理由认为英格兰的寓言是儿童故事主
要或唯一的体裁。

把圣徒的生活和寓言考虑在内并不会改变我们的故事"菜单"的特点。这是一
份用英文写的"菜单"。如果我们能从 13 世纪和 14 世纪早期收集类似的证据,它就
可能包括在英格兰直到 1400 年左右仍在讲的法语材料。许多男孩也学习拉丁语,
但除了那些特别有学问或打算成为牧师的人,他们似乎更喜欢读或听用他们容易
理解的语言写的故事。女孩不怎么学习拉丁语,也就更加依赖于用本国语言写的
文学。正如我们在上一章所看到的,由于这些原因,在盎格鲁-撒克逊时期,文学已
经从拉丁语传播到英语。自 12 世纪以来,传奇小说和武功歌一直都是用法语创作
的,而从 13 世纪开始英语也介入创作;编年史虽然有时仍用拉丁语书写,但也会用
到另外两种语言。到 13 世纪,已经出现一部法语版本的圣经,大约在乔叟时代以
前,英格兰贵族的遗嘱中一直都在提它的副本。在 14 世纪 80—90 年代,罗拉德派
将圣经翻译成英语,但由于他们的其他异端邪说,他们的译作遭到敌视,1409 年后
教会当局禁止未经允许地阅读它。这就使得只有相对较少的人才能阅读它,这些
人要么是偷偷阅读,要么是得到允许公开阅读。例如,我们听说过归属于亨利四
世、他的儿子托马斯和他的叔叔格洛斯特公爵托马斯的英语圣经。[59]

从社会角度来看,很明显大多数故事文学同属于成年人和儿童。在 1500 年之
前,所有被推荐给年轻人读的作品,比如乔叟和高尔的,都是我们通常认为的成年
人作品。当然,在存在独立的儿童文学之前,是否存在成人文学,这是一个有争议
的问题;作者可能假定读者是"所有年龄段的"。然而,今天的情况不同了,儿童有
了自己的故事,而不是被期望去适应成年人的故事。我们现在将研究儿童小说是
否存在的问题,但推荐的阅读清单中缺乏这样的东西。证据还表明,女孩和妇女阅
读的作品与她们的兄弟和丈夫的相似,反之亦然;琼·斯克罗普的阅读书单对一个
年轻人来说同样合适。在一个书籍较少的时代,许多书籍可能是男女通用的。因

此，卡克斯顿把《高塔骑士之书》的目标读者主要定为女性，他声称任何人都可以从中学到东西；尽管他向年轻女性读者推荐《布朗沙丹和埃格朗蒂纳》，但它同样适合男性读者。许多其他的传奇故事、编年史和圣经故事也都是如此，这意味着女孩和女人常常不得不忍受那些把男人描绘成主动、把女人描绘得更被动的故事。幸运的是，有一些文学作品为女孩们提供了更有活力的榜样：亚瑟王故事中的桂妮维亚（Guinevere）、乔叟故事中的巴思的妻子，以及圣徒的生活里的一些人物。

现在让我们更详细地探讨其中一些作品，看看它们为什么会吸引儿童读者。中世纪的故事文学可能主要是针对成年人的，但它也包含很多儿童或青少年喜欢的内容。有些书（比如《高塔骑士之书》）是短篇散文故事集，适合注意力持续时间较短的年轻人。传奇小说和武功歌通常都是较长的作品，有些特别长，但它们都是以快速变化的情节、悬疑、有异国情调的地点和（通常）快乐或胜利的结局为中心的冒险故事。文章常常呈诗体形式，通常是八个音节的对句，这对儿童读者很有好处。这样的诗句由数行短句组成，押韵可能有助于理解阅读和发音。午多中世纪故事的主角都是儿童或青少年。圣徒的生活是如此，尤其是圣凯瑟琳的生活和圣玛格丽特的生活，某些神迹故事也是这样，比如乔叟的《女修道士的故事》。从 12 世纪开始，它也适用于许多传奇小说和武功歌，如《汉普顿的贝维斯》、《沃里克的盖伊》、《哈夫洛克》（Havelok）和《特里斯坦》（Tristan）。

这类作品通常以男女主人公的出生和成长为开端。可能会给出他们老师的详细资料以及他们学到的技能或学业的许多细节。[60] 有时，这些信息形成一个与成年的生活故事无关的序幕，但在其他情况下，童年的事件决定了以后发生的事情。一个儿童可能被绑架或遗弃，在远离家的地方长大，在成年后因美德或战功而为人所知，最终恢复其权利或与其父母和解。[61] 因此，12 世纪玛丽·德·法兰西所著的《莱弗莱因》，在 14 世纪被翻译成英语，是关于一个被母亲放在女修道院外的小女孩，她恢复自己的身份并最终与她的爱人结婚的故事。[62] 13 世纪英格兰传奇小说《弗洛里斯与布朗歇弗洛》讲述一个男孩和一个女孩如何一起上学，坠入爱河，（长大后）经历冒险并最终走向婚姻。[63]《佩勒内的威廉》是 14 世纪中期从法语翻译成英语的诗歌，讲的是一个男孩被狼人带走，由牧牛人抚养长大，（经过多次冒险）与母亲团聚，并被加冕为罗马皇帝的故事。在唯一存世的英文版副本中，有人在 15 世纪晚期为这部译作写了一篇感谢的祈祷文，因为它是一个"美好的故事"，一个"让年轻人不再无所事事"的故事。显然，他认为这适合年轻人。[64]

《罗马七贤》（或《罗马的七位智慧大师》）是另一部关于年轻人的浪漫小说，它有着强烈的说教性主题：准确地讲，它是一组源自东方的短篇故事，在 12 世纪中期被翻译成法语，随后被翻译成大多数主要的欧洲语言，包括英语和威尔士语。[65] 故事围绕罗马皇帝戴克里先(Diocletian)的虚构的儿子弗洛伦泰恩(Florentyne)展开，

287　他 7 岁时就和罗马的圣贤们——世界上最聪明的人———一起上学。这部传奇小说的第一部分描述了圣贤，包括著名的加图，并简要介绍了王子的学业。在一个版本中，他被安置在一个大厅里，里面的画呈现着多纳图斯拉丁语法的三个部分和七门文科。[66] 当戴克里先再婚时，他的新婚妻子指控现在已是十几岁的弗洛伦泰恩强奸了她。皇帝判他死刑，但圣贤们每天讲一个故事来推迟死刑。王后用她自己的故事来反驳这些，以使判决生效，最后的故事由弗洛伦泰恩讲述，在这之后，王后承认她在说谎并被烧死，而王子则重获宠爱。其中三个故事以儿童为主角，包括骑士杀死守护他儿子的灰狗、男孩(在英语版本中是 7 岁或 15 岁)预言自己将比父母更伟大并被父亲扔进大海。因此，《罗马七贤》既有教育背景，又有儿童或青少年角色。毫不奇怪，它在希尔家族和帕斯顿家族的读物中占有重要地位。

　　通俗文学的另一个重要类别是叙事诗，它从 15 世纪开始以书面形式存在。最早的是关于罗宾汉和他在坎伯兰(Cumberland)的亡命之徒同伴们的故事，他们在《亚当·贝尔》(Adam Bell)的故事中扮演了重要角色。[67] 像传奇诗歌一样，叙事诗

288　的情节轻快而简单，由短行诗句组成，易于阅读或记忆。它们在 1500 年后被频繁出版，通常是廉价版，它们在大众读者或听者中非常受欢迎。[68] 罗宾汉和《亚当·贝尔》中的亡命之徒都是介于贵族和普通人之间的自耕农，对这两类人都有吸引力。他们攻击社会精英中腐败的成员，比如贪婪的修士和诺丁汉郡长，而放过或帮助穷人。同时，他们尊重诚实的骑士和国王，并且不挑战社会准则。他们甚至可以被视为年轻人的榜样，因为他们身怀传统的射箭技能，而这是当局想要保住的技能。如我们所见，1512 年，一项议会法令规定男孩和男人都要学习射击。[69]

　　人们期望叙事诗以其简单的形式和激动人心的故事吸引儿童和青少年，到 16 世纪 20 年代，新教作家确信事实就是这样，这是他们深感遗憾的事情。威廉·廷代尔在 1528 年抨击对圣经阅读的限制，他抱怨神职人员允许阅读"罗宾汉与汉普顿的贝维斯、赫拉克勒斯(Hercules)、赫克托耳(Hector)和特洛伊勒斯(Troylus)，用成千上万的关于爱情、放荡和下流的历史和寓言，以肮脏到可以想到的程度来腐蚀年轻人的思想"[70]。几年后，迈尔斯·科弗代尔(Miles Coverdale)赞同道："至于现在世界上使用的普通叙事诗……它们引起了多么邪恶的后果。难道它们不败坏年轻人的品行吗？"[71] 1550 年，伦敦的一个出版商沃尔特·琳内(Walter Lynne)试图

用一本名为"基督的真实信仰"（*The True Belief in Christ*）的宗教著作来抵消叙事诗的吸引力，他向男女老少推荐这本书，而不是"罗宾汉、峡谷的克利姆（Clym of the 289 Clough，《亚当·贝尔》里的英雄之一），以及类似这种的虚构故事"，他们一直都习惯于阅读后者。[72]但是叙事诗的出版和阅读仍在继续，可以肯定地说，人们对它们的喜爱远远超过叙事诗批评家的苛责。

　　研究早期叙事诗的历史学家通常不会考虑它们对年轻人的吸引力。罗宾汉和亚当·贝尔的故事在今天被研究的主要原因是它们被认为揭示了成年人的品位和喜好：对王室官员的敌意、反教权主义、偏好对敌人使用暴力、对绿林和弓箭手的怀旧。[73]然而，它们也可能有助于了解儿童的品位，以及儿童成长过程中如何与长辈分享价值观。像传奇故事一样，叙事诗有时也以年轻人物为主角。罗宾汉中的人物在很大程度上仅限于成年男性，但《亚当·贝尔》包括可能会让年轻男性读者产生共鸣的两个儿童。一个是"小男孩"，他是一个猪倌，把威廉·克劳德斯利（William Cloudesly）被捕的消息告诉了他在森林里的同伙。另一个是威廉7岁的儿子，他站在那里，头上顶着苹果，他的父亲朝苹果射箭，就像在威廉·退尔（William Tell）的传说里那样，作为奖励，他被任命为王后的酒窖小侍从。[74]

　　有一首15世纪的亡命之徒叙事诗或歌曲——神秘的《罗宾和甘德林》（*Robyn and Gandelyn*），在以男孩或青年为主角方面更进一步。这个故事只存在于一份手稿中，讲述两个"儿童"如何去森林里猎鹿。在那里，罗宾被一个对手——多恩的兰诺克（Wrennok of Donne）枪杀，之后甘德林为他的朋友报仇，杀死了兰诺克，叙事诗以他的狂喜结束。一个"儿童"既可以指一个年轻人，也可以指一个孩子，但兰诺克被描述为"一个小男孩"，尽管这可能是一种嘲弄，但这首诗看起来更像关于青少年的故事，而不是关于年长男性的故事。[75]

关于儿童的故事

　　那么，有没有专门针对年轻人的故事呢？如今，我们拥有大量这样的小说，其中心人物是儿童或青少年。故事情节可能会教育或改变参与者，但年轻人在故事的结尾仍然年轻，不像大多数中世纪的儿童主角，如沃里克的盖伊，他在故事开始后不久就长大了。在1500年之前，这种现代类型的小说更加难以辨认。即使我们承认（也必须承认）文学作品已经失传，但是与以他们的长辈为主要受众的数量巨大的故事相比,以儿童为主要受众的故事留存下来的也很少。然而,成年人给儿童讲关于儿童的故事,或者男孩和女孩互相讲故事,这可能根植于人类的本性。这些故事可能是虚构的,可能是根据家族历史事件改编的,也可能改编自文学作品。你可以给一个中世纪的儿童讲大卫和歌利亚的故事,或者亚瑟王和石中剑的故事。

290　　　在中世纪后期的英格兰文学中有一小部分这样的故事。最好的例子是《天鹅骑士》(*Chevelere Assigne*)传奇,它是罗恩格林(Lohengrin)传说的一个版本。这个故事取材于一个较长的中世纪法国传奇故事,讲的是戈弗雷·德·布永(Godfrey de Bouillon)家族的故事,在 14 世纪末被改编成一个独立的英语头韵体诗歌形式的短篇故事。[76] 它讲述了奥伦斯(Oryens)国王的妻子比阿特丽斯(Beatrice)如何一次分娩七个孩子,六个男孩和一个女孩,每个孩子出生时脖子上都戴着银项链。国王邪恶的母亲玛塔布琳(Matabryne)带走了孩子,把他们换成小狗,导致愤怒的国王把妻子送进监狱。一个隐士救了这些婴儿,并把他们养大,但玛塔布琳听说他们还活着,派了一个名叫马凯德拉斯(Malkedras)的护林员取走他们的项链并杀死他们。当他用剑砍断他们的项链时,他们都变成天鹅,除了大儿子,因为他当时不在场。马凯德拉斯带着项链回去了,玛塔布琳命令把它们做成一个杯子。她雇的金匠发现半根项链就够做了,把其余的都偷走了;另半根项链给了马凯德拉斯。

　　　12 年过去了,邪恶的婆婆说服国王烧死被囚禁的妻子。一位天使把这个消息告诉了幸存的 12 岁儿子,并告诉他去为他的母亲战斗。这孩子是在与世隔绝的环境中长大的;他从来没有受过洗礼,也从来没有遇到过一匹马,但他去了宫廷,在那里他被洗礼并取名为埃尼亚斯(Eneas)。国王给了他一匹战马和一副盔甲,其中包括一块十字盾牌;过了一会儿,他就被派去挑战马凯德拉斯。当后者击中盾牌上的

291　十字架时,一条蝰蛇从里面跳出来攻击他,还有火焰喷出来,弄瞎了他的眼睛。然后埃尼亚斯杀了他。比阿特丽斯被救了出来,玛塔布琳被烧死,金匠归还了他拿走的五根项链。项链被还给了五只天鹅,使它们变回孩子,但是没有给最后一只男孩天鹅留下项链,它不得不保持原状。在更长的故事中,这为埃尼亚斯和他的天鹅兄弟的进一步冒险埋下了伏笔。

　　　有可能这个故事是单独讲给儿童听的,英文版《天鹅骑士》为此有所删节。唯一存世的文本出现在一部传奇故事和礼仪诗集中,其中有三篇通常用于年轻人。[77] 儿童也可能在两个声称是天鹅骑士后裔的英格兰贵族家族中听到这个故事。一个是赫里福德郡和埃塞克斯郡的博亨伯爵家族,他们在 1310 年至 1315 年左右给一个儿子取名为埃尼亚斯。他们的继承权传给了他们的后代白金汉公爵爱德

华·斯塔福德(Edward Stafford)。1512 年,他委托罗伯特·科普兰将这个故事重新翻译成散文,以使它更广为人知。这个版本在 16 世纪至少印刷过三次。[78]另一个是沃里克伯爵家族。当他们的历史学家约翰·劳斯(John Rous)在 1483 年至 1484 年绘制著名的伯爵和他们历史的画卷时,他把埃尼亚斯列为他们的祖先之一,大致把他放在盎格鲁-撒克逊时期。他还用英语以儿童为中心省略地讲述这个故事,但有一两个不同之处,他把项链描述成金子,把埃尼亚斯描述成 7 岁,而不是 12 岁。劳斯补充说,玛塔布琳的杯子仍然保存在沃里克城堡,并说伯爵夫人允许他用它喝水。[79]

两个相似的关于非凡男孩的故事发生在珀西著名的歌曲和叙事诗杂集中,时间回归到 17 世纪中期。二者都是叙事诗形式,可能要早几百年,因为其中一个,《男孩和披风》(The Boy and the Mantle),指的是天主教忏悔罪行的做法。而另一个,《阿尔丁格爵士》(Sir Aldingar),则包含类似于《天鹅骑士》的故事特征。《男孩和披风》讲的是一个神秘的儿童带着神奇的礼物来到亚瑟王的宫廷。他制作了一件披风,小到可以放进果壳里,还能根据穿它的女人的品德改变它的外观。桂妮维亚试穿了一下,它变成黄色、绿色和黑色;其他女士穿上后,看上去一丝不挂。当克拉多克(Craddocke)爵士的妻子尝试时,除了底部有一道皱褶外,礼服非常合身。她承认在他俩结婚前她吻了她的丈夫,当她这么说的时候,披风像金子一样闪闪发光。桂妮维亚恶意地回答说,这位女士已经睡过 15 个男人,“牧师、教士、已婚男人”,但是“小男孩”吩咐亚瑟王控制他的妻子。“她是一个婊子、一个女巫、一个大胆的妓女。”克拉多克的夫人收到披风作为礼物,她的丈夫得到一只野猪头和一个金色的饮酒角杯,因为他通过了关于通奸的两项测试。这个故事是说给儿童听的还是说给成年人听的? 它的测试顺序与后来成为儿童文学的其他民间故事类似。的确,它是关于贞洁与道德败坏的故事,但(如我们所见)这类话题对中世纪晚期的儿童而言并不陌生,或者并不会被认为对他们不合适。[80]

叙事诗《阿尔丁格爵士》是另一则关于通奸的故事,存在于许多国家的民间传说中。阿尔丁格爵士是个邪恶的骑士,他试图勾引王后。被她拒绝后,他安排了一个麻风病人躺在她的床上,并把这个事实透露给国王哈里,国王下令将麻风病人吊死,并烧死王后。王后请求给她 40 天的时间,并派使者去寻找一位勇士来保护她。其中一个,

> 当他骑马过一条河的时候,
>
> 在那里,他遇见一个小孩子;

　　　　他看上去一点也不像个大人

　　　　　　　而像一个 4 岁的孩子。

　　　　他问王后的信使他骑了多远；

　　　　　　　他不愿告诉他；

　　　　小家伙对他很生气，

　　　　　　　向他告别，告辞。

　　　　再次转身，说，使者啊，

　　　　　　　代我向我们的王后问好；

　　　　恶最高，善次之；

　　　　　　　也许有足够的帮助。

40 天过去了，王后被处决了：

　　　　我们的王后被放进大桶里烧，

　　　　　　　她只想到死；

　　　　他们注意到小家伙

　　　　　　　从东方骑马而来……

　　　　说，移开火堆

　　　　　　　正在我们王后面前燃烧的，

293　　帮我把阿尔丁格爵士找来，

　　　　　　　这是一位如此机灵的骑士。

这个孩子抽出"一把好剑"，第一刀就砍断对手的膝盖。阿尔丁格坦白了一切，然后死去。这个孩子告诫国王带走他的妻子并爱她，但是他没有透露自己的身份。[81] 这是一个简单而有力的故事，具有戏剧张力，虽然没有证据表明它是写给儿童的，但它可以成为一个很好的故事，供父母们读或讲给他们听，或供儿童自己读或讲。

　　然而，1500 年前最好的儿童故事不是传奇故事，而是一则寓言诗或喜剧故事，也就是后来为人所知的《修士与男孩》，这首诗以每节六行的形式呈现，最早出现在 15 世纪的手稿中。[82] 从前有一个"丈夫"或者说是农夫，他有三个妻子，第一个妻子生了一个儿子，杰克。他的第二任妻子不喜欢这个男孩，让她的丈夫把他送去做帮佣,但农夫说他太年轻,让他负责牧场上的牛群。当杰克把动物带到那里时,打开继母准备的晚餐,发现饭菜很少,就把它送给一个可怜的老人,后者曾请求他施舍。作为回报,杰克得到三份神奇的礼物:一张总能射中目标的弓,一支能让所有人跳舞的笛子,还有一段能让继母生气时放屁的咒语。杰克吹着笛子,带着他的跳着舞的动物们回家。当他回到家时,他的父母正在吃晚饭。他要食物,他的父亲扔给他一个公鸡翅膀。继母皱起眉头,立即爆发出像枪响一样的声音。在场的人都哄堂大笑。她又发出一声像炸弹一样响亮的声音,羞得脸都红了。

现在一个修士来过夜,他是继母的朋友。她吩咐他打杰克一顿,但第二天当男孩遇到修士时,杰克射杀了荆棘丛中的一只鸟,转移了修士的注意力。修士跑到灌木丛中去捡,杰克开始吹笛子。修士在荆棘中跳舞,直到身体流血、衣服破烂。那天晚上杰克回家时,父亲问他对修士做了什么,并要求听笛声。修士惊恐万分,请求把自己绑起来。杰克吹起笛子,每个人都跳起舞来。继母再次爆发出声响,修士甚至在他的绑绳里抽搐,杰克领着舞者们走上街道,一丝不挂的邻居们被迫从床上起来。最后,修士把杰克传唤到当地教会法庭。审判人员要求演奏笛子,接着全体人员开始跳舞,杰克只有获准释放时才停下来。这个故事实际上只是个故事。它有一股反教权主义的味道,而且在某种程度上传达了一种寓意,即令人讨厌的人会受到惩罚,但它没有任何教育意义;故事情节只是一系列有趣的事件,故事中的男孩既是主角又是胜利者。

《修士与男孩》由温金·德·沃德出版,于 1510 年到 1513 年间“在伦敦舰队街(Fleet Street)的太阳标志(the sign of the sun)处印刷”[83]。它以一种廉价而令人愉快的版式出版,制成一张八页的折叠小册子。作品没有扉页,文本只是简单地标有“这里开始一段修士和男孩的愉快的玩笑”,接着是一幅迷人的木刻画和诗歌的开头。这幅木刻画展示一个乡村场景,远处有一个村庄或城镇。杰克坐在他的牧群后面,吹着他的笛子,而修士在荆棘中跳舞。像这样的小册子只要几便士,很容易由小贩或在集市上卖给父母和孩子。对这个故事的需求可以从版本的数量上看出来——16 世纪至少有三个版本,17 世纪有五个,18 世纪有六个,19 世纪早期有四个。肯定有更多,因为如此不起眼的书被读得零零碎碎,且很少有留存下来的。它最后一次作为一部通俗作品出版是在 1820 年,即在它的喧闹和放屁被维多利亚时代的拘谨压制之前。如此漫长的一段文学生涯是值得注意的。中世纪晚期可能没有什么为儿童创作的故事,但这一作品在三百多年的时间里发挥了重要作用。

294

印刷术

　　《修士与男孩》是在手稿时代写的，但它通过印刷得到了最广泛的传播。那么，1476 年由卡克斯顿引入英格兰的印刷术又如何影响了年轻人和他们所阅读的文学呢？印刷术的早期历史是一个很容易被误解的课题。民间传说认为，在卡克斯顿之前，书是很稀少的，大部分书是由修士写的，书的大量生产，以及此后读写能力和教育的普及，在很大程度上是新技术的结果。当然，这是无稽之谈。和许多发明一样，印刷术的出现是因为人们对其产品的需求足够高。读写能力和教育在当时很普遍。当时已经有了大量的文学作品，有的是读者自己写的，有的是代笔人和书籍抄写员制作用来卖的。到 1476 年，人们可以买到单本或多本手写的任何东西，从一张特许状或赎罪券到整本书。早期的印刷者，就像在他们之前的专业抄写员一样，出品各种资料以满足当时的需求。

　　卡克斯顿意识到，在贵族、乡绅和城镇富人中，用英语写的宗教类、教育类和娱乐类读物很受欢迎。他的第二部重要印刷本《国际象棋游戏》（*The Game of Chess*）于 1474 年在布鲁日出版，之后他在英格兰建立了自己的出版社。这本书部分是手册，部分是社会分析，从两方面来说都是教育著作。[84] 当他搬到威斯敏斯特时，他认为儿童和青少年教育是一个有前途的领域。无论是在学校还是在家里，他们都已经构成一个庞大的读者群体，并且已经有了专门为他们编写的书籍：用拉丁语编写的学校语法书，用英语编写的道德、礼仪和狩猎著作。卡克斯顿似乎已经做了一个政策性决定，不让自己卷入教科书的产销中。据我们所知，他只印刷过一本（可能是应赞助人的要求）这样的书，这与他死后大量发行教科书的印刷商形成鲜明对比。[85] 但他清楚地意识到年轻人在家中阅读英语书籍的需求，并且他在英格兰的整个职业生涯中一直都对它有兴趣。

　　因此，当卡克斯顿准备在威斯敏斯特出版时，他计划了自己的第一份书目清单，其中包括四本廉价的英语作品，目标读者是儿童或代表他们的成年人。这些作品现在都被认为是 1476 年的作品，那是他在英格兰的头一年。[86] 四部作品中最短的是利德盖特翻译自格罗斯泰特关于餐桌礼仪的诗《站在桌旁的男孩》。如前所述，这首诗的拉丁语原文在文法学校被广泛阅读，利德盖特的翻译使它可以用于家庭中。卡克斯顿发行了它的单张版，可以折叠成八页的小册子，并且由于《站在桌旁的男孩》的篇幅太短，无法达到此目的，他给小册子补充了《又圣母经》（*Salve Regina*）。这是一首巧妙的诗，用英语解释了一首献给圣母马利亚的著名拉丁赞美诗的意思。小册子各个角落满是英语谚语和格言。

另外三部作品篇幅较长，两部是利德盖特以寓言的方式进行的辩论：《农民与鸟》，这是一本十页的小册子；《马、鹅和羊》，它共 18 页，包括前面提到的有关动物的词汇表。四本中最长的是《加图对句诗》的拉丁语原文加上贝内迪克特·伯格的译文，共 34 页。所有的学校都读《加图对句诗》，可能有些家庭也读，所以卡克斯顿的版本看上去部分是为儿童准备的，但同样，这首诗是一个著名的智慧宝库，且由于这本书更大，部分可能也是写给成年人的。这三部较长的作品都至少被卡克斯顿重印过一次——《加图对句诗》又被另外重印过两次，有一次是在卡克斯顿自己的新译本中，所以它们肯定找到了市场。《站在桌旁的男孩》可能也被重印过，因为第一版今天只剩下两份，并且第二版很可能就轻易地完全消失了。

卡克斯顿的教育兴趣并没有止步于这些相对较小的作品。在他活动的第二年，即 1477 年，他发行了自己版本的《杰森》传奇故事，献给年轻的威尔士亲王，以及里弗斯的译作《哲学家的词典和语录》，这是另一部为亲王创作的作品。同年，他还出版了《礼仪之书》，这是一篇关于男孩礼仪的诗文，类似于《站在桌旁的男孩》，但涵盖更多行为方面的内容。卡克斯顿在英格兰的剩余职业生涯中（他于 1491 年去世），定期用英语印刷适合教学或娱乐儿童或青少年的作品。他们包括简短的通俗类百科全书，《世界之镜》（*The Mirror of the World*，1481）、《列那狐传说》（*Reynard the Fox*，1481）、《伊索寓言》（*Fables of Aesop*，1484）、《高塔骑士之书》（1484 年）、《礼仪之书》（*Book of Good Manners*，1487）、《布朗沙丹和埃格朗蒂纳》（1489 年），以及《埃尼多斯》（1490 年，后者附有献给亚瑟王子的铭文）。也有可能卡克斯顿发行的其他的一些叙事作品也被年轻人读过，比如乔叟的《坎特伯雷故事集》（1476 年）和马洛里的《亚瑟之死》（1485 年），尽管他在自己的版本中没有提到这一点。

因此，卡克斯顿不愧为年轻人出版物的先驱。他意识到这是一个图书市场，旨在为他们提供他们自己的作品和成人作品，故事和教育类作品都有。他的一些书名适合男孩，其他的（至少在他看来）适合女孩和女人。他通过亲自将书籍从法语翻译成英语，并印刷一些不太容易获得的手稿作品，增加了年轻人——至少是富有的年轻人——可以阅读的文学作品的数量。继他之后的英格兰印刷商，从温金·德·沃德和理查德·平森（Richard Pynson）开始，做了更深入的工作。他们继续印

297

刷大型经典著作,就像他所做的那样,但他们扩大了活动范围。首先,他们打开学校市场,印刷更多的学校文法和阅读文本,增加它们的流通和使用。[87]其次,他们制作了更广泛的幽默和娱乐作品,其中一些特别适合年轻读者。

在15世纪90年代,通过他们的努力,更多的英国经典著作出版了。《罗马七贤》由平森于1493年出版,并在1506年左右由德·沃德出版;另一本故事集《罗马人的事迹》约在1502年由德·沃德出版。[88]传奇小说《沃里克的盖伊》约1497年出自德·沃德的出版社,约1500年出自平森的出版社,《汉普顿的贝维斯》1500年出自德·沃德的出版社,约三年后出自平森的出版社。[89]大约1500年,平森发行《罗宾汉的一次小冒险》(*A Little Geste of Robin Hood*),1506年左右由德·沃德发行,这是已知的关于这个法外之徒的最早的印刷叙事诗,在接下来的十年里,它在伦敦、约克,可能还有安特卫普发行——表明它非常受欢迎。[90]所有这些书在16世纪以各种形式继续被印刷,显然深受大众喜爱。较短的作品,如《修士与男孩》和《罗宾汉》(*Robin Hood*),尤其适合儿童阅读。它们只需要几张大的纸来打印,而且成本非常低:1520年在牛津只需花2便士就可以买到一本《罗宾汉》,而简短的"叙事诗"只卖半便士。[91]人们可以想象,这样的文本在集市上、小贩和书商那里随处可见,儿童用自己的零花钱购买——这种做法在17世纪就已经发生。[92]

总之,儿童文学并不是开始于早期的印刷商,但他们促进了它。他们让它更加普及,并通过指出某些作品对儿童和年轻人的功效,提高它的知名度。此外,他们增强了它的视觉吸引力。早在印刷术出现之前,就有了带插图的手稿,但这些都是昂贵的作品,仅限于地位高的孩子使用,比如阿方索王子和亨利六世。[93]儿童的手写文本,比如教科书、简短的道德或实践作品,就比较简单,卡克斯顿在《站在桌旁的男孩》等作品中遵循了这种模式。《站在桌旁的男孩》没有扉页或插图——只有一个简短的标题,后面接着文本,就像手稿一样。然而,到了15世纪80年代,卡克斯顿在他印刷的一些大型作品中加入了木刻画,其中一些副本可能已经到了儿童的手中。在这方面值得注意的有《世界之镜》(1481年)、第二版《国际象棋游戏》(1482年)、第二版《坎特伯雷故事集》(1482年)和《伊索寓言》(1484年)。[94]

卡克斯顿的后继者们更多地利用木刻画来宣扬他们的书。例如,德·沃德在他的遗失版《列那狐传说》(约1500年)中收录了三十多幅木刻画,在他的《罗马七贤》(1506年)中收录了七幅,而平森在他的《汉普顿的贝维斯》(1503年)中收录了十幅——所有这些书都有年轻读者。到15世纪90年代,两人都出版了带有插图扉页的拉丁语语法书。有时扉页上画着一位教师手拿桦条坐在一张大椅子上,一群学

298

生乖乖地坐在他前面。在其他例子中,扉页描绘了书房里有一位学者·暗示语法是学术性的,或者暗示学生自己——如果他勤奋——可能成为一个伟大的学者。其他小型的儿童读本或初级读者读本也开始有类似的插图扉页或首页,比如 15 世纪 90 年代德·沃德出版的《马、鹅和羊》和《农民和鸟》。同样的木刻画在不同的书和不同的印刷商之间广泛流传,而一些基本的作品,如《罗宾汉》,仅仅有"杂役"——活动的人物,如命运女神、小丑和剑客等,来装饰它们的开篇之页。《修士与男孩》的木刻画画着书中的两个主要人物,它是最早的有插图的儿童故事,正如它是第一个以一名儿童为中心的印刷故事。当它在 16 世纪 10 年代问世时,印刷商们很清楚,即使是一本廉价的书,只要放在柜台或摊位上,一张图片也能增强其吸引力。

一次阅读体验

编写儿童读物的"菜单"当然很好,但阅读(像喂食一样)是一种个人体验。我们都能记得年轻时读过的书,有时还能记得那时候它们给我们的印象如何:令人兴奋或枯燥无味。中世纪儿童对他们读到的东西有什么看法? 在信件、日记、自传等个人记录很少的情况下,这种信息很难被发现。然而,在那些显示曾被儿童使用过的书籍的副本中存在一种可能的资料。迄今为止,这些书卷还没有引起多少注意,但牛津伯德雷恩图书馆保存着一份样本,它告诉我们很多东西。剥开它的历史层,就像剥洋葱一样,让我们更接近那个时代的儿童对他们所读的故事的感受。

如果你要求查阅伯德雷恩图书馆里的"Douce B subt. 234",它会被装在一个整洁的灰色盒子里出现,盒子上系着细绳和纽扣,代表现代和保护行为。打开盒子,你会发现一本皮革装订的书(现在已经破损),红底的书脊上用金色写着一个标题:BEUYS OF SOUTHAMPT。这本书的装帧比它的内容要晚,而且它来自一个时代,在那个时代,这本书被认为是书目上的珍品,配得上高贵的装帧。书的内封贴有弗朗西斯·杜丝(Francis Douce, 1757—1834)的藏书票,这位图书收藏家获得了这本书,并把它遗赠给了伯德雷恩图书馆。然而,在被藏书家珍视之前,这本书有着另一段历史。翻开书页,你会发现其中的一些页面被潦草的乱涂乱画、图画和名字——尤其是"约翰·古德"(John Good)和"约翰·贝茨"(John Bettes)的名字——损毁了形象。这些儿童在 16—17 世纪用过这本书,对他们来说,这本书不是古董,而是一本实用的书。事实上,他们使用得太好(或太差),以至于有一部分缺失了。

然而,这两个男孩并不是这本书的第一批读者。这本书大约在 1503 年由伦敦印刷商理查德·平森印刷出版。由于这本书有很多页,还配有木刻画插图,价格不止几便士,我们可以相当肯定,它最初是由一个成年人购买和阅读的。这本书一开始受到很好的对待,因为书中没有一处潦草的字迹可以追溯到 16 世纪早期。但即使是在 1503 年,我们也没有剥到洋葱的核心,因为这部作品在平森印刷它之前就存在了。平森的文本(用英语写的)可以追溯到 15 世纪,是 13 世纪晚期或 14 世纪早期一个更早的英语版的修订本。而那个文本是 13 世纪早期在英格兰用盎格鲁-诺曼法语写成的某个作品的译作。没有人知道《汉普顿的贝维斯》最初的故事是谁写的,但它是中世纪英格兰阅读最为广泛的作品之一,并且之后持续了很长一段时间。[95] 在手稿版本流传三百年之后,它在 16 世纪的英格兰至少出版了九次,17 世纪六次,18 世纪五次。最后一版大约在 1780 年出版。在英格兰以外,它被翻译成荷兰语、欧洲大陆法语、冰岛语、意大利语和威尔士语。甚至还有一个俄语版本。

一部像《汉普顿的贝维斯》这样的作品很难被归类为成人读物或儿童读物。它讲的是一个男孩长大后成为一名骑士的故事,所以它既可以吸引男孩,也可以吸引男人。书中贝维斯的情人乔西安扮演了重要角色,所以它也能引起女孩和女人的兴趣。在体裁上,它是一部传奇小说,一个让人联想到幻想和冒险的词,而《汉普顿的贝维斯》包含大量的幻想和冒险。但它的开篇也令人不安,是关于一个家庭的破裂和一个孩子被逐出家门。贝维斯的父母不般配。他的父亲盖伊是南安普敦伯爵,是一位勇敢而年迈的骑士。他的母亲比父亲年轻得多,是苏格兰国王的女儿,更愿意嫁给德意志皇帝(或他的兄弟,在平森版本中如是)。

等到他们唯一的孩子贝维斯 7 岁的时候,妻子已经厌倦了丈夫的虔诚和性能力的不足。她派一个信使去通知她的前情人来杀她的丈夫。这个被恰如其分地称为"谋杀者爵士"(Sir Murdour)的情人,带着他的手下来了,伏击盖伊,并残忍地杀死了他。他把盖伊的头带到夫人面前,夫人告诉他当晚去她的房间,并准备立刻和他结婚。贝维斯得知母亲的背叛,尽管他还很年轻,他还是和母亲当面对质。当贝维斯叫她"妓女"时,她把他打倒在地,命令他的家庭教师萨贝尔爵士(Sir Sabere)杀了他,但萨贝尔伪造了死亡,送贝维斯到山上给他放羊。贝维斯俯视着他的老房子,那里正在举行婚礼,忍无可忍地冲了进去。他杀死挡路的看门人,并击倒谋杀者爵士,但他被制服了,最终被卖给异教徒商人。商人用船把他带走,很快他发现自己(现在 15 岁)竟成了亚美尼亚国王的仆人。在那里,贝维斯遇到了国王的女儿乔西安,乔西安爱上了他。

接下来的故事非常复杂。虽然这首诗的篇幅只有 4 332 行,但总结情节用了13 页![96]贝维斯有一系列的冒险经历,先是在亚美尼亚和邻近的土地,然后在英格兰,之后故事就在两个地方交替发生。他骑着被乔西安当作礼物送给他的骏马阿龙代尔(Arondel),与军队、骑士、巨人、蛇、一头野猪和一条龙作战。乔西安也并非无所作为。贝维斯被俘后,她被嫁给了别人,但通过系上一根魔法腰带的方式保住她的贞洁。当第三个男人试图通过暴力娶她时,她用腰带勒死他,并差点因这个罪行被烧死。甚至当她嫁给贝维斯时,她被狮子攻击,在一片森林里独自生下双胞胎,并被一个巨人带走。最后,各种各样的阴谋都被解决了。贝维斯回到英格兰,为他的父亲报仇,把他的继父扔进一锅沸腾的铅中。他母亲从高塔上跳了下去。他的一个儿子成为亚美尼亚的国王,另一个成为英格兰的国王。最后,贝维斯、乔西安和阿龙代尔于同一天在东方去世,他们的大儿子将他的父母埋葬在一个小礼拜堂里,建立了一座修道院为他们的灵魂祈祷。

300

我们可以从伯德雷恩副本里潦草的记录中了解到这个故事是如何打动那些读过它的男孩的。这些潦草的记录各种各样。有名字和物主身份的笔记:"*John Betts of Aylysb …*","*thys boke longgyth to John Betts*","*John Gowd*(写在以前的明显叫 *Thomas Bett* 的名字上)*owth thys boke*","*Thes Boke*(belongs)*to John Good of Aylysb …*",以及"*Stephen Aldhouse 1696*"。"托马斯"这个名字写了好几遍。有几句拉丁语片段,是男孩们在文法学校学习或书写的那种:*Iste sanus es. pater meus*("这位智者是我的父亲")和 *vesperi sunt prolyxitantes*("夜深了")。空白处画了几个草图。其中有一两个是复制的书中的木刻画,包括一条狗的头,它被模仿了两次。其他的都是自由风格的图画,主要是脸,其中有一张是一个戴着典型的都铎式帽子的男人。

这些乱涂乱画的时间肯定比这本书出版的时间要晚很多,很可能是在 16 世纪晚期到 17 世纪早期。它们不整洁的性质表明,它们是由儿童而不是成年人写的,但斯蒂芬·奥尔德豪斯(Stephen Aldhouse)可能是个例外,他的名字出现在一处空白页上。看来这本书首先属于认真对待它的男人或女人,然后来到男孩们的手中:很可能是在白金汉郡艾尔斯伯里(Aylesbury)生活或学习的约翰·贝茨和托马斯·贝茨(Thomas Betts),紧随其后的是同一个地方的约翰·古德或约翰·高德(Gowd),然后是奥尔德豪斯。[97]等男孩们开始读它的时候,这个故事已经相当老套了。它提到天主教的宗教习俗,这可能使得宗教改革之后成年人对它的兴趣有所下降。因为它的荒诞幻想,它受到新教神职人员的攻击,也因为它粗糙的诗句和不可思议

301

的事件,而被纳什(Nashe)和莎士比亚等作家嘲笑。[98] 所有这些问题都不一定会困扰男孩们,对他们来说,诗歌应该是简单易懂的,而宗教框架可能只是另一个浪漫的特征。

书中有八段被画线或画叉。人们无法确定是谁做出了这些标记,因为这些标记很难与笔迹联系起来,但男孩们似乎是最好的人选。他们是在能够破坏它外观的情况下使用这本书的,而标记的话题可能会引起7—18岁年轻人的兴趣。最早的话题与贝维斯在南安普敦丘陵地带放羊的经历有关,当时他俯视父亲的房子,他就是从这里被逐出家门的:

> 他正朝那座楼观看,
>
> 听见号角声和击鼓声;
>
> 有无数的欢声笑语和幸福
>
> 在这个本该属于他的地方。

这是故事中最可悲的部分之一。一个儿童会对被赶出家门的痛苦感同身受;一个被送去上学的男孩很可能也有类似的感觉。

其他一些有标记的段落与不寻常的事件和神迹有关。一段是关于一头野猪吃他杀死的人("他喝血,他吃肉")。另一段是贝维斯把一件漂亮的长袍送给乔西安的信使,这让人们注意到贝维斯的高贵天性——不是"粗鄙之人的行为",正如信使所说。还有一个段落描述的是邪恶的国王布拉蒙德(Brademond)的奇异宫殿,里面有涂满黄金的墙壁、黄铜门和铜柱,另外还描述了巨人阿斯科帕德(Ascopard),贝维斯与他战斗并驯服了他:

> 这个巨人既威猛又强壮,
>
> 足足有三十英尺长;
>
> 他的鬃毛像一头母猪,
>
> 两眉之间有一英尺长。

关于布拉蒙德把贝维斯关在地牢里的那段漫长的时间,有两行标记:

> 大鼠、小鼠和这样的小鹿
>
> 是他的肉食,长达七年。

在《李尔王》(*King Lear*)中,当埃德加(Edgar)扮演疯子汤姆时,曾引用过这些话。它们可能是这首诗中最著名的话语,或者是莎士比亚时代最荒谬的话语。

302

最后,两种标记的段落都显示出一种对异性萌生的兴趣。在一开始,当乔西安步入故事时,有12行诗句描述她的美丽,如是记载:

> 她的脸白得像百合花,
>
> 红色在其中流淌……,
>
> 她的身体十分温柔,毫无缺陷,
>
> 身体和背部都很好看。

这是对女主人公的一种典型的浪漫描述,并保持传统的措辞,但在贝维斯和乔西安后来的爱情场景中,有人注意到书中最露骨的性描写之一:

> 贝维斯说,这世界上没有人不希望
>
> 你成为王后,只要他们看到你。
>
> 我是一个陌生国度的骑士;
>
> 我站在这里,除此以外一无所有。
>
> 天哪,贝维斯,乔西安说。
>
> 我宁愿把你当作我的情人,
>
> 你赤裸的身体,只穿着衬衫
>
> 胜过穆罕默德所带来的一切好处。

这整个段落被标记过一次,最后三行又被标记了一次。读者一定注意到了它的性暗示!

当时,《汉普顿的贝维斯》向年轻读者展示了一个激动人心的故事,像这样的书还有很多。传奇小说向我们灌输了各种各样的思想,有真有假。社会以一种简化的方式呈现:由骑士和淑女、神职人员(牧师、修士和托钵修士)、亡命之徒、农民和仆人组成。英格兰被描绘成一个城堡和修道院林立的国家,它的风景部分是单调的田野,部分是森林、河流和海洋。故事的大部分情节在荒野和城镇与大户人家的文明世界之间穿梭。它不是一个孤立的国家。主人公们穿越到法国、德国、意大利和西班牙,所有这些国家都有着相似的风景和社会。英格兰,就像这些土地一样,是基督教世界的一部分,这是一种与伊斯兰教交战的信仰,故事中的人物有时会前往中东进行十字军东征。它也是整个世界的一部分,一个学者们认为他们完全了解的世界。卡克斯顿的《世界之镜》描述了世界的圆度、三大洲(不包括美洲),以及包括巨人、侏儒、大象和蝾螈在内的自然史。传奇小说也描绘这些圣迹:广阔的地球、它的广大的非基督徒地区、奇怪的居民、可怕的怪物。

阅读带给儿童一种对过去的认识和对现在的认识。圣徒的生活、传奇故事和武功歌都是以希腊或罗马世界为背景的,或者是以亚瑟王、查理曼大帝(Charlemagne)或埃塞尔斯坦国王(King Athelstan)的统治为背景的。其中经常提到异教崇拜,揭示古代异教横生及与今日的不同。的确,在其他方面,这些故事中的人物和风景——骑士、淑女和城堡——通常都是故事被创作的12—13世纪典型的人物和风景。但那个时期,也就是中世纪后期,有点过时。这些故事描述这样一个世界,那里仍在建造修道院,十字军仍在战斗——1300年之后不那么频繁了。此后,阅读这些故事是一种回顾过去的体验,就像阅读那么多近代的儿童经典著作,会让人想起一个已经消失的世界,那里有厨师、女佣、蒸汽火车和废弃的道路。

年轻的读者也会学到很多关于行为的知识。一些交到他们手中的文学作品,比如《加图对句诗》和礼仪方面的书籍,是为了教导他们智慧、美德和礼仪。传奇小说中也有代表英勇、贞洁、慷慨、虔诚和刚毅的男女主人公;相反的方面也有显示。爱情不仅是在理想的意义上发生,而且会粗俗地体现在欲望、诱惑和通奸方面。有暴虐的国王、残忍的继母、奸诈的骑士以及贪婪虚伪的牧师。年轻的听众或读者会遇到暴力,既有正式意义上的战争和搏斗,也有混乱的争吵和谋杀。他们会被鼓励宽恕一个英雄的暴行——比如贝维斯谋杀他自己的看门人——并诋毁恶棍的任何行为。人类生活的这些阴暗面补充并在某种程度上削弱了智慧和美德的文学。因此,传奇小说和叙事诗被威克利夫的追随者和宗教改革派作家视为具有颠覆性的作品也就不足为奇了,一些严厉的家长可能会试图审查那些被认为有污点的故事。然而,更常见的是,这些作品与“好”文学并存,二者都会被儿童接受。和通过生活一样,通过文学,他们在成长过程中分享了长辈们复杂的品位和偏见。

通过文学和通过生活一样——儿童和青少年在1500年前形成了重要的读者和听众群体。有时,他们会主动阅读或聆听主要针对成年人的文学作品;在其他时候,他们是作家、出版商和父母创作的文学作品——说教作品、故事、杂集和印刷产品——的目标读者。他们不仅应该被视为中世纪文学的创造者,而且应该被视为中世纪文学的消费者。

【注释】

[1] 关于这个主题,参阅 Coleman。

［ 2 ］Asser，p.59；Keynes and Lapidge，pp.90—91.

［ 3 ］Chrétien de Troyes，*Yvain*，ed. T. B. W. Reid(Manchester，1948)，lines 5360—5379.

［ 4 ］Montaiglon，p.4；Caxton，1971，p.13.

［ 5 ］BL，Harley MS 2398，fol. 94v；另一个版本印于 *Select English Works of Joan Wyclif*，ed. Thomas Arnold，3 vols(Oxford，1871)，iii，195—197。我非常感激安妮·赫德森教授提供的 Harley MS 的参考文献。

［ 6 ］Tschann and Parkes,尤其 pp.xii—xxxviii，lvi—viii。该卷的所有权的讨论，见于 Brian D. H. Miller，"The Early History of Bodleian MS Digby 86"，*Annuale Mediaevale*，4(1963)，pp.23—56。

［ 7 ］*The Disciplina Clericalis of Petrus Alfonsi*，trans. Eberhard Hermes(London，1977)。

［ 8 ］*Doctrinal Sauvage*，ed. Aimo Sakari，Studia Philologica Jyväskyläensia，3(Jyväskel，1967)。

［ 9 ］例如，Cambridge University Library，MS Ff.2.38(Parkes，1973，pp.568—569)。

［10］Kurvinen，pp.33—67.

［11］前文，p.280。

［12］前文，p.293。

［13］前文，pp.48—50；Mynors，pp.352—354；Dyboski。

［14］前文，pp.139—141。

［15］前文，pp.279—280，296。

［16］关于英语和拉丁语 *vulgaria* 以及格言在学校里的使用情况,参阅 Orme，1989，pp.73—85。

［17］Chaucer，pp.661—683，1195.

［18］Bodleian，MS Bodley 619(S.C. 2151).然而它属于大马尔文(Great Malvern,伍斯特郡)的一个修士。

［19］*Johnson's Journey to the Western Islands of Scotland and Boswell's Journal of a Tour to the Hebrides*，ed. R. W. Chapman(London，1924)，pp.32，247.

［20］关于以下内容，参阅 Orme，1984，pp.98—111(综合类和政治类著作)，pp.136—139(礼仪书类书籍)，以及 pp.194—195(狩猎类书籍)。

［21］*Index*，nos. 854，3955. 它也被译成威尔士语：D. Simon Evans，*A Grammar of Middle Welsh* (Dublin，1964)，p.xli；J. Lloyd-Jones，"Lexicographical Notes：Cynghorau Catwn"，*The Bulletin of the Board of Celtic Studies*，ii(1925)，pp.16—36。

［22］*George Ashby's Poems*，ed. Mary Bateson，EETS，es，76(1899).

［23］STC 6826—6830；*The Dictes or Sayengis of the Philosophhres*(Westminster，1477).

［24］关于礼仪文学，参阅 Orme，1984，pp.134—140；J. W. Nicholls；以及 Severs and Hartung，ix，3354—3377。

［25］Gieben，pp.47—74.

［26］Lydgate，1989/1990.

［27］J. W. Nicholls，pp.191—195.

［28］关于狩猎，参阅 Orme，1992，pp.133—153。

［29］*Index*，no.4064；Hands，passim. 关于动物的术语之前曾出现在 Walter of Bibbesworth，p.8。

［30］J. Hodgkin，"Proper Terms"，*Transactions of the London Philological Society* (1909)；Hope Emily Allen，"The Fifteenth-Century 'Associations of Beasts, of Birds, and of Men'：The Earliest Text with 'Language for Carvers'"，*Publications of the Modern Language Association of America*，51(1936)，pp.601—606.

［31］前文，p.296。

［32］*Index*，nos. 671，3362—3363；Mustanoja.

［33］BL，Royal MS 19 C.VII［George E Warner and Julius P. Gibson，*British Museum：Catalogue of Western Manuscripts in the Old Royal and King's Collections*，4 vols(London，1921)，ii，335—336］；Thomas Wright，1868.

［34］STC 15296；Caxton，1971，pp.3，194.

[35] Ibid., p.xvi.

[36] 的确，*puer* 在拉丁语中的意思是"孩子"，而不仅仅是"男孩"，但确定的是，格罗斯泰特的诗几乎将其设想为一个男性家庭中的男孩们。

[37] Orme, 1984, p.104.

[38] Ashby, *Poems*, ed. Bateson, pp.17，25.

[39] *Index*，no.1919；Furnivall, 1868b,尤其 pp.32—40。

[40] *Paston Letters*，i，576. 对于沃尔特·帕斯顿的年龄的计算，参阅 Ibid.，i，p.lxiii；ii，365。

[41] Young and Aitken, pp.138—141(MS U.1.1.).

[42] Raoul Le Fèvre, *The History of Jason*, ed. John Munro, EETS, es, 111(1913), p.2.

[43] *Caxton's Eneydos*, ed. M. T. Culley and F. J. Furnivall, EETS, es, 57(1890), p.4.

[44] BL, Royal MS 14 E.III, fly-leaves; Warner and Gibson, *Catalogue of the Old Royal and King's Collections*, ii, 140.

[45] *Paston Letters*, i, pp.lxii—iii, 575.

[46] Caxton, 1971, p.3.

[47] *Caxton's Blanchardyn and Eglantine*, ed. Leon Kellner, EETS, es, 58(1890), p.1.

[48] Skelton, 1983, pp.87—92.

[49] Ibid., p.405.

[50] 我非常感谢德里克·皮尔索尔教授(Derek Pearsall)给出的这则评论。

[51] STC 801, 1007, 5082, 12142, 12540, 13438, 15375, 15383, 19206.然而，16 世纪早期出版了两本高文的英语传奇小说：STC 11691a.3—7，11984. 有关 *Lybeaus Desconus*，参阅 M. Mills, EETS, os, 261(1969)这一版本。

[52] L. Hervieux, *Les Fabulistes latins depuis le siècle d'Auguste jusqu'à la fin du moyen âge*, 5 vols (Paris, 1894—1899); Wells, pp. 180—182; Grente, pp. 716—718; Severs and Hartung, ix, 3477—3486; *The Poems of Robert Henryson*, ed. Denton Fox(Oxford, 1981), pp.xli—l; Marie de France, *Fables*, ed. Harriet Spiegel(Toronto, 1994), pp.5—7.

[53] Lydgate, 1934, pp.566—579; Caxton, 1976; Henryson, *Poems*, ed. Fox, pp.xli—l, 3—110. 直到 1634 年,卡克斯顿译本还在不断地重新发行：STC 175—184。

[54] Lydgate, 1934, pp.468—485, 539—566.

[55] M. Boas, "De librorum Catonianorum historia atque compositione", *Mnemosyne*, new series, 42(1914), pp.17—46; Thomson, 1979, pp.137, 250.

[56] Thomson, 1979, p.273.

[57] Henryson, *Poems*, ed. Fox, pp.4，26，34，63，96，110.

[58] 前文,p.296。

[59] A. I. Doyle, "English Books in and out of Court from Edward III to Henry VII, in *English Court Culture in the Later Middle Ages*, ed. V. J. Scattergood and J. W. Sherborne(London, 1983), pp.168—169; *The Cambridge History of the Book in Britain* vol.iii, ed. L. Hellinga and J. B. Trapp(Cambridge, 1999), p.261.

[60] 例如,参阅 Orme, 1984, pp.82—85。

[61] 关于这个主题,参阅 Ramsay,尤其 pp.26—44，157—188。

[62] Marie de France, *Lais*, ed. A. Ewert(Oxford, 1944), pp.35—48; *The Middle English Lai le Freine*, lines 135—230.

[63] *Floris and Blamcheflour*, 1927; *Floris and Blauncheflur*, 1986; Sands, pp.279—309.

[64] *The Romance of William of Palerne*, ed. W. W. Skeat, EETS, es, 1(1867), p.xxiii.

[65] Grente, pp.1317—1320. 对于英语版,参阅 *The Seven Sages of Rome*, 1907 and 1933;对于威尔士语,参阅 Jarman and Hughes, pp.329—330。

[66] *The Seven Sages of Rome*, 1933, p.6.

［67］多布森和泰勒出版了罗宾汉和《亚当·贝尔》叙事诗（pp.258—273）的所有最早的文本。

［68］对于印刷版，参阅 STC 13688—13692。

［69］前文，pp.183—184。

［70］STC 24446；William Tyndale, *The Obedience of a Christian Man*（Antwerp, 1528），fol. 20r.

［71］STC 5892；Miles Coverdale, *Goostly Psalmes and Spirituall Songes*（London, *c.* 1535），fol. 3v.

［72］STC 24223.5；*The True Beliefe in Christ*（London, 1550），sig. C.ii verso.

［73］Dobson and Taylor, passim.

［74］Ibid., pp.261, 263—264, 273.

［75］*Index*, no.1317，印于 Dobson and Taylor, pp.255—257。

［76］*The Romance of the Cheuelere Assigne*, ed. H. H. Gibbs, EETS, es, 6（1868），pp.1—19；W. R. J. Barron, "*Chevalere Assigne* and the *Naissance du Chevalere au Cygne*", *Medium Aevum*, 36（1967），pp.25—37；*The Old French Crusade Cycle*, vol. i, ed. Emanuel J. Mickel and Jan A. Nelson（Alabama, 1977）.

［77］BL, Cotton MS Caligula A.II.

［78］G. E. Cockayne, *The Complete Peerage*, ed. Vicary Gibbs et al., 13 vols（London, 1910—1959），vi, 469—477；STC 7521—7522：*The Knyght of the Swanne*（London, *c.*1560），sig. A.i verso.

［79］Rous, p.18.

［80］*Bishop Percy's Folio Manuscript*, ii, 301—311；Child, 1882—1888, i, 257—274.

［81］Christopherson, pp.168—173；Child, 1882—1888, ii, 33—48.

［82］*Index*, no.977；Severs and Hartung, ix, 3497—3498. 对于 the MS versions 的一个版本，参阅 Flügel, pp.104—132。

［83］对于 16 世纪的印刷版，参阅 STC 14522—14524.3。

［84］前文，p.178。

［85］STC 7013.

［86］Hellinga, pp.68, 83.

［87］关于这个主题，参阅 Orme, 1999, pp.459—464。

［88］STC 21297—21298, 21286.2.

［89］STC 12540—12541, 1987—1988.

［90］STC 13688—13690.

［91］F. Madan, "Day-Book of John Dome", in *Collectanea*, *First Series*, ed. C. R. L. Fletcher, Oxford Historical Society 5（1885），pp.79, 149.

［92］Spufford, pp.72—73.

［93］前文，pp.208, 264。

［94］关于以下内容，参阅 Hodnett。

［95］Grente, pp.173—174；*Der anglonormannische Boeve de Hantone*, ed. A. Stimming（Halle, 1899）；*Beues of Hamtoun*, 1885—1894. 后一版包括理查德·平森印刷的文本。

［96］对于概要，参阅 *Beues of Hamtoun*, 1885—1894, i, pp.xxi—xxxiii。

［97］白金汉郡的朗·克伦登（Long Crenden）在 17 世纪有贝茨和古德家庭，艾尔斯伯里在 1700 年左右（太晚）有一个高德家庭，此外，一个斯蒂芬·奥尔德豪斯在 1672 年出生在诺里奇（国际家谱索引）。

［98］参阅，例如，Calfhill, Hooper, and Tyndale, in H. Gough, *A General Index to the Publications of the Parker Society*（Cambridge, Parker Society, 1855, p.113）；Thomas Nashe, *The Anatomie of Absurditie*（London, 1589），in *The Works of Thomas Nashe*, ed. R. B. McKerrow, 5 vols（London, 1910），i, 26；以及 Shakespeare, *Henry VIII*, I.i.38.

第九章 成 长

学会工作

306 15 世纪 90 年代,牛津一所学校的一个男孩在回顾他的人生历程:

> 世界一天比一天糟糕,一切都颠倒了,情况不同于过去。因为我在 3 岁到
> 10 岁还是个孩子的时候(现在我已经 12 岁),在父母的庇护下所享受的一切,
> 现在却变成了折磨和痛苦。

他记得,当他住在家里的时候,他常常躺在床上,看着房间的椽子和墙上的挂帘,一直躺到大白天。他想什么时候起来就什么时候起来,然后叫一个仆人来准备当天要穿的衣服。只要他需要,他的早餐就会被送到他的床边。

> 但如今世界在另一个轮子上转。因为现在 5 点的时候,在月光下,我必须去看书,不许睡觉和偷懒,如果我们的教员碰巧叫醒我们,他会带一根棍子而不是蜡烛。现在我离开了过去的快乐;除了训诫和鞭打,这里没有其他更好的了。有时按照我的吩咐拿来的早餐被逐出故乡,再也不会回来了。

他想多谈谈他的烦恼,但这样做并没有什么乐趣。他现在一心只想让自己的生活变得轻松些,这样他就可以随时起床、睡觉,而不用害怕挨打。[1]

这篇散文是如此引人入胜,以至于读者可能会失望地发现,这不是真正的自传,而是莫德林学院一本教科书里被译成拉丁散文的段落:这些段落意在批评男孩所说的话,也意在同情他。正如我们在前面的章节中看到的,教育家认为童年是不

成熟和不负责任的时期,在那个时期,儿童(考虑到他们的头脑)无所事事,只会闲着和玩耍。[2]父母,尤其是富裕的城镇居民,被指责纵容孩子,对孩子管控太少。牧师和教员们强烈要求纠正这些行为。儿童应该受到纪律的约束,得到技能方面的教育,并且被灌输礼仪和道德。早在人们听说新教之前,中世纪的基督徒就宣扬说,人类应该从儿童气质走向在精神和身体上都以努力工作和自律为标志的成人生活。

莫德林学院的教科书是由一位教员编写的,学校教育是教授儿童成年人技能和行为的既定方式之一。学校范围的大致轮廓已经勾勒出来:城镇里的独立公立学校、宗教学校和大家族学校、私立学校,以及由牧师单独授课的学校。[3]有多少人上过学,这无法说清楚,求学之路并不顺畅。花钱让儿童在教室里学习,而不是让他们帮忙做家务或工作赚钱,肯定是有理由的。必须有一个合适的老师在身边,或者有足够的资源把儿童送出家门——那时和现在一样,比仅仅上学要昂贵得多。对于农奴的子女,庄园的主人必须准许他们上学,而他们的父母可能还要为此支付一笔费用。上学意味着以后在其他地方当牧师或在城镇工作,以失去一个成年劳动者威胁着领主。因此,尽管许多人去上学,但有些人在学校只待了很短的时间,而其他人(似乎是大多数)压根就没去上学。

因此,大多数中世纪人是通过工作学习而非在学校学习。即使是像记账和写账这样的书面技能,即可以从专业教师那里获得的技能,也必须经常作为一个家庭中的学徒或见习教士在"工作中"掌握。[4]学习工作的过程从很小的时候就开始了,因为即使是小孩子,也喜欢模仿成年人并帮助他们做事。在中世纪就是这样。我们看到小女孩如何跟随母亲做饭或汲水,而小男孩则被父亲使用工具和动物的工作所吸引。[5]验尸官的调查和非法侵入与伤害的案件显示,年龄较大的儿童是如何逐渐参与到这些任务中来的。在他们7岁之前,用中世纪说法,在他们的婴儿时期,他们可能会被安排做一些简单的家务,比如照看弟弟妹妹或从井里打水。一旦他们到了7岁左右,他们喜欢漫步和探索的习惯就可以为他们的家庭带来好处。记录显示,他们采集水果和坚果,在河中捕鱼,在岸边收集贝类,在沼泽地中收割芦苇,寻找柴火,或从泥炭田中挖掘泥炭。

男孩和女孩在童年都可能做这些事情。但随着年龄的增长,体格和习俗造成男女之间的差距。女孩们将专注于家务和收集食物,还会做饭和洗衣。她们学习纺纱、缝纫和编织等纺织技能,从国王的女儿到最低级的未婚"老处女",全社会都在练习这些技能。男孩们会承担较重的体力活,比如照顾动物或在地里干活。一

307

308 个年仅 7 岁的少年可以得到一份简单的农活,比如驱鸟或放鹅。与更大和更有价值的动物一块儿工作——羊、猪、奶牛、公牛或马——需要更大的力量或更丰富的工作经验。15 世纪晚期,后来做过切里顿(德文郡)主教的约翰·塞尔(John Serle)当时年仅 8 岁,当他为继父驱赶拉犁或推车的牛时,就被牛顶伤了。事件的记录者(一个神迹收集者)注意到"他实在太小了",不适合这项任务。[6] 有时,神迹故事或验尸官的记录可以让我们更详细地了解这些工作。在 1300 年前不久的一个夏末的早晨,豪卡普尔(How Capel,赫里福德郡)渔夫约翰的儿子尼古拉斯带着他父亲的白母牛来到庄园领主土地附近的一块田地里,这块田地叫做"领主的小农场"。那头牛发疯似地到处跑,先是跑进领主的玉米地里,然后又跑向瓦伊河(River Wye)。年轻人决定把它的腿绑起来,来到他父亲停放一条小船的河边,船上有一些柳条——柔韧的柳枝。在试图上船时,他掉进河里,直到下午早些时候才被发现。幸运的是,他没有淹死,而是在赫里福德的圣托马斯的帮助下活了下来。[7]

有些女孩可能会在家里工作直到结婚,有些男孩可能会一直工作到继承父母的房子。同样,在就业人口中,把儿童送去工作,无论是每天去工作还是长期寄宿都很普遍。即使是一个相对较小的儿童也可能被派去帮助邻居,以换取一些报酬。15 世纪晚期,一个 7 岁的女孩被描述为斯泰普尔赫斯特(Staplehurst,肯特郡)一个女人的"小仆人"。她被女主人派去用木桶从井里打水,不幸掉了下去——幸运的是没死。[8] 一个叫海伦·康斯坦(Helen Constune)的女孩,在 16 世纪早期卷入了一

309 场法律纠纷,在 9 岁时,她被派到伦敦的一个牛脂商人那里做帮佣,在那里住了一年,然后去威斯敏斯特圣斯蒂芬教堂工作。[9] 对于 12 岁到 14 岁的儿童来说,从事有规律的工作可能更为普遍。在此之前,他们几乎没有足够的力量和理解力来让他们的雇主觉得物有所值。

当然,一个男主人或女主人想要个仆人并不一定要找儿童或青少年。"仆人"本身并不是一个与年龄相关的术语,并且总是成年人履行这个角色。但毫无疑问,许多中世纪仆人——也许是大多数——的年龄在 12 岁到 25 岁左右。这一事实在我们的语言中留下了印记。中世纪用于"仆人"的词通常带有强烈的青春意味:骑士侍从、儿童、女仆和男仆。甚至"自耕农"(yeoman)——在 14 世纪晚期被用来表达社会优越感,有时也被用来表示年龄上的资历——也是由"年轻人"(young man)这个词合成的。[10] 雇用年轻人很有吸引力,因为他们没有家属,而且雇用成本低。他们可以接受任何需要的训练,当他们长大需要更多工资时就会被替换。作为交换,儿童和他们的父母将早期就业视为在家庭之外获得维持生计、训练和资

助的一种手段。家庭失去了吃饭的嘴和穿衣服的身体。

这一切几乎没有引起英格兰作家的评论，这是正常且理所当然的。然而，大约在 1500 年，一位去伦敦的意大利游客为了威尼斯当局的利益，写了一篇描述英格兰和英格兰人的文章，现在被称为"意大利关系"（Italian Relation）。在这篇文章中，他指出英格兰人对他们的孩子"缺乏爱"的问题，他的这份评论后来出名了：

> 把他们留在家里，直到他们至多 7 岁到 9 岁，然后把他们——无论男女——放到别人家里做苦工，通常还要再约束他们七年到九年。这些人被称为"学徒"，在此期间，他们从事所有最卑微的工作；很少有人生来就能逃脱这种命运，因为每个人，不管他多么富有，都把他的孩子送到别人家里，而作为交换，他把陌生人的孩子接进自己的家里。

作者说，当被问及这么严厉的原因时，英格兰人回答说，他们这样做是为了让他们的孩子更好地学习"如何生活"。他认为倒不如说"他们这样做是因为他们喜欢自己享受所有的舒适，陌生人会比他们自己的孩子更好地为他们服务"。其他人的孩子的抚养成本更低，而且可以让他们更努力地工作。[11]

阿利埃斯可能会喜欢这一段，因为这段话显然支持他关于父母冷漠和童年短暂的观点。一个现代读者应该懂得谨慎地权衡。《意大利关系》体现了一个陌生人的观点，主要在伦敦，主要谈论学徒，那里的学徒比英格兰其他任何地方都多。他 310 有关他们的观点并不完全准确，因为，正如我们将要看到的，大多数学徒从 12 岁或 14 岁开始接受训练。他对父母把孩子送走的动机的分析也是有争议的。为什么这样的动机是自私的，而不是利他主义的，即希望孩子们通过获得技能和资助来提升自己？正如他自己承认的那样，他的分析并不为英格兰人所接受。从朗兰开始的作家到 14 世纪的传教士，从达德利和莫德林学院的教科书到宗教改革的领袖，都认为父母的问题在于他们的放纵，而不是他们的严厉。现在需要的是让他们少些慈爱，多些严厉。[12]

工作机会

在中世纪的英格兰，年轻人有四大潜在的就业领域。它们包括农村、城镇、贵族家庭以及教会，最后这个已经讨论过。[13] 1377 年至 1381 年的人头税记录在英格兰大部分地区仍然存在,尽管零零碎碎,其对英格兰人口进行了令人钦佩的调查,尽管调查结果不完整,但也说明了在农村工作的机会。这些记录很多都是列出城镇和村庄居民的名字,有些甚至还提到人们的地位,包括仆人的地位。例如,来自莱斯特郡 1379 年的报告列举了卢本汉姆村(Lubenham)的 162 人,其中 21 人是仆人:11 名男性,6 名女性,4 名性别不明。[14] 卡尔顿·柯留村(Carleton Curlieu)51 人中有 8 个仆人;雷克河畔的弗里斯比村(Frisby-on-the-Wreak)88 人中有 12 个;洪加顿村(Hungarton)50 人中有 8 个;奎尼伯勒村(Queniborough)95 人中有 9 个;惠特斯通村(Whetstone)81 人中有 7 人。[15] 在这些名单上,男仆通常比女仆多。不幸的是,对我们来说,人头税是一种陌生的、不受欢迎的税收形式。它们会引起许多逃避行为,尤其是仆人可能会被隐藏起来,因为他们的雇主不愿为他们付钱。1381 年,在格洛斯特郡,第二次调查发现,在一个普通的村庄里,有十几个,有时是二十多个,甚至更多的"劳工和仆人"的新名字,所以留存下来的农村仆人总数可能经常是有缺陷的。[16]

人头税记录显示,这些人大多为社会精英工作:乡绅、教区神职人员,以及那些接近乡绅阶层的人(一般被称为"小地主"或"自耕农"),经营着大农场。年轻的仆人可能和他们的雇主住在一起,或者以全职或兼职的方式每天去干活。对于年轻人来说,工作可能包括在室外种植作物和饲养牲畜,而对于女孩来说,则是在室内。在农场里,有一个大家熟悉的空间叫制酪场(dairy),它的名字来源于"dey",这是一个中世纪单词,指女仆,表明在较大的农场里,女工们可以生产出足够的牛奶来制作黄油和奶酪。[17] 一些农村手工业者(他们中有很多人)可能也会雇用年轻的助手,但小农们负担不起雇用仆人的费用,更有可能使用自己孩子的劳动。

311　　　　中世纪农村的许多人都是农奴,被称为"奴隶"(bondmen)或"佃农"(villeins),他们被束缚在土地上。他们在物质上是不自由的,他们不能未经许可离开他们的庄园,他们的孩子应该在当地找工作——这一事实适合需要现成廉价劳动力的庄园主。然而,这条规定和农村可得的工作都不能抵消人们搬到城镇的愿望。中世纪的城镇是不健康的地方,死亡率很高,但有吸引力的是,任何佃农只要在那里住上一年零一天就可以获得自由。更重要的是,城镇提供了比大多数农村社区更多、更广泛的就业机会。1379 年,在一个名叫阿什比德拉祖什(Ashby-de-la-Zouch,莱斯特郡)的小集镇上,163 名纳税人中有 36 名是仆人,其中 20 名是男性,16 名是女性,这一比例高于乡村。[18] 两年前,繁荣的海港达特茅斯(Dartmouth,德文郡)的人头税清单显示,121 户家庭中有 66 户(略多于一半)雇用了仆人。其中 45 户雇用

1名,13户雇用2名,8户雇用3名,2户分别雇用4名和6名,共雇用105名。[19]同年,1377年,科尔切斯特(Colchester,埃塞克斯郡)——一个更大的城镇——的清单枚举了478名仆人,占2 978名纳税人口的16%。其中,男性212名,女性227名,其余39名性别不明。[20]

工人,特别是年轻人,从农村向城镇流动的趋势被控制或防止这种行为的法律规定所证实。庄园法禁止农奴在没有领主同意的情况下让自己的孩子当学徒,因为学徒生涯意味着要去其他地方工作,通常是在城镇里。申请许可的人要缴纳费用,逃避缴费的人要罚款。14世纪末,黑死病暴发后劳动力短缺,向城镇迁移成为议会(庄园领主的喉舌)的议题,议会通过法律加以限制。《剑桥法令》(1388年)规定,凡在12岁以前习惯于犁地、拉车或从事其他农业劳动的人,无论男女,都应继续从事同样的工作,不得从事任何行业或手艺。[21]1406年,有人抱怨法令没有力,地位低下的父母的孩子被送去当学徒,有时12岁,有时更小。因此,该法令被重新颁布。这一次,法令规定,父母不应该送孩子到一个城市或自治城市去当学徒,除非他们拥有土地或一年价值至少20先令的租金。除非父母带来一份由两位治安法官签署的证明他们财产价值的法案,学徒身份是不会被批准的。[22]中世纪的法规是议会意愿的证据,而不是其执行这些法规的权力,但这一法规在未来几十年仍有影响力。1429年,伦敦市民请愿反对其限制并获得豁免。[23]1496年,诺里奇也获得类似的豁免,随后其他地方纷纷获得类似的豁免。[24]

尽管有这些法律和法规,很可能还是有许多农村青年到城镇去做卑微的工作,农村女孩在家里当女佣。[25]一些不那么高级的手艺和行业可能允许来自相对贫困家庭的学徒。然而,学徒制往往是为有一些地位和金钱的年轻人提供的一种制度。[26]"学徒"一词于13世纪晚期首次出现在英格兰,意指初学者,暗示他或她有很多东西要学。[27]大多数行业都是由男人经营,因此他们的学徒是男孩,但女孩有时也会去当学徒,特别是在丝绸制造、刺绣、绸布业(布料工业)和裁缝等行业。[28]学徒必须有适当的体力和智力才能从训练中获益,通常规定最小年龄为14岁,尽管有时会遇到有更小的男孩的记录。帮佣期限很长,通常长达七年或更长,许多雇主要求在帮佣开始前支付一笔报酬。在伦敦,这样的额外费用从少的1镑10先令到多的13镑6先令8便士不等,这取决于男孩的家庭地位、雇主的地位以及要学的行业的地位。有时,学徒期还包括上学的费用。所有这些都表明,这些地方并不像1406年的法令所暗示的那样容易被穷人的孩子获得。

在书面契约中界定学徒条件变得普遍,契约是一种双方各保留一分相同副本

312

的文件。1396 年,温莎的威廉·爱德华的儿子托马斯与北安普敦的黄铜匠(从事黄铜工作的工人)约翰·亨德里(John Hyndlee)签订了一份帮佣契约,当了七年学徒。他答应谦卑地学习,对主人的事情保密,不做任何伤害主人的事。他不能擅自离开主人的工作,也不能未经允许使用主人的财物。他同意不光顾酒馆、不嫖妓、不拿主人的钱玩掷骰子或游戏、不与约翰家的任何女人乱伦或通奸,也不能未经主人同意而结婚。他保证遵守他的主人给他的一切合法合理的命令,并承诺,如果他违反契约的任何条款,就作出适当的补偿或加倍他的学徒期。

这一安排让约翰取代了托马斯父亲的地位,他对托马斯的权力就像父亲一样。在他这方面,他同意以最好的方式教托马斯如何烧制火盆和锡镴器皿,对他毫无保留,并以适当的方式惩罚他,仅此而已。他答应每年根据托马斯的年龄为他提供食物、亚麻和羊毛衣服、床、住宿、鞋子和其他东西。尽管文件中没有这样说,但很有可能,托马斯将通过帮助买卖和记录交易,学习或提高算术和书面技能以及工业技能。最后,北安普敦市长、镇上的两名执行官和其他一些人见证了这份文件。[29] 他们的出现和支持使这项协议具有公众的认可。约翰要对托马斯在镇上的行为负责,当托马斯学徒期结束时,他有资格成为北安普敦市的自由民,有权在那里工作和做生意。

年轻人就业的另一个主要领域是大户人家,从有几百人的国王,到有两百人的贵族家庭,再到有十几人或二十几人的骑士、商人和高级神职人员家庭。这些家庭在规模和其他方面都不同于自耕农和工匠。他们的大部分成员都是男性。一位女王或夫人可能会有一些女性伴侣和仆人,但即使是这样的女性也会得到男性和男孩的服务,神职人员也是如此。大户人家的年龄、等级和技能跨度也比小户人家大。领主或夫人的侍从都是地位高贵或温文尔雅的人,各工作部门的负责人的仆人都是自耕农,其余的侍从都是普通等级的男仆。通常会有做书面工作的牧师和教士,记录家庭的收入和支出以及财产。其中,年轻人是一种重要的存在,主要是青少年,从贵族的孩子、被监护人,到唱诗班的小侍从,再到卑微的男仆,他们的地位和成年男子一样。至于女孩,大概率只有乡绅等级的青春期少女才能做仆人,她们的父母付钱让她们住在由一个妻子或寡妇掌管的家庭里,直到她们结婚。

详细的家庭账簿从 13 世纪开始流传下来,从一开始就显示男孩和青少年的存在。赫里福德主教理查德·斯温菲尔德(Richard Swinfield)在 1289 年至 1290 年的家庭名册显示,主教养着他的侄子、一个被监护人以及他的面包房、厨房、马厩里的各种"侍从"和"男孩",还有他的猎人的侍从哈迪(Hardy)。[30] 在 14 世纪,这类家庭中男孩的数量似乎有所增加,可能是因为黑死病后人口的下降以及随之而来的工资上涨,使得雇用青少年比成年人更便宜。[31]在 14 世纪 80 年代,伊利的主教托马斯·阿伦德尔(Thomas Arundel)家里有 8—9 个被称为"小侍从"的男孩,还有 9—11 个唱诗班歌手。这些男孩子(通常单独)为脚夫、洗衣工、家禽饲养工、食品贮藏工和在马厩里当助手。[32]在 15 世纪和 16 世纪早期,这个数字还在增长。1511 年,诺森伯兰郡伯爵亨利·阿尔杰农·珀西(Henry Algernon Percy)的家书中列出了 160 名家庭成员中大约 27 名男孩或青少年,他们为伯爵、他的妻子和孩子服务。[33]

珀西家的年轻人有一个等级制度,伯爵的四个孩子位居榜首。在他们下面是来自骑士或乡绅家庭的侍从:雕刻工、裁缝、酒侍、扈从以及不同称呼的年轻绅士。其中一些人的家人付了钱,让他们享受在伯爵家帮佣的好处。他们总计 11 个人。再往下,是来自社会底层的男孩。小礼拜堂雇了六个"儿童",在育儿室、更衣室、厨房、洗碗间、马厩、马车房、面包房、屠宰场、餐厅和军械库各有一个男孩(也叫"儿童")。家里的管家、膳务员和照管挂毯的"修毯工"另外各有一个男孩:一共 13 个打工男孩。作为他们工作的回报,男孩们得到食宿和反映他们等级的工资:贵族侍从一年 3 镑 6 先令 8 便士,小礼拜堂的男孩们是 1 镑 5 先令,打工男孩是 13 先令 4 便士。贵族男孩们也能享受到文法老师的服务,而小礼拜堂的男孩们则由"孩子们的老师"来指导他们唱歌。

国王的家庭是最大的家庭,并且儿童最大的雇主是国王。1445 年,它的人员条例提到 62 个儿童。其中 12 人是在国王和王后身边的扈从和侍从,因此是贵族。七人是皇家礼拜堂的唱诗班歌手。一个男孩在存账室(财务部)工作,另外三个在大厅工作。其余的大约 39 个人分散在食品和洗衣房的各个部门,其中厨房雇了八个人,地下室、食品贮藏室和洗碗间各雇了四个人,其他部门则各雇了一两个人。[34]这一数字在 1454 年有所削减,但仍保持在四五十人以上。[35]爱德华四世的《黑皮书》(The "Black Book" of Edward IV)是爱德华四世的一名牧师在 1471 年至1472 年所写的一本描述这个家庭的书,增加了关于这些年轻仆人的职责和额外收入的宝贵材料,并对他们进行了哲学性的观察。书的作者认为,家里雇用儿童的情况至少可以追溯到哈德克努特国王(King Harthacnut,1040—1042)时期,据说他为儿童提供早餐——一种不给成年仆人提供的膳食。[36]他认为,自从爱德华三世统治以来,男仆的数量就开始激增。家中所有部门都有他们。他们应该"出身清白"(自由而合法)、四肢干净、风度翩翩、品行端正。他们要服从领导他们部门的军士和自耕农的纪律。[37]

富瓦伯爵加斯东(Gaston count of Foix)所著的法国狩猎专著《狩猎》(*La Chasse*)对这样一个男孩或青少年如何接受训练有一些见解,这本书在15世纪早期被约克公爵爱德华(Edward duke of York)翻译成英语,名为"猎物大师"(*The Master of Game*)。一个领主的猎人被建议选择一个七八岁的男仆:一个身体活跃、视力敏锐的人。这个男孩应该被打,直到他真正害怕不执行主人的命令为止。他要睡在平房楼上的一间养着猎犬的阁楼里,以防它们在夜里打架。他要记住它们的名字和颜色,以便能认出它们,并完成一些卑下的工作。其中包括每天清理狗窝,更换狗所躺的稻草,并给它们提供新鲜的水。每天早晚,他要领它们出去锻炼和排泄,给它们梳毛,再用稻草把它们擦干净。此外,他还要学习捻马毛为猎犬制作引线或牵绳,学会小心谨慎地说话,以及学习使用狩猎爱好者所使用的专业术语。[38]随着时间的推移,这样的工作经验会使一个男孩变成熟练的从业者。

家庭中男孩的职位必须得到重视,而上述的准入要求表明,最大的家庭可以从人脉相对较广的人中挑选仆人。在家庭中做帮佣可获得食宿、衣服、工资和教育。只有领主的孩子、受监护人和唱诗班的人可能会接受老师的正式授课,而地位较低的男孩将接受帮佣技能的训练,许多人将作为家庭生活礼仪和文化的旁观者参与进来。地位是另一个吸引人的因素。家仆们显然穿着领主的制服,反映出他的荣耀。有抱负的父母可以通过让孩子寄宿在一个家庭中来提高他们的社交能力,乔叟将自己的升迁归功于这样的安排。他是伦敦一个酒商的儿子,父亲为他在阿尔斯特(Ulster)伯爵夫人家里买了(或获得)一个职位,他从那里进入王室,跻身乡绅行列,他的婚姻后来使他与冈特的约翰有了联系。[39]

最后,在家中做帮佣会得到一次赞助。有年轻仆人的领主有一定程度的义务在他们长大后为他们找到工作。《黑皮书》的作者说,如果国王的男仆表现良好,他们将被提拔到更高的职位。[40]皇家礼拜堂的儿童尤其受宠爱。1317年,爱德华二世将他们中的12人送到剑桥学习,这一安排发展成在1337年资助一所名叫国王大殿(King's Hall)的永久性学院,给他们提供住所。[41]在后来的岁月里,这些男孩的职业前景仍然很好。《黑皮书》指出,当他们变声时,他们要么会被安排到小礼拜堂里的一个成人职位——家里的一个不同职位,要么在剑桥或牛津的一个地方获得学习的资助,直到国王可以给他们进一步的晋升。[42]

316 许多小领主也是这样做的。例如,主教阿伦德尔在1383年至1384年提拔了他的两名唱诗班歌手担任骑兵队队员,音乐在当时(以及后来)既可能通向世俗工作,也可能通向神职工作。[43]一位领主的去世会对这样的前景造成严重的打击,但他仍然可以在遗嘱中为他的年轻的依附者做一点事。1451 年,萨默比的骑士托马斯·坎伯沃斯(Thomas Cumberworth)爵士给家里的四个男孩留下遗产:他的大厅儿童"小汤姆"、马厩儿童"小威尔"、厨房的无名儿童、牛舍或牛棚的无名儿童。汤姆得到主人的长统袜,威尔得到靴子和马刺,厨房儿童得到一双手套——很厚的手套,也许是用来处理热器具的。他们每个人还得到一小笔钱和一头 1 岁的牛犊。[44]在 20 世纪,家庭中的童工就像家庭本身一样消失了,但其中一项技能保存至今,尽管现在由一个小个子成年人来做:骑师。1530 年,亨利八世给一个"骑"白马的男孩 10 先令的奖金,也给他的"骑马的儿童"每人少量的奖金。[45]

回顾贵族大家庭是如何运作的,会让人觉得它们运转良好,而并非所有家庭都一直如此。肯定有儿童被剥削的情况,或在没有获得主要技能或赞助人的情况下被解雇。彼得·卡鲁(Peter Carew)——一个不情愿上学的男孩,在 16 世纪 20 年代早期就读于伦敦圣保罗学校,教员建议他的父亲把他带走。这位心绪不宁的父亲是威廉爵士,他去圣保罗大教堂散步,在那里他遇到一位绅士朋友,这位朋友在法国宫廷里工作,并提议把彼得送到那里"像绅士一样"抚养。威廉爵士给他的儿子提供了做一个绅士侍从所需要的衣服和其他东西,但是新雇主把他带到法国后,把他从卧房调到马厩,让他看管骡子。幸运的是,彼得的例子中,他的家人一直在关 317
注着情况;一位亲戚来拜访并救了他。[46]其他人可能就没那么幸运了。

离开家

因此,对许多儿童来说,长大意味着离开家。上学是一个原因,因为农村的学校不多,学生们经常被迫去城镇上学。成为学徒、做家庭帮佣或进入一所修道院通常要求你住在相关雇主的家里。年轻的贵族子女可能被留在家里,而父母却去了别的地方。离开家也可能是由意外触发的。在乡绅和贵族中,一个父亲在孩子们长大之前去世,会使孩子们落入封建领主的监护之下,封建领主可以把他们纳入监护之下,也可以将他们卖给别人。[47]甚至在社会底层,失去父母可能会让儿童去亲戚家住。同样,并非所有人都离开家。有时,他们的工作是帮忙料理家庭生意或家务。有时,父母可能忽视了把子女送到别处的好处,或者缺乏这样做的资源。

离家没有特殊的年龄。对于一个受监护人或孤儿来说,这种变化可能发生在生命的早期,就像 1386 年 4 岁的阿格尼丝·博托纳(Agnes Botoner)的情况一样。[48]然而,据了解,通常情况下,儿童在 7 岁之前都待在家里,在 7 岁之后的几年里,他们很可能会去亲戚或朋友那里,如果有的话。贵族阶层的频繁流动在这里是一个例外,我们在女修道院发现一些儿童——10 岁以下的小男孩和 14 岁以下的女孩——他们的父母(可能是贵族或绅士)实际上把他们送进了一所寄宿学校。[49]送一个男孩到镇上的学校去当唱诗班歌手,或者到大户人家去接受教育,很可能要等到他至少 10 岁的时候。1538 年,都铎时期的音乐家托马斯·惠索恩(Thomas Whythorne)正值 10 岁,从萨默塞特郡搬到牛津附近的牧师叔叔家。[50]偶尔,男孩们会在青春期前离开家去工作,比如诺里奇的威廉,他只有 8 岁时就被送到诺里奇的一个皮毛商那里工作,也许是因为他有亲戚住在新雇主附近。[51]但是大部分离开家去当学徒或仆人的人都是在青少年早期,也就是童年正式结束的时候,男女都这样。早在 7 世纪,我们就听说圣威尔弗里德(St Wilfrid)14 岁时离开教堂,圣古斯拉克(St Guthlac)15 岁时受训成为一名战士。[52]在以后的时间里,可能会出现类似的模式。

　　离开家可能是一种创伤经历。在这种时候,父母可能显得漠不关心,儿童会感到受伤和怨恨。唤起的情绪会被铭记一生。1085 年,奥德里克·维塔利斯还是什罗普郡一个 10 岁的小男孩,他父亲把他送到诺曼底的圣埃夫鲁尔(Saint-Evroult)修道院当修士。这不是残酷的抛弃;他的父亲在三年前就计划好了该行

318 动,并为此向修道院支付了费用。但奥德里克离开了家,这个"哭泣的孩子"处于一个名叫雷金纳德的修道士的监护下,多年后,他回忆起自己是如何在不懂法语的情况下漂洋过海来到法国的,因为他听父亲的话,而且有人告诉他,当一名修士会让他得到救赎。他再也没见过他的父亲。[53]奥德里克变得足够博学,可以写下他的感受,但没有理由不让那些教育程度较低的人分享这些感受。在 14 世纪的传奇小说《佩勒内的威廉》中,主人公(一个迷路的王子)由一个牧民在简陋的环境中抚养长大。过了一段时间,男孩的亲生父亲再次发现他,并把他带回宫廷,作者想象了他离开他的养父和朋友时的遗憾。威廉请他的养父把他美好的祝愿传递给所有和他一起玩过的儿童——于戈内(Hugonet)和于热(Huet)、阿贝洛特(Abelot)、马丁内特(Martynet)和阿卡琳(Akarin)——用他们熟悉的形式,就像一个现代青少年可能做的那样。[54]

　　旅行的困难意味着,即使是短期离开去附近的学校或修道院住宿,时间也往往比现在长。1416 年 9 月,萨福克伯爵的儿子亚历山大·德·拉·波尔(Alexander de la Pole)从温菲尔德(Wingfield,萨福克郡)到相距仅仅 20 英里的伊普斯威奇

(Ipswich)上学,但他直到次年7月才回家。他的妹妹菲莉帕(Philippa)走得没那么远,7月去了10英里外的邦吉修道院(Bungay Priory),但她也在那里待了十个月,除了圣诞节有两周的假期。[55]这样的距离可能会使一个儿童或年轻人感到像在外国一样孤立。多萝西是普隆普顿(Plompton,约克郡)的罗伯特·普拉普顿爵士的女儿,在16世纪的头十年,她(显然是在十几岁的时候)被送到附近伯金的达西夫人(Lady Darcy at Birkin)家里抚养长大。距离只有大约25英里,但女孩感到孤独和不快乐。她给父亲发了"各种各样的消息和文字",并请一位路过普隆普顿的旅客转达她回家的请求。没有一点答复。达西夫人及时地注意到了她情绪低落,对她表示同情,"在我看来,她比以前任何时候都更像一位淑女",并承诺如果可能的话,会给她另找一个地方。但是多萝西仍然觉得自己被忽视了。父亲没有给她回信,她在一封信中告诉他,"在这一带,那些喜欢说坏话而不喜欢说好话的人,认为您对我没有好感,如果您愿意做我的好父亲的话,您现在可以纠正这种误会了"。她试着拨动引起共鸣的心弦,要了一顶漂亮的帽子和一些做头巾的好布。[56]

中世纪晚期的教科书反映了离家的男孩的存在,对这种分离做了大量的描述,尽管(不足为奇)它们倾向于淡化它。莫德林学院学校的一个男孩为别人放假回家而自己却留在学校而感到悲伤:

> 唉,我的同学们都去看望他们的父母,和他们玩耍。至于我,我一刻也不能离开我的老师。[57]

另一个男孩则期待父母的来访,他的父母似乎住在二三十英里之外:

> 据说,下一个集市将于两周内在这儿举行,我想那时我的父母也会来这 319
> 里,如果他们来了,毫无疑问我所需要的东西就什么都不缺了。[58]

第三个男孩从一封信中得到安慰:

> 我哥哥从伦敦给我写信,说我的父母和我所有的朋友都平安,这封信使我非常高兴。为什么?我越爱他们,就越为他们的健康和幸福而高兴。[59]

第四个男孩通过礼物得到安慰:

> 我父亲给我和我哥哥送了两百个冬梨。我不在的时候,我哥哥拿走最好的,而给我留下最差的,但我相信我父亲一定会送我们一些石榴或橘子,如果有卖的话。然后我也要照样招待他。[60]

第五个孩子终于回家了,他说见到父母时,"我们彼此都高兴得哭了"[61]。

到了中世纪后期,读写能力成为弥合这一鸿沟的一种手段。那些较富裕的人寄宿在学校或一个家庭里,可以写信给他们的父母,并收到书面答复。教员们(尤其是牛津的教员们)在教学生写字的过程中组织收集了一些信件范本,这些范本为这种做法提供了一些线索。[62]虽然不是真的,且常常在故意讽刺,但这些信件暗示了乡绅或富有的市民之间的通信习惯。儿子们写信给父亲,抱怨他们的贫穷,并要求资助;有时他们会向母亲寻求额外的帮助。父母回应儿子,痛惜他们所听到的铺张浪费和不良行为,并警告其后果。其中提到家长写给老师的信,暗示了父母用另一种方式来了解他们的儿子在做什么。有一次,一个男孩因请求父亲支付 10 先令的膳宿费却没有得到答复而悲伤;现在债务已经增长到 15 先令。父亲愤怒地回复说,他没有收到之前的信,并把钱和为下学期做准备的另外 20 先令一起寄了出去。[63]

离开家的创伤往往会因为新的环境而增加。来自中世纪英格兰其他地方的新来者可能会经历乡愁、沟通困难(由于语言差异)、欺凌和雇主的专横。更明确的是,这种变化把人生引领到从童年到婚姻之间的这一阶段,在这一阶段,家庭关系被友谊所取代(图 9)。我们听说过约翰·斯托描述都铎时期伦敦的女孩们在雇主的监视下,伴着音乐在街上跳舞。[64]一些这样的女孩可能加入教区的少女团体。

320 年轻人与他们的同类建立联系:男学生、学徒或家庭仆人。就像今天一样,他们共同生活在一个男性青少年的文化中,莎士比亚的《亨利四世(下)》(*Henry IV Part Two*)里的老人们深情地回忆起那段时光:"精力旺盛的小伙子们四处游荡","大厅里人人都有络腮胡子,真快乐"。[65]即使是在修道院,男孩们也会一起恶作剧,就像拉姆齐修道院(亨廷登郡)的四个贵族青年在 10 世纪晚期进入修道院的钟楼,弄响了钟,并弄坏一个。[66]在一个半军人性质的平信徒家庭,这样的吵闹可能更糟。林肯的主教格罗斯泰特(Grosseteste,1235—1253)建议林肯伯爵夫人允许她的青少年和年轻的成年"男仆"只有在他们的长辈就座时才能进入大厅用餐。应该派两个人维持秩序,制止噪音。男仆们要一起离开,人们要当心,以防他们把剩下的食物偷走,这些食物是用来施舍穷人的。[67]

年轻人的活力很容易在公共场合转化为暴力:年少者会模拟战斗(正如在国王的战斗中一样),年长者会真的战斗。乡村青年与城镇青年对立,家仆与学徒对立,

321 行会成员之间相互对立,所有这些人都与外国人对立。在伦敦尤其如此,在那里,每个群体规模都比其他地方的大。[68]马修·帕里斯讲述了 1253 年,伦敦的年轻人如何拿着枪靶在马上玩比武游戏,引起王室下级官员的嫉妒,他们称他们为"卑鄙

的乡巴佬"和"制皂者"。一场打斗开始了,王室的人都逃跑了,导致愤怒的国王下令惩罚这座城市。[69]据说,许多伦敦学徒参加了农民起义——一场反对权威的大起义,导致抢劫、偿清个人恩怨和谋杀外国人(如佛兰德移民)。[70]1455 年,外国人再次成为攻击目标,伦敦的学徒袭击了伦巴第人,引发市长和治安官的干预,以及对两三个暴徒的审判和处决。[71]四年后,舰队街的居民和律师学院(Inns of Court)的居民发生冲突,大多数是年轻人。克利福德学院遭到抢劫,圣殿学院遭入侵,双方都有伤亡。[72]

这些冲突中最严重的一次是 1517 年著名的"邪恶五朔节"(Ill May Day),这次冲突在整个世纪都被铭记。它始于 4 月 28 日年轻男子对外国人的袭击,并流传着该城将在 5 月 1 日崛起的谣言。红衣主教沃尔西的回应是在 30 日晚实施宵禁,但那天晚上,市议员约翰·蒙代(John Monday)爵士想逮捕两个在奇普区(Cheap)玩剑和盾牌的年轻人,其他年轻人则走上前来喊道:"学徒和棍棒!"这是号召暴乱的传统口号。由此引发的骚乱持续了一整夜,涉及男人、青少年和最小 13 岁的儿童。监狱被攻破,商店遭抢劫,房屋遭洗劫。当秩序恢复后,一个头目约翰·林肯(John Lincoln)和另外十三人被绞死;罪行较轻的人在脖子上戴着绞索,在威斯敏斯特大厅面见国王后被赦免。[73]

儿童和法律

年轻人参与法律事务的频率是多少? 如果他们的父母都还活着,如果他们没有被指控犯有严重的罪行,那就不会参与。一个有父母的儿童在十几岁开始工作挣钱之前,通常不会被认为拥有自己的财产。[74]如果涉及破坏或小偷小摸,受害者将向其父亲寻求赔偿。中世纪晚期关于领主法庭的标准论述虚构了一个关于男孩进入领主花园偷水果的诉状。他们的父亲——而不是他们——应受责罚,这种情况真实发生过。[75]儿童的管控权属于父母,如果他们惩罚孩子太严厉或对孩子进行性虐待,孩子也无法诉诸法律。没有其他人正式负责保护他们的利益。儿童不能成为指控他父母的证人,他们的安全主要取决于公众舆论施加的约束。

然后,和在每个社会一样,会出现这样的问题,即童年何时结束,成年何时开始? 什么时候一个儿童可以承担成年人的责任,并招致成年人的惩罚? 教会对此意见不一,出于不同目的而把分水岭放在 12 岁到 17 岁之间的不同时间。正如我们

322

所看到的,参加忏悔和圣餐,可能是从青春期开始的,并在大约相同的年龄承担支付教会会费的责任。[76] 根据 1096 年的一次鲁昂会议的规定,男人可以从 12 岁开始宣誓,但一个世纪后,埃克塞特主教巴塞洛缪引用了另一场教会会议的规定,大意是儿童在 14 岁之前不应该被强迫宣誓。[77] 后来,温彻斯特学院要求学生在 15 岁时宣誓效忠,而教会法庭通常不允许孩子在 16 岁之前作证。[78] 由教会法庭管理的个人财产(有形动产)的遗嘱可以由 12 岁的女孩和 14 岁的男孩制定——这是遵循罗马法的惯例。然而,到了 16 世纪,遗嘱执行人被要求至少年满 17 岁。[79]

在世俗法律领域,也有类似的变化,随着时间的推移,年龄门槛也有上升的趋势。7 世纪晚期,肯特郡和威塞克斯郡的法律规定,10 岁的儿童不再需要监护人,可以作为盗窃案的从犯受审。[80] 另一方面,到了 11 世纪,克努特国王(King Cnut,1016—1035)规定,自由人必须在 12 岁时加入当地政府的组织,即一百什一税组织,并发誓不做小偷或共犯。[81] 这一要求发展成为十户联保制度。到了 12 世纪,每一个年满 12 岁的男孩(除了贵族、富裕的佃农和神职人员)都必须宣誓维护和平,并且每 10 个人或 12 个人缴纳一份什一税。该组织对其成员的行为负责,如果有人被控犯罪,还必须将其告上法庭。[82] 因此,任何青少年在 12 岁之前都不能被视为非法,因为他不在法律范围内。[83] 那么,12 岁是维持和平的成年门槛,但并非所有法律目的都是如此。我们将会看到,完全刑事责任定在 14 岁。亨利一世的法律(约 1118 年)规定,15 岁的儿童可以提起法律诉讼或担任陪审团成员。[84] 1377 年至 1381 年,当议会批准对全体人民征收人头税时,法定纳税年龄先是定在 14 岁,然后是 16 岁,最后是 15 岁。[85]

规定一项活动的法定年龄很容易,而处理违法行为就困难多了。刑事责任年龄给所有的时代和社会带来了问题。[86] 虽然人们有一种本能,要为儿童网开一面,但儿童有可能犯下严重的罪行,从而抵消这种本能。盎格鲁-撒克逊人自己也对这些问题感到困惑。埃塞尔斯坦国王(924—939 年)的两项法律规定,在作案时被抓获的小偷,如果他们超过 12 岁,就应该受到严格的法律制裁,其中包括死刑。[87] 后来,埃塞尔斯坦认为这一规定在处理少年犯时不能令人满意。他觉得处决

> 这样的年轻人太残忍了,因为那样的小过失正如他所见是司空见惯的。他现在宣布,他自己和那些与他讨论过这件事的人都认为,15 岁以下的人不应该被杀死,除非他有意保护自己或试图逃跑,并拒绝投案。

只有反抗或在这个年龄之内再次犯案的年轻人才会被杀害。那些服从法律的人将

被监禁,然后被释放,或者被要求为他们的良好品行寻找担保人。[88]

直到 13 世纪,我们才知道如何对待犯罪的儿童,那时关于那些被指控造成他人死亡(在法律术语中是"故意杀人")的人的证据开始流传下来。[89]到那时,人们对这些孩子有两种截然不同的看法,就像今天一样。一种是犯罪和伤害确凿无疑,必须付出代价,无论谁做了这些事,无论多么意外。另一种是由自然情感和教会推动的,认为儿童在理解上有缺陷,犯罪能力有限,如果他们犯了罪,就需要特别对待。[90]第一种观点导致被卷入无意杀人案的年幼的儿童被监禁,直到他们在国王的法官下次到来时接受审判。1249 年,4 岁的凯瑟琳·帕西万特(Katherine Passeavant)就是一个极端的例子。据称,她打开一扇门,将一个年幼的孩子推入装有热水的容器中,造成致命的后果。她被关在圣奥尔本斯修道院院长的监牢里等待审判。记录在案的一些类似案件涉及 6 岁至 11 岁的儿童。在其中一个案件中,一个 6 岁的男孩在法官审理他的案件之前就死在了监狱里。

以现代标准来看,这种行为明显缺乏对柔弱心灵和身体的考虑。当然,它们反映了这样一种信念,即法律的实施和受害者的权利首先应优先于儿童的年龄。杀人是一件很严重的事。只有当法官审理案件或告知国王时,儿童的身份才能被考虑在内。在那个时候,即使是在 13 世纪,人们也会考虑到儿童。在凯瑟琳·帕西万特的案子中,她的父亲在审判前向国王上诉,国王赦免了她,并告诉当地治安官释放她。在其他情况下,当儿童意外地杀死彼此时,被指控的儿童不得不在监狱里等待,直到法官到来,然后被释放,或者至多被送回监狱,直到国王发布赦免令。这种赦免是自愿给予儿童的,但通常必须由儿童的家庭积极寻求,如果受害者家庭希望追究此事,有时还要求儿童在成年后接受审判。

即使是有一定程度的暴力和故意的杀人行为,也会得到宽大处理。一个 6 岁的男孩用石头击中另一个男孩的头部,导致他死亡,但在没有提出任何请求说那是一次意外的情况下,他仍得到了赦免。到了 13 世纪 70 年代,法官们对儿童的法律地位也采取更加积极的态度,而不仅仅是建议赦免他们。他们开始释放那些被带到他们面前的人,理由是被告太年轻,还无法犯罪。1302 年,亨利·斯皮格内尔(Henry Spigurnel)——一位著名的王室法官,在法庭上发言,主张法律在涉及儿童时应温和。1302 年,他审判了一些年轻人,他们声称发现一个偷小麦的人,误杀了他,他注意到,一个 7 岁之前犯罪的儿童根本不应该受到审判。一个 7 岁到 12 岁的儿童只有在罪行影响到生命或肢体时才应该承担责任,因为在那个年龄之前,没有人发誓要维护治安。[91]

324

当然,就像现在一样,法官们偶尔也会遇到犯了邪恶罪行的儿童,而且他们显然完全意识到了罪行的邪恶。1299 年,一个来自大查特(Great Chart,肯特郡)或附近的名叫霍德莱的托马斯(Thomas of Hordlegh)的男孩,在梅德斯通(Maidstone)被斯皮格内尔和他的同事以谋杀罪名审判。当地的一个陪审团报告说,托马斯在经过一个无名村庄时,进入托马斯·吉贝洛(Thomas Gibelot)的房子,发现除了他 5 岁的女儿琼之外,没有人在家。当托马斯试图偷一些面包时,琼奋起反抗,男孩抓起一把斧头,打她的头,让她停止哭泣,就这样杀死了她。法官询问男孩犯罪时的年龄,被告知当时他 10 岁。他们发现指控被证实,托马斯被判绞刑。[92]大约 14 年后,当他正在审判另一起青少年犯罪案件时,斯皮格内尔回忆起这桩案子。他记得那个男孩被判刑时才 11 岁,他为这个判决辩护,理由是托马斯知道自己在做什么:"事实是,在杀了那个儿童之后,他还藏了她的尸体,这是他十恶不赦的证据,由此他被定罪。"[93]

我们还听说过一两个这样的处决。1243 年,在圣奥尔本斯,一个年龄不详的"男孩"被绞死,引发当地人的抗议。[94]一份 14 世纪的资料提到烧死一个 13 岁的女孩(通常是对妇女的死刑),因为她杀死了她服侍的女主人。[95]但这样的惩罚一定是不寻常的,即使在一个更加暴力的社会也是如此。到 16 世纪,法律普遍采纳斯皮格内尔的观点,即 7 岁以下儿童不能犯重罪——一种严重的犯罪。在 7 岁到 12 岁或 14 岁之间,有一种强有力的推论具有同样的效果,尽管它可以被驳斥。只有过了青春期——12 岁或 14 岁,才完全有能力犯重罪,这个年龄在 17 世纪被确定为 14 岁。[96]另一方面,一旦超过这个门槛,年轻人就会被当作成年人对待,在我们看来,他们的年轻几乎没有得到考虑(图 10)。1538 年 1 月,国王枢密院绅士托马斯·卡尔佩珀(Thomas Culpepper)的一个"男仆"在威斯敏斯特受审,罪名是偷了主人的钱包,里面装有 11 英镑的钱和一块属于国王的珠宝。他被判处死刑,并被下令第二天在威斯敏斯特宫的骑士比武场里绞死。

行刑的时候,绞刑吏正要把年轻人站着的梯子拿走,国王的赦免令下达了,"于是他就这样死里逃生,在场的所有人都感到非常欣慰"[97]。理查德·梅金斯(Richard Mekins)就没那么幸运了:1540 年至 1541 年,他在严苛的《六条款法令》(Act of Six Articles)下,因异端邪说罪在史密斯菲尔德(Smithfield)被烧死。编年史家爱德华·霍尔(Edward Hall)记述道,这个被他称为"儿童"的人,在他还不到 15 岁的时候,就发表了关于圣餐的异端观点,并批评了对罗伯特·巴恩斯(Robert Barnes)医生同样由异端邪说招致的处决。梅金斯在包括伦敦主教埃德蒙·邦纳在

内的委员面前受审,尽管两个陪审团未能判他有罪,但第三个陪审团却判他有罪。 325
据霍尔说,他在监狱里忏悔,"被教导"要赞扬主教,诅咒他曾认识巴恩斯博士的那
段时光。然而,他还是被烧死了。[98]与在中世纪一样,这种情况非常罕见,并且引
起了人们的同情。他们没有指出像对待长辈一样对待年轻人的常规做法。

如果说落入刑法之网的儿童相对较少,那么涉及财产法的儿童则多得多,而且
年龄分布更广。当父亲或母亲去世,留下子女有权继承的遗产时,就会出现这个问
题。于是就出现在儿童达到适当年龄之前由谁来管理财产的问题。[99]通常,还需
要照顾儿童,这种照顾通常被认为包括安排婚姻。这些事项的规定因财产类型和
儿童的性别而异。财产可以是动产(有形动产),也可以是不动产(土地和房屋)。
在中世纪,形成了这样一种习俗:一个父亲如果有动产,则应该把 1/3 的动产留给妻
子、1/3 留给孩子,或者如果他没有妻子,应该把一半留给孩子。[100]实际上,这些财
产是由照看相关儿童的人看守和管理的,但这是一个单独的问题,主要由另一种财
产决定:土地和房屋或"不动产"。

在社会的上层,贵族和乡绅以封建占有的方式从可能是国王的上级领主、另一
个贵族成员,或者如主教或修道院院长等重要的神职人员手中获得土地。在这种 326
形式的终身占有权中,财产按长子继承原则合法地传给长子,尽管大多数父亲在生
前为其他子女做了安排。如果没有儿子,财产就平分给女儿们。然而,当父亲去世
时,留下一个 21 岁以下的男性继承人或一个 14 岁以下的女性继承人,继承人在达
到这个年龄之前不允许管理财产。[101]相反,他或她和财产都由上级领主监护——
这一习俗可以追溯到诺曼征服时期,并且在 12 世纪肯定很普遍。小孩和他的兄弟
姐妹可能会被留下来交给母亲照顾;[102]大一点的孩子通常被带到领主的家里,并
在那里长大。但是,无论谁拥有儿童继承人的监护权,领主对继承人的事务都拥有
最终控制权。他或她有权管理其财产,并授予其婚姻。这些权利可以被授予或出
售给其他人,而且情况经常是这样:尤其是王室监护权,作为恩惠被授予朝臣。

在约翰国王统治时期(1199—1216 年),监护制度成为一个有争议的问题,因为
他被指控滥用该制度。1215 年,他的反对者在《大宪章》(Magna Carta)中加入第
3—6 条,以给予受监护者更多的保护。这些条款规定,领主或监护人只能从他们受
监护人的财产中收取合理的农产品、税收和服务,并避免浪费它们。没有做到这一
点的人将被剥夺监护权。他们有责任维护房屋和设备,并确保当继承人成年时,财
产中有足够的犁和马车。国王允许他的受监护人继承遗产而不要求他们承担任何
费用("救济"或"罚款"),而为受监护人安排婚姻的监护人不得通过给他们找不合

适的伴侣来"贬低"他们。[103]1263年,《莫顿法令》(Statute of Merton)将"贬低人格"定义为与自由民或农奴结婚——这个定义后来扩展到私生子、外国人、精神或身体有缺陷的人,如疯子、残疾人或不能生育的妇女。[104]

在贵族和乡绅阶层之下的是那些在农村以农役租佃权属和在城镇以土地保有权属持有土地的人。这些人的财产——富裕的农村自由租佃农和城市商人、店主和手工业者——与贵族财产有着不同的传承。在一些地方,财产由儿子们平分,没有儿子的就由女儿们平分。[105]在其他情况下,财产是由一个儿子继承的,他可能是最大的,但通常是最小的。后者的习俗被命名为"幼子继承制"(borough English),出现并适用于诺丁汉郡的"英格兰"区,这可能反映一种假设,即父亲会在活着的时候供养他的大孩子。[106]在这个社会阶层,上级领主享有监护权是很少见的。农役租佃制或幼子继承制的继承人和他们的财产通常由最近的亲属监护,而该亲属不是潜在的继承人,这可能会伤害儿童或其利益。在这种情况下,儿童的母亲显然是最佳人选。在没有母亲的情况下,如果儿童的财产来自父亲,监护人会被从她的家庭中挑出;如果儿童的财产来自母亲,监护人就会从父亲的家庭中挑出。[107]

直到亨利三世统治时期,在农役租佃中的监护人似乎对其受监护人的财产和
327 婚姻拥有类似于封建领主的权利。然而在1267年,《马尔伯勒法令》(Statute of Marlborough)引入了重要的资格条件。它规定,只有在对继承人有利的情况下,监护人才能授予继承人婚姻,或者出售婚姻。当继承人继承财产时,监护人必须返还继承人未成年期间其财产所产生的利润。[108]年轻的农役租佃继承人比封建继承人更早地控制他们的财产,通常在他们十几岁的青少年时期。亨利·布拉克顿在13世纪中期写道,一个青年在他15岁且强壮到可以以自己耕种土地的时候,继承了一块农役租佃土地。一个女孩在她十四五岁的时候就这样做了,因为她知道如何管理家庭,知道什么是 cove(储藏室)和 keye(钥匙)。[109]当一个自由民的儿子知道如何数钱、量布或做类似的事情时——也就是说,当他能像成年人一样处理这些事情时,他就能继承遗产。[110]

社会地位更低的是那些不自由的人,他们生活在农村,以佃农的身份拥有他们的财产——一小块耕地或农舍。严格来说,佃农没有属于他们自己的财产,无论是不动产还是动产,因为他们和他们所有的一切都属于他们的领主。当佃农父亲死后留下年幼的孩子时,庄园领主有权决定父亲财产的未来和孩子的监护权。通常情况下,会尊重家庭保留所拥有的土地的期望,但领主会确保有合适的监护人照看土地和孩子,直到孩子有能力做帮佣或支付土地的租金。这样的监护人可能是寡

妇、一个亲戚或住在庄园里的另一位年长的男人。如果一个佃农有一个以上的孩子,在不同的庄园里,继承的习俗也不同。就像在上流社会一样,这些人可能偏爱长子、幼子或所有的儿子,如果没有儿子,女儿也可以通过一种类似的混合惯例继承遗产。[111]

因此,儿童与法律的话题是一个复杂的话题。它根据地位、性别和财产而有所不同。承担义务与成年都没有单一的年龄。在 17 世纪早期,仅贵族女孩,爱德华·科克爵士(Sir Edward Coke)就能看出七种年龄门槛。[112]成年人生活的方方面面渗透到童年的早期,其方式在今天看来是惊人的。幼小的女孩和男孩可以结婚,或者被永久安置在修道院里。几乎同样年幼的儿童可能会被监禁,在特殊情况下,大约 10 岁左右就会被处决。童年和成年之间的正式界限常常比现在的要低,在 12 岁到 15 岁之间。但这些可能性不应被夸大。那些在十几岁时继承遗产、结婚或受到惩罚的人是例外。在现代意义上,大多数人的成年期都被推迟到很晚。贵族和绅士的继承人直到 21 岁才继承遗产,据说是因为他们的军事职责需要更多的力量和理解力。[113]在工作的世界里,学徒只有二十多岁才开始工作,而在教会里,执事只有 24 岁才能成为牧师。那些追随父母职业的儿童会一直受到父母的影响,直到二十多岁,有时甚至更久。大部分人,部分是由于这个原因,直到那时才结婚。总的来说,年轻人并不是突然从童年步入成年的。正如文学作家们经常观察到的那样,过去(就像现在一样)有一个漫长的青少年或青春期的中间时期,那段时期有自己的文化。[114]

性行为

在中世纪,每个儿童在出生的那天都被指定了一个性别,这个性别会被公开宣布。孩子被带到教堂接受洗礼时,被放在牧师的左边(如果是女孩),或放在牧师的右边(如果是男孩)。其名字,通常是一个明确的男性或女性名字。蹒跚学步的孩子很快就对自己的性别和异性有了认识,这部分来自他们被对待的方式,部分来自他们所观察到的。[115]但性别界限并不总是那么简单。在中世纪,就像在任何社会一样,肯定有不像男孩的男孩和不像女孩的女孩,也有(出于某种原因)想要越界的人。这种模棱两可可能是危险和不受欢迎的。至少在 15 世纪,"娘娘腔""女性化"和"像女人的"等用来形容人的词是贬义词;在莎士比亚时代,狂野的女孩被称为

"假小子"。[116]同样,在某些情况下,男性至少可以安全地接受异性的属性。一个人可能跟的是母亲而不是父亲的姓,也许是因为他是由一个寡妇抚养长大的,像安妮特(Annett)、马里奥特(Marriot)和帕内尔(Parnell)这样的名字都是例子。一个男孩可能会变装成唱诗班的歌手、圣凯瑟琳节的歌手或戏剧中的一个角色。即使是像亚瑟王传奇中的珀西瓦尔(Perceval)这样的骑士,也会被赞许地称为"少女",不是因为他像女人,而是因为他贞洁。

与性别不同的是,性可以从我们的同辈、长辈、韵诗或书本中学到。在中世纪,所有这些都可以用于这一目的。母亲给婴儿唱的歌可能是色狼试图引诱女孩的故事。[117]在隐私经常受到限制的家庭里,年轻人可能比今天更早地意识到成年人的性行为。一些虐待儿童的受害者过早地遭遇了这一切。[118]上过文法学校的男孩们学会把 amo(我爱)作为他们的第一个动词。他们被用拉丁语教授人体的各个部位,包括男性和女性的性器官,并编写或翻译一些提到性关系的句子。[119]传奇小说提供了进一步的间接信息。[120]正如我们所看到的,早期都铎时代的作家们对儿童使用"妓女"和"妻子与人通奸"等与性有关的词汇以及父母们在这种情况下的自鸣得意感到遗憾。[121]看起来,许多成年人并不关心让他们的后代不受这些事情的影响。即使是教会,也通过免除儿童忏悔的规定,来暗示儿童性游戏和谩骂无法被完全理解且无法实现,也是不值得关注的事情。

从 11 岁左右开始,随着青春期的到来,我们会经历体形和体征的变化:这是我们生殖能力的开始。巴塞洛缪在他的百科全书中注意到其中的一些变化。男孩长得高大魁梧。女孩的发育方式不同,她们的上半身保持狭窄,下半身在肚脐和膝盖之间变宽。青春期本身的信号是长出阴毛和声音改变。年轻人在裸体的时候会感到难为情,而儿童则不会这样。[122]中世纪的作家们认为女孩首先进入青春期,而且传统上估计女孩在 12 岁进入青春期,男孩在 14 岁进入青春期。年龄的差异需要解释,其中一种解释是女性的身体比男性的热,因此发育得更早。另一种观点认为,培养生儿育女的能力需要的时间比生儿育女的时间要长得多。第三种观点酸溜溜地说,坏植物长得更快![123]

传统的青春期日期有多准确?这是一个复杂的问题,因为生殖能力的开始因人而异。在现代西方世界,这种情况从女孩 10 岁左右,男孩 11 岁左右,一直到 16 岁左右不等,但最常见的是女孩在 12 岁到 13 岁之间,男孩在大约一年后。在中世纪也有一些变化,这些变化被同时代的人所认识到。英格兰教会律师威廉·林德伍德正确地认为,特殊儿童可能会在童年早期经历青春期。不太准确的是,对于这些特殊的例子,他认为女孩进入青春期的阈值是 7 岁,男孩是 9 岁,他引用了教宗格里高利的故事——一个那个年龄的男孩让一个女仆怀孕了。事实上,记录在案的罕见例子甚至更年轻。1414 年,一个威尔士女孩和一个男孩带着他们的孩子出现了,据说她 7 岁,他 9 岁。他们被当作奇迹赠给马奇伯爵(earl of March),给他留下了深刻的印象,由此他把他们赠给国王亨利五世。[124]博学的作家们也承认,一个男孩在 14 岁时可能还没有性成熟。直到他 18 岁,他们才放心地认为他是先天性阳痿。

大多数中世纪的人可能在青少年早期到中期进入青春期,就像他们今天一样。女孩在 12 岁的时候就可以生育,尤其是那些来自社会上层吃得更好的女孩。玛丽·博亨,未来的亨利四世的第一任妻子,在 1381 年夏天怀上她的第一个孩子,当时她大约 12 岁,她的丈夫刚刚超过 15 岁。[125]玛格丽特·博福特夫人在 1456 年 4 月底怀上她的儿子亨利七世,当时离她的 13 岁生日还差一个月。克拉伦斯公爵托马斯,死于 1421 年博热战役,时年约 33 岁,他一定是在 15 岁左右生下非婚生子约翰,因为约翰已经大到可以把他的尸体抢回来了。[126]人们认为圣母马利亚在耶稣出生时只有 15 岁——这一假设符合当时人们在艺术上把她描绘成一个高贵的女孩的习俗。[127]贫穷和营养不良的儿童的青春期可能会延后一两年,但它的正常开始似乎并不像人们有时认为的那样晚得多。6 世纪的悔罪书规定,手淫的 12 岁男孩(显然是修道院里的男孩)和通奸的“男孩”(与男人不同)都要忏悔。[128]教会和普通法允许女孩在 12 岁、男孩在 14 岁时结婚,显然假设他们可以在那些年龄同房。[129]关于 15 世纪男孩唱诗班的证据表明,他们在 14 岁或最多一年之后就会变声。[130]

我们知道亨利四世、玛丽·博亨和玛格丽特夫人的性征,因为他们在 13 岁出头 330 或 16 岁左右就结婚了,并且很快就生了孩子。我们将看到,这种做法在很大程度上仅限于富人。大多数人的婚姻被推迟到二十多岁,那时他们已经掌握成年后的技能,而对于男性来说,则获得了一份永久的工作或一份遗产。[131]对于绝大多数年轻人来说,在长达 10 年或 12 年的时间里,他们的性行为不能在婚姻中表达,必须通过其他方式来管理。在教会看来,这只能通过贞洁来实现。除了妻子以外,和其他女人性交是有罪的。更糟糕的是进行手淫或同性性行为。这两种都被视为行为,而非取向,但都被神学家和教会律师认为在原则上不自然、在实践中有罪,尤其是在 11—12 世纪之后。1102 年,伦敦的一次教会会议对同性恋行为进行强烈、严厉的谴责,后来的某些教会立法也不赞成这种行为。[132]巴塞洛缪攻击那些用自己的器官违背自然法则而不是生孩子的人，托马斯·阿奎那将这些人列为最恶劣的性犯罪者。有反对意见说手淫不影响其他任何人，对此他回答说，恰恰相反，手淫是对上帝的伤害。[133]

然而，这些观点不一定是由教区神职人员阐述的，也不一定是由平信徒持有的。在学术著作之外，提到手淫的资料很少。描述它的拉丁词汇——"*masturbatio*""*mollicies*"和"*pollutio*"——很少出现，而它们的英文对应词也难以捉摸。[134]在13世纪，一些教会领袖建议神职人员在忏悔时询问"不自然的"性行为，这个主题可能涉及手淫和同性恋行为。[135]但中世纪后期两位最有影响力的教区牧师作家似乎对这两个主题都不感兴趣。约翰·米尔克建议忏悔者回顾一下异性恋的活动、淫荡的想法和夜间遗精。[136]约翰·德·伯格建议询问男性与他们妻子以外的人的性行为，显然他更关心丈夫而不是青少年。[137]实际上，年轻人，尤其是男孩，肯定经常为了尝试或快乐而手淫，而没有受到谴责。甚至同性恋在修道院之外也不是什么大问题，也许是因为它没有被视为一种永久的性倾向。米尔克确实建议教区神职人员不要大肆宣扬，也许他害怕鼓励人们这么做。[138]威尔士亲王，即后来的爱德华二世，在14世纪早期与皮尔斯·加韦斯顿（Piers Gaveston）有过一段著名的恋情，这段恋情可能涉及性方面，但同时代的作家并没有这么说。当爱德华一世流放加韦斯顿时，他似乎并不是出于性的原因，而是因为亲王请求给加韦斯顿一块重要的王室封地。[139]

关于中世纪社会青少年性行为的绝大多数证据都与年轻男女之间的接触有关。对评论家来说，这构成性行为的核心。那时和现在一样，年轻人和女孩成群地聚集在一起娱乐、跳舞、玩游戏、创作或听音乐。[140]有些这样的邂逅纯粹是社交；另一些则有情感方面的因素。一首13世纪的歌曲讲述了男孩们如何在力量的较量331 中竞争，而女孩则在一旁观看并选择其中一个作为她的情人：

> 在掷石时，我选了我的爱人，
>
> 在摔跤时，我使他输了。
>
> 唉！他很快就跌倒了；
>
> 他为什么不站好一点呢，矮胖的家伙？[141]

这种情绪可能会导致进一步的后果。13世纪早期的一首诗，《一场真正的小布道》（A Little True Sermon），描绘了教区的年轻男女在神圣的日子聚集在教堂。有一个姑娘对她的情人沃特金（Watkin）比对礼拜更感兴趣，她把主祷文忘在了家里。

另一个叫吉洛特（Gilot）的人，让罗宾带她去酒屋。然后，在晚上，他们自己离开去做爱。她的父母责骂她的这份迷恋，并威胁要打她，但她拒绝放弃他。最后她怀孕了。[142]14—15世纪流传下来的几首歌，讲述了跳舞、装饰圣井①，甚至是去教堂做礼拜是如何使得女孩被教士、牧师或旅行牧师引诱的。[143]有些歌曲很幽默地谈到这个话题，看起来好像是为了逗年轻人开心。其中一两个集中讲述女孩们在困境中的绝望，可能是为了警告年轻女性。

　　青少年性行为和怀孕对成年人来说，可能和今天一样令人惊讶和不受欢迎。"看到一个男孩做这种事，难道不奇怪吗？"约翰·帕尔斯格雷夫在1530年写道，"我以为他还无法成为孩子的父亲。"[144]神职人员在布道和著作中谴责这些事情，并在忏悔中对此进行询问。教会法庭对通奸行为有管辖权，原则上可以传唤罪犯。是否在偶然怀孕的情况下才这样做，是不确定的，尽管总是有可能是一个愤怒的家庭发起教会法庭诉讼，让某位父亲承担责任。从11世纪到12世纪，当庄园领主们发现他们的一个女佃农通奸时，会征收一种叫做"谎言罚金"（leitwite）的罚款，当其中一个女佃农被发现有非婚生子女时，他们会征收一种叫做"儿童罚金"（childwite）的罚款。在韦克菲尔德（约克郡）的一个大庄园里，仅在1316年，庄园里的七名女孩或妇女就被处以在那被称为"lecherwytt"的罚款，也就是"好色罚金"。[145]另一个例子是布劳顿（Broughton，亨廷登郡）的一个庄园，至1288年到1340年间，有26例婚外生育被记录在案并受到惩罚。[146]这些罚款的动机可能各不相同。领主们可能利用这个机会从一种违反社会习俗的行为中获利，或者他们可能担心有非婚生子女的妇女不会结婚，这样一来，领主就会失去另一笔钱——婚嫁费（merchet），也就是佃农们在女儿出嫁时所付的钱。[147]

　　我们没有理由认为，与我们的社会相比，中世纪社会对青少年怀孕过于宽容。[148]许多父母似乎和神职人员一样坚决反对这种做法。一首15世纪的歌曲虚构了一个女孩在外过夜回家后，遇上愤怒的母亲：

　　　　有一天，我若无其事地在清晨回到家；

332

---

① "装饰圣井"习俗最初起源于罗马帝国时期的英格兰的某些地区，开始并非"装饰圣井"，而是用鲜花和树枝装饰村中显眼的柱子，通常在4月最后一天或5月第一天完成这项任务，因而被装饰的柱子又被称为"五月柱"，也有人用鲜花和树枝装饰自家的门窗。罗马帝国灭亡后，西欧诸侯纷争、四分五裂，罗马教廷也一度陷入混乱，统治上暗无天日。许多人遁入僻静的山林以躲避灾祸，林中清澈解渴的泉水成为他们心灵与身体关键的依靠，他们以圣徒的名字命名其中一些重要的泉井，并逐渐地把"装饰柱子"习俗变通成"装饰圣井"，以感谢上帝的馈赠并表达对上帝的虔诚。——译者注

我遇见了我的母亲,脾气坏而尖刻:

"喂,你这个强壮的荡妇,你上哪儿去了?

你蹦蹦跳跳,好让人看见!"

这段长篇大论以那个女人打了那个女孩一拳结束。[149]孩子离家在外,父母会尽其所能提供建议和施加控制。前面提到的两封信件表达了父亲们对在牛津的十几岁的儿子把时间和金钱花在"妓女、妓院和其他肮脏的东西"上的担忧。[150]正如我们所见,学徒契约可能会排除在他主人家庭内外的性接触。杰弗里·德·拉·图尔·兰德里甚至为他的女儿们感到焦虑。作为贵族妇女,她们受到监督,不会和男孩们一起在教区游荡,但他仍然担心地警告她们身体上的诱惑。他敦促她们每周禁食三到四天,以克制肉体,并讲述一些男人引诱女人,导致悲剧结果的警示故事。[151]

15 世纪的三首英语诗给自由民和自耕农家庭的父母和女儿提供了类似的建议。《贤妻如何教育女儿》告诉女孩们走路要端庄,并且要避开酒馆和流行的娱乐活动。若有人献殷勤并向她们求婚,她们应当谨慎回答他,并与自己的家人商议他的求婚。[152]《贤妻会朝圣》则假设了更危险的情况。它建议女孩们不要在年轻男人中间走家串户,因为他们会说你很"好看"(nice,这个词原本的意思是"淫荡的人"),引诱你做错事。女孩在假期里聚会、跳舞、唱歌或玩耍的时候,不应该把腰带系得很低,而应该把结拿掉,不要戴珠子;应该避免穿露腿的衣服,以免人们认为她们不在乎自己的身体。只有小心谨慎,一个女孩才能避免诱惑,找到一个好丈夫。[153]《好女人的力量》也涉及美德的潜在丧失。当有好酒可喝时,女孩子应该小心避免喝醉。她们不应该熬夜、喝酒、喊"干杯""畅饮",而应该早点睡觉。节日应该在做礼拜中度过,女孩们应该避开摔跤和斗鸡之类的男性运动,因为参加这些运动的女性是妓女或"荡妇"(gigelots)。[154]

童婚

对一小部分人来说,他们在 20 岁之前就结婚了。在贵族、乡绅或商人阶层的家庭中有一种传统,即父母应该安排孩子的婚配,而且这可以在孩子出生后的任何时候进行。在这样的家庭里,婚姻与地位和财产等重要问题联系在一起。家庭自豪感和地位要求孩子们选择与自己地位相当(或更高)的伴侣。父母认为通过让儿子与女继承人或带嫁妆的女孩结婚,婚姻便是一种供养儿子的方式,并且可以确保女儿们维持她们习惯的生活方式。当儿童更小、更柔弱时,这一切都更容易实现。如果他们不早婚,就有父亲死亡和儿童落入监护人监护之下的危险。在这种情况下,监护人会根据自己而不是家庭的利益安排婚姻。童婚避免了这样的结果。

童婚从来都不是普遍的,即使是在富人中。在王室,让儿童结婚的计划比实质性的婚姻要多。大多数王室新娘和新郎都是十几岁,严格来说都是成年人。15 世纪帕斯顿家族的孩子们在 19 岁到 33 岁之间结婚,但大多数是在 20 多岁,而马格丽·肯普,尽管是金斯林市长的女儿,直到 20 岁"或更晚"才结婚。[155]然而,在社会的所有高级阶层中都有这样的例子:王室、贵族和绅士。[156]伦敦塔的琼(Joan of the Tower)是爱德华二世的女儿,1328 年嫁给苏格兰王子大卫,当时大卫 4 岁,她7 岁。[157]1396 年,理查二世迎娶法国的伊莎贝尔,当时离她的 7 岁生日还差一个星期,尽管她在 12 岁时有权改变主意。[158]一般来说,人们对童婚的了解仅限于知道它们发生了,但在都铎时期,教会法庭记录中仍有生动的描述。一个是约翰·萨默福德(John Somerford)和琼·布里尔顿(Joan Brereton)的婚礼,他们是柴郡(Cheshire)的绅士和骑士的后代,他们于 1552 年在郡里的布里尔顿教堂结婚。他3 岁,她 2 岁。约翰的叔叔后来作证说,他在婚礼上抱着约翰,并说了一些"该由约翰说的结婚誓言,约翰因为年龄太小,自己不能说话"。另一个成年人替琼说了誓言。[159]

当儿童没有父母的时候,父母对他们婚姻的权力就会传给他们的监护人或领主。监护人在法律上有权安排被监护人的婚配,就像他们必须管理自己的财产一样。布拉克顿总结了 13 世纪中期的情况,他说,没有父亲的男性继承人只有在成年后脱离监护的时候才可以与他想娶的人结婚。在同样的情况下,女性继承人必须得到她的领主的许可,即使是在成年后。如果继承人未成年并且处于封建监护或农役租佃监护状态下,监护人对婚姻有控制权,可以亲自安排婚姻,也可以将这种权利出售给他人。在布拉克顿的时代,这些权利得到了一些修改。《大宪章》规定,一个封建继承人不应因与地位较低的人结婚而受到贬损;一个违反这条规定的领主将被剥夺监护权。[160]如我们所见,农役租佃继承人得到《马尔伯勒法令》的保护,法令规定受监护人的婚姻必须是为了他或她的利益。

然而,对儿童婚姻权利的最大支持并非来自国王,而是来自教会。对于神职人员来说,有效和永久的婚姻需要伴侣的自由同意,这种同意是在他们完全明白自己在做什么并且能在性方面完美结合的年龄做出的。这些要求使得只有在青春期之后才能结婚。"如果没有双方的同意,"伟大的教规法手册格拉提安(Gratian)的《教令集》(*Decretum*)写道,"就不存在婚姻。那些把摇篮中的男孩给女孩的人——除非每个孩子在到了自主判断的年龄的时候都同意——将一无所获,即使父母已经为婚姻做出安排并立下遗嘱。"[161]1175 年,威斯敏斯特的一次英格兰教会会议重申了这些话,尽管会议承认在特殊情况下,较年轻的婚姻可能带来和平,从而削弱了这些话。[162]一些教会领袖也表示反对年轻的新娘或新郎。林肯的圣休不赞成12 世纪晚期亚当·德·内维尔(Adam de Neville)和他 4 岁的被监护人——林肯郡哈茨希尔(Hartshill)家族的女继承人之间的婚姻。婚礼如期举行,但休告诉他的神职人员不要参加。[163]在 13 世纪,至少有四位主教禁止未成年儿童结婚,其中一位主教还附加一项条款:必须得到他的同意。[164]

教会的观点很有影响力,因为神职人员说的话可以正式付诸实施。直到 19 世纪,教会和世俗当局之间的法律划分才赋予教会对婚姻的管辖权。关于什么是合法婚姻、什么不是合法婚姻的问题由教会法庭决定,通常是在每个教区内,但偶尔也会在更高的层面上决定,在例外情况下[如亨利八世和阿拉贡的凯瑟琳(Katherine of Aragon)的例子]由教皇自己的法庭决定。弗兰伯勒的罗伯特在写于1208 年至 1215 年间的悔罪书中确认,任何儿童都不能在 7 岁之前结婚或承诺结婚。在那之后,可以承诺在未来结婚,但要到青春期时才能最终确定,这意味着,到那时可以在性方面完成婚姻。罗伯特同样把这个年龄定为女孩 12 岁、男孩 14岁。[165]15 世纪的林德伍德的态度也差不多。订婚或婚约可以在 7 岁时举行,但有约束力的婚姻只能在威斯敏斯特议会规定的年龄举行,实际上与罗伯特规定的年龄相同。[166]

神职人员拒绝在青春期之前将婚姻视为有约束力的,这意味着,在青春期之前,婚姻是暂时的,可以撤销。教会法庭受理的童婚案件代表婚姻安排的失败。之所以会出现这种情况,是因为一方或多方当事人或家庭在双方同房前悔过,并申请撤销婚姻。随后,证人被带来,他们小心地强调婚姻的正式性质、参与者的年龄、缺乏同意和没有身体接触。这使得教会得以实施其关于同意和完婚的政策,并宣布婚姻无效。约翰·萨默福德和琼·布里尔顿似乎婚后在布里尔顿同居了十年,或者至少经常见面,但当他们进入青春期(约翰 15 岁,琼大约 14 岁)时,他们拒绝承认这桩婚姻。约翰的叔叔将这一事实归因于琼的"不友善",但另一名目击者称,两个年轻人都不愿继续下去。[167]

对于儿童和青少年是如何获得婚姻的,以及在这个过程中有多少选择或强迫,我们知之甚少。毫无疑问,情况各不相同。非常小的儿童一定是在没有真正理解的情况下被哄骗着进行婚配的。费希尔(Fisher)主教在为玛格丽特·博福特夫人举行的葬礼布道中说,她在还不到 9 岁的时候,被要求在萨福克公爵的儿子约翰·德·拉·波尔(John de la Pole)和里士满伯爵埃德蒙·都铎之间做出婚姻选择。[168]事实上,她已经和约翰在童年时代结了婚,当有人跟她商量要不要离开他去找埃德蒙时,她至少已经 9 岁了,也许已经 12 岁了。到了十几岁的时候,一个年轻人的观点肯定很重要,并且可能是反对的。一些青少年和少女能够抵抗父母的压力,导致严重的家庭纠纷。我们已经看到阿格尼丝·帕斯顿如何打她 20 岁的女儿伊丽莎白,因为她拒绝一场为其提供的婚配,但伊丽莎白仍然固执地达到了她的目的。[169]一代人之后,阿格尼丝的孙女玛格丽在大约同样的年龄与她家的管家理查德·卡勒(Richard Calle)——一个地位较低的人订婚,这引起了更大的轰动。她的母亲禁止她进屋,她的哥哥们表达了他们的愤怒。有人预言她最后会在弗拉姆灵厄姆(Framlingham)卖蜡烛和芥末。诺里奇的主教被要求调查婚约并敦促玛格丽解除婚约,但没有成功。这对固执的恋人结婚了。[170]

在监护人的照顾下,儿童的自由选择和同意也并非完全被剥夺。在这里,英格兰普通法也牵涉其中,已经达到可以解决财产方面事务的程度。到 13 世纪,一个处于封建监护下的青少年可以合法地拒绝他的监护人提出的婚姻,只要他在达到法定年龄时支付赔偿,这样监护人就不会因为这种安排而受损失。这笔钱是固定的,其他任何人都可以支付,以保护继承的婚姻。一个受监护人如果超过 14 岁,可以在没有监护人许可的情况下结婚,但在这种情况下监护人可以管理超过法定期限的遗产来补偿他的损失。《莫顿法令》允许领主获得两倍于损失的补偿。[171]一个女性受监护人也可以拒绝她的婚姻,但如果她这样做,她的监护人可以将她的监护延长到 23 岁"作为对矛盾和不服从的不满的标志"[172]。实际上,监护人似乎只是把婚姻当作一种经济特权。如果继承人和女继承人希望选择自己的配偶,他们就会这样做,并支付监护人的损失——有时是在结婚后。[173]

当时,有一些规定保护了年轻人选择婚姻的自由。但我们必须记住,大多数这样的婚姻在法律出台之前从未出现过,也没有留下伴侣意见的记录。在某些情况下,可能是父母随心所欲,有些孩子没有真正同意就结了婚。这样的婚姻也可能是短暂的。就连玛丽·博亨在 1394 年去世时也还不到 25 岁,至少生了七个孩子。

故事与记忆

338   我们很容易找到关于中世纪儿童的证据,因为他们被其他人看到了。但是他们自己告诉了我们什么?我们没有获得很多年轻人的个人记录。最好的是学校笔记本,里面不仅有学校作业,还有零碎的歌曲和乱写乱画。[174]乔叟的乡绅"可以唱歌";他的诗歌《特洛伊罗斯与克丽西达》(*Troilus and Criseyde*)中有一首由特洛伊的"女仆"创作的歌曲,她似乎被设想为一个像乡绅一样的年轻人。[175]真正十几岁的男孩或女孩可能会写或改编诗句或曲调,但任何这样的作品都消失在大多数现存的中世纪歌词中。那些富有和有读写能力的人创作的信件可能比歌词更多,正如我们从信件范本集中看到的,但很少有真正的儿童信件保存下来。其中最早的一封是在亨利七世统治的最后几年,在一本书的空白处潦草地写的一封信或一篇演讲的草稿。作者显然是个名叫罗伯特·亚尔(Robert Yall)的学生,他处于牛津莫德林学院的一名研究员的监护之下,很可能是该学院文法学校的一名学生。他的拼写值得像他写的那样打出来:

> *Master Mullysworth, I wold pray and beseytt yow that yow wold be my good master, for syche gere as y lerne that yow wold sew ytt to me by feer mense and ponys me resnably. Now yow ponyse me houer much, master, and plese yow, y cannot byd this ponysment. Her at fryst tyme yow dyd nott ponyse me nott hauff so much; then y dyd lerne more by yowr feyer mense then I doo now.*

> 穆利斯沃思老师,我恳求您做我的好老师;因为我知道您会用公平的手段把它展示给我,并合理地惩罚我。现在您对我的惩罚太重了,老师,请原谅我,我不能忍受这种惩罚。在这里,您第一次对我的惩罚连现在的一半都不到;那时我确实通过您公平的方式比现在学到更多。[176]

尽管作者很可能已经是个十三四岁的青少年,但书中仍有令人愉悦的不成熟的痕迹。

那种以完结的形式存在的信件就不那么孩子气了。1454年,爱德华四世和他的兄弟埃德蒙用英语"写"了两封信给他们的父亲约克公爵理查德。他们分别是12岁和11岁,但可能是在一位教师或书记员的帮助下写成的。他们的信措辞严谨,对公爵的称呼充满敬意,其中一封肯定地说,男孩们正在专心学习。[177]在另一封信件中,他们感谢对方赠送的绿色长袍,并索要一本祈祷书和几顶精美的帽子。男孩们的文风与成年人相差无几,帕斯顿家的书信也是如此,其中约15封来自16岁至20岁的家中的青年。[178]其中一封是威廉·帕斯顿二世(William Paston II)在1452年16岁时写的,传递了一个年轻人在八卦当地一位牧师一直诽谤家人时的兴奋之情。另一封是1479年19岁的威廉·帕斯顿三世(William Paston III)写的,在他对遇到一个心仪女孩的自信中流露出某种稚嫩,其中夹杂着他作为伊顿公学学生时写的一首拉丁对联诗的骄傲。[179]然而,一般来说,帕斯顿的年轻人在他们20岁左右的时候就以成熟和务实的方式写作。

这里还有一封信值得一提,尽管它是写给一个年轻人的,而不是由一个年轻人写的。1476年,加来(Calais)的一位商人托马斯·贝特森(Thomas Betson)正在追求他的搭档斯托纳(Stonor,牛津郡)的威廉·斯托纳(William Stonor)的继女凯瑟琳·里切(Katherine Ryche)。按我们的说法,她差不多是个孩子,大约13岁,但按他们的说法,她差不多是个成年人了。他们互相通信。凯瑟琳给托马斯寄去一个"信物"和一封由她继父的侍从写的信,他的回信被保存了下来。在某种程度上,这是一件成年人的作品,包含爱的表达和对凯瑟琳成长的期待,因为他们可能会结婚。但信的字里行间包含额外的幽默,托马斯觉得这适合他年轻的爱人。凯瑟琳被敦促要吃得好,"这样才能长大,并且快速成长为一个女人"。她被要求向贝特森的马打招呼"并祈祷他为你花四年的时间来帮助你",并对斯托纳家的钟讲话,"祈祷他改正挥霍无度的行为,因为他总是在不适当的时间报时"。它以一个私人笑话结尾:"在大海这边的大加来,6月的第一天,每个人都去吃饭了,时钟敲到'中午',我们全家都在我身后叫我:'下来!马上下来吃饭!'我给了他们怎样的回答,你早就知道了。"[180]

有些儿童讲关于他们自己的故事,这些故事非常奇怪,以至于引起大人们的注意。萨福克郡的"绿孩子"的故事已经被提到过了,他们声称自己是通过地下通道从另一个地方来的。[181]还有一些看似是由精神疾病造成的,但却被记录,因为它们似乎象征着基督教战胜邪恶或无序的力量。赫里福德的圣托马斯的神迹收集于14世纪早期,讲述英格尔索普(Inglethorp,诺福克郡)的一个可能十几岁的女孩克里斯蒂安·内维农(Christian Nevenon)的经历。一个恶魔答应送她礼物,让她和他

339

睡觉,这使她烦恼了五年,但当她画了个十字后,恶魔被阻止靠近她,她才没有陷入绝境。一天,他带她到一个好地方,向她展示奇迹,包括一张摆满美味食物的桌子,但她再次画十字逃走了。后来,她病倒了,瘫痪了,直到她去了赫里福德的圣祠,才得以康复。这使得她的故事值得添加到收集用来支持圣托马斯被封为圣徒的材料中。[182]

圣奥尔本斯的托马斯·沃尔辛厄姆(Thomas Walsingham of St Albans)编年史描述了 1343 年格雷斯托克(Greystoke)勋爵威廉家的一个青年或年轻男子的冒险经历。他骑着马穿过一片麦田。麦田像大海一样起伏着,一个小小的红人的脑袋从麦田里探出来。当骑士看着他的时候,那人的个子越来越高。他抓住年轻人的缰绳,带着他穿过麦田,来到一个由许多少女侍候的美丽女子面前。她命令把他从马上放下来,把他的皮肉撕开,并剥去他的皮。然后,她切开他的头盖骨,取出他的脑髓,又把脑袋合上。她让年轻人骑上马,打发他走了。结果,他疯了,不得不被拴起来,但他的女友对他保持忠诚,带他去了许多圣祠寻找治疗方法。经过六年的痛苦,他终于在贝弗利做了一个梦,梦里看到那位美丽的女士。她再一次打开他的头,但这次她把他的脑髓放回去了。他恢复理智,娶了女孩,生了 15 个孩子;她死后,他接受圣职,成为一位教区牧师。这个故事还有一个续集。当这位教区牧师主持弥撒,举起神圣的圣饼时,那个小红人又来了,交出了他的权力。"现在你的守护人,"他说,"就是你手中所握的上帝。"[183]

中世纪的人长大后会更愿意保存童年的记忆吗? 在这方面,证据也相对不足。在中世纪,自传并不是一种成熟的文学体裁。在写于约 400 年的《忏悔录》(Confessions)中,圣奥古斯丁确实描述了他的生活,包括他的童年和青少年时期。一些 12 世纪的作家给我们讲他们早年的故事。我们已经看到,奥德里克·维塔利斯回忆他的洗礼和离家,还有索尔兹伯里的约翰回忆他童年时的神奇经历。[184]沃尔特·梅普在五十多岁时回忆他十三四岁的时候,认为那是他一生中最快乐的时光。[185]威尔士的杰拉尔德在他的作品中写了很多关于他自己的东西,尽管只有一小部分是关于他的童年。他说出了自己的家庭,提到自己的出生地马诺比尔城堡(Manorbier Castle,彭布罗克郡),还讲述了自己和兄弟们在沙滩上玩耍的故事。[186]他还记录了老牧师埃利奥多尔关于 12 世纪上半叶的童年回忆。这个人说,在他 12 岁的时候,他遇到两个矮小的人,他们带他穿过一条黑暗的隧道,来到一个美丽的地方,那里的天空被乌云覆盖着,没有太阳、月亮和星星。那里住着一些矮小的人,他们的马和狗都是比例协调的,他们欢迎他,并允许他来往于他们的土

340

地和威尔士之间。这个故事像童话一样结束了。埃利奥多尔的母亲怂恿他偷一个金球，他照做了，结果被人追赶，丢了金球。通往那片美丽土地的路消失了，他再也没有找到。[187]

　　然而，人们对记录童年的兴趣并没有从这些嫩芽中生长出来。杰拉尔德之后，很少有童年回忆通过自传的方式流传下来，直到 15 世纪，并且当这一文学体裁再次开始出现时，它却没有把重点放在人们的早年。厄斯克的亚当在他的编年史中经常提到自己在理查二世和亨利四世治下的事件，只记述了他童年的一件事，而且几乎没有涉及他自己。他的大部分回忆始于 1387 年，那时他还是牛津的一名学生。[188]马格丽·肯普的神秘作品更加以自我为中心，她的职业生涯始于 14 世纪 90 年代中期她第一个孩子的出生。[189]15 世纪的诗人约翰·利德盖特用诗歌简短地描述了他的青少年时代，但既没有历史意义，也不深情。相反，他把自己描绘成一个典型的道德家的孩子：顽皮、不敬、善变。他认为他的童年和随之而来的青春期与他后来的生活相比是不成熟的时期。[190]直到 16 世纪中期，自传才开始以一种重要的方式关注童年。[191]

　　中世纪的传记比自传要多，但也仅限于对年轻人的关注。圣徒的生活很普遍，但在他们对童年的描绘中往往非常一般。这个圣洁的孩子已经是未来的圣徒：圣迹事件预示着他的诞生，其智慧和虔诚远远领先于他的时代。国王和骑士的生活更少，通常都是从他们英雄少年时期的战争壮举开始的。威廉·马歇尔的传记记载他在大约 5 岁时被劫持为人质，并与斯蒂芬国王一起扮演"骑士"；而沃里克的理查德伯爵的传记是一个更典型的例子，故事从出生和受洗一下子跳转到他 17 岁成为骑士。[192]这些作品反映了传记作家们缺乏对童年的兴趣，而不是缺乏对童年的记忆。当作者们费心这么做的时候，他们完全有能力找到关于他们的英雄出身的证据。蒙茅斯的托马斯（Thomas of Monmouth）大概是从诺里奇的威廉的家庭成员那里发现了大量关于诺里奇的威廉的童年证据的。[193]13 世纪阿宾顿的圣埃德蒙和奇切斯特的圣理查德、14 世纪赫里福德的圣托马斯和 15 世纪布里德灵顿的圣约翰的传记作者们都是从认识他们的人那里收集有关他们早期生活的信息。[194]最重要的是，涉及重建过去的法律记录——年龄证明、婚姻诉讼和财产所有权案件——表明，证人可以在必要时回忆起自己和他人年轻时发生的事情。

　　因此，中世纪的成年人对早期生活的回忆或谈论，未必就比我们今天少。一个叫约翰·希林福德（John Shillingford）的人就是这样做的，他很重视自己的出身，他是 1388 年埃克塞特大教堂的教士。当他在那一年立遗嘱时，他有机会在大教堂里选择一个赋予他生命地位的坟墓，他可以躺在那里，靠近庄严的礼拜仪式。但是他没有接受。相反，他的思绪转向达特穆尔（Dartmoor）地区怀德科姆（Widecombe）的高沼地教堂，他的母亲就葬在那里，他要求葬在她的旁边，这样"在我迎接人生的地方，也可以在那里作最后的告别"[195]。如今，我们很少有人要求这样的葬礼，但像他一样，我们从未真正失去父母，也从未完全离开过他们的家。在我们的一生中，人、财产和发生的事情都会让我们想起童年。童年的场景和人物回到我们的梦中。只有当我们死的时候，才会完全离开它。

【注释】

[1] Nelson, pp.1—2.

[2] 前文，pp.84—85。

[3] 前文，pp.240—242。

[4] 关于这个主题，参阅 Orme, 1973, pp.75—79。

[5] Hanawalt, 1977, pp.1—22，以及 idem, 1986, pp.156—162, 273。

[6] Grosjean, pp.275—276.

[7] *Acta Sanctorum*, October, i, 618—620.

[8] Grosjean, pp.293—294；对比 Hanawalt, 1993, p.114。

[9] PRO, C 1/424/58；Gardiner, p.117.

[10] *OED*，参看"yeoman""young man"。

[11] Sneyd, pp.24—25.

[12] 前文，pp.84—85。

[13] 前文，pp.223—231。

[14] Fenwick, p.534.

[15] Ibid., pp.535—566.

[16] Ibid., pp.308—313.

[17] *MED*，参看"daie"；*OED*，参看"dey"。

[18] Fenwick, p.544.

[19] Ibid., pp.143—144.

[20] Ibid., pp.194—205.

[21] *Statutes of the Realm*, ii, 57.

[22] Ibid., pp.157—158.

[23] *Rotuli Parliamentorum*, iv, 354；*Calendar of Letter-Books ... of the City of London：Letter-Book K*, ed. R. R. Sharpe(London, 1911), pp.104—105.

[24] *Statutes of the Realm*, ii, 577, 636；iii, 211.

[25] 关于伦敦仆人，参阅 Hanawalt, 1993, pp.173—198。

[26] 关于这项制度的历史，参阅 Lipson, pp.308—325，以及尤其关于伦敦的，Sylvia Thrupp, *The Merchant Class of Medieval London，1300—1500*(Chicago, 1948)，pp.213—219，以及 Hanawalt, 1993, pp.129—171。

［27］关于这个术语，参阅 *MLD*，参看"apprenticius"；*MED*，参看"apprentis"；*OED*，参看"apprentice"。

［28］Thrupp，*Merchant Class*，pp.171—172.

［29］"Indenture of Apprenticeship，Temp.Ric. II"，*The Archaeological Journal*，29(1872)，pp.184—185.

［30］Webb，i，171—172，196；ii，pp.xxxii—xxxiii.

［31］Woolgar，pp.39—41.

［32］Margaret Aston，*Thomas Arundel：A Study of Church Life in the Reign of Richard II*（Oxford，1967），pp.413—414.

［33］Percy，pp.43—45.

［34］Myers，pp.70—74.

［35］*Proceedings and Ordinances of the Privy Council of England*，ed. N. H. Nicolas，7 vols(London，Record Commission，1834—1837)，vii，220—233.

［36］Myers，p.83.

［37］Ibid.，p.118.

［38］Edward duke of York，*The Master of Game*，ed. W. A. and F. Baillie-Grohman(New York，1909，repr. 1974)，pp.123—127.

［39］Crow and Olson，尤其 pp.1—22。

［40］Myers，p.118.

［41］Alan B. Cobban，*The King's Hall within the University of Cambridge in the Later Middle Ages*（Cambridge，1969），尤其 pp.9—28。

［42］Myers，p.137.

［43］Aston，*Thomas Arundel*，pp.411—414.

［44］Andrew Clark，1914，pp.51，55.

［45］Nicolas，1827，pp.29，39.

［46］Hooker，pp.6—10.

［47］前文，pp.325—327。

［48］前文，p.110。

［49］Power，pp.568—581.

［50］Whythorne，p.10.

［51］Thomas of Monmouth，pp.14，16.

［52］Eddius Stephanus，*The Life of Bishop Wilfrid*，ed. Bertram Colgrave(Cambridge，1927)，pp.6—7；*Felix's Life of Saint Guthlac*，ed. Bertram Colgrave(Cambridge，1956)，pp.80—81.

［53］Orderic Vitalis，vi，552—555.

［54］*William of Palerne*，p.135，lines 359—366.

［55］BL，Egerton Roll 8776，m. 5.

［56］*Plumpton Letters*，pp.182—183.

［57］Nelson，p.14.

［58］Ibid.

［59］Ibid.，p.16.

［60］Ibid.

［61］Ibid.，p.15.

［62］Richardson，ii，331—430.

［63］Ibid.，pp.401—403.

［64］前文，p.190。

［65］*2 Henry IV*，V.iii.20，33.

［66］Macray，pp.112—114.

［67］Walter of Henley，pp.400—403.

［68］更进一步，参阅 Hanawalt，1993，pp.116，124—128。

［69］Paris，V，367—368.

［70］Knighton，p.217.

［71］Thomas and Thornley 1938，p.188.

［72］R. Flenley，*Six Town Chronicles of England*（Oxford，1911），p.146.

［73］Hall，pp.588—591；Brewer and Howlett，ii，187—188.

［74］前文，pp.220—221。

［75］*The Court Baron*，ed. F. W. Maitland and W. P. Baildon，Selden Society，4(1890)，pp.36—37，53；对比 *Halmota Prioratus Dunelmensis*，ed. W. H. D. Longstaffe and John Booth，Surtees Society，82(1889)，pp.144，147。

［76］前文，pp.220—221。

［77］Orderic Vitalis，v，20—21；Morey，p.244.

［78］Kirby，p.465；R. H. Helmholz，*Marriage Litigation in Medieval England*（Cambridge，1974），p.155.

［79］Holdsworth，ii，510—511.

［80］Attenborough，pp.20—21，38—39；Crawford，p.52.

［81］A. J. Robertson，pp.184—185.

［82］Bracton，ii，351—353；Pollock and Maitland，i，568—571，580—582.

［83］Bracton，ii，353.

［84］Downer，pp.194—195.

［85］Fenwick，pp.xiv—xvi.

［86］对于这个话题的一个概要，参阅 Kean，pp.364—370。

［87］Attenborough，pp.126—127，156—157.

［88］Ibid.，pp.168—169.

［89］关于以下内容，参阅 Hurnard，尤其 pp.viii，152—156。

［90］前文，p.123，214。

［91］*Year Books of the Reign of King Edward the First*，*Years 30 and 31*，ed. A. J. Horwood(RS，1863)，pp.510—513.

［92］PRO，JUST 3/26/2，m. 4d. 这个男孩的名字有雷金纳德和托马斯两种（但主要是托马斯），他的姓是霍德泰（Hordtegh），但霍德莱（Hordlegh）似乎更有可能。

［93］*Year Books of Edward II*，vol.v：*The Eyre of Kent 6 & 7 Edward II*，vol.i，ed. F. W. Maitland，L. W. V. Harcourt，以及 W. C. Bolland，Selden Society，24(1909)，pp.148—149；*Year Books of Edward the Third*，*Years XI and XII*，ed. A. J. Horwood(RS，1883)，pp.626—627；对比基恩引用的 1488 年的一个例子，Kean，p.367。

［94］*Annales Monastici*，i，134.

［95］*Year Books of the Reign of King Edward the Third*，*Years XI and XII*，ed. Horwood，pp.626—627.

［96］Holdsworth，iii，372；Kean，pp.367—369.

［97］Charles Wriothesley，*A Chronicle of England during the Reigns of the Tudors*，ed. W. D. Hamilton，vol i，Camden Society，new series，11(1875)，p.73.

［98］Hall，p.841；Foxe，v，441—442.

［99］关于以下内容，参阅 Pollock and Maitland，i，318—328；ii，436—445。

［100］Bracton，ii，180；Holdsworth，iii，350—354.

［101］关于以下内容，参阅 Glanvill，pp.82—87；Bracton，ii，250—251；Pollock and Maitland，i，318—328；Walker，1975—1976，pp.104—116；Walker，1988，pp.13—31；以及 Waugh，passim。

［102］例如 Attenborough，pp.18—19；*CPR 1232—1247*，pp.229，301。

［103］W. S. McKechnie，*Magna Carta*，2nd edn.（Glasgow，1914），pp.203—214.

［104］Ibid.，p.214.

［105］关于以下内容，参阅 Glanvill，pp.71，75—76。

［106］Holdsworth，iii，271；Borough Customs，vol.2，ed. Mary Bateson，Selden Society，21（1906），
pp.xcv—c.

［107］Glanvill，pp.84—85；Bracton，ii，254，263.

［108］Pollock and Maitland，i，322—323.

［109］Bracton，ii，250—251；*MED*，参看"cove"。*OED*（参看"cove"）提出另一种含义——"卧室"或"储
藏室"，但中世纪拉丁语 *cova* 指的是后者（*MLD*，参看该词）。

［110］Glanvill，p.82；Bracton，ii，250.

［111］Elaine Clark，1985，pp.333—348.

［112］Edward Coke，*Institutes of the Laws of England*，ed. F. Hargrave and C. Butler（London，1788），
fol. 78b.

［113］Bracton，ii，251.

［114］前文，pp.6—7，230。

［115］前文，p.67。

［116］*OED*，参看"effeminate""feminine""tomboy""womanish"。

［117］前文，p.134。

［118］前文，pp.100—106。

［119］前文，pp.159—160。

［120］前文，pp.299，302。

［121］前文，p.158。

［122］*On the Properties of Things*，i，301—302，306—307.

［123］关于该处和以下内容，参阅 Lyndwood，p.272。拉斯塔尔（Rastall，pp.308—327）提出男孩青春期
推迟的论点，但他的证据似乎只显示一些男孩在 14 岁后的几年里，某些青春期前的特征仍然
存在。

［124］Adam of Usk，pp.244—245.

［125］*CIPM*，xiii，pp.130—135；J. H. Wylie，*History of England under Henry the Fourth*，4 vols
（London，1898，repr. New York，1969），iii，324—325；iv，132.

［126］前文，p.57。

［127］Nicholas Love，*The Mirrour of the Blessed Lyf of Jesu Christ*，ed. L. F. Powell（Oxford，1908），
pp.46—47.

［128］McNeil and Gamer，1938，p.170；Bieler，pp.66—67，74—75.

［129］Lyndwood，p.272；Bracton，ii，251.

［130］前文，p.358，note 178。

［131］到 1600 年左右，英格兰男性的平均结婚年龄是 28 岁，女性是 26 岁（Wrigley and Schofield，
pp.255，423）。在 15 世纪的黑尔斯欧文（Halesowen，伍斯特郡），农民的结婚年龄被认为会更低
（Razi，pp.63—64，135—137），但这其中的真相还不清楚。

［132］*Councils and Synods I*，ii，678—679.

［133］*On the Properties of Things*，i，263；Aquinas，vol.xiii（part ii，second part，question 154，articles
11—12）；*Councils and Synods II*，i，219；*Dives and Pauper*，i part ii，58. 亦可参阅，一般而言，
James A. Brundage，*Law，Sex，and Christian Society in Medieval Europe*（Chicago and London，
1987），尤其 pp.60—61，109—110，165—167，212—214。

［134］*Novum Glossarium Mediae Latinitatis*，ed. Franz Blatt，vol.M—N（Copenhagen，1959—1969），参
看 *mollities*；*MED* 和 *OED*，参看"pollution"；*Dives and Pauper*，i part ii，58。

［135］*Councils and Synods II*，i，219；ii，1064.

［136］Mirk，1974，lines 1347—1414；对比 *Yorkshire Writers：Richard Rolle of Hampole and his Fol-*

lowers，ed. C. Horstman，2 vols(London，1895—1896)，ii，341—343。

[137] Burgo，fol. 40r.

[138] Mirk，1974，lines 223—225.

[139] J. S. Hamilton，*Piers Gaveston，Earl of Cornwall 1307—1312*(Detroit and London，1988)，pp.16—17；Pierre Chaplais，*Piers Gaveston：Edward II's Adoptive Brother*(Oxford，1994)，pp.7—8，21. 对于同性恋不是一个大问题的类似观点，参阅 Pollock and Maitland，ii，556—557。

[140] Robbins，pp.xxxix，7，22.

[141] *Index*，no.445；Robbins，p.xxxix.

[142] *Index*，no.1091；*An Old English Miscellany*，ed. R. Morris，EETS，os，49(1872)，pp.190—191.

[143] 前文，p.230；Robbins，pp.6—7，18—25。

[144] Palsgrave，fol. 159r.

[145] *Court Rolls of the Manor oJ Wakefield*，ed. John Lister，vol. iv，Yorkshire Archaeological Society，Record Series，78(1930)，pp.53—54，155.

[146] Britton，pp.50—53.

[147] *MLD*，参看"childwita""legerwita"；*MED*，参看"child-wite""leir""leir-wite"；*OED*，参看"child-wite""lairwite"；*The Court Baron*，ed. Maitland and Baildon，p.102。

[148] 前文，p.57。

[149] Ibid.，p.23.

[150] Richardson，ii，368，409.

[151] Caxton，1971，pp.19—20，59，79—92.

[152] Mustanoja，pp.158—163.

[153] Ibid.，pp.173—175.

[154] Ibid.，pp.162—169.

[155] *Paston Letters*，i，pp.liv—lxiii；Kempe，p.6.

[156] 例如，参阅 *CIPM*，xiii，pp.91，166，168。

[157] Fryde，pp.39，59.

[158] Nigel Saul，*Richard II*(New Haven and London，1997)，pp.226—230.

[159] Furnivall，1897，pp.25—28.

[160] Bracton，ii，257，263—264；*Statutes of the Realm*，i，part ii，3.

[161] Friedberg，i，1100；M. M. Sheehan，"Marriage Theory and Practice in the Conciliar Legislation and Diocesan Statutes of Medieval England"，*Mediaeval Studies*，40(1978)，pp.408—460.

[162] *Councils and Synods I*，ii，991；对比 981。

[163] Douie and Farmer，ii，20—27.

[164] *Councils and Synods II*，i，135，351—352，376，412.

[165] Robert of Flamborough，pp.64，85；Helmholz，*Marriage Litigation*，pp.98—99.

[166] Lyndwood，p.272；Aquinas，vol. xix(supplement，question 43，article 2)；Mannyng，lines 1663—1676.

[167] Furnivall，1897，pp.25—28.

[168] John Fisher，pp.292—293.

[169] 前文，pp.84—85。

[170] *Paston Letters*，i，341—343，409，541.

[171] Bracton，pp.257，264；*Statutes of the Realm*，i，part ii，3.

[172] *Fleta*，ed. H. G. Richardson 以及 G. O. Sayles，vol.2，Selden Society，72(1953)，p.27。

[173] Walker，1982，pp.123—134.

[174] 前文，p.144。

[175] Chaucer，"Canterbury Tales"，I(A)，line 95；"Troilus and Criseyde"，book ii，lines 824—826，

876—882.

[176] Orme, 1998, p.76.

[177] 这些信被保存在 BL，Cotton MS Vespasian F. III, fol. 9［印于 *Original Letters Illustrative of English History*，ed. Henry Ellis, 3 vols(London，1824)，i，9—10］，以及 Cotton MS Vespasian EXIII, fol. 35［印于 S. Bentley, *Excerpta Historica*(London，1831)，pp.8—9］。

[178] *Paston Letters*，i，nos. 81，83—84，114—117，231，317—320，406—407，421.

[179] Ibid.，nos. 81，407.

[180] *Stonor Letters*，ii，6—8.

[181] 前文，p.92。

[182] *Acta Sanctorum*，October，i，677—678.

[183] Walsingham，1863—1864，i，261—262.

[184] Orderic Vitalis，iii，6—9，146—147；vi，552—555；前文，p.102。

[185] Map，pp.166—167.

[186] 前文，p.175。

[187] Gerald of Wales，1861—1891，vi，75—77.

[188] Adam of Usk，pp.12—16，86—87.

[189] Kempe，p.6.

[190] Lydgate，1911，pp.352—354.

[191] 例如 Whythorne，pp.7—18。

[192] 前文，p.181；Dillon and Hope，plates 1—3。

[193] Thomas of Monmouth，pp.12—53.

[194] Lawrence，pp.203，223—226；Acta Sanctorum，April，i，278—279；Ibid.，October，v，137—138.

[195] *The Register of Edmund Stafford*，［*Bishop of Exeter*，］，1395—1419，ed. F. C. Hingeston-Randolph(London and Exeter，1886)，p.387. 对于埋葬在父母身边的其他请求，参阅 Daniell，pp.101—102。

缩略词列表

342 BL　　　　British Library, London

Bodleian　　Bodleian Library, Oxford

CCR　　　　*Calendar of Close Rolls*

CIPM　　　*Calendar of Inquisitions Post Mortem*

CPL　　　　*Calendar of Papal Letters*

CPR　　　　*Calendar of Patent Rolls*

EETS, es　　Early English Text Society, extra series

EETS, os　　Early English Text Society, original series

EETS, ss　　Early English Text Society, supplementary series

HMC　　　　*Historical Manuscripts Commission*

Index　　　Carleton Brown and R. H. Robbins, *The Index of Middle English Verse* (New York, 1943), and R. H. Robbins and J. L. Cutler, *Supplement to the Index of Middle English Verse* (Lexington, Kentucky, 1965)

LPFD　　　*Letters and Papers, Foreign and Domestic, Henry VIII*

MED　　　　*Middle English Dictionary*, ed. Hans Kurath and Sherman M. Kuhn (Ann Arbor, Mich., and London, 1956—, in progress)

MLD　　　　*Dictionary of Medieval Latin from British Sources*, ed. R. E. Latham and D. R. Howlett (London, 1975—, in progress)

OED　　　　*Oxford English Dictionary*

PRO　　　　Public Record Office, London

336

RS   Rolls Series，99 titles(London，1858—1896)

STC   A. W. Pollard and G. R. Redgrave，*A Short-Title Catalogue of Books Printed in England ... 1475—1640*，2nd ed.，3 vols(London，1976—1991)

VCH   *Victoria History of the Counties of England*，ed. H. A. Doubleday，William Page，and others(London，1900—，in progress)

参考文献

未出版的资料

367 Aberystwyth, National Library of Wales
   MS Peniarth 356B
   MS Porkington 10

Cambridge, Gonville and Caius College
   MS 174/95
   MS 417/447

Cambridge, St John's College
   MS F.26
   MS N.24

Cambridge, University Library
   MS Ff.2.38

Exeter, Cathedral Archives
   D&C 3673—3674

Exeter, Devon Record Office
   296A/PW4—5(Modbury)

Glasgow, University Library
   MS Hunter 472
   MS Hunter U.1.1.

Lincoln Cathedral Library
   MS 132

London, British Library
   Add. MS 4712
   Add. MS 6213
   Add. MS 14997
   Add. MS 18850
   Add. MS 30506
   Add. MS 42130
   Add. MS 60577
   Cotton MS Caligula A.II
   Cotton MS Julius B.XII
   Cotton MS Faustina A.V
   Cotton MS Vespasian F.III
   Cotton MS Vespasian F.XIII
   Egerton Roll 8776
   Harley MS 208
   Harley MS 642
   Harley MS 1002
   Harley MS 2398
   Harley MS 3954
   Harley MS 4712
   Harley MS 6079
   Royal MS 14 E.III

Royal MS 19 C.VII
Sloane MS 1584
Stowe MS 57

London，College of Arms
MS Arundel 6

London，Public Record Office
C 1 Early Chancery Proceedings
C 47 Chancery Miscellanea
C 270 Chancery Ecclesiastical Miscellanea
DL 28 Duchy of Lancaster，Accounts(Various)
E 101 Exchequer，K. R.，Accounts(Various)
E 372 Exchequer，L. T. R.，Pipe Rolls
E 301 Exchequer，Augmentations，Certificates of Colleges and Chantries
E 404 Exchequer of Receipt，Writs and Warrants for Issues
JUST 1 Records of the Justices Itinerant，Assize Rolls
JUST 2 Records of the Justices Itinerant，Coroners' Rolls
JUST 3 Records of the Justices Itinerant，Gaol Delivery Rolls
SP 1 State Paper Office，State Papers(Henry VIII)

Oxford，Balliol College
MS 230
MS 354

Oxford，Bodleian Library
MS Ashmole 176
MS Bodley 264
MS Bodley 619
MS Bodley 789
MS Bodley 828
MS Digby 86
MS Douce 12
MS Douce 135
MS Douce 231
MS Douce 276
MS Dugdale 47
MS Eng. hist b. 208
MS Eng. poet e. 1
MS Gough liturg. 3
MS Laud misc. 601
MS Lincoln College lat. 129(E)
MS Lincoln College lat. 130
MS Rawlinson C 209
MS Rawlinson D 328
MS Wood donat. 4
MS Wood empt. 20

Oxford，New College
MS 264

Winchester，Winchester College
21490A(Registrum Primum)

Yale University，Beinecke Library
MS 3(34)

368

出版的资料

The ABC both in Latyn & Englyshe，ed. E. S. Shuckburgh(London，1889).

An Early Sixteenth-Century ABC in Latin after the Use of Sarum [ed. W. H. Allnutt(Lanhydrock，1891)].

Acta Sanctorum，69 vols(Antwerp and Brussels，1643—，in progress).

Adam of Usk. *The Chronicle of Adam of Usk 1377—1421*，ed. C. Given-Wilson(Oxford 1997).

Aesop—参阅 Caxton。

Alexander，Jonathan，and Binski，Paul.(eds.) *Age of Chivalry：Art in Plantagenet England 1200—1400*(London，1987).

Alexandre-Bidon，Danièle. "La Lettre volée：apprendre à lire à l'enfant au moyen âge"，*Annales*，44 (1989)，pp.953—992.

Alexandre-Bidon, Danièle, and Lett, Didier *Les Enfants au Moyen Age: Ve—XVe siècles* (Paris, 1997a); translated as *Children in the Middle Ages: Fifth-Fifteenth Centuries* (Notre Dame, Indiana, 2000).

Alexandre-Bidon, Danièle. "La vie en miniature: dînettes et poupées à la fin du Moyen Age", *Ludica*, 3(1997b), pp.141—150.

Alexandre-Bidon, Danièle. "Images du père de famille au Moyen Age", *Cahiers de Recherches Médiévales* (*Xllle—XVe siècles*), 4(1997c), pp.41—60.

Ancrene Wisse, ed. J. R. R. Tolkien, EETS, os, 249(1962).

Anglo, Sydney. "The Court Festivals of Henry VII", *Bulletin of the John Rylands Library*, 43(1960—1961), pp.12—45.

Annales Monastici, ed. H. R. Luard, 5 vols(RS, 1864—1869).

Aquinas, Thomas. *Summa Theologica*. 22 vols(London. 1920—1924).

Ariès, Philippe. *L'Enfant et la vie familiale sous l'Ancien régime* (Paris, 1960); translated as *Centuries of Childhood* (London, 1962).

Aristotle. *The Complete Works of Aristotle: the revised Oxford translation*, ed. Jonathan Barnes. 2 vols (Princeton, 1984).

Asser. *Life of King Alfred*, ed. W. H. Stevenson, new ed.(Oxford, 1959).

Attenborough, F. L.(ed.) *The Laws of the Earliest English Kings* (Cambridge, 1922).

Baker, D. C., Murphy, J. L., and Hall, L. B.(eds.) *The Late Medieval Religious Plays of Bodleian MSS Digby 133 and e Museo 160*, EETS, os, 283(1982).

Banting, H. M. J.(ed.) *Two Anglo-Saxon Pontificals*, Henry Bradshaw Society, 104(1989).

Barclay, Alexander. *The Ship of Fools*, ed. T. H. Jamieson, 2 vols(Edinburgh and New York, 1874; reprinted New York, 1966).

Barclay, Alexander. *The Eclogues of Alexander Barclay*, ed. Beatrice White, EETS, os, 175(1928).

Bartholomaeus Anglicus. *De Rerum Proprietatibus* (Dillingen, 1506). 亦可参阅 *On the Properties of Things*。

Bede. *Ecclesiastical History of the English People*, ed. B. Colgrave and R. A. B. Mynors (Oxford, 1991).

Bennett, Michael. "Spiritual Kinship and the Baptismal Name in Traditional European Society", in *Principalities, Powers and Estates: Studies in Medieval and Early Modern Government and Society*, ed. L. O. Frappell(Adelaide, 1979), pp.1—14.

The Romance of Sir Beues of Hamtoun, ed. Eugen Kölbing, 3 parts, EETS, es, 46, 48, 65(1885—1894).

Bieler, L.(ed.) *The Irish Penitentials* (Dublin, Scriptores Latini Hiberniae, vol.5, 1963).

Bishop Percy's Folio Manuscript: Ballads and Romances. ed. J. W. Hales and F. J. Furnivall, 3 vols (London, 1867—1868).

Blake, N. F. *William Caxton: a Bibliographical Guide* (New York and London, 1985).

Boswell, John. *Christianity, Social Tolerance, and Homosexuality* (Chicago and London, 1980).

Boswell, John. *The Kindness of Strangers: the Abandonment of Children in Western Europe from Late Antiquity to the Renaissance* (New York and London, 1988).

Bowers, Roger. "To Chorus from Quartet: the Performing Resource for English Church Polyphony, *c*.1390—1559", in *English Choral Practice 1400—1650*, ed. John Morehen (Clambridge, 1995), pp.1—47.

Bowers, Roger. "The Almonry Schools of the English Monasteries, *c*.1265—1540", in *Monasteries and Society in Medieval Britain*, ed. Benjamin Thompson(Stamford, 1999), pp.177—222.

Bracton, Henry. *On the Laws and Customs of England*, ed. G. E. Woodbine and S. E. Thorne, 4 vols (Cambridge, MA, 1968—1977).

Brewer, J. S., and Howlett, R.(eds.) *Monumenta Franciscana*, 2 vols(RS, 1858—1882).

Brightman, F. E.(ed.) *The English Rite*, 2 vols(London. 1921).

Britton, Edward. *The Community of the Vill*(Toronto, 1977).

Brown, Carleton.(ed.) *Religious Lyrics of the XVth Century*(Oxford, 1939).

Brown, Carleton.(ed.) *Religious Lyrics of the XIVth Century*, 2nd edn.(Oxford, 1957].

Brown, Carleton, and Robbins, R. H. *The Index of Middle English Verse*(New York, 1943), with *Supplement to the Index of Middle English Verse*, ed. R. H. Robbins and J. L. Cutler(Lexington, Kentucky, 1965).

Bruegel, Pieter. *Complete Edition of the Paintings*, ed. F. Grossmann, 3rd edn.(London, 1973).

Bühler, Curt F. "Prayers and Charms in Certain Middle English Scrolls", Speculum, 39 (1964), pp.270—278.

Burgo, John de. *Pupilla Oculi*(London, 1510).

Burrow, J. A. *The Ages of Man: A Study in Medieval Writing and Thought* (Oxford, 1986).

Byrne, Muriel St.Clare.(ed.) *The Elizabethan Home*, *Discovered in two Dialogues by Claudius Hollyband and Peter Erondell*, 3rd edn.(London, 1949).

Calendar of Close Rolls, 47 vols(London, Public Record Office, 1900—1963).

Calendar of Inquisitions Miscellaneous(London, Public Record Office, 1916—, in progress).

Calendar of Inquisitions Post Mortem(London, Public Record Office, 1904—, in progress).

Calendar of Liberate Rolls, 6 vols(London, Public Record Office, 1917—1964).

Calendar of Papal letters(London, Public Record Office, 1894—1960; Dublin, 1978—, in progress).

Calendar of Patent Rolls(London, Public Record Office, 1901—, in progress).

Catholicon Anglicum, ed. Sidney. J. H. Herrtage, EETS, os, 75(1881).

Caxton, William. *Caxton's Blanchardyn and Eglantine*, ed. Leon Kellner, EETS, es, 53(1890).

Caxton, William. *The Book of the Knight of the Tower*, ed. M. Y. Offord, Early English Text Society, supplementary series 2(1971).

Caxton, William. *The History and Fables of Aesop*, ed. E. Hodnett(London, 1976).

The Cely Letters, ed. Alison Hanham, EETS, os, 273(1975).

Chambers, E. K. *The Medieval Stage*, 2 vols(London, 1903).

Chaucer, Geoffrey. *The Riverside Chaucer*, ed. Larry D. Benson, 3rd edn.(Oxford, 1988).

Chauliac, Guy de. *The Cyrurgie of Guy de Chauliac*, ed. Margaret S. Ogden, vol.i, EETS, os, 265 (1971).

The Chester Mystery Cycle, ed. R. M. Lumiansky and David Mills, vol.i, EETS, ss, 3(1974).

Child, Francis James.(ed.) *The English and Scottish Popular Ballads*, 5 vols(New York, 1882—1888, reprinted 1965).

Christopherson, Paul. *The Ballad of Sir Aldingar: its origin and analogues*(Oxford, 1952).

Clanchy, Michael. *From Memory to Written Record: England 1066—1307*, 2nd edn.(Oxford, 1993).

Clark, Andrew.(ed.) *The English Register of Godstow Nunnery*, part i, EETS, os, 129(1905).

Clark, Andrew.(ed.) *Lincoln Diocese Documents 1450—1544*, EETS, os, 149(1914).

Clark, Cecily. "English Personal Names *ca.*650—1300: some prosopographical bearings". *Medieval Prosopography*, 8 part 1(1987), pp.31—60.

Clark, Elaine. "The Custody of Children in English Manorial Courts", *Law and History Review*, 3(1985), pp.333—348.

Clayton, Muriel. *Victoria and Albert Museum: Catalogue of Rubbings of Brasses and Incised Slabs*

369

(London, 1968).

Close Rolls, *Henry III*, 14 vols(London, Public Record Office, 1902—1938).

Cockayne, Oswald. (ed.) *Leechdoms*, *Wortcunning*, *and Starcraft of Early England*, 3 vols (RS, 1864—1866).

Coleman, Joyce. *Public Reading and the Reading Public in Late Medieval England and France* (Cambridge, 1996).

Colgrave, B.(ed.) *Two Lives of St Cuthbert* (Cambridge, 1940).

Comenius, Jan Amos. *Orbis Sensualium Pictus*, trans. Charles Hoole(London. 1659; repr., Menston, 1970).

Cooper, Helen. *Great Grandmother Goose* (London, 1978).

Coster, William. "'From Fire and Water': the Responsibilities of Godparents in Early Modern England", in *The Church and Childhood*, ed. Diana Wood(Oxford, 1994), pp.301—311.

Councils and Ecclesiastical Documents Relating to Great Britain and Ireland, ed. A. W. Haddan and W. Stubbs, 3 vols(Oxford, 1869—1873).

Councils and Synods I: *A.D. 871—1204*, ed. Dorothy Whitelock, M. Brett, and C. N. L. Brooke, 2 vols(Oxford, 1981).

Councils and Synods II: *A.D. 1205—1313*, ed. F. M. Powicke and C. R. Cheney, 2 vols(Oxford, 1964).

Cox, J. Charles. *The Parish Registers of England* (London, 1910).

Cramer, Peter. *Baptism and Change in the Early Middle Ages*, *c*.200—*c*.1150(Cambridge, 1993).

Crawford, Sally. *Childhood in Anglo-Saxon England* (Stroud, 2000).

Crow, Martin M., and Olson, Clair C.(eds.) *Chaucer Life-Records* (Oxford, 1966).

The Dance of Death, ed. Florence Warren and Beatrice White, EETS, os, 181(1931).

Daniell, Christopher. *Death and Burial in Medieval England*, *1066—1550* (London and New York, 1997).

De Mause, Lloyd.(ed.) *The History of Childhood* (New York, 1974).

Dillon, Viscount, and Hope, W. H. St J.(eds.) *Pageant of the Birth*, *Life and Death of Richard Beauchamp*, *Earl of Warwick* (London, 1914).

Dives and Pauper, ed. Priscilla Heath Barnum, vol.i, parts i—ii, EETS, cjs, 275, 280(1976—1980).

Dobson, R. B., and J. Taylor. *Rymes of Robyn Hood*: *an introduction to the English outlaw* (London, 1976).

Douie, Decima L., and Farmer, D. H.(eds.) *Magna Vita Sancti Hugonis*, 2nd edn., 2 vols(Oxford, 1985).

Downer, L. J.(ed.) *Leges Henrici Primi* (Oxford, 1972).

Dudley, Martin R. "*Natalis Innocentium*: the Holy Innocents in Liturgy and Drama", in *The Church and Childhood*, ed. Diana Wood(Oxford, 1994), pp.233—242.

Duffy, Eamon. *The Stripping of the Altars*: *Traditional Religion in England c.1400—c.1580* (New Haven and London, 1992).

Dunstan, G. R. "The Human Embryo in the Western Moral Tradition", in *the Status of the Human Embryo*, ed. G. R. Dunstan and Mary J. Seller(London, 1988).

Dyboski, R.(ed.) *Songs*, *Carols and other Miscellaneous Pieces from the Balliol MS. 354*, *Richard Hill's Commonplace-Book*, EETS, es, 101(1908).

Eadmer. *The Life of St Anselm*, ed. R. W. Southern(London, 1962).

Egan, Geoff. *Base-Metal Toys* (Oxford, Finds Research Group, Datasheet 10, [1985]).

Elyot, Sir Thomas Elyot. *The Boke Named the Gouernour* (London, 1531; repr. Menston, Yorks.,

370

1970).

Fenwick, Carolyn C.(ed.) *The Poll Taxes of 1377, 1379 and 1381*, part i(London, British Academy, Records of Social and Economic History, new series, 27, 1998).

Finucane, Ronald C. *The Rescue of the Innocents: Endangered Children in Medieval Miracles*(London, 1997).

Fisher, John. *The English Works of John Fisher*, ed. J. E. B. Mayor, vol.i, EETS, es 27(1876).

Fisher, J. D. C. *Christian Initiation: Baptism in the Medieval West*, Alcuin Club Collections. 47(1965).

Fisher, J. D. C. *Christian Initiation: the Reformation Period*, Alcuin Club Collections, 51(1970).

Floris and Blancheflour, ed. A. B. Taylor(Oxford, 1927).

Floris and Blauncheflur, ed. F. C. de Vries(Groningen, 1986).

Flügel. E. "Liedersammlungen des XVI Jahrhunderts, besonders aus der Zeit Heinrichs VIII", *Anglia*, 26(1903), pp.104—132.

Fossier, Robert.(ed.) *La petite Enfance dans l'Europe médiévale et moderne*(Toulouse, 1997).

Foxe, John. *Acts and Monuments*, ed. J. Pratt, 4th edn., 8 vols(London, 1877).

The Middle English Lai le Freine, ed. Margaret Wattie, Smith College Studies in Modern Languages, 10 part 3(Northampton, Mass., 1929).

Friedberg, E.(ed.) *Corpus Juris Canonici*, 2 vols(Leipzig, 1879—1881).

Fryde, E. B., Greenway, D. E., Porter, S., and Roy, I. *Handbook of British Chronology*, 3rd edn.(London, Royal Historical Society, 1986).

Furnivall, F. J.(ed.) *Early English Meals and Manners*, EETS, os, 32(1868a, repr. 1931).

Furnivall, F. J.(ed.) *Caxton's Book of Curtesye*, EETS, es, 3(1868b).

Furnivall, F. J.(ed.) *Child-Marriages, Divorces, and Ratifications*, &. c. in the Diocese of Chester, A.D. 1561—1566, EETS, os, 108(1897).

Galbraith, V. H.(ed.) *The Anonimalle Chronicle 1333 to 1381*, 2nd edn.(Manchester, 1970).

Gardiner, Dorothy. *English Girlhood at School*(London, 1929).

Gerald of Wales. *Opera*, ed. J. S. Brewer *et al*, 8 vols(RS, 1861—1891).

Gerald of Wales. *The Autobiography of Giraldus Cambrensis*, ed. H. E. Butler(London, 1937).

Gieben, Servus. "Robert Grosseteste and Medieval Courtesy Books", *Vivarium*, 5(1967), pp.47—74.

Giles of Rome. *De Regimine Principum*(Rome, 1556).

Gittings, Clare. *Death, Burial and the Individual in Early Modern England*(London, 1984).

Given-Wilson, Chris, and Curteis, Alice. *The Royal Bastards of Medieval England*(London, 1984).

Glanvill. *The Treatise on the Laws and Customs of the Realm of England Commonly Called Glanvill*, ed. G. D. G. Hall(London, 1965).

Gordon, Eleanora C. "Accidents among Medieval Children as Seen from the Miracles of Six English Saints and Martyrs", *Medical History*, 35(1991), pp.145—163.

Greene, R. L.(ed.) *The Early English Carols*, 2nd edn.(Oxford, 1977).

Grente, G.(ed.) *Dictionnaire des Lettres françaises: Le Moyen Age*, ed. R. Bossuat, L. Pichard, and G. Raynaud de Lage, 2nd edn.(Paris, 1994).

Grosjean, Paul.(ed.) *Henrici VI Angliae Regis Miracula Postuma*(Brussels, Société des Bollandistes, Subsidia Hagiographica, 22, 1935).

Gurney, Daniel. "Extracts from the Household and Privy Purse Accounts of the Lestranges of Hunstanton", *Archaeologia*, 25(1834), pp.411—569.

Haas, Louis. "Social Connections between Parents and Godparents in Late Medieval Yorkshire", *Medieval Prosopography*, 10 part i(1989), pp.1—21.

Hale, W. H. *A Series of Precedents and Proceedings in Criminal Causes*, 2nd edn. (Edinburgh,

1973).

Hall, Edward. *Chronicle Containing the History of England* (London, 1809).

Hanawalt, Barbara. "Childrearing among the Lower Classes of Late Medieval England", *Journal of Interdisciplinary History*, 8(1977), pp.1—22.

Hanawalt, Barbara. *The Ties that Bound: Peasant Families in Medieval England* (New York and Oxford, 1986).

Hanawalt, Barbara. *Growing up in Medieval London* (New York and Oxford, 1993).

Hands, Rachel. *English Hawking and Hunting in "The Boke of St Albans"* (London, 1975).

Hanham, Alison. (ed.) *Churchwardens' Accounts of Ashburton*, Devon and Cornwall Record Society, new series 15(1970).

Hector, L. C., and Harvey, Barbara. (eds.) *The Westminster Chronicle 1381—1394* (Oxford, 1982).

Hellinga, Lotte. *Caxton in Focus: the beginning of printing in England* (London, 1982).

Hodnett, Edward. *English Woodcuts 1480—1535*, 2nd edn. (Oxford, 1973).

Holdsworth, W. S. *A History of English Law*, 12 vols (London, 1922—1938).

Homans, G. C. *English Villagers of the Thirteenth Century*, 2nd edn. (New York, 1960).

[Hooker, John.] *The Life and Times of Sir Peter Carew, Kt.*, ed. J. Maclean (London, 1857).

Hoole, Charles. *The Petty Schoole* (London, 1659).

Horman, William. *Vulgaria* (London, 1519, repr. Amsterdam, 1975).

Houlbrooke, Ralph A. *The English Family 1450—1700* (London, 1984).

Howell, Cicely. *Land, Family and Inheritance in Transition: Kibworth Harcourt 1280—1700* (Cambridge, 1985).

Hughes, Paul L., and Larkin, James F. (eds.) *Tudor Royal Proclamations*, 3 vols (New Haven and London, 1964—1969).

Hull, P. L., and Sharpe, Richard. "Peter of Cornwall and Launceston", *Cornish Studies*, 13(1985), pp.5—53.

Hunnisett, R. F. *Bedfordshire Coroners' Rolls*, Bedfordshire Historical Record Society, 41(1961).

Hurnard, Naomi. *The King's Pardon for Homicide before A.D. 1307* (Oxford, 1969).

Hutton, Ronald. *The Stations of the Sun: a History of the Ritual Year in Britain* (Oxford and New York, 1996).

Hutton, Ronald. *The Rise and Fall of Merry England: the Ritual Year 1400—1700* (Oxford and New York, 1994).

James, M. R. "Twelve Medieval Ghost-stories", *English Historical Review*, 37(1922), pp.413—422.

James, M. R. (ed.) *The Romance of Alexander* (Oxford, 1933).

James, M. R. (ed.) *The Apocryphal New Testament* (Oxford, 1953).

Jarman, A. O. H., and Hughes, Gwilym Rees. (eds.) *A Guide to Welsh Literature c.1182—c.1550*, vol.ii, 2nd edn., rev. Dafydd Johnston (Cardiff, 1997).

John of Salisbury. *Policraticus*, ed. C. C. J. Webb, 2 vols (Oxford, 1909).

John of Salisbury. *Frivolities of Courtiers and Footprints of Philosophers*, trans. J. B. Pike (Minneapolis, 1938).

Johnstone, Hilda. "The Wardrobe and Household of Henry, Son of Edward I", *Bulletin of the John Rylands Library*, 7(1922—1923), pp.384—420.

Judges, A. V. *The Elizabethan Underworld* (London, 1930).

Kean, A. W. G. "The History of the Criminal Liability of Children", *Law Quarterly Review*, 53(1937), pp.364—370.

Kempe, Margery. *The Book of Margery Kempe*, ed. Sanford Brown Meech and Hope Family Allen,

371

EETS, os, 212(1940).

Keynes, Simon, and Lapidge, Michael. (eds.) *Alfred the Great: Asser's Life of King Alfred and other Contemporary Sources* (London, 1983).

Kirby, T. F. *Annals of Winchester College* (London and Winchester, 1892).

Knighton, Henry. *Knighton's Chronicle*, ed. G. H. Martin(Oxford, 1995).

Knowles, David. *The Religious Orders in England*, 3 vols(Cambridge, 1948—1959).

Knowles, David. (ed.) *The Monastic Constitutions of Lanfranc* (Edinburgh and London, 1951).

Knowles, David. *The Monastic Order in England*, 2nd edn.(Cambridge, 1963).

Kurvinen, Auvo. "MS. Porkington 10", *Neuphilologische Mitteilungen*, 54(1953), pp.33—67.

Kussmaul, Ann. *Servants in Husbandry in Early Modern England* (Cambridge, 1981).

Langland, William. *The Vision of William concerning Piers Plowman*, ed. W. W. Skeat, 2 vols(Oxford, 1969).

Latham, R. E., and Howlett, D. R. (eds.) *Dictionary of Medieval Latin from British Sources* (London, 1975—, in progress).

La Tour Landry, Knight of—参阅 Caxlon; Montaiglon; Wright, T.。

Lawrence, C. H. *St Edmund of Abingdon* (Oxford, 1960).

Legg, J. Wickham. (ed.) *The Clerk's Book of 1549*, Henry Bradshaw Society, 25(1903).

Leland, John. *De Rebus Britannicis Collectanea*, ed. T. Hearne, 2nd edn., 6 vols(London, 1770).

Lester, G. A. (ed.) *Three Late Medieval Morality Plays* (London, 1981).

Letters and Papers, Foreign and Domestic, Henry VIII, 21 vols and addenda(London, Public Record Office, 1864—1932).

Lipson, E. *The Economic History of England*, 12th edn., vol.i(London, 1959).

Littlehales, Henry. (ed.) *The Prymer*, 2 vols, EETS, os, 105, 109(1895—1897).

Littlehales, Henry. "A Few Notes on the Primer", reprinted from *The Tablet*, 22 August 1896, intended to be added to EETS, os, 109(1897).

Littlehales, Henry. (ed.) *English Fragments*, EETS, es, 90(1903).

Lucy, Samantha. *The Anglo-Saxon Way of Death* (Stroud, 2000).

Lupton, J. H. *A Life of John Colet*, 2nd edn.(London, 1909).

Lydgate, John. *Table Manners for Children: Stans Puer ad Mensam*, ed. Nicholas Orme(Salisbury 1989; reprinted London, 1990).

Lydgate, John. *The Minor Poems of John Lydgate*, ed. H. N. MacCracken, vol.i, EETS, es, 107(1911).

Lydgate, John. *The Minor Poems of John Lydgate*, ed. H. N. MacCracken, vol.ii, EETS, os, 192(1934).

Lynch, Joseph H. *Godparents and Kinship in Early Medieval Europe* (Princeton, NJ, 1986).

Lyndwood, William. *Provinciale* (Oxford, 1679).

Machyn, Henry. *The Diary of Henry Machyn*, ed. J. G. Nichols, Camden Society, 42(1848).

McNeill, John T., and Gamer, Helena M. *Medieval Handbooks of Penance* (New York, 1938, reprinted 1990).

Macray, W. D. (ed.) *Chronicon Abbatiae Rameseiensis* (RS, 1886).

The Macro Plays, ed. M. Eccles, EETS, os, 262(1969).

Mannyng, Robert. *Handlyng Synne*, ed. Idelle Sullens, Medieval and Renaissance Studies, 14(Binghampton, NY, 1983).

Manuale ad Vsum Percelebris Ecclesie Sarisburiensis, ed. A. Jefferies Collins, Henry Bradshaw Society, 91(1960).

Map, Walter. *De Nugis Curialium: Courtiers' Trifles*, ed. M. R. James, C. N. L. Brooke, and R. A. B. Mynors, 2nd edn.(Oxford, 1983).

Meens, Rob. "Children and Confession in the Early Middle Ages", in The Church and Childhood, ed. Diana Wood(Oxford, 1994), pp.53—65.

Mehl, Jean-Michel. *Les Jeux au royaume de France du xiiie au début du xvie siècle*(Paris, 1990).

Millar, E. G. *The Luttrell Psalter*(London, 1932).

Mirk, John. *Mirk's Festial*, ed. T. Erbe, EETS, es, 96(1905).

Mirk, John. *Instructions for Parish Priests*, ed. Gillis Kristensson, Lund Studies in English, 49(Lund, 1974).

Montaiglon, A. de.(ed.) *Le Livre du Chevalier de la Tour Landry*(Paris, 1854).

Moore, John S. "The Anglo-Norman Family: Size and Structure", *Anglo-Norman Studies: Proceedings of the Battle Conference*, 14(1991), pp.153—196.

372　Moran, Jo Ann Hoeppner. *The Growth of English Schooling 1340—1548*(Princeton, 1985).

More, Thomas. *The Complete Works of St. Thomas More*, ed. R. S. Sylvester et al., 15 vols(New Haven and London, 1963—1997).

Morey, Adrian. *Bartholomew of Exeter*(Cambridge, 1937).

Mustanoja, Tauno F.(ed.) *The Good Wife Taught her Daughter*, Annales Academiae Scientiarum Fennicae, series B, 61 part 2(Helsinki, 1948).

Myers, A. R. *The Household of Edward IV*(Manchester, 1959).

Mynors, R. A. B. *Catalogue of the Manuscripts of Balliol College Oxford*(Oxford, 1963).

Nelson, William,(ed.) *A Fifteenth Century School Book*(Oxford, 1956).

Nicholls, J. W. *The Matter of Courtesy*(Woodbridge, 1985).

Nichols, J. G., and Rimbault, E. F. "Two Sermons Preached by the Boy Bishop", *The Camden Miscellany*, *VII*, Camden Society, new series, 14(1875).

Nicolas, N. H.(ed.) *The Privy Purse Expenses of King Henry the Eighth*(London, 1827).

Nicolas, N. H.(ed.) *Privy Purse Expenses of Elizabeth of York*(London, 1830).

Niles, Philip. "Baptism and the Naming ol Children in Late Medieval England", *Medieval Prosopography*, 3 part i(1982), pp.95—107.

The N-Town Play: Cotton MS Vespasian D.8, ed. Stephen Spector, vol.i, EETS, ss, 11(1991).

Opie, Iona and Peter. *The Lore and Language of Schoolchildren*(London, 1959).

Opie, Iona and Peter. *Children's Games in Street and Playground*(Oxford, 1969).

Opie, Iona and Peter. *The Singing Game*(Oxford, 1985).

Opie, Iona and Peter.(eds.) *The Oxford Dictionary of Nursery Rhymes*, 2nd edn.(Oxford and New York, 1997a).

Opie, Iona and Peter. *Children's Games with Things*(Oxford and New York, 1997b).

Orderic Vitalis. *The Ecclesiastical History of Orderic Vitalis*, ed. Marjorie Chibnall, 6 vols(Oxford, 1968—1980).

Orme, Nicholas. *English Schools in the Middle Ages*(London and New York, 1973).

Orme, Nicholas. *Education in the West of England*, *1066—1548*(Exeter, 1976).

Orme, Nicholas. "The Kalendar Brethren of the City of Exeter", *Reports and Transactions of the Devonshire Association*, 109(1977), pp.153—169.

Orme, Nicholas. "The Guild of Kalendars, Bristol", *Bristol and Gloucestershire Archaeological Soc. Transactions*, 96(1978), pp.33—52.

Orme, Nicholas. *Early British Swimming*, *55 BC—AD 1719*, *with the first swimming treatise in English*, *1595*(Exeter, 1983a).

Orme, Nicholas. "The Medieval Clergy of Exeter Cathedral: II. The Secondaries and Choristers", *Reports and Transactions of the Devonshire Association*, 115(1983b), pp.85—100.

Orme, Nicholas. *From Childhood to Chivalry: the Education of the English Kings and Aristocracy 1066—1530* (London and New York, 1984).

Orme, Nicholas. "Mortality in fourteenth-century Exeter", *Medical History*, 32(1988), pp.195—203.

Orme, Nicholas. *Education and Society in Medieval and Renaissance England* (London and Ronceverte, 1989).

Orme, Nicholas. "Glastonbury Abbey and Education", in *The Early History and Archaeology of Glastonbury Abbey*, ed. Lesley Abrams and J. P. Carley(Woodbridge, 1991), pp.285—299.

Orme, Nicholas. "Medieval Hunting: Fact and Fancy", in *Chaucer's England: Literature in Historical Context*, ed. Barbara A. Hanawalt(Minneapolis, 1992), pp.133—153.

Orme, Nicholas. "Education in the Medieval Cornish Play Beunans Meriasek", *Cambridge Medieval Celtic Studies*, 25(1993), pp.1—13.

Orme, Nicholas. "An English Grammar School ca.1450", *Traditio* 50(1995), pp.261—294.

Orme, Nicholas. "Lay Literacy in England, 1100—1300", in *England and Germany in the High Middle Ages*, ed. Alfred Haverkamp and Hanna Vollrath(London and Oxford, 1996), pp.35—56.

Orme, Nicholas. *Education in Early Tudor England: Magdalen College Oxford and its School* (Oxford, 1998).

Orme, Nicholas. "Schools and Schoolbooks, 1400—1530", in *The Cambridge History of the Book in Britain*, vol.iii, 1400—1557, ed. Lotte Hellinga and J. B. Trapp(Cambridge, 1999), pp.449—469.

Owst, G. R. *Literature and Pulpit in Medieval England*, 2nd edn.(Oxford, 1961).

Page-Phillips, John. *Children on Brasses* (London, 1970).

Palsgrave, John. *Lesclarcissement de la Langue Francoyse* (London, 1530; repr. Menston, 1969).

Pantin, W. A. "Instructions for a Devout and Literate Layman", *Medieval Learning and Literature: Essays Presented to Richard William Hunt*, ed. J. J. G. Alexander and Margaret T. Gibson(Oxford, 1976), pp.398—422.

Paris, Matthew. *Chronica Majora*, ed. H. R. Luard, 7 vols(RS, 1872—1884).

Parkes, M. B. "The Literacy of the Laity", in *Literature and Western Civilization: the Medieval World*, ed. David Daiches and Anthony Thorlby(London, 1973), pp.555—577.

Parkes, W. B. "*Raedan, areccan. smeagan*: how the Anglo-Saxons Read", *Anglo-Saxon England*, 26(1997), pp.1—22.

Parsons, J. C. "The Year of Eleanor of Castile's Birth and her Children by Edward I", *Mediaeval Studies*, 46(1984), pp.245—265.

Paston Letters and Papers of the Fifteenth Century, ed. Norman Davis, 2 vols(Oxford, 1971—1976).

[Percy, Thomas.(ed.)] *The Regulations and Establishment of the Household of Henry Algernon Percy* (London, 1827).

Pierce the Ploughmans Crede, ed. W. W. Skeat, EETS, os, 30(1867).

Plimpton, G. A. *The Education of Chaucer* (Oxford, 1935).

The Plumpton Letters and Papers, ed. Joan Kirby, Royal Historical Society, Camden 5th series, 8(1996).

Pollock, F., and Maitland, F. W. *The History of English Law before the Time of Edward I*, 2nd edn., 2 vols(Cambridge, 1968).

Power, Eileen. *Medieval English Nuneries*, *c.1275 to 1535* (Cambridge, 1922).

Promptorium Parvulorum, ed. A. Way, 3 vols, Camden Society, 25, 54, 89(1843—1865).

On the Properties of Things: John Trevisa's Translation of Bartholomaeus Anglicus De Proprietatibus Rerum, ed. M. C. Seymour et al, 3 vols(Oxford, 1975—1988).

Ramsay, Lee. *Chivalric Romances: Popular Literature in Medieval England* (Bloomington, IN, 1983).

373

Rastall, Richard. *The Heaven Singing*: *Music in Early English Religious Drama*, vol.i(Woodbridge, 1996).

Rastell, John. *Three Rastell Plays*, ed. Richard Axton(Cambridge, 1979).

Ratis Raving, ed. J. R. Lumby, EETS, os, 43(1870).

Razi, Zvi. *Life*, *Marriage and Death in a Medieval Parish*(Cambridge, 1980).

Reaney, P. H. *A Dictionary of British Surnames*, ed. R. M. Wilson(London, 1976).

Richardson, H. G. "Letters of the Oxford Dietatores", in *Formularies which Bear on the History of Oxford*, ed. H. E. Salter *et al.*, 2 vols, Oxford Historical Society, new series, 4—5(1942), ii, 329—450.

Riché, Pierre, and Alexandre-Bidon, Danièle. *L'Enfance au Moyen Age*(Paris, 1994).

Rickert, Edith. *Chaucer's World*(New York and London, 1948).

Robbins, R. H.(ed.) *Secular Lyrics of the XIVth and XVth Centuries*, 2nd edn.(Oxford, 1955).

Robert of Flamborough. *Liber Poenitentialis*, ed. J. J. Francis Firth(Toronto, 1971).

Robertson, A. J. (ed.) *The Laws of the Kings of England from Edmund to Henry I*(Cambridge, 1925).

Robertson, J. C.(ed.) *Materials for the History of Thomas Becket*, 7 vols(RS, 1875—1885).

Robinson, Fred C. "Syntactical Glosses in Latin Manuscripts of Anglo-Saxon Provenance", *Speculum*, 48(1973), pp.443—475.

Roper, William. *The Lyfe of Sir Thomas More*, *Knyghte*, ed. Elsie Vaughan Hitchcock, EETS, os, 197(1935).

Rotuli Parliamentorum, ed. J. Strachey, 6 vols(London, 1767—1777).

Rous, John. *The Rous Roll*, 2nd edn.(Gloucester, 1980).

Rowland, Beryl. "Classical and Medieval Ideas on the 'Ages of Man' and the Middle English Poem 'The Parlement of the Thre Ages'", *Poetica*, 3(1975), pp.17—29.

Sands, D. B.(ed.) *Middle English Verse Romances*, 2nd edn.(Exeter, 1986).

Schreiner, Klaus. "Marienverehrung, Lesekultur, Schriftlichkeit", *Frühmittelalterlieche Studien*, 24 (1990), pp.314—368.

Scot, Reginald. *The Discoverie of Witchcraft*(London, 1584).

The Seven Sages of Rome, ed. Killis Campbell(Boston, 1907).

The Seven Sages of Rome(*Southern Version*), ed. K. Brunner, EETS, os, 191(1933).

Severs, J. Burke, and Hartung, Albert E.(eds.) *A Manual of the Writings in Middle English 1050—1500*, 9 vols(New Haven, 1970—1993).

Shahar, Shulamith. *Childhood in the Middle Ages*(London, 1900).

Shahar, Shulamith. "The Boy Bishop's Feast" in *The Church and Childhood*, ed. Diana Wood(Oxford, 1994), pp.213—260.

Sharpe, R. R.(ed.) *Calendar of Coroners Rolls of the City of London*(London, 1913).

Sir Gawain and the Green Knight, ed. J. R. R. Tolkien, E. V. Gordon, and Norman Davis, 3rd edn.(Oxford, 1967).

Skelton, John. *The Complete English Poems of John Skelton*, ed. J. Scattergood(Harmondsworth, 1983).

Skelton, John. *The Poetical Works of John Skelton*, ed. A. Dyce, 2 vols(London, 1843; repr. New York, 1965).

Sneyd, Charlotte Augusta.(ed.) *A Relation...of the Island of England*, Camden Society, 37(1847).

Spufford, Margaret. *Small Books and Pleasant Histories*(London, 1981).

Stanbridge, John. *The Vulgaria of John Stanbridge and Robert Whittinton*, ed. Beatrice White, EETS, os, 187(1932).

The Statutes of the Realm, from Magna Carta to the End of the Reign of Queen Anne, 10 vols(London, Record Commission, 1810—1824).

Stephenson, Mill. *A List of Monumental Brasses in the British Isles*(London, 1926).

Stone, Lawrence. *The Family, Sex and Marriage in England, 1500—1800*(London, 1977).

Stone, Louise, Rothwell, W., and Reid, T. B. W.(eds.) *Anglo-Norman Dictionary*(London, 1977—1992).

The Stonor Letters and Papers, 1290—1483, ed. C. L. Kingsford, 2 vols, Royal Historical Society, Camden 3rd series, 29—30(1919).

Strutt, Joseph. *The Sports and Pastimes of the People of England*, ed. William Hone(London, 1876).

Strype, John. *Ecclesiastical Memorials Relating Chiefly to Religion*, 3 vols in 6(Oxford, 1822).

Stubbs, William.(ed.) *Chronicles of the Reigns of Edward I. and Edward II.*, 2 vols(RS, 1882—1883).

Swanson, Jenny. "Childhood and Childrearing in ad status Sermons by Later Thirteenth Century Friars", *Journal of Medieval History*, 16(1990), pp.309—331.

Swanson, R. N. *Church and Society in Late Medieval England*(Oxford, 1989).

Tanner, Joan D. "Tombs of Royal Babies in Westminster Abbey", *The Journal of the British Archaeological Association*, 3rd series, 16(1953), pp.25—40.

Tanner, Norman P.(ed.) *Decrees of the Ecumenical Councils*, 2 vols(London and Washington, 1990).

Thomas of Chobham. *Summa Confessorum*, ed. F. Broomfield(Louvain, 1968).

Thomas of Monmouth. *The Life and Miracles of St William of Norwich*, ed. A. Jessopp and M. R. James(Cambridge, 1896).

Thomas, A. H., and Thornley, I. D.(eds.) *The Great Chronicle of London*(London, 1938).

Thomas, Keith. *Rule and Misrule in the Schools of Early Modern England*(Reading, 1976).

Thomas, Keith. "Children in Early Modern England", in *Children and their Books: a Celebration of the Work of Iona and Peter Opie*, ed. Gillian Avery and Julia Briggs(Oxford, 1989), pp.45—77.

Thomson, David. *A Descriptive Catalogue of Middle English Grammatical Texts*(New York and London, 1979).

Thomson, David.(ed.) *An Edition of the Middle English Grammatical Texts*(New York and London, 1984).

The Towneley Plays, ed. M. Stevens and A. C. Cawley, vol.i, EETS, ss, 13(1994).

Tschann, Judith, and M. B. Parkes.(eds.) *Facsimile of Oxford, Bodleian Library, MS Digby 86*, EETS, ss, 16(1996).

Tuer, A. W. *History of the Horn-Book*, 2 vols(London, 1896).

Victoria History of the Counties of England, ed. H. A. Doubleday, William Page, *et al*.(London, 1900—, in progress).

Visitation Articles and Injunctions of the Period of the Reformation, ed. W. H. Frere and W. McC. Kennedy, 3 vols, Alcuin Club Collections, 14—16(1910).

The Wakefield Pageants in the Towneley Cycle, ed. A. C. Cawley(Manchester, 1958).

Walker, Sue Sheridan. "Widow and Ward: the Feudal Law of Child Custody in Medieval England", *Feminist Studies*, 3(1975—1976), pp.104—116.

Walker, Sue Sheridan. "Free Consent and Marriage of Feudal Wards in Medieval England", *Journal of Medieval History*, 8(1982), pp.123—134.

Walker, Sue Sheridan. "The Feudal Family and the Common Law Courts: the pleas protecting rights of

374

wardship and marriage, c.1225—1375", *Journal of Medieval History*, 14(1988), pp.13—31.

Walsingham, Thomas. *Historia Anglicana*, ed. H. Y. Riley, 2 vols(RS, 1863—1864).

Walsingham, Thomas. *Gesta Abbatum Monasterii S. Albani*, ed. H. T. Riley, 3 vols(RS, 1867—1869).

Walter of Bibbesworth. *Le Treliz*, ed. William Rothwell. Anglo-Norman Text Society, Plain Texts Series, 6(1990).

Walter of Henley. *Walter of Henley and other Treatises on Estate Management and Accounting*, ed. Dorothea Oschinsky(Oxford, 1971).

Waugh, Scott. *The Lordship of England: Royal Warships and Marriage in English Society and Politics, 1217—1327*(Princeton, NJ, 1989).

Webb, J.(ed.) *A Roll of the Household Expenses of Richard de Swinfield, Bishop of Hereford*, 2 vols, Camden Society, 59, 62(1854—1855).

Wells, J. E. *A Manual of the Writings in Middle English, 1050—1400*(New Haven and London, 1916). 亦可参阅 Severs, J. Burke。

Whythorne, Thomas. *The Autobiography of Thomas Whythorne*, ed. J. M. Osborne(Oxford, 1961).

Wilkins, D. *Concilia Magnae Britanniae et Hiberniae*, 4 vols(London, 1737).

William of Palerne: an alliterative romance, ed. G. H. V. Bunt(Groningen, 1985).

Wilson, Edward.(ed.) *The Winchester Anthology*(Woodbridge, 1981).

Wilson, H. A.(ed.) *The Pontifical of Magdalen College*, Henry Bradshaw Society, 39(1910).

Withycombe, E. G. *The Oxford Dictionary of English Christian Names*, 2nd edn.(Oxford, 1953).

Woodfield, Charmian. "Finds from the Free Grammar School at the Whitefriars, Coventry, c.1545—c.1557/8", *Post Medieval Archaeology*, 15(1981), pp.81—159.

Woolgar, C. M. *The Great Household in Late Medieval England*(New Haven and London, 1999).

Wright, A. R. *British Calendar Customs: England*, ed. T. E. Lones, 3 vols, Folk-Lore Society, 97, 102, 106(1936—1940).

Wright, Susan J. "Confirmation, Catechism and Communion: the Role of the Young in the Post-Reformation Church", *Parish, Church and People: Local Studies in Lay Religion 1350—1750*, ed. Susan J. Wright(London, 1988).

Wright, Thomas, (ed.) *The Book of the Knight of La Tour-Landry*, EETS, os, 33(1868; revised edn., 1906).

Wright, Thomas. *Anglo-Saxon and Old English Vocabularies*, ed. Richard Paul Wülcker, 2 vols(London, 1884).

Wrigley, E. A., and Schofield, R. S. *The Population History of England 1541—1871*(London, 1981).

The York Plays, ed. Richard Beadle(London, 1982).

Young, John, and Aitken, P. Henderson. *A Catalogue of Manuscripts in the Library of the Hunterian Museum in the University of Glasgow*(Glasgow, 1908).

索 引 *

译后记

　　非常荣幸承担《中世纪的儿童》的翻译任务。在得知可以翻译这部杰作时，既觉无比兴奋，又深感不安——不安的是担心自己有限的翻译水平无法准确传达作者的创作意图。幸而在导师、出版社老师和身边同学的协助下，经过近半年的耕耘，总算完成这部杰作的翻译工作。尽管仍有许多有待改进之处，但提着的心终于可以稍微放一放了。

　　"儿童"一词对我们来讲并不陌生，因为我们曾经都是儿童，有过各自的童年。但中世纪的儿童对很多人而言也许稍显陌生，毕竟穿越数百年乃至千年回到中世纪，去了解当时的儿童生存状态、社会表现等，并非一件易事。尽管如此，这件在许多人看来是困难的事由本书作者尼古拉斯·奥姆（1942—　　）"轻易"地完成了。奥姆将中世纪的儿童描述得如此详细、周到，仿佛他置身于中世纪，在仔细观察儿童风貌后"临场"创作了这部杰作。奥姆并非如传统儿童史家如菲利普·阿利埃斯（1914—1984）那样，主要以心态史视角研究中世纪儿童，而是另辟蹊径，从原始文献、出土文物、建筑物甚至图画等材料入手，客观且真实地还原中世纪英格兰儿童的历史。尤其在文献援引、材料解读方面，奥姆将历史学家的专业素养表现得淋漓尽致。书中，奥姆陈列了许多图片、近千份参考文献，既增添了著作的可读性，又巩固了内容的客观性，为儿童史学界树立了一个杰出典范。本书英文版出版于2001年，正如其出版年代所暗示的那样，该著作也将开启儿童史研究的新时代。

　　杰作的生成并非一朝一夕之事，背后是数十年如一日的知识积累与学术训练。在《中世纪的儿童》成书之前，奥姆在英格兰中世纪史、教会史、儿童史领域已经多有建树。据保守统计，在2000年以前，奥姆独著、编著或与他人合著完成了数十部著作、上百篇论文和书评,如此丰硕的研究成果为其创作《中世纪的儿童》奠定了深厚的基础。奥姆在书中展现了精准流利的英语表述,但碍于译者有限的英语翻译能力,在翻译过程中遇到不少困难,经多方求证后才勉强克服这些困难。

《中世纪的儿童》共分为九章,涵盖中世纪英格兰儿童从出生到成长的方方面面。译者遇到的困难之一是文中众多的人名、地名的翻译。奥姆不仅提到王室、贵族的子女,而且描述乡绅士族乃至底层人家的孩童,不仅叙述住在像伦敦、曼彻斯特这样的核心城市中的儿童,而且交代偏远乡村、封建佃田里的小孩,如此便涉及曾活跃在历史上的各种人名、地名,其中有众多名称还未收录在新华社译名室编著的世界人名、地名翻译词典中,某些生僻名称的翻译是在译者请教英语系专业教师后才拿定的。困难之二是宗教类术语的翻译。英格兰从中世纪初期便改宗基督教,因而有关英格兰中世纪儿童的论述中,不可避免地会与基督教产生千丝万缕的联系,这在奥姆的书中也有所体现。奥姆提到基督教的众多节日、习俗、器具以及故事等,这些内容实际上都有对应的专门术语,但译者宗教知识浅薄,在翻译过程中常有误译,经老师和同学们的反复指正,才稍微接近宗教原意。困难之三是包括歌曲、韵诗等在内的儿童文化的翻译。英格兰中世纪儿童文化是奥姆在书中重点提到的一个主题,论述该主题时,奥姆援引了大量儿童韵诗、小说、歌曲等材料,这些是摆在译者面前的"硬骨头"。不得不承认,在翻译此类内容时,译者一方面深度依赖各类翻译工具、词典,另一方面反复咨询英语系专业师生,即便如此,译文仍称不上令人满意。困难之四是儿童的学习内容的翻译。奥姆提到英格兰中世纪的儿童已经拥有较为完备的学前和初等教育,其中以教会知识和读写能力为主。例如,在读写能力方面,当时的小孩除了需要懂英语之外,通常也需要学习拉丁语和法语,以应付参与宗教活动时遇到的种种难题。政府或教会会制定针对儿童的识字表和教材,奥姆在书中枚举了多份这样的材料,其中甚至有很多字母略显生僻。

尽管遇到不少困难,但在克服困难后获得的喜悦心情是难以言说的。出现这些困难,除了说明译者英语能力有限外,也说明作者严谨且负责任的历史创作意识。客观地讲,这部著作不光使译者深受启发,而且会给对历史尤其是儿童史感兴趣的众多读者带去深刻的印象。在奥姆看来,儿童不是可有可无的边缘人物,而是教会影响下的中世纪封建社会的重要组成部分。他们有自己的文化、语言、娱乐活动以及圈子,他们的出生可以带给家庭以快乐,而他们的死亡也会给家人留下悲伤,他们和大人一样,需要遵守法律和教会习俗,也会遭遇危险、虐待、剥削、封建统治等。然而,这并非如阿利埃斯所言,"中世纪社会没有童年概念,儿童被看成小大人"。奥姆明确地表示，中世纪社会不仅存在童年概念，而且成年人视儿童为与自己存在区别的群体，并且奥姆大胆地推测，中世纪的童年界限最长或许会延至 20 岁以上，即包括如今我们所谓的青少年时期，第九章即是论述青少年时期的儿童。书中列出的图片即以儿童为主题，为便于读者理解图中奥义，奥姆为每张图片配上了解释性文字；更为关键的是，这些图片成为奥姆解读中世纪儿童概念的重要材料，每幅图中的每个细节都能成为关键的证据，甚至一幅图片能被反复运用。

叨叙至此，自觉已将翻译过程中的想法和盘吐露。收尾之前，译者再次向为该译著提供帮助的老师和同学们致以最诚挚的感谢！书中有误译之处，还望各位师友不吝指正！

陶万勇

2023 年 5 月于上海师范大学

图书在版编目(CIP)数据

中世纪的儿童/(英)尼古拉斯·奥姆著;陶万勇
译.—上海:格致出版社:上海人民出版社,2023.5
(格致人文)
ISBN 978 - 7 - 5432 - 3426 - 0

Ⅰ.①中… Ⅱ.①尼… ②陶… Ⅲ.①儿童-生活史
-研究-英国-中世纪 Ⅳ.①K561.3

中国国家版本馆 CIP 数据核字(2023)第 049389 号

责任编辑 张苗凤
装帧设计 路　静

格致人文
中世纪的儿童
[英]尼古拉斯·奥姆 著
陶万勇 译

出　　版　格致出版社
　　　　　上海人人出版社
　　　　　(201101　上海市闵行区号景路 159 弄 C 座)
发　　行　上海人民出版社发行中心
印　　刷　上海颛辉印刷厂有限公司
开　　本　720×1000　1/16
印　　张　23.75
插　　页　6
字　　数　405,000
版　　次　2023 年 5 月第 1 版
印　　次　2023 年 5 月第 1 次印刷
ISBN 978 - 7 - 5432 - 3426 - 0/K・226
定　　价　99.00 元

Medieval Children
By Nicholas Orme

Copyright © 2001 by Nicholas Orme
Originally published by Yale University Press

All rights reserved. No part of this book may be reproduced or transmitted in any form or by any means, electronic or mechanical, including photocopying, recording or by any information storage and retrieval system, without permission in writing from Truth & Widsom Press.

本书根据 Yale University Press 2001 年英文版译出
2023 年中文版专有出版权属格致出版社
本书授权只限在中国大陆地区发行
版权所有　翻版必究

上海市版权局著作权合同登记号：图字 09-2022-0254 号

·格致人文·

《中世纪的儿童》
[英]尼古拉斯·奥姆/著　陶万勇/译

《史学理论手册》
[加拿大]南希·帕特纳　[英]萨拉·富特/主编　余伟　何立民/译

《人文科学宏大理论的回归》
[英]昆廷·斯金纳/主编　张小勇　李贯峰/译

《从记忆到书面记录：1066—1307年的英格兰（第三版）》
[英]迈克尔·托马斯·克兰奇/著　吴莉苇/译

《历史主义》
[意]卡洛·安东尼/著　黄艳红/译

《苏格拉底前后》
[英]弗朗西斯·麦克唐纳·康福德/著　孙艳萍/译

《奢侈品史》
[澳]彼得·麦克尼尔　[意]乔治·列洛/著　李思齐/译

《历史学的使命（第二版）》
[英]约翰·托什/著　刘江/译

《历史上的身体：从旧石器时代到未来的欧洲》
[英]约翰·罗布　奥利弗·J.T.哈里斯/主编　吴莉苇/译